임대차 상식사전

■ **(주)고려원북스**는 우리들의 가슴속에 영원히 남을 지혜가 넘치는 좋은 책을 만들겠습니다.

임대차 상식사전

초판 1쇄 | 2013년 1월 3일

지은이 | 김동희
펴낸이 | 이용배
펴낸곳 | (주)고려원북스
편집주간 | 설응도

판매처 | (주)북스컴, Bookscom, Inc.

출판등록 | 2004년 5월 6일(제16-3336호)
주소 | 서울시 광진구 중곡동 639-9 동명빌딩 7층
전화번호 | 02-466-1207
팩스번호 | 02-466-1301

ISBN : 978-89-94543-53-6 13320

잘못 만들어진 책은 구입처나 본사에서 교환해 드립니다.

경매 당해도 보증금 절대로 떼이지 않는

임대차 상식사전

| 김동희 지음 |

(주)고려원북스

등 장 인 물

인생 쓴맛 제대로 보고 임대차 공부를 시작한 홍대리

대학을 졸업하자마자 대기업에 취직한 엘리트로 결혼 4년차이며 1남 1녀를 둔 가장이다.

결혼하면서 시세의 절반 이하로 나온 주택을 전세금 7,500만원으로 마련하게 되었다. 선순위 채권이 있더라도, 시세보다 채권이 훨씬 적으니까 경매에 넘어가도 문제가 없다는 부동산 중개소의 말만 믿고 전입신고와 확정일자를 받았다. 그런데 4년 후 그 주택이 경매로 넘어가게 되고, 2순위로 예상되는 임차인은 배당금이 없다는 청천벽력 같은 소식을 듣는다. 그 후 홍대리는 자신의 인생에 다시는 이런 악몽이 없도록 김선생을 만나 임대차 공부를 시작한다.

보증금 3분의 1 토막 나고 가정불화까지 겪은 이과장

비록 장애를 가졌지만 성격이 밝고 성실해서 직장에서도 사람 좋기로 유명하다. 선순위 채권이 뭔지도 잘 몰랐던 이과장은 중개업소와 집주인의 말만 믿고 보증금 6,000만원에 덜컥 전세계약을 하였는데 이사 간 지 얼마 되지도 않아 전셋집이 이름도 생소한 공매로 넘어가게 된다. 전 재산이나 다름없는 보증금 6,000만원 중 겨우 2,000여 만원을 건진 이과장은 월세 30만원짜리 주택으로 이사를 가게 되고 아내와의 사이도 나빠지는 등 마음고생 몸고생을 하게 된다. 사태가 진정되고 나서, 이과장은 아내에게 진심으로 사과하고 임대차에 대해 공부하기로 결심한다.

장사 잘하고도 남은 건 빈손뿐이었던 박사장

20년 직장 생활을 접고 음식점 사업에 뛰어든 초보 사업가이다. 상가건물 1층을 보증금 2억에 월세 500만원으로 임차하고, 인테리어 비용으로 8,000만원을 투자해서 음식점을 차렸는데, 음식 맛이 좋아서 장사가 곧 잘 되었다. 그러던 어느 날 상가건물이 경매로 넘어갔다는 소식을 들었다. 박사장은 이미 임차권 등기를 해두었기에 가슴을 쓸어내리며 법원에 배당요구를 하기로 한다. 그런데 박사장의 경우 상임법에서 보호하는 환산보증금의 범위를 초과해 보호를 받지 못한다는 얘기를 듣는다. 결국 보증금 전액을 날리게 된 셈이다. 박사장은 좌절하지 않고 열심히 공부해 임차인이 아닌 임대인으로 성공할 날을 꿈꾸게 된다.

경매 전문가에서 임차인의 파수꾼으로 변신한 김선생

경매 전문가였던 김선생은 어느 날 다가구주택 하나를 낙찰 받았는데, 그 주택의 임차인들은 하루하루 어렵게 살아가는 딱한 형편의 사람들이었다. 그들은 임차인의 권리가 뭔지도 제대로 모르고 부동산 중개인만 믿다가 보증금을 몽땅 날리게 된 사람들이었다. 김선생은 명도를 하면서 이사 비용을 넉넉히 챙겨주는 등 배려를 했지만 마음이 편치 않았다. 이 일을 계기로 김선생은 임차인의 파수꾼이 되기로 결심한다. 김선생의 지식이 독자들에게 그대로 전수되어 다시는 그런 사람들이 없기를 바라며, 또 그런 일이 발생했을 때 현명하게 대처할 수 있도록 해답을 주고자 한다.

머리말

"선생님, 깡통전세금이 뭐예요?"

모 대학 경영학과에 다니는 학생이 까페를 통해 질문을 해왔다.

"아, 그것은요. 임대차계약서를 작성하고, 전입신고를 하고, 주택을 인도받아 점유하게 되면 다음날 오전 0시에 대항력이 발생합니다. 또 주민센터에 가서 계약서에 확정일자를 부여받으면 경매 당하게 돼도 대항력과 우선변제권이 발생해서 임차인의 보증금을 보호받게 되는 것이 원칙입니다. 하지만 임차하기 전에 선순위채권이 있다면 대항력이 없고 우선변제권만 있게 되는데, 이러한 상황이 발생하더라도 임차인의 순위가 빠르면 보증금을 전액 배당받게 됩니다. 그러나 선순위채권이 과다한 사실을 모르고 계약을 했거나 계약 시의 주택가격에서는 보호받을 수 있었던 주택이 요즘 같이 부동산 가격의 하락으로 이어지면서 보호받을 수 없는 임차인이 되면 깡통전세금이 되었다고 표현을 하지요. 쉽게 말하자면 경매절차에서 보증금을 배당받지 못하고 손실을 본다는 뜻입니다."

"허, 선생님 그런 일이 있나요? 보통 등기부와 임차주택의 선순위 임차인 등을 확인하고 임차하지 않나요?"

"그렇게만 한다면 무슨 걱정이 있겠어요?"라고 답변을 한 적이 있다.

이 책은 임차인이면 누구나 꼭 읽어야하는 임대차 상식을 다루었다.

요즘 매스컴에서 깡통아파트니 깡통전세금이니 하는 기사를 심심치 않게 볼 수 있다. 하지만 많은 사람들은 내가 당하지 않으면 남의 불구경 하듯 관심이 없다. 확실한 것은 깡통전세금이 내게도 언제든지 일어날 수 있는 일이란 것이다. 소 잃고 외양간 고쳐봐야 무슨 소용이 있겠는가. 소를 잃기 전에 관리를 잘해야 한다.

쪽박 찬 임대차에서 성공한 임차인들

보증금을 손해 보는 사람들을 보면, 임대차 상식조차 모르는 사람이 99%다. 현장에서 경매나 공매 업무를 하다 보면 임차인이 보증금 손실을 보는 사례가 빈번히 발생하고 있다. 필자는 이 책의 주인공들이 살고 있는 한 주택을 낙찰받으면서 임대차 상식사전을 집필하기로 마음먹었다. 그 임차인은 장애를 가진 분으로, 하루하루를 어렵게 살고 있었는데 살고 있던 집이 경매당하는 바람에 보증금을 날리게 된 것이다.

임차인 중에서 보증금의 손실이 발생할 것이라 의심하며 사는 사람은 없지만, 필자는 보증금을 떼이는 경우를 많이 보았다. 이 책의 주인공인 홍대리, 이과장, 박사장도 임차한 주택이 경매당하는 바람에 좌절감을 맛보게 된 경우이다. 주인공들이 임차인의 권리를 공부하면서 스스로 쪽박 찬 임대차를 벗어나 새로운 꿈을 꾸고, 마침내 임대인으로 성공하는 이야기를 다룬 책이다.

우리는 많은 부분에서 오해를 하며 살고 있다

"부동산 중개업소에서 작성된 임대차계약이면 보증금의 손해가 발생할 시 중개업소가 100% 책임을 질 것 같지만, 사실은 임차인이 100% 책임지지 않으면 그나마 다행일 것이다."

이 책의 1장에 나오는 내용이다. 대부분의 경우, 중개업소가 보증금의 20% 내외만 책임지므로 주인공들과 같이 뼈아픈 후회로 이어지게 된다. 2장에서는 임대차계약서 작성단계에서부터 최선을 다하라는 내용을 담아놓았다.

경매전문가에서 임차인의 파수꾼을 자처하다

3장에서는 특별법의 보호대상인 임차인과 일반 임차인은 어떠한 권리를 갖게 되는가에 대해서, 4장에서는 임차인이 기본적으로 이해하고 있어야하는 내용을, 5장과 6장에서는 경매당해도 보장받게 되는 대항력과 우선변제권에 대해 알려준다. 7장에서는 전세권과 특별법상 보호를 받는 임차인 간에 숨은 진실을 깨닫게 해서 전세권이 임차권에 우선한다는 환상을 깨지게 해준다. 8장에서는 공동소유 주택일 경우 관리방법으로 계약서를 체결하는 방법과 해지 또는 명도 방법에 대해서 알려준다. 9장은 임차권이 승계되는 특별한 사례, 10장은 임차인이 경매가 진행되는 것을 알게 되는 시기와 권리신고 및 배당요구를 통해서 임차보증금을 배당받게 되는 과정을 다루었다.

11장에서는 임차인이 낙찰자에게 언제 주택을 인도해주게 되며, 인도해주지 않을 경우 낙찰자에게 부당이득에 대한 반환의무를 갖게 되는가에 대해 설명했고, 임차기간 동안 임차인의 과실로 주택에 손상이 발생 시 수선의무와 손해배상책임을 다루었다. 마지막으로 12장에서는 임차주택이 경매나 공매를 당하면 어떻게 대처하는 것이 현명한가에 대한 이해와 임대주택을 경매로 낙찰받아서 임대수익을 얻게 되는 이과장과 홍대리의 화려한 임대사업자로의 성공 스토리를 다루었다.

필자는 이 책의 내용들이 독자들에게 그대로 전수되어 주인공들과 같은 불행한 일을 겪는 사람들이 다시는 나오지 않기를 바라며, 혹시 그러한 일이 발생하더라도 현명하게 대처할 수 있는 방법을 알려주고자 했음을 밝혀둔다.

2012년 12월 1일

김동희

Contents

CHAPTER 1

쪽박 찬 임대차엔 이유가 있다

홍대리, 이과장, 박사장은 한순간의 잘못된 임대차계약으로 보증금을 떼이게 된 쪽박 찬 임대차계약서를 작성한 임차인들이다. 이들에게 얼마나 힘든 나날이 이어질지는 그냥 그림이 그려진다. 그래도 이들은 희망의 끈을 놓지 않고 살기로 다짐을 했다. 사랑하는 가족은 열심히 살아야 하는 희망이 되었다.

인생은 살다 보면 넘어질 때도 있고, 이것을 극복하지 못하면 살아갈 희망을 잃게 된다는 점과 지금 살아온 날보다 앞으로 살 날이 더 많다는 점에서 더 이상 인생의 낙오자가 되기 싫어서였다. 한 번의 작은 실수는 만회하면 그만이고 먼 훗날 그것은 아름다운 추억거리가 된다.

01

전세 보증금을 경매로 날린 홍대리 이야기

_홍대리의 새 출발에 먹구름이 끼다

홍대리는 열심히 공부한 덕에 대학을 졸업하자마자 유망한 기업에 취직을 했고, 회사 생활에 충실하다 보니 남보다 빠르게 대리로 진급도 하게 되었다. 5년 동안 사귄 여자 친구와 결혼을 해, 결혼 4년째 되는 지금 1남 1녀를 둔 가장으로 남부러울 것 없는 생활을 하고 있다.

결혼 당시 살림집은 부모님이 지원해주신 돈과 홍대리가 직장 생활을 하면서 틈틈이 적금을 들어둔 돈을 합해서 전세금 7,500만원으로 마련하게 되었는데, 적은 돈으로 살림집을 찾는 데 어려움이 많았다. 그런데 다행히도 영등포구 신길동에서 보통 전세 시세의 절반 이하로 나온 주택을 구할 수 있었다.

너무 싼 가격이 이해가 되지 않아 홍대리가 부동산 중개업소에 문의해본 결과 선순위 채권이 많아서 그렇다는 답변을 들었다.

 제가 잘 몰라서 그러는데, 선순위 채권이 뭐예요?

중개업소 이실장 네. 주택에 1순위로 근저당이 338,000,000원 설정되어 있어서 임차인보다 선순위가 된다는 뜻이죠. 만일 이 집이 경매로 매각되면 1순위 저당권자가 먼저 배당받고 나머지 배당금에서 임차인이 후순위로 배당받게 된다는 뜻이에요.

 네?? 그렇다면 이 집에 절대 전세 들어가면 안 되겠네요.

아무리 제가 부동산을 몰라도 이건 아니죠.

전세금 7,500만원을 어떻게 마련한 건데… ….

중개업소 이실장 그래서 전세 시세가 1억 5,000만원인데 7,500만원에 임대하는 거라니까요.

주택 시세가 4억 원 정도 되고 1순위로 설정된 미래신협 근저당권의 실제 대출금이 2억 6,000만원(채권최고액 3억 3,800만원)이니까 임차인의 임차보증금 7,500만원을 합해도 3억 3,500만 원이 되잖아요. 설령 경매로 매각되더라도 보증금을 손해 보는 일은 없을 겁니다.

 얘기 듣고 보니, 괜찮은 것 같네요.

그럼 결정하죠. 뭐 정 안 되면 내가 낙찰 받으면 되니까.

중개업소 이실장 걱정 마세요. 그런 일 없을 거예요.

다들 돈이 부족하니 선순위 채권이 많은 주택을 저렴하게 전세 들어가 살고 있지요. 중요한 것은 이러한 문제가 집주인만의 문제가 아니란 거예요. 집주인이 이 주택을 취득할 당시 4억 5,000만원 정도의 시세로 거래되고 있었는데 급매물로 3억

9,000만원에 취득해서 1순위로 저당권을 설정했으니까요. 그때 이 주택도 제가 사 주었어요.

지금은 부동산 경기가 안 좋아서 4억 정도 가지, 조금 있으면 4억 5,000만원은 갈 거니 걱정 안 하셔도 될 거예요. 그리고 그런 사정이 없으면 누가 7,500만원에 임대하겠어요?

정상적인 전세 시세가 1억 5,000만원인데……

그렇겠네요. 그럼 계약서 쓰시죠.

이렇게 해서 홍대리는 7,500만원으로 임대차계약서를 작성하고 중개업소 이실장이 알려주는 대로 주민센터에 가서 전입신고와 동시에 확정일자를 받았다. 그 후 홍대리는 결혼하고 1남 1녀를 두고 4년 동안 행복하게 열심히 살고 있었다.

그런데 어느 날 아내로부터 급한 전화가 왔다. 아내는 너무 놀랐는지 큰일 났다는 말만 하고 말을 제대로 하지 못했다.

홍대리 아내 큰일 났어, 큰일! 어떻게 해야 되지?

도대체 뭐가?

홍대리 아내 우리가 살고 있는 집이 경매로 넘어갔다고 법원에서 통지가 왔어요. 회사 끝나는 대로 빨리 집으로 와요.

김선생의 한/마/디

임차인은 언제 경매사실을 알고 배당요구를 하게 될까요?

집행법원이 집행관에 현황조사명령과 감정평가명령을 내리게 되므로 이 명령을 받은 집행관과 감정평가사가 그 경매주택을 방문하게 되는데 방문 시기가 거의 비슷하게 이루어지므로 그 방문 시점에 알게 된다고 보면 됩니다.

감정평가사는 경매주택에 거주하는 사람이 부재중일 때 폐문부재를 이유로 감정평가를 하게 되므로 임차인을 만나지 못하는 경우가 있으나 집행관은 방문 시 부재중일 때에는 집행관의 방문 사실을 기재하고 돌아오기 때문에 추후 임차인과 연락을 취하는 방법으로 재방문이 이루어집니다. 또 임차내역에 대한 세부적인 조사권을 가지고 배당요구에 대한 안내와 배당요구를 하도록 통지하고 있다는 점에서 집행관의 방문 또는 통지를 통해서 경매사실을 최초로 알게 되는 경우가 많습니다.

따라서 임차인은 집행관의 방문 시 경매사실을 알게 되었을 때 또는 배당요구통지서를 받았을 때 그 통지문에 기재된 배당요구 종기 시까지 배당요구하면 되지요.

그날 저녁 홍대리와 아내, 두 사람은 임대차계약서 작성 당시 중개업소 이실장이 말한 내용이 생각났다. 이 집은 4억 정도 가니 임차인이 충분히 배당받을 거라는 이야기였다. 그래서 부부는 다음 날 중개업소 이실장을 만나기로 약속하고 잠이 들었다.

중개업소 이실장 에고, 얼굴에 수심이 가득하네. 그런데 너무 걱정 마세요. 임대차계약서에 확정일자는 잘 받아두었지요?

홍대리와 아내 네! 그건 틀림없어요. 오기 전에도 다시 한 번 확인했으니까요.

중개업소 이실장 그 서류를 가지고 법원에 권리신고 및 배당요구를 하세요.

낙찰자가 매각대금을 납부하면 거기서 보증금 전액을 배당받고 나서 주택을 명도해주면 되는 거예요.

홍대리와 아내 고맙습니다. 지금 당장 그렇게 할게요.

홍대리 부부는 부동산 중개인을 만나고 나니 안심이 되었다.
그래서 즉시 법원에 권리신고 및 배당요구를 하게 되었다.

김 | 선 | 생 | 특 | 별 | 과 | 외

홍대리와 중개업소 이실장이 생각하지 못한 몇 가지를 살펴볼까요?

* 이 주택이 경매로 매각되는 경우에 1순위 근저당권의 채권액은 2억 6,000만원이 아니라 채권최고액 3억 3,800만원이 되는 경우가 대부분이라는 점.
* 이 주택이 경매로 매각되는 경우에 시세 4억에서 20% 이하의 가격으로 매각된다. 즉 3억 2,000만원 이하로 매각된다는 점.
* 등기부에 등기되지 않은 선순위 채권으로 조세나 공과금채권은 법정기일과 납부 기한을 기준으로 우선순위가 결정되므로 임차인이 후순위가 될 수 있다는 점.

이러한 이유로 홍대리가 후순위가 되어 보증금의 손실을 볼 수 있다는 점을 간과하고 있습니다.

보증금 손실이 발생하는 일반 임차인의 흔한 실수 사례도 알아둡시다.

* 홍대리가 임차보증금 지급 즉시 주민센터에서 전입신고와 확정일자를 받아서 1순위 근저당권 다음 순위를 만든 것은 잘한 일입니다.
* 일부 임차인들은 시간이 없다는 핑계로, 또는 몰라서 전입신고와 확정일자를 당일 하지 않고 늦추거나 하지 않는 경우가 있고 그러는 사이에 다른 담보물권이 설정되는 경우가 있습니다. 놀라서 뒤늦게 신고하더라도 후순위가 되므로 보증금의 상당 부분을 손해 볼 수밖에 없지요.

반드시 임차보증금 지급 즉시 → 주택인도 후 → 전입신고와 계약서에 확정일자를 받아두어야 나의 임차보증금을 안전하게 지킬 수 있습니다.

_홍대리의 전셋집이 경매로 넘어가다

홍대리가 살고 있는 주택이 최초감정가 380,000,000원에서 계속 유찰되더니 3차에서 285,000,000원에 낙찰되었다. 따라서 1순위 미래신협 근저당권의 배당요구채권이 300,137,912원으로, 2순위로 예상되는 임차인은 배당금이 없을 것으로 예상된다. 마음이 급해진 홍대리 부부는 또다시 중개업소 이실장을 찾아갔다.

중개업소 이실장 왜 그렇게 많이 저감되어 낙찰되었지?

시세가 4억인데 아무리 낮아도 3억 7,000만원에는 매각되어야 하는 집인데, 큰 일이네, 어쩌면 좋지요?

임차보증금에 손실이 생기면 계약서를 작성한 중개업소에서 책임을 져야

되는 거 아닙니까? 우리는 이실장님의 괜찮다는 말만 믿고 계약서를 작성했으니 말입니다.

중개업소 이실장 걱정되셔서 그렇게 말씀하시는 것은 이해가 되지만, 그렇게 생각하시면 안 되지요.

제가 임대차계약 당시 1순위 근저당권에 대해서 말씀드렸고 그로 인해서 전세 시세의 절반 이하로 계약서를 작성한다는 내용을 특약서 및 중개대상물 확인서에도 자세히 기재했으니까 중개업소의 책임은 없습니다. 저희도 그렇게 가격이 많이 떨어질 거라는 걸 어떻게 알 수 있었겠어요? 만일 알았다면 그런 계약서는 작성하지도 않았을 거예요.

홍대리 부부는 보증금 손실이 발생 시 손해배상을 청구하겠다고 이실장에게 통지하고, 집에 와서 계약서를 다시 확인하니 이실장 말대로 계약서 작성 시 그러한 내용이 자세히 기재되어 있었다. 그러니 손해배상청구에 대한 자신도 사라지고, 도대체 어떻게 해야 할지 갈피를 잡을 수 없었다.

그러면 이 주택이 경매로 매각되는 절차와 경매절차에서 임차인이 배당받게 되는 배당금을 계산해보기로 하자.

(1) 경매 입찰 대상 물건 분석표

2011타경 OOOO호 · 서울남부지방법원 본원 · 매각기일 : 2011.12.05(月) (10:00) · 경매 3계(전화:02-2192-1333)

소재지	서울특별시 영등포구 : OOO동 OOO번지 OO연립 OOO호 (도로명주소검색)		
물건종별	다세대(빌라)	감정가	380,000,000원
대지권	49.85㎡(15.08평)	최저가	(64%) 243,200,000원
건물면적	74.21㎡(22.449평)	보증금	(10%) 24,320,000원
매각물건	토지·건물 일괄매각	소유자	이 ○○
사건접수	2011-03-18	채무자	이 ○○
사건명	임의경매	채권자	미래신협

기일입찰 [입찰진행내용]

구분	입찰기일	최저매각가격	결과
1차	2011-09-28	380,000,000원	유찰
2차	2011-10-31	304,000,000원	유찰
3차	**2011-12-05**	**243,200,000원**	

낙찰 : 285,000,000원 (75%)

(입찰4명,낙찰:박 ○○ 2등입찰가 246,010,000원)

매각결정기일 : 2011.12.12 - 매각허가결정

대금지급기한 : 2012.01.20

대금납부 2011.12.23 / 배당기일 2012.02.09

배당종결 2012.02.09

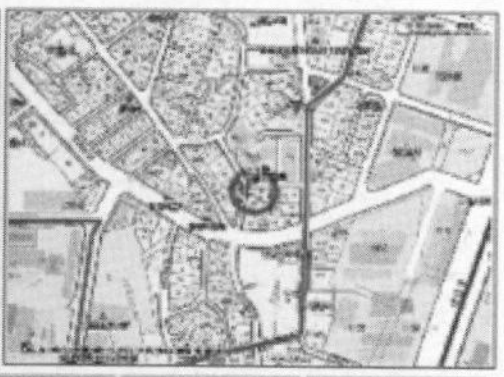

지적도 | 위치도 | 구조도 | 개황도 | 사진 | 전자지도 | 전자지적도 | 로드뷰

• 매각물건현황(감정원 : 진주감정평가 / 가격시점 : 2011.03.26 / 보존등기일 : 2009.09.01)

목록	구분	사용승인	면적	이용상태	감정가격	기타
건물	5층중 4층	09.07.10	74.21㎡ (22.45평)	방3,화장실등	228,000,000원	• 1개동 총 8세대 • 도시가스난방
토지	대지권	399.5㎡ 중 49.85㎡			152,000,000원	
현황위치	• 명신초교 남동측인근 위치, 주위는 공동주택, 단독주택 및 소규모 점포 등 소재, 주거지역으로 주위환경은 보통. • 차량 출입 가능, 인근에 노선버스정류장이 소재하는 등 제반 교통여건은 보통. • 서측으로 노폭 약 6m 내외의 아스팔트 포장도로와 접하고 있음. • 2필지가 일단지로 이용되고 있으며 인접도로 대비하여 평지의 정방형 토지로서 다세대주택 건부지로 이용중임.					

부동산종합정보 | 토지이용계획열람 | 감정평가서 | 현황조사서 | 전입세대열람 | 매각물건명세서 | 부동산표시목록 | 사건내역
기일내역 | 문건/송달내역 | 건물등기부 | 예상배당표 | 입찰가분석표

• 임차인현황 (말소기준권리 : 2010.05.12 / 배당요구종기일 : 2011.05.26)

임차인	점유부분	전입/확정/배당	보증금/차임	대항력	배당예상금액	기타
홍대리	주거용 일부 (방2칸)	전 입 일: 2010.06.21 확 정 일: 2010.06.21 배당요구일: 2011.05.25	보75,000,000원	없음	배당순위있음	임대차기간: 10.06.19~12.06.18
기타참고	☞현장에 임한바 소유자 및 점유자 발견하지 못하여 안내문 부착					

• 등기부현황 (채권액합계 : 373,000,000원)

No	접수	권리종류	권리자	채권금액	비고	소멸여부
1	2010.05.12	소유권이전(매매)	이 ○○		거래가액 금390,000,000원	
2	2010.05.12	근저당	미래신협	338,000,000원	말소기준등기	소멸
3	2010.11.10	압류	서울특별시영등포구		세무과-711	소멸
4	2010.12.13	가압류	김 ○○	35,000,000원		소멸
5	2011.03.22	임의경매	미래신협	청구금액: 300,137,912원	2011타경	소멸

(2) 경매정보물건에 대한 권리분석 및 배당표 작성

이 물건에서 말소기준권리는 2010년 5월 12일 미래신협 근저당권이 되므로 대항력 있는 임차인은 없다.

주택이 서울 소재이고, 낙찰금액이 285,000,000원－집행비용 4,275,000원이면 실제 배당할 금액은 280,725,000원이 되므로 우선순위에 따라 배당할 때에

－1순위 : 영등포구청 재산세 35만원(당해세 우선변제 1등)

－2순위 : 영등포구청 취득세 756만원(조세 우선변제 2등)

－3순위 : 미래신협 근저당 272,815,000원(근저당 우선변제 3등)

으로 배당을 종결하는 사람들이 많은데 그래서는 안 된다.

왜냐하면 임차인 역시 근저당권에 비해 소액임차인은 아니어도 배당시점으로 보면 소액임차인이 되므로 영등포구청의 재산세와 취득세에 항상 우선하는 채권이 된다.

그러므로 조세>근저당, 근저당>홍대리 최우선변제금이고, 홍대리 최우선변제금>당해세인 관계가 성립되어 서로 간에 물고 물리는 순환관계가 되어 순환흡수배당절차를 진행하게 되기 때문이다.

－1차 안분배당

① 영등포구청=280,725,000원× $\frac{7,910,000원}{333,047,912원}$ =6,667,313원

② 미래신협=280,725,000원× $\frac{300,137,912원}{333,047,912원}$ =252,985,268원

③ 홍대리 최우선변제=280,725,000원× $\frac{25,000,000원}{333,047,912원}$ =21,072,419원

－2차 흡수배당

① 영등포구청=6,667,313원(1차 안분액)+1,242,687원(②에서 흡수)－

3,927,581원(③에 흡수당함)=3,982,419원

② 미래신협=252,985,268원(1차 안분액)−1,242,687원(①에 흡수당함)+21,072,419원(③에서 흡수)=272,815,000원

③ 홍대리 최우선변제=21,072,419원(1차 안분액)−21,072,419원(②에 흡수당함)+3,927,581원(①에서 흡수)=3,927,581원

위와 같이 임차인 홍대리는 3,927,581원을 배당받게 되는데, 홍대리가 임대차계약서 작성 당시 선순위 채권과 경매 매각 시 저감율 등을 예상치 못해 자신의 임차보증금에서 71,072,419원의 채권 손실이 발생하게 된 것이다.

_홍대리, 뒤늦은 후회와 좌절에서 벗어나다

홍대리 부부는 계약서 작성 당시 적은 돈으로 전셋집을 마련하려던 생각에 너무 치우쳐 경매로 매각되면 보증금 손실이 발생할 수도 있다는 점을 간과했던 것을 두고두고 후회하고 있었다.

홍대리 부부에게 보증금 71,072,419원의 손실은 상상도 할 수 없었던 일로 어떻게 해야 될지 막막하기만 해서, 홍대리는 자포자기하는 심정으로 많은 시간을 술로 보내고 있었다. 홍대리가 이렇게 마음을 잡지 못하고 방황하던 중 어느 날 아내가 먼저 말을 건넸다.

홍대리 아내 괴로워하고 자책한다고 잃어버린 돈이 다시 돌아오는 것도 아니잖아요. 우린 아직 젊으니까 열심히 다시 살면 돼요.

 나는 공부도 잘하고 좋은 대학 나왔는데 부동산에 대해서는 너무 몰랐던 것 같아. 특히 임차인의 권리가 어떻게 하면 보장되는가에는 무지했었어. 어쨌든 미안하고 고마워. 앞으로 다시는 이런 일이 없도록 내가 잘할게.

그래서 말인데, 김선생님을 의지해 중개업자에게 손해배상청구하는 건에 대해 상의도 하고 임차인 권리에 대해서도 특별과외를 받기로 했어.

홍대리 아내 그래요. 김선생님이 해결책을 주실 수 있을 거예요.

 김선생님을 만나서 임차인 권리에 대해서 뿌리를 뽑을 작정이야!

02

전셋집이 공매로 넘어간 이과장 이야기

_이과장의 전셋집이 공매로 매각되다

장애인이어서 몸이 불편한 이과장 역시 홍대리와 같은 실수를 했다. 임대차계약에 대해서 잘 몰랐던 이과장은 중개업소의 괜찮다는 말만 믿고 계약서 작성 당시 기본적으로 주의해야 되는 선순위 채권(등기부의 채권자와 주택의 다른 임차인들)을 가벼이 생각해서 임차보증금의 손실을 보게 된 경우로, 가족 간에 심한 불화까지 발생하는 등 어려움을 겪게 되었다.

이 모든 불행이 집주인과 중개업소의 말을 너무 신뢰하고 계약서를 작성한 데서 그 원인을 찾아볼 수 있다. 이과장의 공매 사건을 보면 임차보증금의 손실 금액과 이럴 경우 어떻게 대처하는가를 분석할 수 있다.

(1) 다가구주택의 공매물건 온비드 입찰대상 정보내역

[물건명/소재지] : 서울 마포구 상수동 OOO

기본정보

물건종류	부동산
처분방식	매각
물건상태	낙찰
조회수	814

기관정보

- 입찰집행기관 : 한국자산관리공사
- 담당자 : 조세정리부 / 공매1팀
- 연락처 : 02-3420-5138 /

물건정보

소재지	서울 마포구 상수동 OOO		
물건관리번호	2011 - OOOO - OOO	재산종류	압류재산
위임기관	마포세무서	배분요구종기	
물건용도/세부용도	단독주택	입찰방식	
면적	대지 152m², 건물 122.99m², 미등기건물 26.5m²		

감정정보

감정평가금액	753,207,500 원	감정평가일자	-	감정평가기관	(주)정일감정평가법인 감정평가서 >
위치 및 부근현황	마포구 상수동 소재 "상수역" 남동측 인근에 위치하며, 기존주택지대로서 버스정류장 및 지하철역이 소재하여 대중교통사정은 보통임.				
이용현황	남측으로 소로개함.				

임대차정보

임대차내용	이름	보증금	차임(월세)	환산보증금	확정(설정)일	전입일
전입세대주	이강민	0 원	0 원	0 원		1995/06/30
전입세대주	박미희	2,500만원	0 원	0 원	2009/09/14	2009/09/11
전입세대주	이과경	6,000만원	0 원	0 원	2010/10/18	2010/10/19

등기부등본 주요 정보

순번	권리종류	권리자 및 기타사항	등기일	설정액(원)
1	소유자	[illegible]	1995년6월26일	
2	근저당권	[illegible] 새마을금고	2010년5월26일	461,000,000원(배분요구 674,666,160원)
3	근저당권	[illegible]	2010년5월27일	90,000,000원(배분요구 90,000,000원)
4	압류	마포세무서	2010년6월30일(법정기일 2009년12월6일)	체납세액 62,600,000원
5	임의경매개시결정	[illegible] 새마을금고	2011년6월10일(서부지법2011타경16567)	청구 674,666,160원
6	가압류	[illegible]	2011년9월21일	50,000,000원

입찰정보

- 2회이상 입찰서 제출 가능합니다.

입찰번호 / 회차/차수	공고일 / 입찰방식	대금납부 / 납부기한	인터넷입찰시작 / 인터넷입찰마감	개찰일시 / 매각결정일시	개찰장소	최저입찰가
2011-05061-003 / 040 / 001	2011-07-20	일시불 / 낙찰금액별 구분	2011/10/17 10:00 / 2011/10/19 17:00	2011/10/20 11:00 / 2011/10/21 14:00	전자자산처분시스템(www.onbid.co.kr)	376,604,000원

(2) 앞의 공매정보물건에 대한 권리분석 및 배분표 작성

이 공매물건은 자산관리공사의 압류공매와 북부천새마을금고의 임의경매가 중복하여 진행 중인 물건이다.

이 물건에서 전입세대원 중 이강민(전입 95.06.30.)과 박미희(전입 09.09.11)는 말소기준권리인 북부천새마을금고의 2010년 5월 26일 근저당권보다 먼저 대항요건을 갖추고 있어서 서류상으로는 대항력이 있다.

김선생의 한/마/디

대항력 있는 임차인이 배당요구하지 않은 경매물건은 틈새시장!

금융기관이 선순위로 예상되는 전입세대원이 있는데도 불구하고 주택 시세의 절반 이상의 금액으로 대출이 이루어졌다면 대항력 있는 임차인이 아닐 것이 예상되지요. 이러한 경매물건의 경우, 금융기관에 문의하는 방법이 있고, 주변 부동산을 탐문하거나 그 주택을 방문하게 되면 우리가 궁금하게 생각했던 선순위의 전입세대원이 가족관계로 대항력이 없다는 사실을 알 수 있습니다. 이럴 경우 큰 수확을 얻게 되므로 대항력이 있어 보이는 전입세대원이 있으면 그 진위를 파악하는 데 많은 관심을 가져볼 만합니다. 그리고 설령 대항력이 있는 임차인으로 밝혀진다 해도, 그 인수보증금만큼 낮은 금액으로 낙찰 받으면 그만이고, 이 경우도 보증금 인수 금액만큼 낮은 가격으로 취득하게 되므로 취득세가 절감되고 양도세 계산 시에는 취득가에 포함되니 나쁠 것이 없다는 얘깁니다.

그런데 이강민은 체납자의 아들이고 북부천새마을금고가 대출 시 무상거주확인서까지 첨부, 대출이 실행되어서 대항력이 있는 임차인이 아니다.

따라서 임차인은 두 명으로 대항력 있는 박미희 임차인 2,500만원과 대항력 없는 이과장 임차인 6,000만원으로 임차하여 거주하고 있었다.

대항력 있는 임차인의 미배당금은 낙찰자가 인수하지만, 대항력 없는 이과장 임차인은 미배당금이 발생하면 채무자가 인수하게 되는데 채무자가 능력이 없어서 임차보증금채권의 손실을 볼 수밖에 없는 상황이 발생하곤 한다.

이 공매물건은 420,700,800원에 매각되었다.

따라서 배분표를 작성해보면

420,700,800원에서 공매비용 12,880,800원을 공제하면 배분금액은 407,820,000원이다.

1순위 ①박미희 2,000만원+②이과장 2,000만원(소액임차인 결정기준은 북부천새마을금고로 서울의 경우 6,000만원 이하의 소액임차인은 2,000만원을 최우선변제금으로 우선변제받을 수 있다)

2순위 박미희 500만원(확정일자 우선변제금 1)

그런데 다음이 문제가 된다.

3순위에서 순위가 충돌되는 경우로 배분잔여금을 가지고 순환배당을 하게 된다는 점이다.

배당을 모르는 분들은 임차인이 최우선변제금으로 2,000만원만 받고 종결되는 것으로 생각하지만 이는 잘못된 판단이다.

① 마포세무서 32,800,000원

② 북부천새마을금고 근저당 374,368,180원

③ 안미순 근저당 90,000,000원

④ 이과장 500만원(배분 시점을 기준으로 한 최우선변제금)

①은 ②와 ③보다 선순위이지만 ④보다는 후순위가 된다.

②는 ③과 ④보다는 선순위이지만 ①보다는 후순위가 된다.

③은 ④보다는 선순위이지만 ①과 ②보다는 후순위가 된다.

④는 ①보다는 선순위이지만 ②와 ③보다는 후순위가 된다.

따라서 1차로 안분배분하고 2차로 흡수절차를 진행하는 순환배분을 하게 된다.

–1차 안분배분

① 마포세무서=367,820,000원 $\times \frac{32,800,000원}{502,168,180원}$ =24,024,812원

② 북부천 근저당=367,820,000원 $\times \frac{374,368,180원}{502,168,180원}$ =274,211,130원

③ 안미순 근저당=367,820,000원 $\times \frac{90,000,000원}{502,168,180원}$ =65,921,739원

④ 이과장 최우선변제금=367,820,000원 $\times \frac{5,000,000원}{502,168,180원}$ =3,662,319원

–2차 흡수절차

① 마포세무서=24,024,812원(1차 안분액)+8,775,188원(③에서 흡수)–1,337,681원(④에 흡수 당함)=31,462,319원(종결)

② 북부천=274,211,130원(1차 안분액)+3,662,319원(④에서 흡수)+57,146,551원(③에서 흡수)=335,020,000원(종결)

③ 안미순=65,921,739원(1차 안분액)–8,775,188원(①에 흡수당함)–57,146,551원(②에 흡수 당함)+0원(④에서 흡수)=0원(종결)

④ 이과장=3,662,319원(1차 안분액)–3,662,319원(②에 흡수당함)+1,337,681원(①에서 흡수)=1,337,681원(종결)

따라서 총 배분금액은 가) 박미희=25,000,000원, 나) 이과장 =21,337,681원, 다) 마포세무서=31,462,319원, 라) 북부천 새마을금고 =335,020,000원, 마) 안미순=0원이 된다.

대항력 있는 임차인 박미희가 전액 배분받게 되어 매수인의 인수 금액은 없다.

대항력이 없는 이과장은 보증금 6,000만원 중에서 21,337,681원만 배분받게 되어 보증금의 상당 부분 즉 **38,662,319원의 보증금을 손실을 보게 된다.**

그리고 여철민 가압류권자는 왜 배분절차에서 배제되었는가를 살펴보면 국세 징수법상 압류공매절차에서는 담보물권보다 후순위 가압류 채권자는 배분절차에서 배제되기 때문이다.

왜냐하면 이 공매물건은 구법하에 진행되어, 즉 2011년 12월 31일까지 최초공매공고된 공매물건은 가압류권자, 집행권원에 의해서 배분요구한 채권자 등이 배분절차에서 배제되지만, 신법의 적용을 받게 되는 2012년 1월 1일부터 최초공매공고된 공매물건부터는 가압류권자와 강제경매 신청채권자, 집행권원에 의해서 배분요구한 채권자가 모두 배분절차에 참여할 수 있도록 개정되어 시행하고 있다.

그러나 이 공매물건에서 가압류권자를 배분절차에 참여시켜도 순환흡수절차에서 후순위로 배분금은 0원이 된다.

_이과장이 절망 속에서 작은 희망을 품다

이과장은 계약서 작성 당시 채권의 손실이 발생하지 않을 것으로 예상하고 계약서를 작성했다. 그러나 그러한 판단은 이 주택이 경매나 공매로 매각되지 않고 일반 매매로 매각될 때에 한해서만 대항력이 인정된다는 사실을 간과한 것이다.

이 과장은 공매를 거쳐 보증금 6,000만원 중 2,000여 만원을 겨우 건졌다. 보증금 6,000만원짜리 전세에서 보증금 3,000만원에 월세 30만원짜리로 이사를 갈 수밖에 없었고, 아내와의 사이도 나빠졌다. 사태가 진정되고 나서, 이과장은 아내에게 진심으로 사과했다.

여보, 미안해! 난들 이런 일이 있을 거라는 것을 알고 이랬겠나? 꿈에도 몰랐어!

이과장 아내 알죠. 나도 너무 억울하고 화가 나서 그래요. 이 일 때문에 우리가 고생한 걸 생각하면… ….

미안해, 내일은 계약서를 작성한 부동산 중개업소에 가서 따져볼 생각이야. 그리고 김선생님을 만나 중개업소를 상대로 손해배상청구가 어떻게 되는가에 대해서 상의도 하고, 이번 기회에 임차인의 권리에 대해서 공부도 해야겠어.

이과장 아내 알았어요. 우리 희망을 잃지 말아요.

03

상가 임차보증금을 떼인 박사장 이야기

_박사장은 장사만 열심히 하면 부자가 되는 줄 알았다

상가임차인인 박사장은 서울시 마포구에 있는 상가건물 1층을 보증금 2억에 월세 500만원으로 임차하고, 인테리어 비용으로 8,000만원을 투자해서 음식점을 차렸다.

손님들에게 성실하게 대하고 음식 맛이 좋아서 장사도 곧잘 되었다.

그러던 어느 날 박사장은 5년 동안 몰랐던 상가건물임대차보호법에 대해서 알게 되었는데, 상가임차인이 사업자등록과 건물인도(점유)를 하고 있으면 대항력이 다음 날 인정되고, 계약서에 확정일자만 갖추고 있으면 확정일자우선변제권이 발생한다는 내용을 경매공부를 하는 친구로부터 알게 된 것이다.

이 내용을 듣게 된 박사장은 놀라서 세무서로 달려갔다.

세무공무원 어떻게 오셨죠?

계약서에 확정일자를 받으러 왔습니다.

세무공무원 어디, 계약서 좀 보여주시죠.

선생님은 상가건물임대차보호법의 적용을 받는 임차인이 아니라 계약서에 확정일자를 받을 수 없습니다.

확정일자를 받을 수 있는 상가 임차인은 환산보증금이 2억 4,000만원 이하여야 하는데 선생님께서는 환산보증금이 7억이라 보호 대상이 아니어서 확정일자를 찍어드릴 수 없습니다.

무슨 그런 법이 있어요?

임차인을 보호하려고 만든 법이 어떤 임차인은 보호가 되고 어떤 임차인은 보호가 안 된다는 게 말이 됩니까?

그리고 보증금 이야기를 하는데 월세는 왜 계산을 하는 겁니까?

허참, 기가 막혀서!

선생님, 그럼 어떻게 해야 내가 보호를 받을 수 있습니까?

세무공무원 임대인의 동의를 얻어서 임차권등기(민법 제621조)를 해두면 대항력이 있어서 소유자가 바뀌어도 권리가 보장될 수 있으니 임차권등기를 신속하게 하세요.

알았어요. 빨리 해야겠네요.

박사장은 전문가의 도움을 받아 민법 제621조에 의한 임차권등기(임대인의 동의를 얻어)를 하고 나서야 고민을 덜었다.

임차권등기를 했으니 건물이 다른 사람에게 넘어가도 "나는 대항력이 있고, 내 임차보증금은 안전하게 보호되는 거야"라고 생각하니 자신이 대단한 일을 한 것 같았다.

그런데 어느 날 이 건물이 경매에 들어갔으니 권리신고 및 배당요구를 하라는 법원의 통지가 왔다. 박사장은 임차권등기를 한 것이 천만다행이었다고 생각했다.

_박사장의 상가건물이 경매에 넘어가다

(1) 경매 입찰 대상 물건분석표

소재지	서울특별시 마포구 OOO 도로명주소검색		
물건종별	근린시설	감정가	6,207,510,100원
토지면적	582.4㎡(176.176평)	최저가	(80%) 4,966,008,000원
건물면적	1312.7㎡(397.092평)	보증금	(10%) 496,610,000원
매각물건	토지·건물 일괄매각	소유자	이 기 자
사건접수	2011-07-13	채무자	이 기 자
사건명	임의경매	채권자	하 나 은 행

기일입찰 [입찰진행내용]

구분	입찰기일	최저매각가격	결과
1차	2012-03-22	6,207,510,100원	유찰
2차	**2012-04-26**	**4,966,008,000원**	

낙찰 : 5,440,010,000원 (87.64%)

(입찰6명, 낙찰: OOO 2등입찰가 5,116,000,000원)

매각결정기일 : OOO - 매각허가결정

대금지급기한 : OOO

• 임차인현황 (말소기준권리 : 2005.06.14 / 배당요구종기일 : 2011.09.28)

임차인	점유부분	전입/확정/배당	보증금/차임	대항력
계OO	점포 2층일부	사업자등록: 미상 확 정 일: 미상 배당요구일: 없음	미상	
이OO	점포 3층일부	사업자등록: 2005.05.06 확 정 일: 미상 배당요구일: 없음	보10,000,000원 월600,000원 환산7,000만원	있음
김OO	점포 3층일부	사업자등록: 2008.08.05 확 정 일: 미상 배당요구일: 없음	보10,000,000원 월550,000원 환산6,500만원	없음
최OO	점포 4층일부 (케미투비 솔루션)	사업자등록: 미상 확 정 일: 미상 배당요구일: 2011.09.20	보2,100,000원 월700,000원 환산7,210만원	
송OO	점포 지층 전부	사업자등록: 미상 확 정 일: 미상 배당요구일: 없음	보10,000,000원 월600,000원 환산7,000만원	
우OO	점포 2층 일부	사업자등록: 미상 확 정 일: 미상 배당요구일: 2011.09.22	보7,500,000원 월2,500,000원 환산25,750만원	

박사장	점포 1층 전부	사업자등록: 2004.04.28 확 정 일: 미상 배당요구일: 2011.09.20	보200,000,000원 월5,000,000원	
최OO	점포 2층일부	사업자등록: 미상 확 정 일: 미상 배당요구일: 없음	미상	
유OO	점포 2층일부 (사단법인 마시마디자인 센터)	사업자등록: 2010.04.02 확 정 일: 미상 배당요구일: 없음	미상 월3,300,000원	
	임차인수: 9명 , 임차보증금합계: 239,600,000원, 월세합계: 13,250,000원			

*건물등기부 (채권액합계 : 11,054,523,373원)

No	접수	권리종류	권리자	채권금액	비고
1	1989.04.04	소유권이전	이기자		현물출자
2	2005.06.14	근저당	하나은행 (마포중앙지점)	3,000,000,000원	말소기준등기
3	2006.12.14	근저당	최OO	3,000,000,000원	
4	2009.05.18	임차권설정(복도와 경비실을 제외한 1층전부)	박사장	200,000,000원	존속기간: 2009.02.19~2011.05.31 차임 금5,000,000원, 차임지급시기 매월30일
5	2009.10.27	근저당	하나은행	650,000,000원	
6	2010.12.23	근저당	미래저축은행	91,000,000원	
7	2011.03.30	근저당	(주)동아일보사	3,000,000,000원	
8	2011.04.20	근저당	신용보증기금	410,000,000원	
9	2011.04.20	근저당	국민은행	432,000,000원	
10	2011.04.29	가압류	이OO	8,490,000원	
11	2011.05.18	압류	서울특별시마포구		
12	2011.06.30	가압류	송OO	65,984,221원	
13	2011.06.30	가압류	유OO	19,854,740원	
14	2011.07.07	가압류	(주)스틸로	74,800,000원	
15	2011.07.14	임의경매	하나은행	청구금액: 3,650,000,000원	2011타경11456
16	2011.07.18	가압류	한국외환은행	19,511,748원	
17	2011.07.29	가압류	전OO	10,511,760원	
18	2011.09.02	압류	서울특별시마포구		
19	2011.09.07	가압류	이OO	17,263,380원	
20	2011.09.09	압류	마포세무서		
21	2011.09.22	가압류	박OO	35,408,510원	
22	2011.09.27	압류	마포세무서		
23	2011.10.18	가압류	구OO	19,699,014원	
24	2011.12.01	압류	국민건강보험공단		
25	2012.02.22	압류	서울특별시마포구		

박사장은 가슴을 쓸어내렸다. 임차권등기를 하지 않고 있다가 경매 당했으면 환산보증금이 상임법의 적용 대상을 초과{보증금 2억 + 월세 500만원×100=환산보증금 7억원}해서 대항력과 우선변제권이 없었을 텐데, 2009년 5월 18일에 임차권등기를 해놓아서 이 등기일을 기준으로 대항력과 우선변제권이 발생해, 배당요구만 하면 전액 배당받을 수 있을 거라고 생각한 것이다.

박사장은 배당요구를 하기 전에 예상배당표를 짜보았다.

이 상가건물이 70억 정도 가니

1순위 : 하나은행 근저당 30억

2순위 : 이세덕 근저당 30억

3순위 : 박사장 임차권등기 2억

박사장은 전액 배당받더라도 8억 정도 남으니 '내 보증금은 전액 배당받을 수 있을 거야'라고 생각했다.

설사 배당금이 부족해서 보증금을 받지 못하면 임차권등기로 대항력이 있으니까 낙찰자가 인수하게 되는 경우에도 걱정 없을 거라 예상했다. 박사장은 다음 날 아침 일찍 법원에 가서 배당요구를 했는데, 법원 공무원으로부터 청천벽력 같은 소식을 듣게 된다.

_임차권등기까지 한 박사장은 왜 보증금을 떼이게 되었나?

여기 배당요구신청서와 임대차계약서가 있습니다.

법원공무원 어?! 선생님께서는 배당요구를 하실 수 없습니다.

네!? 무슨 문제라도?

제가 배당요구신청서를 잘못 작성하거나 서류가 미비된 것이 있나요?

법원공무원 아니요. 서류는 제대로 작성했지만, 선생님께서는 상가건물임대차보호법의 적용 대상이 아니라서 배당요구를 할 수 있는 권리가 없는 일반채권자입니다.

배당요구를 하려면 배당요구종기 시까지 임차보증금반환채권에 의한 채권가압류를 한 다음 배당요구하면 되는데, 걱정이네요.

제가 보기에는 선순위 채권이 많아서 가압류하는 비용만 낭비할 것 같은데, 어쩌면 좋겠습니까?

안타깝네요.

제가 그런 문제 때문에 임대인의 동의를 얻어 임차권등기를 미리 해놓았는데요. 그러면 배당에 참여할 수 있고 미배당금이 있으면 낙찰자가 인수하게 되는 것이 아닌가요?

세무공무원이 그렇다고 해서 임차권등기를 해놓은 건데 무슨 말씀이세요?

저를 놀리려고 그냥 해보시는 거죠?

법원공무원 무슨 말씀이세요?

선생님께서 하신 민법 제621조에 의한 임차권등기는 우선변제권은 없고 오로지 대항력만 인정되므로, 임차권등기 이후에 소유자가 바뀌면 대항력이 있어서 새로운 소유자에게 그 임차권의 권리를 주장할 수 있는 게 맞습니다.

그런데 이는 일반 거래(매매, 상속, 증여 등)로 소유자가 변경될 때만 임차권등기가 선순위이든, 후순위이든 대항력이 인정되는 거란 말입니다. 경매나 공매로 소유자가 바뀌면 말소기준권리보다 먼저 임차권등기를 한 경우는 대항력이 있지만 선생님처럼 후순위 임차권등기는 대항력이 없어서 소멸하게 됩니다.

제가 알기로는 대항력과 우선변제권이 있다고 들었습니다. 선생님 말씀을 듣고 나니 선순위 근저당으로 인해서 대항력이 없는 것은 이해가 되지만, 후순위에 등기된 채권자보다 우선해서 변제받을 권리는 있지 않나요?

법원공무원 임차권등기는 대항력만 있는 것이 원칙이고, 예외적으로 주임법 또는 상임법의 보호를 받는 주택이거나 상가건물인 경우에 한해서만 우선변제권이 인정됩니다.

선생님처럼 상임법에서 보호받을 수 있는 환산보증금의 범위를 초과해버리면, 그 임차권등기는 대항력만 대상이 되는데 경매절차에서는 말소기준 이전에 임차권등기를 해야 대항력이 있습니다.

선생님은 어디에도 해당되지 않아 우선변제권도 없고, 대항력도 없어서 보증금을 채무자에게만 청구가 가능한 일반채권자가 되는 것입니다.

어휴, 그러면 저는 어떻게 해야 하나요?

임대인은 어디 갔는지 연락도 안 되는데… ….

이 상가는 6,207,510,100원으로 감정평가가 이루어졌고, 5,440,010,000원에 매각되었다.

상가건물에 소액임차인, 다시 말해 최우선변제금의 우선변제권자가 없어서 배당은 다음과 같다.

0순위 : 경매집행비용 4,000만원

1순위 : 마포구청 재산세 1,500만원(당해세 우선변제금 1)

2순위 : 마포세무서 종합부동산세 3,500만원(당해세 우선변제금 2)

(1~2순위는 당해세로 동순위가 원칙이지만 당해세끼리도 압류를 한 경우 압류선착주의를 적용해야 되므로 1순위와 2순위로 나누었다.)

3순위 : 하나은행 36억 5천만원(근저당 우선변제금 3)

4순위 : 이세덕 근저당 17억 1만원(근저당 우선변제금 4)으로 배당이 종결될 것이다.

_박사장, 후회를 털고 새로운 길을 찾다

법원에서 돌아온 박사장은 모든 것이 귀찮아 일찍 가게 문을 닫고 집에 와서 아내와 이 문제에 대해서 상의를 하고 있다.

박사장 아내 무슨 그런 일이 있어요?세상은 너무 불공평한 것 같아요.

우리가 어떻게 그런 내용을 모두 다 알고 대처를 할 수 있겠어요?

법이 누구나 알기 쉽고, 모두에게 공평하게 적용되어야 하는 건데, 아는 사람은 피해 가고 모르는 사람은 바보가 되니, 서민들의 권리는 누가 보호한단 말이죠?

우리나라는 정말 문제가 많아요. 이제부터는 임대인에게 내던 월세도 내지 마요.

몇 개월이 될지 모르지만 그거라도 줄여야지.

월세는 당연히 못 내지. 어쩔 수 없는 일이니 낙찰자에게 우리 형편을 얘기하고 보증금을 줄여서라도 영업을 할 수 있도록 사정해봐야겠어.

박사장은 이렇게 억울한 일을 다시 당하지 않기 위해 김선생으로부터 임차인의 권리에 대해 공부를 하기로 결심을 했다.

이렇게 저마다 딱한 사연을 갖고 있던 홍대리, 이과장, 박사장이 의기투합했다. 김선생에게 임차인 특별과외를 요청했고, 평소 보증금을 떼인 임차인들을 안타까워했던 김선생은 이를 흔쾌히 수락한 것이다.

김선생은 그들에게 서로 의지하고 열심히 공부할 것을 당부하고, 그들이 성공한 임차인에서 성공한 임대인으로까지 거듭나도록 도와줄 것을 약속한다.

04

떼인 보증금은 중개업소에 청구하면 된다?

우리들이 떼인 보증금을 중개업소에다 손해배상 청구하면 받을 수 있지 않을까요? 임대인은 어디로 갔는지 찾을 길이 없으니 계약서를 작성한 중개업소를 상대로 해야죠.

공제보험에서 100% 보상받을 길이 있다던데요.

저도 들어봤어요.

중개업소들이 공제보험에 가입돼 있고, 계약서에도 공제증서가 첨부되어 있더라고요.

선생님, 어떻게 안 될까요?

중개업소를 상대로 청구하면 협회공제보험에서 전액 보상을 해준다는 것은 오해입니다.

기본적으로 손해배상 청구가 가능한가에 대한 설명과 판례를 분석해보고 홍대리, 이과장, 박사장 별로 따져보기로 합시다.

_중개업소 100% 책임의 오해와 진실

먼저 임대차계약을 부동산 중개업소가 개입되지 않고 당사자 간 쌍방이 작성한 경우, 그 임차주택이 경매로 매각되어 임차보증금의 손실을 보게 되면 임차인 책임이 100%가 된다. 즉 임대인에게만 청구가 가능한데 경매된 주택의 임대인은 대부분 채무상환 능력이 없으므로 보증금을 잃을 수밖에 없다.

다음으로 부동사 중개업소에서 작성할 경우, 공제보험에서 100%를 보장받을 수 있다는 설이 있는데 그것이 사실일까? 그렇게만 되면 얼마나 좋겠는가?

한번 생각해보자.

임차보증금은 상당한 금액인데 중개업소가 과실이 없거나 있더라도 적다면 어떻게 될 것인가를. 그리고 그 과실을 어떻게 인정받을 것인가를.

솔직하게 말하면 보상받기가 어렵다.

대부분의 중개업소는 기본적인 하자가 있는 물건을 소개하거나 계약서를 작성하는 경우가 없어서 중개업자의 책임 소재를 증명하기가 어렵고, 한다고 하더라도 다음 판례와 같이 중개업소의 과실로 인한 책임이 적고, 임차보증금 손실의 대부분은 임차인의 과실책임으로 남게 된다.

_보증금의 몇 %를 보장받을 수 있을까?

(1) 대법 2011다63857 손해배상 판결

중개업자 갑이 다가구주택 일부에 관하여 임대 의뢰인 을과 임차 의뢰인 병의 임대차계약을 중개하면서 병에게 다른 임차인의 임대차보증금 등에 관한 사항을 확인하여 설명 등을 하지 않았는데, 그 후 개시된 경매절차에서 병이 다른 소액임차인 등보다 후순위에 있어서 임대차보증금을 배당받거나 반환받지 못한 사안에서, 갑 및 갑과 공제계약을 체결한 한국공인중개사협회의 손해배상책임을 인정한 사례

판례 돋보기

원심인 서울중앙지방법원 2011나13219에서 판결근거와 손해배상의 범위

원고(임차인)의 과실책임을 70%로 하고 피고(중개업자)의 손해배상책임을 30%로 판결한 것으로 그 내용은, 원고의 이러한 과실은 이 사건 손해 발생의 상당한 원인으로 작용하였다 할 것이므로, 피고들이 배상하여야 할 손해액을 30%로 제한한다. 따라서 피고들은 연대하여 원고에게 2,100만원(7,000만원×30%) 및 이에 대하여 배당표가 작성된 날인 2010.3.12.부터 이 판결 선고일인 2011.7.1.까지는 민법이 정한 연 5%, 그다음 날부터 연 20%의 각 비율의 지연손해금을 지급해야 한다.

(2) 대법 2011다77870 손해배상 판결

1] 구 부동산 중개업법 제6조 제5항이 중개보조원의 손해배상책임을 면제하는 규정은 아니다. 중개보조원의 업무상 행위는 그를 고용한 중개업자의 행위로 본다고 정함으로써 중개업자 역시 거래당사자에

게 손해를 배상할 책임을 지도록 하는 규정이지, 중개보조원이 고의 또는 과실로 손해를 입힌 경우에 중개보조원을 고용한 중개업자만이 손해배상책임을 지도록 하고 중개보조원에게는 손해배상책임을 지우지 않는다는 취지는 아니다.

2] 구 부동산 중개업법 제35조의2 및 공인중개사의 업무 및 부동산 거래신고에 관한 법률 **제42조에 의한 공제금청구권의 소멸시효 기산점**(=공제금청구권자가 공제사고 발생을 알았거나 알 수 있었던 때)

3] 중개 의뢰인 갑이 중개업자의 불법행위를 이유로 공제사업자인 을 공인중개사협회를 상대로 공제금의 지급을 구한 사안에서, 공제규약 및 약관 등에 비추어 을 협회가 **소장부본 송달을 통해 공제금 지급을 청구받은 날로부터 60일이 경과하면 공제금 지급의무의 이행지체로 인한 지연손해금을 부담한다고 본 원심 판단을 정당하다고 한 사례**

(3) 대법 2011다21143 손해배상 판결

1] 중개보조원의 고의에 의한 불법행위로 피해자에게 손해배상책임을 부담하는 중개업자가 과실상계를 주장하는 것이 허용되는지 여부(한정 적극)

피해자의 부주의를 이용하여 고의로 불법행위를 저지른 자가 바로 그 피해자의 부주의를 이유로 자신의 책임을 감하여달라고 주장하는 것은 허용될 수 없으나, 이는 그러한 사유가 있는 자에게 과실상계의 주장을 허용하는 것이 신의칙에 반하기 때문이므로, **중개보조원을 고용하였을 뿐, 불법행위에 가담하지 아니한 중개업자에게 책임을 묻고 있는 피해자에 과실이 있다면, 법원은 과실상계의 법리에**

좇아 손해배상책임 및 그 금액을 정하면서 이를 참작하여야 한다.

2] 건물주에게서 임대차계약 체결, 보증금 수령 등 건물 관리 업무 일체를 위임받은 공인중개사 중개보조원이 임대차계약 체결 후 보증금을 건물주에게 지급하지 않고 횡령하자 건물주가 공인중개사와 공인중개사협회를 상대로 손해배상을 구한 사안에서, 중개보조원이 수년에 걸쳐 횡령행위를 하면서 장기간 월세도 제대로 입금하지 않고 있는 상황이었음에도 건물주가 임차인에게 계약 내용을 전혀 확인하지 않은 채 중개보조인의 말만 믿고 그에게 계속하여 임대차계약의 진행 일체를 일임하면서 횡령행위를 방치한 사정이 보이고, 그러한 사정은 손해 발생 및 확대에 영향을 주었다고 보아야 하며, 공인중개사나 협회가 건물주의 부주의를 이용하여 고의로 불법행위를 저지른 것으로는 보이지 않으므로, 위 사정을 손해배상책임의 존부와 범위를 심리 · 판단하면서 참작하였어야 함에도 이를 전혀 참작하지 않은 원심 판단에 과실상계 내지 손해배상책임 제한에 관한 법리 오해의 위법이 있다고 한 사례.

(4) 대법 2009다78863, 78870 손해배상 판결

1] 부동산 중개업자가 중개를 하지 않았음에도 거래계약서 등을 작성 · 교부하는 것이 허용되는지 여부(소극)

2] 부동산 중개업자가 자신의 중개로 전세계약이 체결되지 않았음에도 실제 계약당사자가 아닌 자에게 전세계약서 등을 작성 · 교부해줌으로써 이를 담보로 제공받아 금전을 대여한 대부업자가 대여금을 회수하지 못하는 손해를 입은 사안에서, 중개업자의 주의의무 위반에 따른 손해배상책임을 인정한 사례.

(5) 대법 2008다42836 손해배상 판결

부동산 중개업자가 의뢰인에게 계약체결 여부를 결정하는 데 중요한 자료가 되는 사항에 관하여 그릇된 정보를 제공한 경우, 의뢰인에 대하여 손해배상책임을 부담하는지 여부(적극)

(6) 대법 92다55350 손해배상 판결

1] 부동산을 처분하려는 자가 진정한 권리자와 동일인인지의 여부에 관한 부동산 중개업자의 조사확인 의무의 내용과 정도

중개업자는 선량한 관리자의 주의와 신의성실로써 매도 등 처분을 하려는 자가 진정한 권리자와 동일인인지의 여부를 부동산등기부와 주민등록증 등에 의하여 조사확인할 의무가 있다.

2] 부동산 중개업자는 매도 의뢰인이 모르는 사람인 경우 등기권리증의 소지 여부나 그 내용을 확인조사할 주의 의무가 있는지 여부(적극)

등기권리증은 소유권이전등기 단계에서뿐 아니라 그 이전의 거래에 있어서도 당사자 본인의 증명이나 처분 권한의 유무의 확인 등을 위하여 중요한 자료가 되는 것이므로 중개업자로서는 매도 의뢰인이 알지 못하는 사람인 경우 필요할 때에는 등기권리증의 소지 여부나 그 내용을 확인조사하여 보아야 할 주의 의무가 있다.

(7) 대법 98다30667 손해배상 판결

중개 대상 물건에 근저당이 설정된 경우, 부동산 중개업자의 확인 · 설명 의무의 범위

부동산 중개업자는 중개 대상 물건에 근저당이 설정된 경우에는 그 채권최고액을 조사 · 확인하여 의뢰인에게 설명하면 족하고, 실제의 피담보

채무액까지 조사 · 확인하여 설명할 의무까지 있다고 할 수는 없으나, 부동산 중개업자가 이에 그치지 않고 실제의 피담보채무액에 관한 그릇된 정보를 제대로 확인하지도 않은 채 마치 그것이 진실인 것처럼 의뢰인에게 그대로 전달하여 의뢰인이 그 정보를 믿고 상대방과 계약에 이르게 되었다면, 부동산 중개업자의 그러한 행위는 선량한 관리자의 주의로 신의를 지켜 성실하게 중개행위를 하여야 할 중개업자의 의무에 위반된다.

(8) 서울남부지법 2008가단2993 손해배상 판결

공인중개사가 임차 목적 부동산에 경료된 소유권이전청구권가등기가 담보가등기라는 임대인의 말을 진실인 것처럼 의뢰인에게 그대로 전달하여 의뢰인이 그 말을 믿고 임대차계약을 체결하였으나 가등기권자가 소유권이전등기를 하고 건물인도 집행을 한 사안에서, 공인중개사의 설명 의무 위반으로 인한 손해배상책임을 인정한 사례.

(9) 서울중앙지법 2008가합50528 손해배상 판결

부동산 중개업자가 부동산의 소유자라고 칭하는 사람으로부터 부동산의 매도 의뢰를 받는 경우에 부담하는 주의 의무의 내용 및 범위

부동산 중개업자가 부동산의 소유자라고 칭하는 사람으로부터 부동산의 매도 의뢰를 받는 경우에 자칭 소유자와 전혀 면식이 없는 때에는 자칭 소유자라는 사람의 주민등록증 등의 서류를 조사하거나 확인하는 것만으로는 충분하지 않고, 소유권의 귀속에 관해 의문을 품을 여지가 없는 특별한 사정이 없는 한 등기권리증을 확인하거나 소유자의 주거지나 근무지 등에 연락하거나 그곳에 가서 확인하는 등으로 소유권의 유무를 조사하고 확인하여야 한다. 따라서 이러한 주의 의무를 다하지 않아 그 결과 위탁자에게 손해를 입게 한 때에는 불법행위로서 그 손해를 배상할 책임이 있다.

(10) 대구지법 2004가단23537 손해배상 판결

중개대상물에 대한 권리관계와 시세에 관한 확인 · 설명 의무를 소홀히 한 부동산 중개업자에게 손해배상책임을 인정하되, 중개업자의 설명만을 믿고 섣불리 임대차계약을 체결한 임차인의 과실을 참작하여 손해배상책임의 범위를 40%로 제한한 사례.

(11) 서울지법 남부지원 99가합11831 손해배상 판결

부동산 중개업자가 의뢰인에게 선순위의 확정일자를 갖춘 선순위 임차인의 존재를 확인 · 설명하지 아니한 채 전세권만 설정하면 임차보증금을 확보할 수 있다고 잘못 설명을 하여 이를 믿고 의뢰인이 임대차계약을 체결하였으나 해당 주택의 경매 시 임차보증금을 전혀 배당받지 못한 경우, 부동산 중개업자에게 중개대상물의 확인, 설명 의무 위반으로 인한 손해배상책임이 있다고 한 사례.

"원고로서도 건물 소유주인 박점례를 통하여 임대차관계를 좀더 확인하여보거나 근저당권 및 소액임차인 등의 존재가 원고의 임차보증금 반환채권에 미칠 영향 등을 확인하여본 후 계약체결 여부를 결정하였어야 할 것임에도 불구하고 막연히 피고의 설명만 믿고서 위와 같은 조치를 취하지 아니한 채 임대차계약을 체결한 잘못이 있다고 할 것인바, 이러한 원고의 과실은 피고의 책임을 면하게 할 정도에 이르지 못하므로 피고의 손해배상의 범위를 정함에 있어서 이를 참작하기로 하되, 그

비율은 50% 정도로 봄이 상당하다."

피고는 원고에게 금 30,000,000원(60,000,000원×0.5) 및 이에 대한 경락대금 배당확정일인 1999.6.11.부터 이 사건 판결선고일인 2000.2.11.까지는 민법에 정한 연 5%의, 그다음 날부터 완제일까지는 연 25%의 각 비율에 의한 금원을 지급할 의무가 있다.

(12) 서울지법 95가합113894 손해배상 판결

임차목적물의 근저당권 설정 사실을 고지하지 아니한 중개업자의 기망행위로 인한 손해배상에 있어, 원고도 그 등기부를 열람하여 보지 아니한 과실 또한 이 사건 손해의 발생에 있어 하나의 원인이 되어, 피고의 손해배상책임 범위를 정함에 있어 참작하여야 할 것인바, 그 과실비율은 위 인정 사실관계에 비추어 원고가 20%로 하고, 피고인 중개업자가 80%의 손해배상책임을 판단한 판례이다.

(13) 부산지법 91가합3164 손해배상 판결

사기분양하는 조합주택의 분양을 알선한 부동산 중개업자에게 부동산중개업법 제19조 제1항등에 따른 손해배상책임이 있다고 본 사례.

원고의 손해금액은 38,215,000원인데, 원고의 과실을 참작하면 피고가 원고에게 배상하여야 할 손해액은 금 10,000,000원으로 정함이 상당하다고 할 것이다.

피고는 원고에게 금 10,000,000원 및 이에 대한 원고가 구하는 이 사건 소장부본 송달 다음 날임이 기록상 명백한 1991.2.8.부터 이 판결선고일인 같은 해 9.3.까지는 연 5푼의, 그다음 날부터 완제일까지는 연 2할 5푼의 각 비율에 의한 지연손해금을 지급할 의무가 있다.

_홍대리가 중개업소에 청구 가능한 손해배상 범위

저의 경우엔 얼마를 청구할 수 있을까요? 앞서 말씀해주신 판례들을 쭉 살펴보니 100%가 아니라 반도 청구하지 못할 것 같네요.

중개업소 보조인 이실장이 임대인과 홍대리 임차인과의 임대차 계약 당시에 임차보증금이 보증금 시세의 절반 이하인 것은 선순위 채권 과다로 인해서 그렇다는 것을 홍대리에게 분명히 고지했습니다. 홍대리 역시 그러한 이유로 시세의 절반 이하로 임차한 사실을 인지하고 있었으므로 중개인이 중개 대상물의 확인설명 의무를 소홀히 했다고는 볼 수 없습니다.

그런데 이실장이 계약 당시의 선순위 채권 금액으로 임차보증금의 손실이 발생될 수 없다는 점을 강조하였다는 점에서 앞의 판례를 인용해서 살펴보면 중개업자의 책임은 10~20%의 범위를 초과하지 않을 것으로 예상됩니다.

따라서 홍대리는 이 범위를 고려해서 중개업자를 상대로 손해배상 청구소송을 제기할 수 있다고 봅니다.

선생님 말씀과 판례를 보니, 저도 그렇게 생각이 되는군요.

_이과장이 중개업소에 청구 가능한 손해배상 범위

이과장님의 경우에는 계약 당시 등기부 상의 채권이 과다하지 않았고 주택 시세를 고려한다면 충분히 임차보증금을 회수할 수 있었는데 등기부나 주택의 임차인이 아닌 조세채권의 과다로 인해서 예측하지 아니한 압류공매가 진행되어 임차보증금의 손실을 가져오게 된 경우입니다. 중개업자의 과실이 크다고 볼 수는 없지만 중개업자는 중개 대상물을 확인 설명할 경우 등기부 상의 권리와 주택의 다른 임차인의 권리 이외에도 조세채권을 예상해서 계약서를 작성했어야 하고, 이를 위해서 국세징수법에도 규정이 있는 점 등을 고려해볼 때 중개업자의 과실은 10%의 범위를 초과하지 않을 것 같습니다.

네, 고맙습니다. 선생님, 그런데 너무 기가 막히는군요.

현실이 그렇습니다.

_박사장이 중개업소에 청구 가능한 손해배상 범위

박사장님의 경우는 손해배상 청구가 어렵다고 봅니다.

계약 체결 당시가 2004년이고, 그 당시에 박사장님의 환산보증금이 7억에 해당되므로 상가건물임대차보호법 적용 대상이 아니고 선순위 채권으로 근저당권이 60억원 등기된 채권 이외에는 다른 채권이 없다는 점과 이 선순위 채권에 대해서 중개업자가 중개 대상물 확인설명 의무를 태만히 하지 않았다는 점이 그 이유입니다.

그리고 박사장님이 별도 갱신하지 않고 계속해서 임대차 기간을 묵시적으로 연장하다가 임대인의 동의를 얻어서 임차권등기를 하였다는 점에서 중개업자의 책임을 묻기보다는 임차인의 과실이 대부분이므로 중개업자를 상대로 손해배상 청구를 해봐야 승산이 없을 듯 합니다.

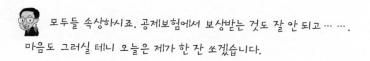

그렇겠네요. 제가 중간에 임차권등기를 위해서 재계약을 했거든요. 아무튼 속상한 것은 말로 할 수가 없네요

_김선생이 조촐한 술자리를 마련하다

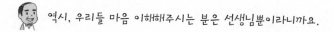

모두들 속상하시죠. 공제보험에서 보상받는 것도 잘 안 되고……. 마음도 그러실 테니 오늘은 제가 한 잔 쏘겠습니다.

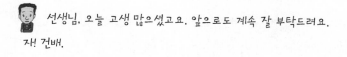

역시, 우리들 마음 이해해주시는 분은 선생님뿐이라니까요.

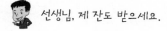

선생님, 오늘 고생 많으셨고요. 앞으로도 계속 잘 부탁드려요. 자! 건배.

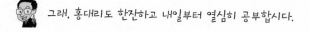

선생님, 제 잔도 받으세요.

그래, 홍대리도 한잔하고 내일부터 열심히 공부합시다.

그렇게 좌절에 빠졌던 세 사람은 김선생과 밤늦게 술자리를 한다. 그리고 그들은 다짐했다. 똑똑한 임차인으로 거듭나기를…….

05

홍대리, 이과장, 박사장, 새 희망을 꿈꾸다

김선생님으로부터 임차인 특별과외 수업을 받으면서, 그동안 우리가 아무 일 없이 산 것이 오히려 다행인 것 같아요.

이과장님, 무슨 말씀예요?

우리가 임차인에 대한 지식이 부족해서 보증금을 손해 본 게 얼마 전인데요.

어쨌든 이과장님 말씀대로 좀 더 일찍 알았더라면 우리들의 보증금을 안전하게 지킬 수 있었는데, 마음이 아프죠.

지난 일을 모두 잊고 새롭게 열심히 공부해서 다시 그런 일이 없도록 하자고요. 기회가 되면 우리도 경매나 공매입찰에 참여할 수 있게 경매 공부도 해보고.

그러면 김선생님! 임차인의 권리를 공부하기 위한 교육 과정은 어떻게 진행되나요?

가장 중요한 부분이 임대차계약서를 잘 작성하는 것입니다.

계약서는 중개업소에서 공인중개사 분들이 작성하고 우리들은 보증금만 지불하면 되지, 머리 아프게 계약서 작성 방법도 알아야 하나요?

박사장님! 아직도 정신 못 차렸군요.

나한테 임차인의 권리를 왜 배우게 되었나요?

계약을 잘못해서 공부하는 것 아닙니까?

여러분들은 모두 부동산 중개업소의 말만 믿고서 계약을 했지요?

여러분들이 계약서를 작성하는 방법과 임대차계약서 작성 당시 주의할 내용들만 기본적으로 알고 있었다면 지금과 같은 보증금 손실은 없었을 겁니다!

네, 그건 그렇죠.

그리고 계약을 하지 않았다면 임차보증금의 손실 문제가 아예 발생하지도 않았겠지요.

계약을 하니까 보증금도 떼일 수 있는 것이니, 그 근본을 파헤쳐야 합니다.

즉 계약서 작성 방법을 정확히 파악해서 앞으로는 손실을 보지 말아야 합니다. 그리고 계약서 작성은 살아가면서 여러 번 하게 되는데, 여러분 자신뿐 아니라 부모님이나 자녀, 그리고 형제분들의 계약에도 도움을 줄 수 있는 분야니 열심히 배우세요.

네. 우선 계약서를 잘 작성하려면 어떤 것을 잘 알아야 하고 유의할 점은 어떤 것이 있나요?

먼저 임차하려는 주택의 종류에 대해서 정확하게 파악하는 것이 먼저입니다.

김 | 선 | 생 | 특 | 별 | 과 | 외

단독 · 다가구주택에 있어서의 대항력이란?

예를 들어 서울시 서초구 방배동 100번지로 전입신고를 하고 주택 인도를 갖추었다면 적법한 대항요건을 갖추게 되므로 다음 날 오전 0시에 대항력이 발생합니다.

아파트 · 연립 · 다세대주택과 같은 집합건물에 있어서의 대항력이란?

서울시 서초구 방배동 100번지 천사아파트 108동 1004호로 동과 호수까지 정확하게 일치한 주소로 전입신고와 주택 인도를 갖추어야 다음 날 오전 0시에 대항력이 발생하는데, 다음 날 오전 0시 이후에 소유권이 제3자에게 이전되거나 근저당권 등의 담보물권이 설정되어도 이들 권리에 대항력을 주장할 수 있게 되어 내 권리를 안전하게 지킬 수 있는 것입니다.

추가로 알아둬야 할 것 한 가지!

단독 · 다가구주택에서는 대지와 건물이 별개의 부동산으로, 보통은 소유자가 같지만 간혹 다른 경우에 문제가 발생할 수 있고 아파트 등의 집합건물에서도 건물소유권(구분소유권)과 대지사용권(대지권)이 같은 경우가 대부분이지만 간혹 소유자가 다르거나(대지권미등기) 또는 대지권에 토지별도등기가 있으면 문제가 심각해져서 재산권 행사에 상당한 제약을 받게 되고 이는 곧 내가 임차한 주택 가격을 저감시키는 요인이 됩니다.
"그게 임차인과 무슨 상관이 있나, 집주인이 손해를 보는 건데"라고 생각할 수 있으나 집주인도 사람이라 본인이 감당하기 어려워지면 주택을 포기하는 경우가 발생합니다. 그러면 우리가 잘 알고 있는 경매가 진행되는데 이때 임차인의 임차보증금채권이 보장될 수 있을까요?
주택에 대해서 정확하게 이해하고 대응해야만 똑똑한 임차인이 될 수 있는 것입니다.

그냥 주택은 다 똑같은 걸로만 알고 있었는데.

다들 그렇게 알고 있으니 이과장이 모르는 것이 정상입니다.

계약서 작성 전에 임차할 건물 자체의 하자, 등기부등본 상의 권리하자, 건물을 점유하고 있는 점유자에 대한 하자 등을 모두 확인하고 나서 이상이 없을 경우, 계약서를 작성해야 되는데, 이 중에서도 등기부 상의 권리가 가장 중요합니다.대부분이 등기부등본에 대한 이해가 부족해서 손해가 발생하게 되므로 등기부에 대한 정확한 이해가 필요합니다.

그래서 일단 주택의 종류와 등기부를 이해하는 방법에 대해서 알아보고, 그 후에 계약서 작성 시 유의할 점과 계약서를 작성하는 방법에 대해서 강의하도록 하겠습니다.

부동산 전문가가 아니면 등기부를 보는 것 자체를 꺼리게 되죠.

그러다 보니 부동산 중개업소의 말에 너무 의존하고 이해가 잘 안 되는 부분도 반론을 제기하지 못하는데 먼저 등기부에 대해서 특강을 하신다니 반갑네요. 그리고 다음엔 어떤 공부를 할지 기대됩니다.

다음은 임차인을 보호하기 위해서 제정된 주택임대차보호법을 쉽게 이해할 수 있도록 임차인의 권리에 대해서 공부할 예정입니다.

김 | 선 | 생 | 특 | 별 | 과 | 외

주택임대차보호법에 대해 확실하게 알고 넘어갑시다.

일반 민법에 우선하는 특별법으로 주임법상 대항요건을 갖추고 있으면 대항요건을 갖춘 다음 날 오전 0시부터 대항력이 발생합니다. 이후부터는 새로운 소유자에 대해서 대항력을 주장할 수 있어서 물권우선주의 원칙에의 예외가 인정됩니다.

그리고 계약서에 확정일자를 받아두면 임차주택이 경매나 공매로 매각되더라도 후순위 채권에 대해서 우선변제 받을 권리도 갖게 되는 데 반해서, 특별법의 보호를 받지 못하는 일반 민법상의 임대차계약은 물권우선주의가 적용되어 새로운 소유자에게 대항력을 주장하지 못하게 됩니다.

이러한 일반임대차는 주임법 또는 상임법상 적용 대상이 아닌 건물이나 토지임대차에서 발생되는 것이지만, 주택이나 상가에서도 임차인이 대항요건을 갖추지 못했거나 갖추었더라도 대항력이 발생하기 전에 다른 담보물권이 설정되거나 소유자가 변경되면 그 권리자에게 대항력을 주장할 수 없지요.

예를 들어볼까요?

김갑돌 집(임대인)에 홍대리(임차인)가 5월 1일 보증금 잔금 납부와 동시에 대항요건을 갖추었더라도 대항력은 5월 2일 오전 0시에 발생하기 때문에, 같은 날 5월 1일에 임차인이 대항요건을 갖고 나서 소유권이 이전되거나 근저당권 등이 설정되어도 임차인은 이 물권(소유권과 근저당권 등)에 대해서 대항력을 주장할 수 없게 된다는 것입니다.

어렵네요. 물권우선주의는 무슨 뜻이죠?

물권과 채권이 부딪치면 물권이 채권에 우선한다는 원칙입니다.
왜냐하면 물권은 대부분 등기부에 등기되거나 법률적으로 인정되는 권리로 공시

를 하고 있지만 채권은 대부분 등기부에 등기하지 않고, 별다른 공시 방법을 갖춘 경우가 없어서 물권과 채권이 부딪치면 물권이 우선하는 것이 원칙인 겁니다.

여기서 채권이 등기부에 등기되는 경우는 예외입니다. 예를 들어 등기부에 채권 가압류나 압류를 하게 되면 후순위 물권(소유권, 근저당, 전세권)에 대해서 처분금지효력이 발생하여 물권우선주의의 예외가 인정되지요.

그리고 임차인이 주임법상 대항요건을 갖추고 있으면 그 권리가 등기되지 않아도 대항력 발생 이후의 물권 취득에 대해서 물권우선주의의 예외가 인정됩니다.

대항요건과 대항력이 무엇인지 확실히 알고 싶습니다.

대항요건은 주민등록과 주택 인도를 의미하는 것이죠. 보다 쉽게 설명하면 전입신고(임차인이 전입신고를 하게 되면 공무원이 주민등록표에 그 내용을 등재하게 되므로 주민등록과 전입신고는 같은 의미임)와 동시에 주택을 점유하면 대항요건을 갖추게 되는 것입니다.

이때 대항력은 다음 날 오전 0시에 발생하죠.

그리고 대항력은 새로운 소유자에 대해서 종전 임대차계약을 주장할 수 있는 힘을 갖는 것으로, 잔존 계약 기간 동안 주택을 사용 · 수익하고 계약 기간이 종료되면 보증금 반환과 주택 인도가 동시이행관계에 놓이게 됩니다.

그리고 대항력 발생 이후에 설정된 근저당이나 가압류 등이 있고 이들에 의해서 경매절차가 진행되어 낙찰자가 발생해도 그 낙찰자 역시 새로운 소유자에 불과하여 그에 대해서도 대항력을 주장할 수 있어서 낙찰자가 임차인의 권리를 인수해야 되는 것입니다.

네, 그렇게 되는군요!

다음에 공부할 것을 알려드리죠. 임차주택이 경매로 매각되면 임차인이 대항력을 주장할 수도 있고 우선변제권을 주장할 수도 있는데 다른 채권자와 관계에서 이 권리의 우선순위가 어떻게 되는가에 대해 공부할 예정입니다. 여기에다 임차인이 생활하면서 자주 발생하게 되는 문제점들을 사례별로 예를 들어 알아볼 것입니다.

마지막으로 이사 가서 대항요건을 갖추고 있는 주택이 경매당한 경우, 다가구주택을 경매로 낙찰 받아 약간의 수선절차를 거쳐 임대수익과 투자이익을 올리는 방법까지 알려드림으로써 임차인의 특별과외를 마치고자 합니다.

그때가 되면 여러분들은 분명 똑똑한 임차인으로 재탄생할 것을 확신합니다.

네, 잘 알겠습니다. 선생님.

홍대리! 이과장 ! 파이팅!!

임차인의 권리만 잘 이해하면 우리가 다시 보증금의 손실을 보는 경우는 없을 것 같아요. 그리고 주변에 우리와 같은 사람이 발생하지 않도록 도와줄 수도 있고.

그런데 김선생님, 우리가 배우는 임차인의 권리가 경매나 공매에서도 통하는지 그 경우 어떻게 차이가 발생하는지 알고 싶습니다.

임차인의 권리를 보호하기 위해서 제정된 법률이 우리가 잘 알고 있는 임대차보호법입니다.

일반적인 거래(경매나 공매로 매각되지 않고)로 매각되는 경우에는 종전소유자(임대인)로부터 소유권이 새로운 소유자로 바뀌기 전까지만 대항요건을 갖추고 있으면, 모든 임차인들이 새로운 소유자에게 대항력만을 주장할 수 있습니다.

예를 들어볼까요?

홍길동(임대인) → 이과장(임차인) 전입신고와 주택인도 → 국민은행 근저당 → 홍

대리(임차인) 전입신고와 주택인도 → 일반매매로 이기자 소유권이전등기한 경우

이과장은 물론이고 홍대리 역시 새로운 소유자에게 대항력을 주장할 수 있게 됩니다. 그러나 경매나 공매절차로 매각되면 임차인은 대항력과 우선변제권을 주장할 수 있는데, 모든 임차인이 대항력이 있는 것이 아니라 말소기준권리 이전에 대항요건을 갖춘 임차인만 대항력이 있어서 대항력을 주장할 수 있고, 이후에 갖춘 임차인은 대항력이 없어서 주장할 수 없습니다.

즉 홍길동(임대인) → 이과장(임차인) 전입신고와 주택인도 → 국민은행 근저당 → 홍대리(임차인) 전입신고와 주택 인도 → 일반매매로 이기자 소유권이전등기

이 경우에 말소기준권리인 국민은행 근저당권보다 먼저 대항요건을 갖춘 이과장만 대항력이 있고, 홍대리는 대항력이 없어서 미배당금이 발생해도 소멸하게 되는 겁니다.

대항력이 있든 없든 간에 배당요구해서 우선변제권을 주장할 수는 있지요.

대항력은 알겠는데 우선변제권은 확실히 이해가 안 됩니다.

우선변제권이란 경매로 매각되는 경우 그 매각대금에서 다른 채권자에 우선해서 변제받을 수 있는 권리로, 임차인은 우선변제권에 있어 두 개의 권리를 갖습니다.

하나는 소액임차인인 경우 소액임차보증금 중 일정액을 다른 담보물권 및 기타 채권에 우선해서 배당받게 되는 '최우선변제금'입니다. 다른 하나는 계약서에 확정일자를 받은 경우 그 확정일자 효력 발생일시에 따라 다른 담보물권 및 기타 채권에 우선해서 배당받게 받게 되는 권리입니다.

어쨌든 중요한 것은 대항력 있는 이과장(임차인)이 배당받지 못한 것은 낙찰자가 인수하게 되지만, 대항력이 없는 후순위 홍대리(임차인)의 미배당금은 채무자가 인수하게 되는 것이 일반매매로 소유자가 변경되는 것과 차이가 있지요.

임차인의 권리를 정확하게 이해하면 일반거래에서 자신의 권리를 안전하게 지킴은 물론, 경매나 공매로 매각되어도 권리가 안전하게 보장되고 이러한 능력은 다른 사람의 주택이 경매나 공매로 매각되는 경우에도 똑같이 권리분석할 수 있는 능력이 됩니다. 주변에 주택이 경매나 공매로 나온다면 입찰에 참여할 수 있는 실력도 갖추게 되는 거죠.

그것 참 반가운 소리네요.

우리도 임차인의 권리를 정확하게 이해해 다시는 보증금의 손실을 보는 일이 없도록 하고, 더 나아가 경매나 공매물건 입찰에 참여해 그동안 억울하게 손실을 본 것도 복구할 수 있겠네요.

그게 가능할까!

당연하죠.

꿈 자체가 없으면 가야 할 길을 몰라서 갈팡질팡하게 되지만, 꿈이 있다면 목표로 하는 길이 있어서 인생에서 한눈을 팔지 않게 됩니다. 결과적으로 그러한 사람이 성공하는 것을 많이 봐왔습니다.

우리에겐 더 이상 물러설 곳이 없어요.

열심히 산다는 것은 여러모로 좋은 선택인데 특히 그 공부가 재테크에 입문할 수 있다니 돈도 벌고 지식도 얻고, 일거양득이지요.

박사장님, 이과장님, 우리 열심히 해봐요.

파이팅!!

CHAPTER 2

임차인의 근심거리, 임대차계약 완전 정복

임차인의 근심거리는 계약에서 발생한다. 그러니 근심의 근원을 없애기 위해서 계약의 효력과 계약서 작성 전에 어떤 점에 유의해야 되는지, 임대차계약은 누구와 어떻게 작성해야 보호되는지, 나의 임차보증금을 어떻게 안전하게 지킬 수 있는지, 계약서가 작성된 후 계약이 해지되면 어떻게 대처하는지 알아보려고 한다.

마지막으로 임대인이 임차보증금을 반환하지 않을 경우 대처 방법을 알려줌으로써 임차인을 계약의 달인으로 만들고자 한다.

다시 말하지만 사후약방문이 되지 않으려면 계약부터 잘해야 된다.

06

계약서 작성 전에 유의해야 할 점은 무엇인가?

선생님, 이제 등기부 보는 방법도 알았으니 계약서에 대해 공부하고 싶습니다.

네. 여러분 모두 계약서를 작성할 때 잠깐의 실수를 해 고초를 겪은 분들이니, 이번 강의를 잘 듣고 다시는 그런 일이 없도록 해야겠습니다.

저는 예전부터 계약금 일부만 내고 가계약 하는 경우가 궁금했어요. 그럴 경우 계약을 해지하려고 할 때 위약금은 어떻게 계산하는지도 알고 싶네요.

네, 그 부분도 우리가 공부할 내용에 포함되어 있습니다.
그리고 제가 계약하기 전에 유의해야 할 팁 하나를 알려드릴까요?

선생님, 그런 게 있으면 저희들한테 꼭 알려주셔야죠.

임대인이 사업자일 경우 특히 조심해야 된다는 것입니다. 사업하는 분들은

세금을 체납하는 경우가 많습니다. 또 임대인에게 상속 재산이 있을 경우에도 같은 이유로 주의해야 합니다. 네이버 "김동희 부사모" 카페에서 이 책 제목을 검색하면 더 자세하게 공부할 수 있습니니다.

_계약의 의미와 효력에 대해 알고 싶습니다

(1) 계약은 어떻게 성립되는가?

구두로 해도 계약은 적법하게 성립되므로 계약을 한 당사자 간에 효력이 미치지만, 구두계약은 쉽게 파기되거나 계약 내용을 부인하는 경우 그 증명을 위해서 어려움이 많이 발생하므로 인쇄된 계약서 용지로 계약서를 체결해야 분쟁의 소지를 없애고 완전한 계약(약속)의 이행이라는 목적을 달성할 수 있다.

왜냐하면 추후 분쟁 발생 시 구두계약인 경우 증빙 서류가 부족해서 다툼이 생기지만 계약서를 작성해두면 이들 계약서가 중요한 근거가 될 수 있기 때문이다.

당사자 간의 계약이 성립하려면 의사표시의 합치, 즉 '합의'가 있으면 되는 것이고, 계약서의 작성은 계약의 성립 그 자체의 요건은 아니며, 원칙적으로 그것은 계약의 성립을 증명하는 증거일 뿐이다.

계약은 당사자 간 쌍방이 작성하는 것이 원칙이지만 당사자 상호 간에 작성된 계약은 비전문가들이고 서로 아는 사이에서 작성된 경우가 대부분이므로 분쟁이 많이 발생한다.

부동산 전문가라도 계약서 작성은 신중해야 되는데 그 계약의 하자가 발생하면 그로 인해 손실을 보게 되는 상대방은 너무 큰 희생이 따르게 되므로 예상되는 문제점 등을 종합적으로 검토한 다음 이상이 없을 경우에 해야 한다. 만일 하자가 있다면 계약이 이행되는 과정에서 수정되도록 특약란에 기재해 계약 이행의 완성도를 높여야 한다.

계약 단계에는 계약서를 작성하는 주계약과 계약금계약, 그리고 계약이 이행되는 단계에는 중도금과 잔금의 지급 과정으로 나누어 볼 수 있다.

김선생의 한/마/디

약은 약사에게, 계약서 작성은 전문가에게!

계약이라는 것은 참으로 이상합니다. 계약서 작성할 때는 보이지 않았던 것들이 작성하고 나서 5분만 지나면, 아니 돌아서기가 무섭게 잘못된 것(확인하지 못했던 사실이나 추가로 요구하고 싶었던 문제)이 크게 보이게 되어 작성할 때마다 주의를 상당히 기울여야 합니다.
따라서 당사자 간의 쌍방계약이라도 부동산 전문가에게 계약서 작성을 의뢰하는 것이 예측하지 못한 사고를 방지하고 그 계약 이행의 완성도를 한층 높일 수 있을 것입니다. 부동산 중개업자의 알선에 의해서 작성되는 계약서라면 추후 법적 분쟁 발생 시 증인 또는 증거 자료로서 신뢰도를 높일 수 있고 계약에 하자가 발생 시에도 공제보험에서 보장받을 수 있어 손실을 줄이게 되는 거지요.

판례 돋보기

당사자 간의 계약일 경우

당사자 간 계약일지라도 중개업자가 계약서를 작성한 이상 책임이 중개업자에게도 있으므로 공제보험 혜택을 볼 수 있으나, 그 책임의 한도는 20%의 범위를 초과하지 않는다(대법 2009다78863, 78870 손해배상).

(2) 계약의 효력과 계약 해제에 따른 손해배상책임

계약서를 작성하고 서명날인하는 주계약서를 작성했으면 계약은 적법하게 성립된 것이므로 계약서 작성 이후 당사자의 일방이 이를 마음대로 해제할 수 없는 것이 원칙이고, 다만 주된 계약과 더불어 계약금계약을 한 경우에는 임의해제(계약금을 위약금으로 포기하고)를 할 수 있기는 하나, 계약금계약은 금전 기타 유가물의 교부를 요건으로 하므로 단지 계약금을 지급하기로 약정만 한 단계 또는 일부만 지급한 상황에서는 아직 계약금으로서의 효력, 즉 위 민법 제565조 제1항의 계약해제를 할 수 있는 권리는 발생하지 않게 된다.

계약에서 계약금 일부만 지급하고 나머지 금액은 다음 날 지급하기로 하였으나 계약 불이행된 경우 상대방이 지불해야 하는 위약금의 한도에 대해서 살펴보면, 계약금계약은 계약서에 매매대금 또는 임차보증금의 10%로 기재하고(10%를 고집하는 것이 아니라 실제로 계약서에 기재된 계약금을 의미) 계약금을 지급한 경우 성립하게 되는데, 가지고 있는 현금이 부족해서 계약금의 일부만 지급하고 나머지는 계좌이체 또는 다음 날 오전에 입금하기로 약속하고 계약서를 작성해도 그 계약은 유효하게 성립하게 되는 것이다.

그런데 계약금 전부를 지급하고 계약이 해제된 경우 계약금을 위약금으로 포기하고 계약을 해제할 수 있지만, 계약금 일부만 지급하고 계약을 불이행하게 된다면 위약금은 실제로 지급한 금액만을 가지고 위약금으로 할 것인가 아니면 계약금 전체를 지급해야 계약을 해제할 수 있는가가 문제로 대두될 수 있다.

계약금계약은 계약금의 요물(要物)성 때문에 실제로 교부된 금액의 범위에서만 계약으로서의 효력이 있다는 요물계약성을 어느 정도 범위에서 인정해야 하는가에 대해서 학설에서 논란이 일고 있는 것 또한 사실이다.

하지만 법원의 판단은 실제 교부된 금액만을 가지고 위약금으로 할 수 있는 것이 아니라 계약서에 기재된 계약금 전체를 위약금으로 지급해야만 계약을 해제할 수 있는 것이고, 계약금의 일부만을 위약금으로 지급한 이상 아직까지 계약은 해제된 것이 아니므로 그 계약의 효력이 발생한다고 판단하고 있는데 그에 대한 판결을 살펴보면 다음과 같다.

1) 대법원 2008.3.13. 선고 2007다73611 판결

① 계약금계약의 요건 및 계약금 지급약정만 한 단계에서 민법 제565조 제1항의 계약해제권이 발생하는가?

"원심판결 이유에 의하면 원심은, 계약금계약은 요물계약이기 때문에 약정에 따른 계약금이 지급되기 전까지는 계약당사자 어느 일방도 그 계약에 구속되지 않고 자유로이 이를 파기할 수 있도록 계약해제권이 유보되어 있다는 것을 전제로(서울고법2006나107557)"

그러나 원심의 이러한 판단은 수긍할 수 없다.

계약이 일단 성립한 후에는 당사자의 일방이 이를 마음대로 해제할 수 없는 것이 원칙이고, 다만 주된 계약과 더불어 계약금계약을 한 경우에는 임의 해제를 할 수 있기는 하나, 계약금계약은 금전, 기타 유가물의 교부를 요건으로 하므로 단지 계약금을 지급하기로 약정만 한 단계에서는 아직 계약금으로서의 효력, 즉 위 민법 규정에 의해 계약해제를 할 수 있는 권리는 발생하지 않는다고 할 것이다.

② 적법한 대리권 유무를 조사 · 확인하지 않은 채 중개행위를 한 부동산 중개업자의 부동산 매수인에 대한 손해배상책임을 인정한 사례

이 판결은 계약이 계약금을 지급하기 전에 매도인이 계약을 해제했기 때문에 계약이 성립되지 않았으므로 중개업자의 무권대리인과 계약서를 작성한 것에 대한 손해배상책임이 없다고 판결한 서울고법의 판단을 뒤집고 다시 서울고법으로 환송한 사건이다.

2) 대법원 1999.10.26. 선고 99다48160 판결

매수인이 당시 계약금을 미처 준비하지 못하였던 관계로 일단 계약금을 지급하였다가 되돌려 받아 보관하고 있는 것으로 처리하기로 하여 계약금 상당액의 현금보관증을 작성하여 매도인에게 교부한 경우, 매도인과 매수인 사이에는 계약금 상당액의 위약금 약정이 있었다고 볼 수 있다. 매수인이 계약을 위반하였다면 실제로 계약금을 지급하지 않았다 하더라도 약정한 위약금을 지급할 의무가 있다고 판결하였으므로 계약서를 체결할 때 계약금의 일부를 교부하는 경우에는 추후 분쟁의 소지를 방지하기 위해서라도 계약금의 나머지는 언제까지 지급하기로 별도 특약란에 기재하여야 한다.

3) 서울고등법원 2006.11.21. 선고 2006나34260 판결

2005년 성남 분당의 아파트 1채를 대금 5억 5천만원에 매각하기로 계약하고, 계약서에는 계약금 5천 5백만원, 중도금 2억원, 잔금 3억원으로 기재했다.

그런데 계약 당일 매수인이 준비한 돈이 350만원에 불과해서 일단 350만원 실제로 수수하고, 나머지 계약금 5,150만원은 며칠 후에 매도인 계좌로 송금하기로 약속했다.

그런데 나머지 계약금 입금예정일에 매도인은 계약을 이행할 뜻이 없다는 점을 매수인에게 밝히면서 입금 계좌를 해약하는 방법으로 계약금 수령을 거절했다. 또 계약을 해약한다는 뜻을 분명히 하는 차원에서, 공탁절차까지 바로 밟았다. 그런데, 공탁한 금액은 계약서 상에 계약금으로 기재된 5,500만원이 아니라 실제로 받은 350만원의 2배인 700만원뿐이었다.

이렇게 되자, 매수인은 매도인이 대금 수령을 거절하는 등 계약을 위반하였으므로 손해배상책임이 있는데, 계약서 상에는 계약금 상당의 손해배상예정규정이 있고, 이 사건 계약금은 실제로 수수된 금액이 아니라 계약서에 약정된 금액인 5,500만원이라고 주장하면서, 지급한 350만원과 5,500만원을 합한 5,850만원을 손해배상으로 지급해달라는 소송을 제기했다.

김선생의 한/마/디

임대차보증금이 있다고 연체차임을 지불하지 않으면 안 돼요.

임대차보증금은 임대차계약이 종료된 후 임차인이 목적물을 인도할 때까지 발생하는 차임 및 기타 임차인의 채무를 담보하는 것으로서 그 피담보채무액은 임대차관계의 종료 후 목적물이 반환될 때에 특별한 사정이 없는 한 별도의 의사표시 없이 임대차보증금에서 당연히 공제되는 것입니다.
특별한 사정이 없는 한 임대차계약이 종료되었다 하더라도 목적물이 명도되지 않았다면 임차인은 임대차보증금이 있음을 이유로 연체차임의 지급을 거절할 수 없는 것이고, 또한 임대차보증금액보다도 임차인의 채무액이 많은 경우에는 민법 제477조에서 정하고 있는 법정충당순서에 따라야 합니다.

〈법원이 제시한 계약금판단의 기준〉

법원은 "피고(매도인)가 이 사건 매매계약을 유지하지 않으려는 의도로 약정계약금의 수령을 거부하는 등 약정계약금을 지급하지 못하게 된 원인이 피고에게 있음이 명백한 이상, 원피고 사이에 매매계약 해제권유보약정의 기준으로 정한 계약금은 피고가 실제 지급받은 350만원이 아니라 약정계약금인 5,500만원으로 보아야 한다."는 취지로 판시했다.(최광석 변호사의 칼럼 내용에서 일부 발췌)

(3) 계약의 종류

1) 계약서의 종류

매매계약서에는 단독 · 다가구주택의 매매계약서, 아파트매매계약서, 토지매매계약서, 상가건물 매매계약서, 임야매매계약서, 농지매매계약서, 부동산물물교환계약서, 상가(점포)권리양도계약서, 부동산매매약정서(허가구역 내에서 허가받기 전에 작성하는 계약서)가 있다.

그리고 임대차계약서는 아파트 · 단독(다가구)주택의 임대차계약서(보증금만 있는 경우) 및 월세계약서(보증금 일부와 매월 일정액의 월세를 지급하기로 하는 계약), 상가(점포)임대차계약서, 토지(농지, 임야 등)임대차계약서 등이 있다.

이번 강의 내용이 임차인에 대한 권리를 분석하는 것이므로 여기서는 임대차계약만을 다루게 된다.

2) 임대차계약서(채권적 전세계약서)

임대차계약서는 임차인이 임차보증금(전세보증금)을 주택소유자(임대인)에게 지급하고 그 주택을 임차해서 임대차 기간 동안 사용 · 수익할 수 있는 권리를 증명하는 문서인데, 이러한 채권적인 전세는 용익물권인 전세권과 비교하면 전세권은 전세권자가 전세권설정자(주택소유자)에게 전세금을 지급하고 설정자는 전세권자를 위해서 등기부에 전세권설정 등기와 동시에 주택을 전세권자에게 인도함으로 그 효력이 성립되는 데 반해서, 채권적 전세는 임대차계약에 기해서 주택을 임차하는 것으로 등기부에 등기가 이루어지지 못하지만 주임법상 대항요건만 갖추고 있으면 대항력과 우선변제권의 효력이 발생하게 된다는 차이가 있다.

(4) 계약에 대한 오해와 진실

1) 계약서를 작성하고 24시간 안에 언제든지 계약을 해지할 수 있다?

김선생의 **한/마/디**

임대차계약은 가전제품 구입과는 다르다는 사실!

이런 오해는 공산품 등에 있어서 계약을 해지할 수 있는 규정과 혼동함으로써 생긴 것이라 볼 수 있습니다.
부동산에서 계약의 진실은 이렇습니다. 계약서를 작성하고 계약금이 입금된 후에는 반드시 위약금을 지급해야만 계약을 해지할 수 있습니다.
민법상 계약 체결은 당사자 간의 의사의 합치에 의해서 결정된 사항으로 보아 그렇습니다.

2) 계약서만 작성하고 계약금을 입금하기 전에는 손해배상의 책임이 발생하지 않는다?

김선생의 한/마/디

계약금 일부만 내고 계약했을 때, 위약금은 실지급 금액이 아니에요.

부동산 중개실무에서는 계약서를 작성(주계약)하고 서명날인했더라도 요물계약이라 계약금계약이 성립되어야, 즉 계약금이 입금되어야 그 효력이 발생하게 되는 것으로 봅니다. 계약금이 입금되지 않으면 계약이 온전하게 성립되지 않은 것으로 판단해서 계약을 무효화시키고 있고, 손해배상을 청구하는 경우는 거의 없는 것이 현실인데, 계약금이 입금된 경우라면 계약이 적법하게 성립되었다고 보는 거지요.
즉 계약을 해제하려면 그 상대방은 계약금에 해당하는 위약금을 배상해야 해제가 됩니다. 계약금의 일부만을 지급한 경우도 그 계약금 일부만을 위약금으로 하고 계약을 해제하는 경우가 대부분이어서 계약을 가벼이 생각하게 되는 풍조가 만연해 있지만 법원은 앞의 판례들과 같이 엄격하게 판단하고 있으니 유의해야 됩니다. 그러나 가계약의 경우는 조금 다른데, 실제 지급한 금액만 위약금으로 지급하면 될 것입니다.

3) 중개업소에서 계약서 작성 시 보증금 손실은 100% 책임지므로 안전하다?

"계약이 잘못돼서 손해가 발생하면 누가 책임지나?" 편에서 이미 확인했듯이 부동산 중개업소의 과실이 없으면 책임이 없고, 있다고 하더라도 그 책임을 확정시키기가 어려우며 상당 부분이 임차인의 과실책임(70~80%)으로 돌아가게 되므로 계약서 작성 당시 임차인이 자신의 권리를 지키기 위해 각별히 주의해야 한다.

_임대차계약서 작성하기 전에 유의할 사항은 무엇인가?

(1) 계약 체결 전에 임차주택의 매매 시세와 전세 시세를 조사해보라

계약을 하기 전에 임차할 주택의 시세와 전세 시세가 적당한지를 인근 부동산 중개업소를 방문해서 확인하면 되는데 유의할 점은 중개업소를 통해서 계약을 체결하는 경우도 다른 중개업소에 대한 조사를 게을리 해서는 안 된다는 점이다.

이 내용은 부동산 거래를 중개하는 중개업소의 정보가 부풀려질 수 있고, 만일 그렇다면 그의 모든 책임은 임차인 또는 매수자의 책임으로 남게 되기 때문이다.

(2) 계약서 작성 전에 임차주택의 현황을 파악하라

〈임차할 주택의 보수 · 개선 필요성〉

임차할 주택을 방문해서 주택을 사용하는 데 문제점을 파악하고 수선 · 보수가 필요한 경우 입주 전까지 개선할 것을 계약서 특약란에 기재해두어야 한다.

〈임차주택에 임차인이 점유하고 있는 경우〉

새로운 임차인이 이사 시기에 맞춰 이사를 갈 수 있는가와 임차 부분 외에 다른 임차인이 있는가를 점검해야 된다.

다가구주택인 경우 다수의 임차인이 발생할 수 있으므로 전체 가구 수 및 임차보증금 합계, 공실 부분이 있는 경우 추가적인 소액보증금 중 일정액의 발생요건을 분석하고, 특히 이 과정 속에서 임차주택의 소유자가 누구인가 정도는 쉽게 확인할 수 있다.

(3) 등기부등본, 대장 등의 공부를 열람해보라.

등기부등본, 건축물대장(토지대장), 토지이용계획확인원 등을 확인하여 임대인이 공부 상 소유자와 일치하는가와 임차할 주택에 권리상 하자가 있는가에 대해서 다음과 같이 분석해야 된다.

1) 등기부등본

계약서 작성 전 등기부등본(건물, 토지)을 발급받아 계약하고자 하는 부동산의 소유자가 누구인지, 선순위 담보물권은 얼마나 설정되어 있는지, 가등기, 가압류(압류) 가처분, 예고등기, 단독주택에서 건물과 토지 소유자가 다른 경우, 집합건물에서 토지별도등기와 대지권미등기, 신탁등기가 있는가를 확인해야 한다.

단시일 내에 권리자(소유자 또는 기타 권리자 등)가 자주 변경되는 경우와 복잡하게 얽혀 있는 것은 일단 의심을 해서 확인한다.

위 사례 중에서도 가처분소송이 진행 중이거나 예고등기, 가등기, 주택에서 대지와 대지권이 제3자 소유인 경우에는 주택소유자가 온전한 소유권을 갖지 못했거나 소유권을 잃게 될 수 있는데 이러한 문제는 임차인에게도 부메랑이 되어 임차보증금채권의 손실로 이어질 수 있으므로 유의해야 한다.

① 선순위로 근저당권이나 전세권, 담보가등기, 조세압류, 공과금압류 등이 있는 경우

후순위 임차인은 소액임차인의 최우선변제금을 제외하고는 이들 권리보다 후순위로 임차주택이 경매로 매각되면 배당금에서 선순위 담보물권(법정담보물권)이 우선변제 받고 나머지 금액에서 배당받게 되므로 채권의 손실이 예상된다.

② 선순위로 일반채권(가압류, 압류)이 등기되어 있는 경우

후순위 임차인은 소액임차인이라면 최우선변제금을 먼저 배당받고, 나머지 확정일자우선변제금액에 대해서는 동순위로 안분배당받게 되어 임차보증금채권의 손실이 예상된다.

김선생의 경험에 의하면 저감되는 것을 고려해서 선순위 채권과 나의 보증금을 포함해서 아파트의 경우 60% 이내, 다가구주택은 50% 이내에서 임대차계약을 체결하는 것이 안전하다고 판단된다.

③ 가등기(매매예약가등기, 담보가등기)가 이루어진 경우

매매예약가등기의 경우 그 가등기가 진정한 이상 가등기권자를 소유자로 보아 임대인으로 계약서를 작성해야 되므로, 조남준 소유권이전등기 → 조재영 매매예약가등기 순서라면 조재영을 임대인으로 계약을 체결해야 한다.

가등기가 담보가등기인 경우에는 소유자는 가등기권자가 아니라 설정자(조남준)에게 있으므로 계약 체결은 소유자(가등기담보설정자)와 하면 된다. 유의할 점은 가등기담보설정계약서를 확인해서 선순위 채권액 발생금액 등을 판단하여 내 보증금의 보장 여부 등을 계산하고 계약을 체결하면 되는데, 가등기권자가 담보가등기인 경우도 많고, 매매예약가등기인 경우에도 채무면탈의 방법으로 많이 사용하고 있어서 그 진정성이 인정되지 못하는 경우가 많다.

이러한 경우 소유자와 가등기권자를 공동임대인으로 임대차를 체결하면 누가 소유권을 가진들 문제가 되지 않을 것이다.

④ 신탁등기된 주택에서는 누구와 임대차계약을 체결해야 하는가?

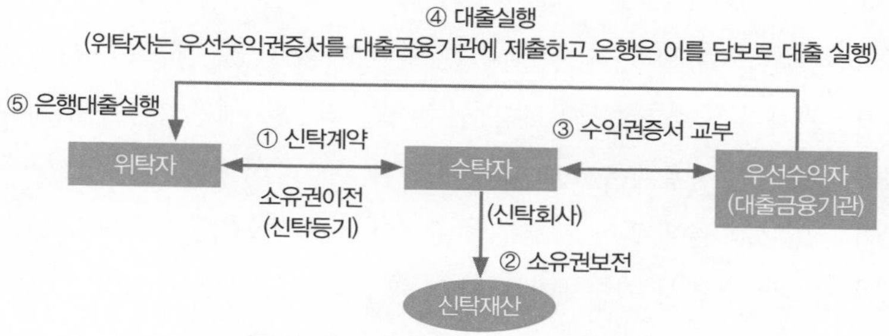

신탁등기된 주택은 위탁자에게 소유권이 있다.

다만 신탁회사는 위탁자와 신탁계약을 통해 부동산을 수탁받아 일정 기간 동안 채권자(우선수익자)를 위하여 수탁부동산의 담보가치가 유지 · 보전되도록 관리하다가 위탁자가 채무를 상환하면 수탁부동산을 위탁자에게 환원하게 되는 것이므로, 위탁자 또는 수탁자 누구와 계약을 체결하여도 적법해서 주택임대차보호법의 보호를 받을 수 있다는 것이 대법원의 판례이다.

위탁자와 수탁자가 작성한 신탁계약서원부에 수탁자와 우선수익자의 동의를 거쳐서 작성하기로 약정하고 동의를 거치지 아니한 것에 대해서 수탁자와 위탁자에 대항할 수 없도록 규정하고 있으므로, 신탁등기된 부동산에 임대차계약서를 체결하는 경우는 위탁자보다 수탁자와 계약서를 체결하고 보증금은 수탁자의 법인보관 계좌에서 보관하게 하는 것이 안전하다. 이러한 경우에도 임차보증금을 우선수익자(위탁자의 대출은행)의 대출금으로 상환하는 경우도 있으니 유의해야 한다.

⑤ 예고등기, 가처분소송이 진행되는 경우

이들 권리는 말소기준권리보다 또는 임차인의 권리보다 선순위든 후순위든 소멸되지 않는 권리가 대부분이므로 특별한 주의가 필요하다.

가처분의 경우에는 ㉠ 소유권에 관한 가처분(갑구에 기재)과 ㉡ 소유권 이외의 저당권(을구에 기재) 등에 관한 가처분 등이 있는데 위 ㉡사례는 가처분권자가 말소기준권리보다 선순위인 경우는 매수인이 인수해야 되나 후순위인 경우에는 소멸 대상이 된다.

위 ㉠의 소유권에 관한 가처분의 경우에서는 말소기준권리보다 선순위인 경우는 당연히 인수해야 되지만, 후순위인 경우에도 소멸되지 아니하고 낙찰자가 소유권을 상실하는 경우가 발생될 수 있는데, 이는 후순위 가처분이므로 경매절차에서 말소되어도 가처분이 갖고 있는 효력은 살아남아서 본안소송의 결과에 따라 매수인의 운명이 달라지게 되는 것이다.

예를 들면 갑 소유자 → 을 근저당 → 병 세금압류 → 정 가처분(갑 소유권 말소청구에 관한 가처분) → 병의 압류공매 대행의뢰 → 무 낙찰자 → 정 가처분권자 승소 시 →

정이 소유권을 취득하고 그 이후 모든 권리는 원인무효로 소멸 대상이 되어 무 낙찰자 역시 소유권이 상실되므로 주의해야 한다.

이 경우 을 · 병 채권자의 말소청구도 동시에 진행하고, 그에 따른 예고등기도 동시에 법원공무원이 촉탁등기를 하게 되나, 예고등기제도가 폐지되었다는 점과 가처분과 예고등기를 구분한다는 점 등으로 위와 같이 간략하게 구분 지어서 기술한 것인데, 이러한 이유는 현행법이 부동산의 선의취득*을 인정하지 아니하고 부동산등기에는 공신력이 없기 때문이다.

---

* "선의의 취득"이란 제3자가 권리의 외관만을 믿고 거래했을 때 전 소유자에게 실질적인 권리가 없었더라도 권리의 취득을 인정하는 것을 뜻한다.

⑥ 주택에서 건물 소유자와 대지 소유자가 다른 경우

단독 · 다가구주택에서 주택 소유자와 대지 소유자가 다른 경우, 또 집합건물에서 건물의 구분소유자가 대지권이 없는 경우, 토지별도등기가 있는 집합건물은 추후 토지에 설정된 채권자에 기해서 경매가 진행된다면 건물 소유자가 토지를 매수하지 않는 한 대지권이 없는 건물구분소유자가 될 수 있으므로, 위 모든 사례에서 건물 소유자와 임대차계약을 체결하게 된다면 보증금채권의 손실이 예상되므로 유의해야 한다.

김선생의 **한/마/디**

임차인은 경매기입등기된 주택인지 확인하는 것이 필수!

등기부만 확인하면 경매나 공매가 등기부에 등기되어 있어서 알 수 있는데 이것을 확인하지 않고 계약서를 작성하는 중개업자나 임차인이 있습니다. 보증금 손실이 발생할 수 있으니 임대차계약을 하기 전에 필히 등기부 확인을 하세요.

2) 토지대장, 건축물관리대장

각 공부 상의 주소 및 소유자가 모두 정확히 일치하는지(등기부등본과 건축물대장 등과 일치 여부) 등을 확인해야 된다.

단독주택(다가구주택)은 번지만 일치하면 되지만, 집합건물(아파트, 다세대, 연립 등)은 번지, 동, 호수 등이 일치해야 하는데 이러한 주민등록상 주소는 건축물대장과 일치해야 주임법상 대항력과 우선변제권이 발생한다. 등기부가 기준이 되는 것이 아니지만 소유권에 관한 내용은 등기부가 기준이 된다.

(3) 등기부에 나타나지 않는 조세나 공과금채권 등이 있는가 살펴라

조세채권 등은 경매물건에서 압류 여부와 상관없이 조세채권이 발생한 법정기일이 기준이 되므로 이 기준일보다 임대차계약서 상 확정일자가 후순위이거나 같을 때에는 배당순위에서 조세채권이 우선하게 된다.

특히 당해세인 경우는 항상 저당권부 채권(근저당권, 담보가등기, 확정일자에 의한 우선변제권)의 성립 시기를 불문하고 우선하므로, 등기부에 압류되어 있거나 압류되지 않은 조세채권 등이 있을 수 있으니 조세채권 등의 체납 여부 등도 확인해보아야 한다.

부동산 소재지 관할 주민센터와 세무서 등에서 지방세와 국세완납증명서를 발급받아 오도록 해서 확인하는 방법을 이용하면 편리하다.

김선생의 한/마/디

임대인이 사업가이거나, 상속 재산이 있는 경우 특별히 조심할 것!

보이지 않는 조세채권 중에서 유의할 것은 임대인에게 상속받은 재산이 있거나, 임대인이 사업가일 경우입니다. 그들에겐 당해세뿐 아니라 부가세 및 법인세의 상당한 금액이 체납되는 경우가 빈번하니 내가 임차하고자 하는 건물의 주인이 여기에 해당하면 반드시 확인해야 될 것입니다. 이를 게을리한다면 그 고통은 현실로 이어질 게 뻔합니다.

계약 당시 귀찮고 껄끄럽고 다툼이 되는 일들을 해결하지 않으면, 부메랑이 되어 훗날 몇 배의 시련으로 돌아오지만, 임차인이 목소리를 조금만 높여서 해결한다면 미래가 편안해지고 소송에서 벗어날 수 있습니다. 이 간단한 규칙 하나 가벼이 여겨서 소송을 하게 되는데 중요한 것은 소송을 진행하긴 하지만 판결문을 받아봐야 받을 돈이 없다는 것입니다.

임대인한테서 나올 돈이 없는데, 어떻게 받을 수 있겠습니까?

(4) 주택의 소유자가 다수인 공유물의 경우 주의하라

임대차계약은 관리행위로 민법상 공유물관리에 관한 법률에 따라 지분 비율의 과반수 이상의 동의가 있으면 그 효력은 전체에 미치게 된다.

이때 주의할 점은 문제가 발생 시 계약에 참여한 지분권자가 우선적으로 책임진다는 특약을 문구에 삽입하면(책임이 한정될 수 있다), 전체적인 재산권 행사에 제약이 따르게 되므로 이러한 문구 없이 일반적으로 과반수 지분 이상의 동의를 얻어서 임대차계약서를 작성하여 주민등록과 계약서에 확정일자를 받아두면 그 계약의 효력은 공유자 전원에 대하여 대항력을 주장할 수 있다.

하지만 과반수 미만과 임대차계약을 체결했다면 주임법상 대항력과 우선변제권이 발생되지 못하고 민법상 일반임대차로 계약 당사자에게만 그 효력이 미치게 된다.

주의할 점은 과반수 이상에 해당하는 동의를 얻어 계약을 체결했더라도 그 지분 일부에 근저당이나 가압류, 압류 등의 처분제한이 있는 경우 이 채권자에 의해서 경매가 진행되는 경우 처음부터 이 지분권자의 동의는 채권자에 대항할 수 없어서 동의가 없는 것으로 되어 나머지 지분만으로 과반수에 해당되지 못하면 대항력을 상실하게 될 수도 있다는 것에 유의해야 하는 것이다.

갑 1/3지분 소유	을 1/3지분 소유	병 1/3지분 소유
96년 1월 A임차인(101호)	전체지분 3,000만원	전입/확정일자
96년 5월 갑 지분만 B근저당 6,000만원	×	×
96년 7월 C임차인(201호)	전체지분 4,000만원	전입/확정일자
96년 9월 D임차인(102호)	전체지분 3,000만원	전입/확정일자
97년 5월 갑 지분만 B의 임의경매	×	×

위의 경우, 임차인 갑과 을의 지분 즉 갑과 을을 공동임대인으로 임대차계약을 체결했다면, 또는 갑이 을의 동의를 얻어 갑을 임대인으로 계약서를 체결했다면 적법한 관리행위에 해당되어 주임법상 대항력과 우선변제권이 인정되고, 동의하지 않은 병에 대해서도 대항력과 우선변제권을 주장할 수 있다.

A임차인은 갑과 을 지분이 제3자에게 매각된 경우뿐만 아니라 동의하지 아니한 병 지분이 매각되어도 주임법상 대항력과 우선변제권을 주장할 수 있는데, 문제는 여기서 끝나지 않는다.

C와 D임차인은 갑 지분이 B근저당권에 의해서 경매된다면 대항력이 없어서 갑 지분에서의 임차인의 권리가 소멸되는데, 이러한 이유는 갑 지분이 먼저 경매가 진행되면 애당초 C와 D임차인은 갑 지분권자의 동의가 없었던 것과 같이 되는 것이다.

그러나 갑 지분, 을 지분, 병 지분, 또는 전체 지분이 일반거래로 매매된 경우에는 C와 D 임차인은 대항력이 있다.

그리고 을 지분, 병 지분, 또는 전체 지분이 경매로 매각되는 경우에는 대항력과 우선변제권을 주장할 수 있다는 점에 유의해서 임대차계약서를 작성하면 될 것이다.

(5) 미등기 아파트나 분양권의 매매계약과 임대차계약 체결 시 더 조심하라

분양권에 대하여 조합과 시공회사에 확인하고 실제 소유자가 맞는 경우 분양권매매계약서에 조합 또는 시공회사 도장을 날인받아야 한다.

이 당시 분양대금의 미납금, 연체금 등을 확인하는 것은 물론이고 신규 분양받은 아파트에 대해 대출하여준 은행에서 대출금액 및 이자 등을 확인하여야 하고, 조합원분양권인 경우에는 이주비(무상이주비) 및 추가 대출금(유상이주비), 연체 이자 등에 대하여 대출하여준 은행에 대해서 신규 아파트 분양과 같이 확인하고 이상이 없는 경우에 채무승계를 받아야 한다.

이러한 모든 과정이 끝이 나면, 분양권매매계약서를 구청에 취득신고하고 취득세를 납부하면 된다. 임시사용 승인이 나왔으나 미등기 아파트 등에 입주하는 임차인 등도 분양계약서가 진정한 것임을 확인하는 경우 위와 같은 내용을 확인하면 잘못된 임대차계약으로 인해서 보증금의 손실을 보지 않고 적법한 임대차의 효력으로 대항력과 확정일자에 의한 우선변제권으로 후순위 채권자보다 우선해서 권리를 보호받을 수 있게 되는 것이다.

(6) 주택을 유치권자가 점유하고 있는 경우 누구와 계약을 해야 하나?

① 소유자의 동의 없이 유치권자가 임대차계약을 한 경우

적법하지 못한 임대행위가 되어 유치권은 소멸청구 대상이 되므로 임차인 역시 소유자에게 그 권리를 가지고 대항하지 못하여 그 점유를 소유자에게 이전해줄 수밖에 없다.

② 소유자의 동의를 얻어 유치권자가 임대차계약을 한 경우

적법한 임대행위로 유치권자는 임차인을 직접점유자로 하는 간접점유자가 될 수 있어서 유치채권이 회수될 때까지 점유를 이전하지 않음으로 해서 유치채권을 회수할 수 있다.

임차인은 계약 기간의 종료 시 유치권자가 소유자(유치권의 채무자)로부터 채무를 변제 받아서 임차보증금을 상환하고 건물을 소유자에게 인도하는 순으로 진행하게 된다.

그러나 유의할 점은 소유자의 동의를 얻은 행위는 채권계약이므로 제3취득자나 낙찰자에게 대항력을 주장할 수 없고, 제3자에게 소유권이 변경되면 이는 물권 변동이 되어서 종전 소유자의 동의는 물권우선주의 원칙에 따라 대항력을 잃게 되므로, 제3자로 소유권이 변경되기 전에 유치권자가 반드시 직접점유를 하고 있어야 유치권자로서의 대항력을 제3자에게 주장할 수 있다는 점이다(서울고등법원 2011. 12. 21. 선고 2011나27983 손해배상(기) 〈상고하지 않아 확정〉).

③ 유치권자의 동의를 얻어 소유자와 유치권의 목적물을 임차한 자의 점유

임차인은 유치권의 목적물에 적법한 임대차계약으로 주임법상 대항력이 인정되고 추후 경매가 진행될 때 대항력과 우선변제권을 보장받을 수 있다.

이때 계약서 작성 방법은 소유자를 임대인으로 하고 유치권자를 동의권자로 해서 "특약사항" 란에 이 내용을 기재하고 서명날인해두면 추후 분쟁을 방지할 수 있게 되는데 이러한 상황에서 유치권자의 권리는 소멸하게 되는 것이므로 임차인의 권리는 안전하게 보장되는 것이다.

07

임대차계약은 누구와 어떻게 작성해야 하나?

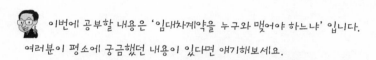

이번에 공부할 내용은 '임대차계약을 누구와 맺어야 하느냐' 입니다. 여러분이 평소에 궁금했던 내용이 있다면 얘기해보세요.

저는 임대인이 대리인을 참석시키거나, 부동산 사무실에서 대리로 계약하는 경우가 있는데 그럴 경우엔 어떻게 대응해야 하는지 궁금했어요.

저는 공동소유로 되어 있는 물건은 과연 누구와 계약해야 하는지 알고 싶네요.

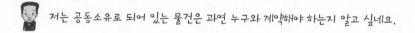

저는 뭐 잘 몰라서… …. 선생님이 설명해주시면 열심히 공부하겠습니다!

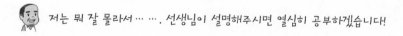

네, 좋은 자세네요. 등기권자가 아닌 사람과 계약을 맺어도 되는지, 공유물일 경우 누구와 계약해야 하는지, 담보물권자로 소유권이 이전되었을 때는 어떻게 해야 하는지 공부해보도록 하겠습니다.

아주 중요한 내용이니 확실히 알고 넘어가야 합니다.

_누구와 임대차계약을 해야 완벽하게 보호받을 수 있을까?

(1) 등기부, 주민등록초본, 신분증으로 임대인의 신원을 확인하라

① 계약상대방은 실제 소유자가 아니라 등기부 상 소유자이어야 한다.

실제 소유자에게 임대권한이 있겠으나 그를 확인하기 어려우므로 등기부의 소유자와 계약서를 작성하면 된다.

② 대리인이 출석한 경우 확인이 필요하다.

소유자의 대리권이 있는가를 확인, 대리인 계약서를 작성하는 경우 대리인임을 증명하는 위임장과 인감증명서를 확인하고 적법한 대리인인지를 확인해야 한다.

김선생의 **한/마/디**

인감증명서 첨부하고 위임장이 있다고 적법한 대리인은 아닙니다.

인감증명서는 본인이 발급한 것인지, 대리인이 발급한 것인지 확인해야 됩니다. 효력은 같아 보이나 훗날 다툼이 생겨서 소송이 진행된다면 본인이 발급한 것은 부인하기가 어렵고, 부인한다고 해도 법원에서 정당성을 인정받기가 어렵기 때문입니다.

대리계약의 경우에도 계약금 지급은 반드시 임대인 통장으로 계좌이체하는 것이 좋고, 잔금 지급 시에는 반드시 임대인이 참석하거나 그 이전이라도 계약서에 서명날인 하도록 하여야 한다(보증금을 임대인의 통장으로 입금했는데 임대인이 바빠서 참석하지 못하면 직접 찾아가서 서명날인 받도록 하자. 작은 실수가 훗날 여러분을 1년간 법원에 서게 하는 영광의 훈장을 만들어준다).

판례 돋보기

임대차계약상의 임대인은 반드시 주택의 등기부 상 소유자라야 하나?

그렇지 않다. 임대차는 임대인이 반드시 주택의 등기부 상 소유자이어야 하는 것이 아니므로, 등기부 상 소유자는 아니지만 임대차 계약을 체결할 수 있는 적법한 권한을 가진 자와도 임대차계약을 체결할 수 있다. 여기서 적법한 임대권한을 가진 자에는 임대할 수 있는 소유자와 소유자로부터 그 권리를 위임받아 행사하는 자 역시 포함된다.

"임대인이 주택의 등기부 상 소유자가 아니라고 하더라도 주택의 실제 소유자(명의신탁자)로서 사실상 이를 제3자에게 임대할 권한을 가지는 이상, 임차인은 등기부 상 소유명의자에 대하여도 임차권을 주장할 수 있다고 본다."(대법원 1995.10.12. 선고 95다22283 판결)

(2) 주택의 소유자가 다수의 공유물로 되어 있는 경우를 주의하라

임대차계약은 관리행위로 민법상 공유물관리에 관한 법률에 따라 지분비율의 과반수 이상의 동의가 있으면 그 효력은 동의하지 아니한 다른 지분까지 미치게 되어 공유물 전체에 대해서 효력이 미치지만, 과반수 이하의 지분권자를 임대인으로 계약을 체결했다면 그들 당사자 간에만 효력이 미치게 되므로 동의하지 아니한 다른 지분권에는 효력이 미치지 않고 주임법상 대항력과 우선변제권이 없는 일반채권자의 지위에 놓이게 되므로 반드시 과반수 이상의 지분권자나 과반수 이상의 동의를 얻어 계약을 해야 한다.

(3) 가등기가 되어 있는 주택에서는 누구와 계약을 해야 임차인이 보호될까?

매매예약가등기의 경우 그 가등기가 진정한 이상 가등기권자를 소유자로 보아 임대인으로 계약서를 작성해야 되나, 가등기가 담보가등기인 경우에는 소유자는 가등기권자가 아니라 설정자(조남준)에게 있으므로 소유자와 계약을 해야 한다.

그러나 가등기권자가 담보가등기인 경우도 많고, 가등기권자가 매매예약가등기인 경우에도 채무면탈의 방법으로 많이 사용하고 있어서 그 진정성이 인정되지 못하는 경우가 많아서 이길준 소유자 → 조재영 매매예약가등기 순서라면 일반인은 누가 소유자인가를 구분하기 어려우므로 소유자와 가등기권자를 공동임대인으로 임대차를 체결하면 누가 소유권을 가진다고 한들 문제가 되지 않는다.

담보가등권자이므로 공동임대인을 거부하면 담보가등권자 채권채무관계가 기재된 가등기설정계약서와 채권자의 확인 등의 절차를 거쳐서 계약을 체결하면 된다.

참고로 판례에서는 담보가등기권자는 설정 이후에도 채권액을 변경하는 계약을 체결할 수 있지만 변경 전의 이해관계인에게 대항할 수 없어서 추후 가등기담보액의 증액으로 인해 발생된 채권은 임차인보다 후순위로 판단하고 있다(대법 2011다28090).

(4) 매도담보 또는 양도담보로 담보물권자 명의로 소유권이 이전된 경우

매도담보나 양도담보의 대부분은 소비대차계약체결과 함께 채권담보의 목적으로 물건의 소유권(또는 기타의 재산권)을 채권자에게 이전하고, 채무자가 이행하지 아니한 경우에는 채권자가 그 목적물로부터 우선변제를 받게 되지만, 채무자가 이행을 하는 경우에는 목적물을 다시 원소유자에게 반환함으로써 채권을 담보하는 비전형담보이다.

예를 들어, 금전대차에 있어서 양도담보는 담보 목적물의 소유권을, 금전을 융자하는 자(채권자)에게 이전하고 일정 기간 후에 융자금을 반환하면 목적물의 소유권이 처음과 같이 융자를 받는 자(채무자)에게 돌아간다는 약속을 하는 것이다.

이러한 경우 가담법의 적용을 받게 되어 양도담보 설정자가 채무를 상환하지 않는 경우 귀속청산의 방법으로 담보권을 실행하게 되는데, 소유권이 양도담보 물권자에게 확정적으로 이전되려면 청산절차를 거쳐야만 그 효력이 발생하게 된다.

매도담보나 양도담보가 소비대차나 준소비대차가 아니고 매매대금이나 공사대금 손해배상금을 담보로 설정된 경우에는 가담법의 적용을 받지 않는 담보가 되지만 이 경우에도 약한 의미의 양도담보로 보아서 정산절차를 통해서만 소유권이 확정될 수 있다는 사실은 참고하면 될 것이다.

어쨌든 매도담보 또는 양도담보로 담보물권자 명의로 소유권이 이전된 경우도 소유권은 매도 또는 양도담보물권 설정자(소유자 겸 채무자)에게 있으므로 매도담보나 양도담보의 채권금액을 확인하고 담보물권 설정자와 계약을 체결하면 된다.

이 부분 등은 추후 여러 문제가 발생될 수 있으므로 계약을 피하는 것이 좋고 부득이하게 체결할 때에는 설정자와 설정권자를 공동임대인으로 하여 임대차를 작성하면 어떠한 문제가 발생되어도 공동채무자로서 그 책임을 다하게 만들 수 있다.

그렇지 못한 경우에는 채권금액을 정확하게 판단(채권자에 확인하는 방법)하고 그 채권보다 후순위로 입주해도 보장받을 수 있다는 판단을 한 다음 계약을 체결해야 한다.

(5) 주택이 신탁등기되어 있다면 누구와 계약을 해야 임차인이 보호될까?

신탁등기된 주택은 위탁자에게 소유권이 있는데, 위탁자 또는 수탁자 누구와 계약을 체결하여도 적법해서 주택임대차보호법의 보호를 받을 수 있다는 것이 대법원의 판례이다.

신탁등기된 부동산에 임대차계약서를 체결하는 경우는 위탁자보다 수탁자와 계약서를 체결하고 보증금은 수탁자의 법인보관 계좌에서 보관하게 하는 것이 안전하며, 이 경우에도 임차보증금을 우선수익자(위탁자의 대출은행)의 대출금으로 상환하는 경우도 있으니 유의해야 한다.

(6) 미등기 아파트나 분양권에서 매매계약과 임대차계약 체결 시 유의사항은?

임시사용 승인이 나왔으나 미등기 상태인 아파트 등에 입주하는 임차인도 미등기 아파트의 소유자와 계약서를 체결했다면 적법한 임대차의 효력으로 대항력과 확정일자에 의한 우선변제권으로 후순위 채권자보다 우선해서 권리를 보호받을 수 있게 되는 것이지만, 문제는 누가 진정한 소유자인지 앞에서 설명한 내용을 참고해서 확인하면 될 것이다.

(7) 주택을 유치권자가 점유하고 있는 경우 누구와 계약을 해야 임차인이 보호될까?

임차인은 유치권의 목적물에 적법한 임대차계약으로 주임법상 대항력이 인정되고 추후 경매가 진행될 때 대항력과 우선변제권을 보장받을 수 있다.

이때 계약서 작성방법은 소유자를 임대인으로 하고 유치권자를 동의권자로 해서 "특약사항" 란에 이 내용을 기재하고 서명날인해두면 추후 분쟁을 방지할 수 있게 되는데 이러한 상황에서 유치권자의 권리는 소멸하게 되는 것이므로 임차인의 권리는 안전하게 보장된다.

(8) 부모 자식 간에도 임대차계약의 효력이 있나?

김선생의 한/마/디

부모와 자식 간에도 임대차계약은 유효합니다.

미성년자가 아니고 부모와 독립된 세대원으로 적법한 임대차계약서를 작성한 경우(임차보증금이 입금된 임대차)로 대항요건을 갖추고 있으며 부모와 다른 곳에서 거주하는 경우는 임차인의 지위를 인정받게 되어 대항력이 인정될 것입니다.

그런데 이러한 경우 후순위 채권자가 허위 임대차임을 주장해서 배당 이의를 하게 되지만, 중요한 것은 독립 세대이고 부모와 거주가 다르고, 임대차계약서에 확정일자와 임차보증금이 확실하게 입금된 내역만 있으면 배당이의 소송에서도 승소할 수 있을 것으로 판단됩니다.

반대의 경우는 허위 임차인으로 인정되는데, 독립 세대원이 아니거나, 독립 세대원이라도 같은 공간에 거주하는 경우, 임차보증금이 입금되지 아니한 임대차계약서, 확정일자 등이 없는 경우 등이 이에 해당될 것입니다.

_계약서는 이렇게 작성해야 나의 보증금을 보호받는다

(1) 부동산의 표시

계약서에 필수적으로 기재해야 되는 부동산의 표시에 소재지, 지목, 구조, 용도, 면적 등의 내용을 자세하게 기재하면 된다.

이 내용이 등기부와 대장에 표시된 내용과 일치하는가를 확인하고, 다른 경우 대장(건축물대장, 토지대장)을 기준으로 하면 되는데, 유의할 점은 단독 · 다가구주택은 소재지 지번만, 아파트 · 연립 · 다세대주택 등의 집합건물은 소재지 지번 · 동 · 호수까지 일치해야 특별법(주임법, 상임법)의 보호를 받아 대항력과 우선변제권이 인정되지만, 다른 경우 특별법의 보호를 받지 못하는 민법상의 임대차계약으로 일반채권자의 지위에 놓이게 되므로 주의해야 한다는 것이다.

그러나 소유권에 관한 권리가 등기부와 대장이 다르면 등기부가 기준이 되므로 계약서 작성 전에 반드시 등기부와 대장 열람은 필수적이다.

(2) 계약 내용

임차보증금은 임차인의 귀책사유로 인한 손해를 담보하는 보증금으로서 임차목적물을 사용하는 대가로서의 차임은 보증금의 이자로 충당하게 된다.

계약 체결 시에는 먼저 계약서를 작성하고, 계약보증금으로 계약금, 중도금, 잔금의 지급 일시를 명기하고 그 기일에 보증금을 지급하게 되는데 계약금은 보증금의 10%로 하고 중도금은 50% 이내(선순위 채권을 포함한 금액임), 나머지는 잔금으로 처리하면 되는데, 잔금 지급 일시는 계약일로부터 30일 이내로 하는 것이 일반적인 관례이나 계약 당사자 간의 사정에 따라 협의하여 금액을 조정하거나 기간을 단축 또는 연장할 수 있다.

(3) 계약의 존속 기간과 용도 변경 및 전대

① 임대 기간은 통상 주택은 2년, 상가는 1년으로 정하지만 그 이하로 정할 수도 있고, 기간을 정함이 없거나 2년 또는 1년 미만으로 정한 임대차는 임차인은 그 기간을 2년으로 또는 계약 기간만을 선택적으로 임대인에게 주장할 수 있어서 임차인이 2년을 주장해도 임대인은 계약을 해지할 수 없다.

묵시적 갱신인 경우에도 임차인은 계약 기간을 2년 또는 1년을 주장할 수도 있고, 언제든지 계약 해지를 할 수 있는데 해지 통보 후 3월 이후에 계약 해지 효력이 발생하게 된다.

② 임차인은 임대인의 동의 없이 임차주택의 용도 변경 및 개축, 변조할 수 없고, 임대인의 동의 없이 임차권을 양도 또는 전대, 담보로 제공할 수 없으며, 동의 없이 이러한 행위가 있을 경우 임대인은 계약 기간 중에도 계약을 해지할 수 있다.

(4) 계약의 해지와 종료

① 임차인이 차임을 주택은 2기 이상, 상가는 3기 이상 연체한 경우(계속해서가 아니라 계약 기간 동안)와 (3)항에서와 같이 임대인의 동의 없이 용도 변경이나 임차권 양도, 전대한 경우 임대인은 계약을 해지할 수 있다.

대법원 판례에서는 2기 이상 연체 시 최고 없이 계약을 해지할 수 있다고 판단하고 있다(대법 62다496, 77다402 판결).

② 계약 기간의 종료 시 임차인은 임차주택을 원상복귀해서 임대인에게 반환한다는 내용과, 임대인은 주택 반환과 동시에 보증금을 지급해야 되는데 이 경우 연체금 또는 손해배상금이 있으면 공제하고 지급할 수 있다는 내용을 기재해야 한다.

(5) 중개수수료

본 계약 체결과 동시에 계약당사자 쌍방이 중개수수료를 각각 지불해야 되며, 중개업자의 과실 없이 계약이 해지되는 경우 또한 지급해야 한다는 규정인데, 중개수수료 계산 방식은 다음 장을 참고하면 될 것이다.

(6) 특약사항

특약사항에는 아래와 같은 내용을 기재해서 분쟁을 방지하게 된다.

① 임대주택에 금융기관의 대출금이 있는 경우 중도금 및 잔금 지급 시까지 전액 또는 일부 금액을 상환하기로 한다는 내용.

② 임대주택에 가등기, 가처분, 가압류, 압류 등이 있는 경우 중도금이 있는 계약은 중도금 지급 이전, 중도금이 없고 잔금을 바로 지급하는 경우는 잔금 지급 이전에 말소하는 조건을 특약으로 기재해두어야 함.

③ 임차주택에 수선, 보수 등이 필요한 경우, 즉 주택에 싱크대 파손, 보일러 고장, 유리창 파손, 전기 시설의 노후, 도배 및 장판의 교체 문제 등을 보수 또는 교체하기로 한 경우 그 내용을 특약으로 기재해두어야 함.

④ 대리계약인 경우, 대리인으로 위임용 인감증명서와 인감도장이 날인된 위임장을 첨부하고 대리인이 계약을 하였다는 내용과 계약금

에서 잔금까지 임대인의 통장으로 계좌이체하고 잔금 지급하기 전에 반드시 본인이 참석해서 계약서에 자필 서명하겠다는 내용.

⑤ 임대주택은 계약 시의 현 상태로 임차인에게 인도한다는 내용.

⑥ 잔금 납부 방법 및 시기 또는 주택인도 시기에 대해서 추후 변동이 예상되는 경우 임대인의 동의를 얻어서 변경하겠다는 내용.

⑦ 기타 계약 당사자들이 별도로 요구하는 사항과 중개업자가 필요하다고 판단되는 내용은 당사자들의 협의를 거쳐서 그 내용을 특약으로 기재해두어야 분쟁을 예방할 수 있다.

(7) 임대인, 임차인, 중개업자

① 임대인과 임차인의 신분증을 확인하여 본인임을 확인하고 이상이 없는 경우 인적 사항을 기재하고 도장날인을 한 경우에도 반드시 자필 서명을 받아야 하며 자필 서명이 없는 경우 그 계약서를 체결한 중개업자는 과태료가 부과되고 있으니 유의해야 한다.

② 중개업자는 중개업소의 사무소 명칭, 주소, 등록번호, 대표자, 전화번호를 기재하고 직인을 날인하면 된다.

(8) 임대차계약서 서식

임대차계약서 서식은 다음 서식과 네이버 "김동희 부사모" 카페에서 무료로 다운받을 수 있다.

중개업법에 따라 중개 대상물 설명서 작성이 의무화되어 있으므로 중개 대상물 설명서와 계약에 하자가 발생 시 보호받게 되는 공제증서를 별첨해두어야 한다.

No.________

( )임대차 계 약 서

□ 임 대 인 용
□ 임 차 인 용
□ 사무소보관용

[1] 부동산의표시	소재지	서울시 구 동 번지 아파트 동 호				
	구 조	철근콩크리트조 스래브지붕	용도	주거용	전유면적	㎡
					대지면적	㎡
임 차 보 증 금	금 원 정 (₩)					

[2]계약내용

제1조 위 부동산의 임대인과 임차인 합의하에 아래와 같이 계약함.
제2조 위 부동산의 임대차에 있어 임차인은 임차(전세) 보증금을 아래와 같이 지불키로 함.

계 약 금	금 원정은 계약시에 지불하고 영수함.
중 도 금	금 원정은 2012년 00월 00일에 지불하며,
잔 금	금 원정은 2012년 00월 00일 지불하기로 한다.

제3조 [존속기간] 임대인은 위 부동산을 임대차 목적대로 사용수익할 수 있는 상태로 년 월 일까지 임차인에게 인도하며, 임대차기간은 인도일로부터 년 월 일 까지로 한다. [3]존속기간과 용도변경 및 전대

제4조 [용도변경 및 전대 등] 임차인은 임대인의 동의없이 위 부동산의 용도나 구조 등을 변경하거나 전대, 임차권양도 또는 담보제공을 하지 못하며 임대차 목적 이외의 용도에 사용할 수 없다.

제4조 [계약의 해지] 임차인이 계속해서 2회 이상 차임의 지급을 연체하거나 제3조에 위반했을 때는 임대인은 즉시 본 계약을 해지할 수 있다. [4]계약해지와 종료

제5조 [계약의 종료] 임대차계약이 종료한 경우 임차인은 위 부동산을 원상으로 회복하여 임대인에게 반환한다. 이 경우 임대인은 보증금을 임차인에게 반환하고, 연체임대료 또는 손해배상금액이 있을 때는 이들을 제하고 그 잔액을 반환한다.

제6조 [중개수수료] 중개수수료는 본 계약체결과 동시에 계약당사자 쌍방이 각각 지불하며, 중개업자의 고의나 과실 없이 거래당사자 사정으로 본 계약이 무효·취소 또는 해약되어도 중개수수료는 각각 지급한다. [5]중개수수료

[특약사항][6]

위 계약조건을 확실히 하고 훗일에 증하기 위하여 본 계약서를 작성하고 각 1통씩 보관한다.

[7] 계약당사자 내역 2012년 00월 00일

임 대 인	주 소	서울시 구 동 번지 아파트 동 호				
	주민등록번호		전화번호		성명	㊞
임 차 인	주 소	서울시 구 동 번지 아파트 동 호				
	주민등록번호		전화번호		성명	㊞
중개업자	사무소 주소				사무소	
	등록 번호		전화번호		대표	㊞

김 | 선 | 생 | 특 | 별 | 과 | 외

매수인이 임대인의 지위를 승계한 경우 매도인의 임차인 보증금반환채권이 소멸될까요?

주택의 임차인이 제3자에 대한 대항력을 갖춘 후 임차주택의 소유권이 양도되어 그 양수인이 임대인의 지위를 승계하는 경우에는, 임대차보증금의 반환채무도 부동산의 소유권과 결합하여 일체로서 이전하는 것이므로 양도인의 임대인으로서의 지위나 보증금반환 채무는 소멸합니다[대법 95다35616 판결].

대항력을 갖춘 임차권의 목적인 주택이 양도되어 양수인이 임대인의 지위를 승계한 경우, 양도인의 임대보증금반환 채무가 소멸하는지 여부(적극)[대법 2009다15794 판결]

그러나 대법 2002다36051 판결에서와 같이 계약인수의 경우에도 종전 임대인(양도인)을 면책시키지 아니한 채 계약인수에 동의를 할 수 있는 것이고 이 경우 당사자의 의사 표시가 명백하거나 기타 특별한 사정이 있는 경우를 제외하고는 원칙적으로 면책에 대한 동의는 없었던 것으로 보아야 한다고 판시하고 있어서 면책적 채무인수의 다툼을 줄이기 위해서도 채무자의 승낙이 관건이 될 수 있으므로 주택을 양도 시 임차인의 승낙표시 즉 계약서의 특약란에 종전 임대인은 임대인의 지위에서 탈퇴시키고 새로운 임대인이 기존임대차계약을 승계하기로 한다는 내용으로 종전 임대인, 임차인, 새로운 임대인이 서명날인하면 될 것으로 판단됩니다.

그러나 임차인 입장에서는 이러한 특약을 하지 않아도 당연히 신소유자가 승계하게 되는 것이므로 위와 같은 특약을 하지 않는 것이 좋아요.

08

중개수수료는 어떻게 계산하며, 누가 부담하는가?

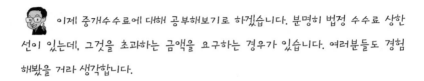

 이제 중개수수료에 대해 공부해보기로 하겠습니다. 분명히 법정 수수료 상한선이 있는데, 그것을 초과하는 금액을 요구하는 경우가 있습니다. 여러분들도 경험해봤을 거라 생각합니다.

 그래요. 부동산에서 자기들이 싸게 거래를 성사시켰으니, 더 내라고 하는 경우가 있어요.

 부동산에서는 주택하고 상가는 수수료가 다르다고 하던데, 그거 진짠가요?

 네, 여러분들이 궁금한 것이 많네요. 중개수수료를 정확하게 계산하는 법을 알려줄 테니, 꼭 기억해두세요. 그리고 계약 기간이 묵시적으로 갱신되었을 경우에 중개수수료를 누가 부담할지로 분쟁이 많은데 그것도 꼭 알고 넘어갑시다.

그럼 공부 시작해볼까요?

_부동산 거래 또는 임대차계약 체결 시 중개수수료 계산 방법은

(1) 부동산 중개수수료 계산 : 매매, 교환인 경우

_ 5,000만원 미만은 매도가액의 0.6%(한도액 25만원)
_ 5,000만원 이상~2억 미만은 매도가액의 0.5%(한도액 80만원)
_ 2억 이상~6억 미만은 매도가액의 0.4%(한도액 없음)
_ 6억 이상은 매도가액의 0.9% 이하에서 중개의뢰인과 중개업자가 협의결정. 단, 중개업자는 자기가 요율표에 명시한 상한요율을 초과하여 받을 수 없음.

(2) 부동산 중개수수료 계산 : 매매, 교환 이외 임대차 등인 경우

_ 5,000만원 미만은 0.5%(한도액 20만원)
_ 5,000만원 이상~1억 미만은 0.4%(한도액 30만원)
_ 1억 이상~3억 미만은 0.3%(한도액 없음)
_ 3억 이상은 거래금액의 0.8% 이하
거래금액의 0.8% 이하에서 중개의뢰인과 중개업자가 협의결정.
단, 중개업자는 자기가 요율표에 명시한 상한요율을 초과해서 받을 수 없음.
※ 거래금액 환산은
ⓐ 전세 : 전세보증금
ⓑ 월세(차임이 있는 경우) : ○○○○원 보증금+(월 단위 차임액×100)
단, 거래금액이 5,000만원 미만일 경우 : 보증금+(월 단위 차임액×70)
이와 같이 산출된 금액에 수수료 요율을 곱하여 계산하면 된다.

(3) 부동산 중개수수료 계산 : 주택 이외 토지, 상가, 오피스텔 등의 매매, 교환, 임대차인 경우

> 거래금액의 0.9% 이내에서 중개의뢰인과 중개업자가 협의하여 결정하게 된다. 단, 중개업자는 자기가 요율표에 명시한 상한요율을 초과하여 받을 수 없다.

_중개수수료는 누가 부담하나?

(1) 임대차계약 기간이 만료된 중개수수료

임대차와 관련한 중개수수료는 임대인의 입장에서 자신의 재산권을 최대한 활용하기 위한 방편으로 지출하는 비용이므로, 원칙적으로 임대차계약 종료 시 임차인이 이에 관한 비용을 지불할 필요가 없고 임대인이 지불하는 것이 원칙이다.

(2) 묵시적 갱신으로 계약이 자동 연장되는 경우

계약 기간의 종료 후 자동으로 계약이 갱신되었을 때를 주택임대차보호법에서는 묵시적 갱신이라고 하는데, 묵시적 갱신 상태에서 부동산 수수료를 임차인이 부담하여야 하는지에 대해 국토해양부의 해석과 법원의 판결에 임차인은 부담하지 않는다고 되어 있다. 이러한 이유는 기존 계약 기간의 만료로 인해서 임차인이 임대인에 대한 손해배상책임이 없고 임차인이 언제든지 계약 해지를 할 수 있고 이 경우 3월 이후에 계약 해지 효력이 발생된다는 점에서 찾을 수 있다.

(3) 임대차계약 기간의 만료 전에 임차인이 다른 곳으로 이사를 가게 되는 경우

법률상으로도 임대인과 새로운 임차인 사이에서 새로운 임대차계약이 성립되는 것이므로 이들이 중개수수료를 부담하는 것이 원칙이다.

그러나 부동산 중개 실무에서는 임차인이 계약 기간 만료 전에 이사를 나가는 경우 임차인이 부담하게 되는 경우가 대부분이다. 이러한 이유는 임대인과 임차인 간의 계약관계에서 찾아볼 수 있는데 임차인은 임대인이 임대 기간이 남아 있음을 전제로 새로운 임차인과의 계약에 동의를 하지 않을 것을 염려해서 임차인이 중개수수료를 지급할 것을 임대인에게 이야기하고 임차인 책임 하에 새로운 임차인을 구해서 이사를 가게 되지만 계약 기간이 만료되면 임대인이 전세보증금 반환 의무가 있으므로 임대인 책임하에 새로운 임차인을 구하든가, 아니면 자신이 보증금을 마련해서 임차보증금을 반환하게 되는 데에 그 원인이 있다.

판례와 국토해양부 해석, 한국공인중개사협회의 실무처리지침을 살펴보면 다음과 같다.

1) 서울지방법원 1998.7.1 선고, 97나55316 판결

1년을 약정한 임차인이 잔여 기간 3개월을 남기고 나갈 경우에 임대인이 새 임차인과 임대차계약을 맺으면서 지출한 중개수수료는 특별약정이 없는 한 임차인이 부담할 성질의 것이 아니다. 임대인은 임차인이 약정한 임대차 기간이 종료되기 전에 계약관계의 청산을 요구하였기 때문에 중개수수료를 부담하여야 한다고 주장하나, 임차인과의 임대차계약이 정상적으로 종료된 경우에도 임대인은 어차피 새로운 임차인과 임대차 계약체결을 위하여 중개수수료를 지불하여야 하므로, 임차인이 중개수수료를 부담하여야 한다고 볼 수 없다고 판시하였다.

2) 국토해양부의 유권해석

중개업자가 중개할 때 중개 의뢰인 쌍방으로부터 일정요율의 중개수수료를 받는다. 따라서 주택임대차 기간의 만료 전에 중개 의뢰한 경우 중개수수료의 지불 주체는 거래 당사자로서 전 임차인이 될 수 없다.

다만 전 임차인이 임대인을 대신해 중개수수료를 부담하는 것은 당사자가 사적 관계로 보아야 하므로 양 당사자 간 서로 협의해서 정할 사항으로 보고 있다(법제처 09-0384, 2009. 12. 24. 국토해양부 부동산산업과).

3) 한국공인중개사협회의 실무처리지침

위의 사례에 대한 판례와 유권해석을 볼 때, 기간을 채우지 못하고 나가는 임차인에게 중개수수료를 부담시키는 관행을 실무에서는 조심스럽게 다루어야 한다.

즉, 나가는 임차인이 부담하겠다고 사전에 합의했거나, 합의는 없었지만 임대인의 요구에 응해 임차인이 부담하겠다고 동의하는 경우가 아니라면, 공인중개사로서는 중개수수료를 임대인에게 청구해야 할 것으로 본다. 이러한 경우 계약 해지로 인한 손해배상에 대한 문제는 임대인과 임차인 간에 별도로 해결하도록 하면 될 것이다.

Bonus 정보+

공인중개사 자격이 없는 자가 거래행위를 중개한 경우 수수료 지급 여부

공인중개사 자격이 없는 자가 거래행위를 중개하였으나 업으로 한 것이 아닌 경우, 그에 따른 중개수수료 지급 약정이 무효인지 여부(소극) 및 중개수수료 약정이 부당하게 과다한 때에 청구할 수 있는 보수액의 범위

2012.6.14. 선고 대판 2010다86525 판결 [부당이득금반환]

09

임차보증금을 어떻게 안전하게 지킬 수 있나?

선생님, 계약서를 작성하고 계약금과 중도금을 넘겨줄 때도 조심해야 할 사항이 없나요?

홍대리, 아주 좋은 질문이에요. 계약서 썼다고 함부로 돈을 넘겨줘서는 안 됩니다.

계약 전에는 물론이고, 중도금과 잔금을 넘겨주는 시점에서도 등기부를 떼보는 것이 좋습니다. 그동안에 어떤 일이 벌어졌을지 모르니까요.

아, 그렇겠군요. 그렇게까지 해야 된다는 건 생각을 못 했습니다.

그리고 잔금을 넘겨주는 즉시 확정일자 등 대항요건을 갖추는 것이 필요합니다.

어물어물하다가는 낭패를 당하는 수가 있습니다. 그럼 지금부터 자세히 알아보겠습니다.

_계약서 작성 이후 계약금의 지급 방법

계약서가 작성되면 계약금을 지급해야 되는데 본인과 계약 또는 대리인 계약 모두 현금이나 수표로 지급하지 말고 임대인 계좌로 직접 계좌이체해야 증빙 자료가 분명하다.

이렇게 계약서가 작성되고 계약금이 지급되면 계약금계약까지 성립하게 되므로 그 계약이 유효하게 성립되고 계약 이행을 거절하면 그 상대방은 그에 상응한 위약금에 의해서만 계약을 해지할 수 있다.

_중도금이나 잔금 지급 시 유의해야 될 사항

계약 체결 후 중도금 · 잔금 지급 시마다 이중계약이나 권리 변동 여부를 재차 파악하기 위해 등기부등본을 재확인하고 나서 지급해야 된다.

간혹 임대인이 개인 사정에 따라서 중도금을 많이 요구하거나(70% 이상), 입주하기 전에 잔금 지급을 먼저 요청하는 경우 문제가 발생할 수 있으므로 이에 응해서는 안 된다.

실무에서 부득이하게 보증금 지급을 먼저 요구하는 경우가 있는데, 임대인이 주택을 점유한 경우에 한해서만(임차인이 점유하는 경우는 제외) 응해야 한다.

왜냐하면 임차인이 점유하고 있는 경우에는 내가 주택을 인도받기 전까지는 주택에서 선순위로 남게 되어 그 계약이 이행되지 못하게 된다면 지급된 보증금을 보장받기 어려운 일반채권이 되기 때문이다.

전세권설정등기나 임차권등기를 하고 지급해야 안전하며, 이 경우도 전액 지급이 아니고 일부 잔금은 남겨두어야 하는데, 선순위 근저당권이나 선순위 임차권을 제외하고 30% 정도의 잔금이 남아 있는 상태가 되어야 안전하다.

간혹 다른 임차인이 있어서 전세권설정등기나 임차권등기를 꺼리는 경우에 한해서 잔금 지급 후 주택인도와 전입신고를 갖추고 대항력이 발생한 후 말소조건으로 보증금이 지급된 금액을 보장받기 위한 저당권을 설정하고 중도금을 지급해야만 한다.

저당권 설정 절차 없이 중도금을 전체 보증금의 70% 이상을 지급하기를 임대인이 원한다면, 또는 입주 전에 잔금 지급을 원한다면 이에 응하지 말고 아쉽지만 다른 주택을 찾아야 한다.

반대로 임대인 역시 잔금을 지급하기 전에 임차인을 입주시키는 일은 근심거리로 남아서 법원에서 다투게 되는 경우가 발생하고 이러한 문제는 채권의 손실로 이어지게 되어 있다.

김 | 선 | 생 | 특 | 별 | 과 | 외

매매계약에서도 중도금을 과다하게 요구하면 일단 의심하라!

매도자가 개인 사정을 이유로 중도금을 많이 요구하거나(매매대금의 70% 이상), 주택을 인도하기 전에 잔금 지급을 먼저 요청하는 경우 문제가 발생할 수 있으므로 이에 응해서는 안 된다는 것을 명심하세요.

이 경우 크게 두 가지 대처 방법을 많이 활용하고 있습니다.

첫째는 매매예약가등기!

실무에서는 많이 이루어지는 것이 매매예약가등기인데 매매가등기를 하게 되면 가등기 이후 후순위 채권자 등이 발생하면 본등기하여 말소시킬 수 있고, 가등기일로 본등기가 소급되지만 후순위 채권자 등이 가등기에 대한 가처분과 동시에 가등기말소청구소송에 휘말리게 될 수도 있어요.

매매가등기권자가 진정한 권리자로 인정받기 위해서는 계약서 상 계약일자, 중도금일자, 잔금일자가 정확히 기재되어 있고, 이 기일에 해당되는 금액을 계약 상대방에게 지급하고 작성된 경우라면 본등기하여 소유권을 취득한 경우 온전한 소유권을 취득할 수 있습니다.

둘째로 계약금과 중도금을 보장받기 위한 근저당권의 설정!

김선생의 개인적 생각으로는 근저당권이 어쩌면 편리하고 깨끗하다는 것입니다. 이 경우도 보증금의 130%를 채권최고액으로 하고 약속된 기일에 계약 이행을 하지 못할 경우 연 12%의 이자를 지급하기로 약정해두는 것을 잊어서는 안 되죠. 그리고 이행 지체에 빠지면 그 저당권에 기해서 경매를 신청하면 뜻밖에 낮은 가격으로 주택을 취득할 수 있는 기회도 될 수 있으니까요.

Bonus 정보 +

잔금 지급 전에 소유권을 넘겨주고 매매잔금채권을 담보하기 위한 가등기

① 매매잔금채권을 담보하기 위하여 경료된 가등기에 기한 본등기절차의 이행을 구하는 경우 가등기담보 등에 관한 법률이 적용될 것인지 여부(소극)[대법90다13765].

원고가 피고에게 부동산을 대금 35,000,000원에 매도하고 그 대금의 일부만을 지급받은 상태에서 피고 명의로 소유권이전등기 경료와 동시에 부동산을 인도하였고, 원고는 피고에 대한 위 매매잔대금채권을 담보하기 위하여 원고 명의의 소유권이전청구권보전을 위한 가등기를 하면서 피고가 위 매매잔대금을 지급하지 아니하면 원고의 담보 실행을 위하여 같은 날 매매가 이루어진 것으로 하여 원고 앞으로 위 가등기에 기한 본등기를 하고 이 사건 부동산을 원고에게 명도하기로 약정하였는데, 피고는 원고에게 위 매매대금 중 금 23,230,000원만을 지급한 채 위 잔대금 지급 기일을 도과하였다는 것인바, 원고 명의의 가등기는 원고의 피고에 대한 위 매매잔대금 채권을 담보하기 위한 것이라고 보아야지 매매잔대금은 일단락 짓고 새로운 금전채권을 담보하기 위한 것이라고 할 수 없다.

② **이러한 경우 채권의 담보로서 부동산에 관하여 매매예약의 형식을 빌려 가등기를 하고 또 제소 전 화해에 기하여 이에 관한 소유권이전본등기를 한 경우에 있어서 별단의 특약이 인정되지 않는 한 이는 이른바 정산절차를 요하는 약한 의미의 양도담보라고 추정함이 타당하고, 이는 담보목적물의 매매예약 당시 시가가 채권원리금에 미달한다 하여 달리 볼 것은 아니다**[대법 84다카2472, 2473].

③ 약한 의미의 양도담보가 이루어진 경우에는 부동산이 귀속청산의 방법으로 담보권이 실행되어 그 소유권이 채권자에게 확정적으로 이전되었다고 보려면 담보 부동산을 적정한 가격으로 평가한 후 그 대금으로 피담보채권액의 원리금에 충당하고 나머지 금액에 대해서 채무자에게 지급 또는 후순위 채권자 등에게 지급하고 잔액이 없는 경우 채무자에게 그와 같은 사실을 통지하는 등의 정산절차를 마친 사실이 인정되어야 한다.

_잔금 지급 후 무엇을 해야 하나?

(1) 임대차계약서 작성 후 주택인도와 동시에 전입신고 및 확정일자를 받아라

보증금 잔금을 지급함과 동시에 주택을 인도받고 반드시 주민센터에서 전입신고와 확정일자를 받아놓아야, 다음 날 오전 0시에 대항력과 우선변제권이 발생하여 그 이후의 제3취득자에 대항력을 갖게 되고, 그 주택이 경매가 진행되면 후순위 채권자에 우선하여 변제를 받을 수 있게 된다.

잔금 납부 하루 전에 전입신고와 확정일자를 미리 받아두면 그 이후 즉 잔금일에 근저당권이 설정되는 것을 예방할 수 있다.

물론 이렇게 하더라도 대항력과 우선변제권은 먼저 발생되는 것이 아니라 대항요건을 마지막으로 갖춘 주택 인도의 다음 날 0시가 되지만, 전입신고가 이루어진 주택에 추가 근저당권의 설정을 방지할 수 있고, 추후 경매절차에서 이러한 사실을 확인하기란 쉽지 않아서 보증금을 안전하게 지킬 수 있는 길이 될 수 있다.

왜냐하면 잔금일과 같은 날에 근저당권이 설정되면 임차인이 후순위가 되기 때문이다.

그리고 간혹 임차인이 계약서에 확정일자 없이 대항요건만 갖춘 경우를 실무에서 볼 수 있는데 이 경우 대부분의 임차인이 대항력이 없어서 임차보증금의 손실을 보고 있어서 반드시 전입신고와 동시에 확정일자를 받아두어야 한다.

김선생의 한/마/디

대항요건은 가능한 한 빨리 갖출수록 좋아요!

소령(임대인) ⇒ 홍대리(임차인) 5월 1일 주택인도와 동시에 전입신고 및 확정일자 ⇒ 5월 1일 국민은행 근저당 ⇒5월 1일 오바마로 소유권 이전 ⇒ 기업은행 근저당권 등기

위 사례에서 홍대리의 대항력과 확정일자부 우선변제권의 효력발생 일시는 5월 2일 오전 0시입니다. 이런 경우 홍대리는 주임법상 대항요건을 갖추고 확정일자를 잘 갖추었으나 국민은행 근저당이나 오바마에게는 주임법상 보호 대상이 아닌 일반채권자로 대항력과 우선변제권을 주장하지 못합니다. 그러나 기업은행에 대해서는 대항력과 우선변제권 발생 이후가 되어 그 권리를 주장할 수 있게 되니 대항요건을 신속하게 갖추는 것이 얼마나 중요한지 알 수 있습니다.

(2) 세입자가 알아두면 좋은 것 4가지

1) 주임법상 대항요건을 갖고 확정일자를 갖추면 대항력과 우선변제권을 갖게 된다.
2) 전세금보증보험에 가입하면 전세보증금을 보장받는다.
3) 임차권등기(민법621조)(입주 전)와 임차권등기명령(계약 종료 후)에 의한 임차권등기
   ① 등기된 임차권은 등기 시점에서 대항력과 우선변제권이 발생한다.
   ② 임차권등기명령에 의한 임차권등기는 먼저 대항요건과 확정일자를 갖춘 시점에서 대항력과 우선변제권이 발생한다.
4) 전세권설정등기는 선순위인 경우 등기 시점으로 대항력과 우선변제

권을 갖게 되므로 임차보증금을 안전하게 지킬 수 있다.

문제는 대항력을 포기하고 배당 요구 시 미배당금이 발생해도 소멸된다는 점이다. 주임법상 대항요건을 함께 갖추고 있으면 전세권은 소멸해도 주임법상의 대항력은 미배당금이 해소될 때까지 소멸되지 않고 매수인에 대항력을 가질 수 있으니, 전세권을 설정했다고 자만하지 말고 반드시 대항요건을 함께 갖추는 습관이 필요하다.

10

장기수선충당금과 선수관리비는 누가 어떻게 부담하나?

선생님, 장기수선충당금과 선수관리비는 같은 내용이지요?

아니에요, 홍대리. 그 둘은 다릅니다.

지금부터 설명해줄 테니, 잘 들어보세요.

우선 장기수선충당금 얘기부터 할게요.

관리주체는 장기수선계획에 의하여 공동주택의 주요시설의 교체 및 보수에 필요한 장기수선충당금을 당해 주택의 소유자로부터 징수하여 적립하여야(주택법 제51조, 장기수선충당금의 적립) 한다고 되어 있어요.

주택법 시행령 제58조 제2항에 따라 관리주체가 관리비와 별도로 징수하고 있으나 이렇게 되면 더 많은 관리 인력이 필요하고 그로 인해서 관리비도 증가하게 되므로 자체 규약 또는 관행으로 세입자가 일반 관리비와 같이 납부한 후 임대차 종료 시에 소유자에게 청구하여 받아 가는 게 관행이에요.

그런데 그 주택이 경매로 매각되는 경우 장기수선충당금은 전 소유자 또는 낙찰자 중 누가 부담해야 되는가의 문제가 발생하게 되지요.

'관리비 미납 시 낙찰자에게 부담되는 공용부분의 관리비로 보아야 할 것인가, 또 임차인이 낙찰자에게 장기수선충당금으로 유치권을 주장할 수 있는가'가 문제예요.

장기수선충당금은 공용부분에 대한 비용이기는 하나 판례상 경락인은 공용부분의 미납 관리비에 대해서만 책임지는 것이지 임차인이 지불하였던 장기수선충당금의 채권채무 관계는 전 소유자와 임차인 사이에서만 주장할 수 있는 부분이므로 낙찰자가 임차인의 장기수선충당금을 인수할 책임은 없어요.

장기수선충당금은 낙찰자가 부담할 유치권에 해당되지도 않는 것이지요.

왜냐하면 유치권이란 실현된 공사대금에 대해서 지급받지 못한 채권자가 점유를 하면서 발생되는 것에 불과하지, 장래 수선을 위해서 적립하고 있는 장기수선충당금은 유치권이 아니어서 임차인은 전 소유자에게만 청구할 수 있는 일반채권에 불과해요.

이제 선수관리비를 설명해줄게요.

공동주택에 최초 입주할 때 1~2달 기간 동안 입주자가 없거나 공실로 되는 경우 관리사무실의 인건비, 경비업체 직원의 인건비, 기타 제반 사무비품 구입 등에 사용되는 관리주체의 초기 운영 자금으로 주택법에 명시되어 일정 금액 이상은 고지할 수 없고, 제반규정을 위반하여 임의적으로 사용할 수 없도록 명시되어 있습니다.

선수관리비는 해당 아파트의 자본금적 성격이 강하며 아파트 관리행위가 최종적으로 종결될 때 해당 입주자에게 정산하도록 되어 있지요.

공동주택에서 관리비는 일반적으로 후불제로 이루어지므로 관리비의 수납 이전에 집행이 이루어지는 비용은 적립되어 있는 선수관리비에서 집행을 하며 관리비를 납부하면 이 금액으로 정리하게 되는 것이지요.

그래서 선수관리비는 재건축 등으로 공동주택이 해체되지 않는 한 반환되지 않는 금액으로 매매 시 매도인은 관리사무소에 요청해서 선수관리비를 환불하며 매수인은 선수관리비를 다시 예치하는 방식으로 처리되는 것이 원칙이나 실무에서는 매도인과 매수인 사이에 인수인계 확인서를 작성하고 관리사무소에 통지하는 방법으로 매수인이 매도인에게 지급하고 선수관리비를 승계하는 방식으로 많이 하고 있죠.

선생님, 주택이 경매로 매각되면 선수관리비는 전 소유자와 낙찰자 중 누가 가져가나요?

경매로 소유권을 취득하는 경우도 전 소유자에게 권리가 있으니 이사 비용을 주어야 하고, 명도 시 유의해야 됩니다.

이사 비용 지급에 관한 명도합의서에 이사 비용 지급 전에 관리비 정산만을 확인하고 지급하는 방식으로 명도확인서를 작성하지 말고, 선수관리비를 명도 비용에 포함할지 여부에 대해서도 고려해서 명도합의서를 작성해야 합니다.

장기수선충당금은 임차인이 먼저 납부하고 이사를 나갈 때 소유자에게 청구하는 방식으로 실무에서 이루어지고 있어서 임차인이 이사를 나갈 때 꼭 확인하고 받아 나가야겠습니다.

물론 그 주택이 경매로 매각 시에는 받을 길이 없겠지만 ㅉ, ㅉ, ㅉ.

선수관리비는 전 소유자가 납부하고 새로운 소유자가 인수하는 형식이니까, 임차인과는 아무런 관련이 없는 것이구나!

그렇습니다. 실무에서 보면, 장기수선충당금은 원칙적으로 집주인이 납부하여야 하는 것으로 임차인이 살고 있는 동안에 관리비와 함께 납부하다가 이사를 나

갈 때 그 금액을 집주인에게 받으면 되지요. 그런데 경매를 당하면 받을 길이 없어지게 되는 것이지요.

선수관리비는 처음 입주 시 관리사무실에 보증금 조로 미리 예치해두는 금액으로, 그 주택을 매매하는 경우 매도인은 매수인에게서 선수관리비를 받아 나가는 방법으로 선수관리비를 처리하고 있습니다.

매매나 임대차계약에서 잔금을 치를 때 특별히 확인해야 할 사항이 있나요?

첫 번째로 관리실에서 관리비 정산 요청과 서류를 준비해야 됩니다.

매매계약의 경우, 매도인은 주민등록증, 인감도장, 등기필증, 매도용 인감증명서가 필요하고 매수인은 주민등록증, 도장, 매매 잔금을 준비하면 됩니다.

임대차계약의 경우에 임대인은 주민등록증, 도장을 준비하고, 임차인은 주민등록증, 도장, 보증금 잔금을 준비해야 합니다.

그리고 잔금 당일에 등기부등본 재열람(계약서 작성 전 열람 후 잔금 지급 전에 추가로 설정된 권리 확인)을 해야 합니다. 매매계약 시에는 매매대금 지급과 동시에 매매대금 완납 영수증, 선수관리비 영수증을 챙겨야 하지요. 임대차의 경우 전세보증금 지급과 동시에 전세보증금 반환 영수증, 장기수선충당금을 챙겨야 합니다. 그리고 매도인이나 임차인 모두 관리비 중간 정산, 도시가스 요금 정산, 전기료 정산 후 영수증, 중개수수료 정산 후 영수증, 마지막으로 주택 인수인계 후 현관문의 열쇠를 인도받음으로써 모든 절차가 마무리됩니다.

그리고 잊지 말아야 할 것, 주민센터에 가서 전입신고와 동시에 계약서에 확정일자를 받아야 한다는 사실입니다.

선생님 고맙습니다. 궁금했던 것들이 속 시원히 해결되었네요.

11

계약서 작성 후, 계약이 해제되면 어떻게 대응할까?

계약이 매번 잘될 수가 없고, 가끔은 해제되는 경우가 발생합니다. 이럴 때 현명하게 대응해야 임차인의 권리를 지킬 수 있습니다. 이번엔 계약 해제에 대해 공부할 예정입니다.

선생님, 계약 해지가 아니고 해제입니까? 둘이 뭐가 다른가요?

네. 다르지요. 이번 장을 공부하면 어떻게 다른지 알게 되실 겁니다.

계약금만 건넸을 때와 중도금까지 건넸을 때의 해제방법은 조금 다르니 그것도 알아둬야 합니다.

선생님, 계약금을 다 안낸 상태에서도 해제가 되나요?

홍대리 말처럼 그런 경우에 분쟁의 소지가 많습니다. 임차인들이 주의해야 할 대목이구요. 그럼 지금부터 하나하나 공부해보도록 하겠습니다.

_계약의 해제와 해지에 대해서

(1) 계약의 해제란

계약의 해제는 계약성립 후 당사자 일방의 채무불이행으로 계약의 목적을 달성할 수 없는 경우 그 상대방이 의사표시에 의해 그 계약을 처음부터 없었던 것과 같이 계약 전의 상태로 회복시키는 것을 말한다.

이러한 계약해제에는 당사자 간의 약정에 의한 약정해제권과 계약일반에 공통 적용되는 법률상의 법정해제권이 있다. 약정 해제권은 계약당사자 간의 어느 일방이 채무불이행 시를 대비하여 계약해제의 요건이나 계약해제 시 손해배상 등에 관한 사항을 계약서 작성 시에 미리 약정으로 정한 내용인데 반해서 법정해제권은 우리 민법에서 규정하고 있는 것으로 그 발생원인은 채무불이행으로 이행지체, 이행불능 등을 규정하고 있는 내용이다.

(2) 계약의 해지란

계약의 해지는 계속적 계약관계에 있어서 그 효력을 장래에 향하여 소멸시키는 것으로 계약당사자의 일방적 의사표시로 장래에 향하여 계약관계의 효력이 발생한다는 점에서 해지 이전의 계약관계는 그 효력을 그대로 유지하고 장래의 해지 시점부터 계약관계가 소멸되는 것이다. 해지권의 발생요인도 당사자의 약정에 의한 약정해지권과 법률의 규정에 의한 법정해지권이 있다.

계약을 해지한 때에는 장래에 향하여 그 효력이 상실되므로, 해지 이전의 계약관계에는 영향을 미치지 아니하고 장래에 향하여 그 계약관계가 소멸하므로 계약의 존속을 전제로 인도한 물건 등이나 기타 보증금 등은 상호 동시이행으로 원상회복하여야 된다(원상회복의무와 동시이행 민법 제549조).

_계약서 작성 후 중도금지급 이전에 계약 해제가 가능할까?

임대차계약서 또는 매매계약서를 작성하고 나서 상대방이 계약을 해제하는 경우는 물론, 만일 내가 계약이행을 하지 못하게 된다면 어떻게 하면 되는 것인가에 대해서 알아두어야 한다. 이런 정보는 알아두면 유용하고, 모르면 손해를 입을 수도 있어 사치품이 아닌 필수품이라 할 수 있다.

당사자 일방이 그 채무를 이행하지 아니하는 때에는 상대방은 상당한 기간을 정하여 그 이행을 최고하고 그 기간 내에 이행하지 아니한 때에는 계약을 해제할 수 있다(민법제544조).

(1) 당사자가 이행 착수하기 이전에 계약금을 교부한 사람

민법 제565조는 '당사자가 이행 착수하기 이전에 계약금을 교부한 사람(매수인)은 이를 포기하고 수령자(매도인)는 그 배액을 상환하여 매매계약을 해제할 수 있다.'고 규정하고 있다. 여기서 이행 착수하기 이전이란 다른 특별한 사정이 없는 한 중도금(중도금이 없을 경우 잔금)을 지급하기 전의 상황을 말한다.

따라서 계약금 이외에 중도금을 지급한 경우에는 '당사자 일방이 이행에 착수한 때'에 해당하므로 계약을 해제할 수 없는 것이다.그러므로 중도금을 지급받기 전이라면 원칙적으로 계약을 해제할 수 있으나, 이 때 주의해야 할 사항은 매도자의 경우 계약을 해제한다는 의사표시뿐만 아니라 계약금의 배액을 상환해야 해제 효력이 발생하므로 매수인이 계약금 배액 수령을 거부할 것을 대비해 법원에 공탁을 하는 경우에는 그 공탁 통지가 매수자에게 도달한 때에 그 효력이 되기 때문에 공탁 통지가 매수자에게 도달하기 이전 매수자가 중도금을 지급해버리면 계약을 해제할 수 없다.

대법원 판례 1993.1.19. 선고 92다31323 판결 [소유권이전등기]

① 민법 제565조가 해제권 행사의 시기를 당사자의 일방이 이행에 착수할 때까지로 제한한 것은 당사자의 일방이 이미 이행에 착수한 때에는 그 당사자는 그에 필요한 비용을 지출하였을 것이고, 또 그 당사자는 계약이 이행될 것으로 기대하고 있는데 만일 이러한 단계에서 상대방으로부터 계약이 해제된다면 예측하지 못한 손해를 입게 될 우려가 있으므로 이를 방지하고자 함에 있고, 이행기의 약정이 있는 경우라 하더라도 당사자가 채무의 이행기 전에는 착수하지 아니하기로 하는 특약을 하는 등 특별한 사정이 없는 한 이행기 전에 이행에 착수할 수 있다.

② 매도인이 민법 제565조에 의하여 계약 해제의 의사표시를 하고 일정한 기한까지 해약금의 수령을 최고하며 기한을 넘기면 공탁하겠다고 통지한 경우 매수인이 매도인의 계약해제권을 소멸시키기 위해 이행기 전에 이행에 착수할 수 있는지 여부(소극)
이 경우에는 매수인이 이행기 전에 이행에 착수할 수 없는 특별한 사정이 있는 경우에 해당하여 매수인은 매도인의 의사에 반하여 이

행할 수 없다고 보는 것이 옳으며, 매수인이 이행기 전에, 더욱이 매도인이 정한 해약금 수령 기한 이전에 일방적으로 이행에 착수하였다고 하여도 매도인의 계약해제권 행사에 영향을 미칠 수 없다.

③ 매도인이 민법 제565조에 의한 계약 해제를 위하여 한 해약금의 제공이 적법하지 못한 경우 해제권을 보유하는 기간 안에 적법한 제공을 하면 계약이 해제되는지 여부(적극) 및 매도인이 계약 해제를 위하여 계약금의 배액을 공탁하는 경우 계약 해제 의사표시가 있다고 볼 시점은 상대방에게 공탁 통지가 도달한 때이다.

김선생의 한/마/디

계약의 '이행착수'란 무엇인지 알아둡시다.

계약서가 작성되고 계약금계약이 이루어지면 계약이 온전하게 이루어졌다고 보면 되는데, 그 이후 이 계약이 계약서대로 이행되는 과정을 말합니다. 중도금을 납부하거나 잔금을 납부하면 그 계약이 이행된 것으로 보아서 당사자 간의 협의 없이는 일방적으로 계약을 해제할 수 없게 되는 겁니다.

(2) 계약에서 계약금 일부만 지급하고 계약 해제 시

계약금계약은 계약서에 매매대금 또는 임차보증금의 10%로 기재하고 (10%를 고집하는 것이 아니라 실제로 계약서에 기재된 계약금을 의미) 계약금을 지급한 경우 성립하게 되는데, 가지고 있는 현금이 부족해서 계약금의 일부만 지급하고 나머지는 계좌이체 또는 다음 날 오전에 입금하기로 약속하고 계약서를 작성해도 그 계약은 유효하게 성립하게 된다.

계약금계약은 계약금의 요물(要物)성 때문에 실제로 교부된 금액의 범위에서만 계약으로서의 효력이 있다는 요물계약성을 어느 정도 범위에서 인정해야 하는가에 대해서 학설에서 논란이 일고 있는 것 또한 사실이다.

그러나 법원의 판단은 실제 교부된 금액만을 가지고 위약금으로 할 수 있는 것이 아니라 계약서에 기재된 계약금 전체를 위약금으로 지급해야만 계약을 해제할 수 있다는 것이다. 계약금의 일부만을 위약금으로 지급한 이상 아직까지 계약은 해제된 것이 아니므로 그 계약의 효력이 발생한다고 판단하고 있는데 그에 대한 판결을 살펴보면 다음과 같다.

1) 대법원 2008.3.13. 선고 2007다73611 판결

계약금계약의 요건 및 계약금 지급 약정만 한 단계에서 민법 제565조 제1항의 계약해제권이 발생하는지 알 수 있다.

"원심판결 이유에 의하면 원심은, 계약금계약은 요물계약이기 때문에 약정에 따른 계약금이 지급되기 전까지는 계약당사자 어느 일방도 그 계약에 구속되지 않고 자유로이 이를 파기할 수 있도록 계약해제권이 유보되어 있다는 것을 전제로 한다(서울고법2006나107557)."

그러나 원심의 이러한 판단은 수긍할 수 없다.

계약이 일단 성립한 후에는 당사자의 일방이 이를 마음대로 해제할 수 없는 것이 원칙이고, 다만 주된 계약과 더불어 계약금계약을 한 경우에는 임의 해제(계약금을 위약금으로 포기하고)를 할 수 있기는 하나, 계약금계약은 금전 기타 유가물의 교부를 요건으로 하므로 단지 계약금을 지급하기로 약정만 한 단계에서는 아직 계약금으로서의 효력, 즉 위 민법 규정에 의해 계약 해제를 할 수 있는 권리는 발생하지 않는다고 할 것이다.

2) 대법원 1999.10.26. 선고 99다48160 판결

매수인이 당시 계약금을 미처 준비하지 못하였던 관계로 일단 계약금을 지급하였다가 되돌려 받아 보관하고 있는 것으로 처리하기로 하여 계약금 상당액의 현금보관증을 작성하여 매도인에게 교부한 경우, 매도인과 매수인 사이에는 계약금 상당액의 위약금 약정이 있었다고 볼 것이므로, 매수인이 계약을 위반하였다면 실제로 계약금을 지급하지 않았다 하더라도 약정한 위약금을 지급할 의무가 있다고 판결하였다.

김선생의 한/마/디

계약금의 일부만을 내고 계약할 때, 특별히 조심해야 합니다.

추후 분쟁의 소지를 방지하기 위해서라도 계약금의 나머지는 언제까지 지급하기로 별도 특약란에 기재하고 계약 미이행 시 그 상대방은 계약금에 해당하는 금액에 대해서 위약금으로 지급한다거나 현금보관증 등을 작성해두면 계약금 전체에 대해서 위약금으로 보상받는 데 다툼이 발생하지 않을 수 있습니다.

그러나 임차인이 마음을 결정하지 못한 상태라면 정식 계약서를 작성하지 말고 가계약서를 작성하거나, 정식 계약서를 작성한 경우도 계약금을 적게 하든가 아니면 계약 해제 시 실제로 지급된 금액으로 계약을 해제할 수 있다는 조항을 첨부하면 됩니다.

3) 부동산 중개 실무에서는 어떻게 계약을 해제하나?

부동산 중개 실무에서는 계약서를 작성(주계약)하고 서명날인했더라도 요물계약이라 계약금계약이 성립되어야 즉 계약금이 입금되어야 그 효력이 발생하게 되는 것으로 보고, 계약금이 입금되지 않으면 계약이 온전하게 성립되지 않은 것으로 판단해서 계약을 무효화시키고 있고, 손해배상을 청구하는 경우는 거의 없는 것이 현실이라 그동안 다툼이 많지 않았다.

그리고 계약금의 일부만을 지급한 경우도 그 계약금 일부만을 위약금으로 하고 계약을 해제하는 경우가 대부분이어서 계약을 가벼이 생각하게 되는 풍조가 만연해 있지만 법원에서는 중개 실무와 달리 앞의 판례들과 같이 판단되고 있으니 유의해야 한다.

법원은 계약이 적법하게 성립되고 나서는, 계약금이 입금된 경우라면 계약을 해제하기 위해 그 상대방은 계약금에 해당하는 위약금으로 배상해야 되는 것이고, 그렇지 않고서는 계약을 해제할 수 없게 된다고 본다.

따라서 계약을 해제하기 위해서는 실제로 교부한 계약금 일부만을 위약금으로 해서 계약을 해제할 수 있는 것이 아니라 계약서에 기재된 계약금을 지급해야 적법한 해제의 효력을 갖게 되므로 계약서를 작성하는 사람들은 추후 분쟁의 소지를 없애기 위해서 앞서 말한 조언을 따르면 된다.

그러나 가계약한 경우는 조금 다르다. 왜냐하면 가계약은 주계약서를 작성하기 전에 그 계약을 보증하기 위해서 하는 것이므로, 실제 지급한 금액만 위약금으로 지급하면 될 것으로 판단하면 된다.

(3) 중도금 지급 기일 이전이면 언제든지 계약 해제가 가능한가?

중도금 지급 기일 이전이라고 해서 언제든지 배액을 상환하고 계약 해제를 할 수 있는 것은 아니다. 중도금 지급 기일 이전이라도 중도금을 지급했다면 그 계약은 이미 '이행착수'된 것으로 보고 계약을 해제할 수 없다고 이해하면 된다. 그러나 매도인이 계약 해제 의사표시와 계약금의 배에 해당하는 해약금을 공탁하겠다고 통지하였는데도 매수인이 중도금을 계좌로 입금했을 경우에는 매도자의 계약 해제 효력은 그대로 유지된다는 게 판례(대법원 1993.1.19. 선고 92다31323 판결)의 입장이다.

(4) 계약금이 매매대금의 10%를 초과하는 경우

민법 제398조에서 정하는 손해배상예정액이 부당한 경우에 감액할 수 있다는 규정을 적용하여 일정 금액을 반환받을 수 있는 여지도 있으므로(계약금을 20% 이상으로 한 경우) 재판을 제기하거나 조정을 신청하여 법원의 판단을 받을 필요가 있다고 본다. 계약 해제의 방식으로 매도자로부터 계약금 배액을 받으면 되는데 상대방이 계약금 배액의 지급을 거부하는 때에는 후일 분쟁을 막기 위해 공탁을 해두면 좋지만 법적으로 꼭 공탁을 하여야만 유효한 것은 아니다.

결론적으로 계약금계약만 한 경우에는 임대인은 위약금으로 계약금을 배액상환, 임차인은 계약금만 포기하면 계약을 해제할 수 있다.

_중도금 지급 이후(계약이행의 착수가 있은 후) 계약 해제

계약금 지급 후 중도금을 지급했거나 잔금의 일부를 지급한 경우를 계약의 이행과정이라 하는데 이러한 계약의 이행과정에서는 당사자 중 어느 일방이 계약의 이행을 하지 않을 경우에는 이행하려고 하는 쪽에서 의무이행(대금 또는 소유권이전 구비서류를 준비하여 보여줌)을 하고 상대방의 의무를 이행할 것을 내용증명으로 독촉한 후에 1~2주간 정도가 지나면 계약을 해제할 수도 있고 법원에 청구하여 강제로 의무를 이행시킬 수도 있다.

계약이 해제되면 원상회복과 손해배상 문제가 발생하게 되는데 계약 해제로 손해를 당한 측에서는 계약금이 위약금이 되며 계약금 이외의 많은 손해가 발생하고 이를 입증할 수 있는 경우는 추가로 손해배상금을 청구할 수 있다. 매매계약에서 이행의 착수가 있으면 당사자 간의 합의 이외에는 계약 해제를 할 수 없다.

따라서 매수인이 본 계약의 계속 이행을 주장하면 계약 해제를 하지 못한다.

또한 계약 해제에 응할 경우 매수인은 그에 대한 손해배상과 계약의 이행으로 얻을 수 있는 이행이익을 배상받을 수 있으며 이에 합의가 안 되면 소로써 해결해야 한다.

부동산 매매계약에 있어서 계약금 이외에 중도금을 지급하여 이행에 착수한 후에는 일방당사자 스스로 계약금을 포기하거나 배액을 상환하고 계약을 해제할 수 없다는 것이 대법원 판례이다.

이때에는 양 당사자 간의 계약금 배액과 계약금 포기를 위약금으로 하는 것은 당연한 것이고 매매계약 포기로 인해서 발생하게 될 손실 등을 보상해주는 차원에서 보상이 이루어지게 될 것이고 양 당사자가 이에 합의하면 중도금은 돌려받을 수 있게 된다.

합의가 안 되면 법원에서 판단하게 된다.

Bonus 정보 +

계약금만 지급하고 해지한 경우

상대방의 협의를 통해서 해제하든지, 협의가 성립되지 않으면 법원에 소송을 제기해서 해제하는 방법밖에 없다. 그러한 경우 당사자 간의 협의나 법원해제청구소송, 계약금 외에 중도금을 지급하여 이행에 착수한 후에는 계약금을 포기하거나 배액을 상환하고, 계약을 하는 단계에서 벗어나면 손해배상책임이 추가로 부과될 것으로 예상되나, 그 손해배상 청구금액에 대해서는 그 상대방이 입증할 필요가 있다.

중도금까지 지급하고 해지한 경우

임차인이 계약금과 중도금을 모두 몰수당하는 것이 아니라 계약금만 포기하고 거기에 추가해서 임대인이 이 계약으로 인해서 손해가 발생하게 되는 부분에 대해서만 판단해서 협의로 계약을 해제하면 된다.

그러나 실무에서는 그렇게 하기보다는 임차인이 새로운 임차인을 찾아서 입주시키는 방법으로 해결하는데, 부득이한 경우도 있으므로 앞에서와 같은 방법으로 계약금을 위약금으로 포기하고 약간의 손해를 보상해주는 차원에서 중도금을 반환받게 되는 것으로 계약의 해제절차가 이어지게 된다.

12

임대인이 임차보증금을 반환하지 않을 경우 대처방법은?

선생님, 임차인 입장에서는 임대인이 보증금을 반환해주지 않는 경우가 최고로 곤혹스러운 경우인데요, 이때 쓸 만한 특효 처방이라도 있는지 궁금합니다.

임대차 계약의 해지는 쌍방의 계약해지 통보로 이루어집니다.

그런데 묵시적 갱신의 경우가 있는데, 이때는 보통의 경우 임차인에게 아주 유리합니다.

계약기간이 끝났고, 임차인이 계약을 해지하고 싶어 하는데 보증금을 반환해주지 않으면 어떤 방법을 써야 하나요?

소액심판이나 민사조정제도 등 약식재판을 활용하면 됩니다.

만약 약식재판으로도 해결이 되지 않으면 정식재판을 해야 합니다.

그러면 임차보증금을 지키기 위해 무엇을 알아야 할지 공부해보도록 하죠.

_임대인 또는 임차인의 계약해지 통보방법과 묵시적 갱신의 경우

임대인은 임대차기간 종료 전 6월부터 1월까지 임차인에 대하여 계약갱신 거절의 통지를 할 수 있고 임차인은 임대차기간 종료 전 1월까지 임대인에게 계약종료에 따른 계약해지와 임차보증금을 반환하여 달라고 통지할 수 있는데 보통 우편내용증명으로 통보하는 경우가 대부분이다. 이 밖에 묵시적인 갱신으로 계약이 연장되는 경우가 있는데 이 경우 임대인은 주택의 경우 2년, 상가는 1년간 계약을 해지할 수가 없지만 임차인은 언제든지 해지가 가능하며 해지 통지 후 3개월 후에 효력이 발생되어 보증금을 반환받을 수 있다.

기존에는 이러한 내용들이 명시되지 않아서 분쟁의 소지가 있었지만 2009.4.21. 이러한 법률 개정안이 국회를 통과하여 시행하게 되었다.

김선생의 한/마/디

묵시적 갱신의 경우, 임차인에게 아주 유리하다는 것!

임대인은 묵시적 갱신이 되기 이전에 계약해지 통지를 하지 않으면 주택은 2년, 상가는 1년을 임차인에게 보장해주지만 임차인은 2년을 주장하거나, 아니면 언제든지 계약을 해지할 수 있고 그 경우 3월이 지나면 해지효력이 발생하게 됩니다.
왜냐하면 이 특별법은 임차인을 보호하기위해서 제정된 법률이기 때문에 임차인에게 유리한 조항이 많지요.

_임대인이 주택임차보증금을 반환하지 않을 경우

계약기간 종료 시 전세금을 돌려주지 않을 경우 처음부터 소송을 제기하면 시간과 비용이 많이 들고 서로 간에 감정이 쌓일 수 있으므로 당사자 간의 대화를 통하여 원만하게 타협을 이루는 것이 좋다.

우선 전화를 통하여 계약기간 종료일자에 이사를 나갈테니 보증금을 돌려달라고 통보하는 방법이 좋은데 이 방법으로만 할 경우 분쟁의 소지가 있을 수 있으므로 위 1번과 같이 내용증명을 사전에 통보하여 두는 것이 좋은 방법이다.

그런데 계약기간 종료 후에도 임대인의 사정으로 보증금을 돌려받지 못할 경우 소송하기 전에 민사조정제도나 제소 전 화해제도, 공정증서 작성 등을 임대인과 협의 하에 작성할 수도 있고, 협의가 안 된 경우 법원의 소액심판제도, 지급명령제도 등과 같이 간단한 약식재판절차 등을 이용할 수 있는데 임대인이 협조가 없거나 이의신청이 있으면 소송절차를 거칠 수밖에 없다.

소송방법으로는 전세보증금 반환청구소송이 있는데, 이 방법은 임차인이 임차주택을 비우지 않고서도 소송을 진행할 수가 있으므로, 판결문을 득해서 그 집행권원에 기한 강제경매를 관할법원에 청구해서 그 매각대금으로 우선변제받고 새로운 매수인과 협의를 거쳐서 주택을 인도해주면 된다.

또한 점유를 이전할 필요가 있다면 임차권등기명령제도를 통하여 임차권등기를 하여두고 점유를 이전하여야 기존에 주임법상 또는 상임법상의 대항력과 우선변제권이 그대로 유지하게 되는 것이다.

_임차보증금을 반환받기 위한 방법과 절차

임차보증금채권과 같은 금전채권의 경우 채무자의 재산에 대하여 강제집행을 하려면 집행권원이 있어야 하는데, 집행권원이 될 수 있는 것은 확정된 종국판결, 화해조서, 조정조서, 확정된 지급명령, 공증된 금전채권문서, 청구의 인낙조서 등이다.

이와 같이 집행권원이 있는 경우에는 강제경매신청을 바로 할 수 있지만 없는 경우에는 다음과 같이 소송을 제기하여 집행권원을 만들어야 한다.

물론 임차인의 임차보증금반환채권 역시 특별법의 보호을 받아서 대항력과 우선변제권이 있지만 채권에 불과해서 집행권원 만들기를 통해서 강제경매를 신청할 수 있는 것이다.

그렇지 않고서는 임대차계약서만 가지고는 경매신청권이 없다.

집행권원을 만들어서 경매신청하는 것만이 능사는 아니고, 다음과 같은 약식재판을 통해서 보증금을 반환받을 수도 있으므로 먼저 약식재판을 이용해보고 그래도 해결이 안 될 경우 경매신청을 위해서 집행권원을 만드는 절차로 이어가면 될 것이다.

(1) 소액사건심판에 의한 이행권고결정

1) 소액심판제도

분쟁금액이 소액일 경우 사건을 심리한 후 바로 판결을 내리는 제도로 소액사건심판법에 규정되어 있다.

2,000만원 이하의 금액(대여금, 물품대금, 손해배상청구 등)으로 비교적 단순한 사건에 대하여 신속하고 간편하며 경제적으로 심판을 받을 수 있

게 만든 것이 소액심판제도이다.

1999년의 법 개정으로 금액에 상관없이 전세분쟁의 당사자에게도 소액심판제도가 준용됨으로써 임대차 분쟁도 빠르게 해결할 수 있게 되었다. 재판은 단 1회로 끝내는 것을 원칙으로 한다.

또 2001년 1월부터 시행된 소액사건심판법 개정안에 따르면 소액사건이 제기되면 법원은 기일(보통 14일 이내)을 잡아 소송에 들어가기 전에 원고의 신청 내용을 근거로 이행권고 결정을 할 수 있고 피고가 결정 내용을 전달받은 뒤 이의 신청을 하지 않으면 결정이 확정 판결과 동일한 효력을 가진다. 피고의 이의 신청이 각하 또는 취하된 때에도 이행권고 결정은 곧바로 집행효력을 갖게 된다.

이전까지는 피고가 이의신청을 하지 않아도 원고가 변론 기일에 출석해야 했으나 개정으로 다툼이 없는 소액사건에는 원고도 법정에 출석할 필요가 없어진 것이다.

임차인의 경우도 임대차계약서 사본과 도장을 준비하여 해당법원 민사과를 찾아가 소장을 작성하여 제출하면 된다.

2) 이행권고결정

이행권고결정은 소액사건(청구금액이 2,000만원 이하)의 경우에 채권자가 청구한 내용을 보고 합당하다고 인정될 경우 법원이 신속한 재판을 위하여 내리는 명령이다.

이행권고결정을 받은 날로부터 14일 이내에 서면으로 이의신청을 하지 아니할 경우 채권은 확정되고 이에 대하여 이행을 하여야 한다.

그러나 법원은 이의신청이 있는 때에는 지체 없이 변론기일을 지정하여야 한다.

이행권고결정은 피고가 이의신청을 하지 않은 때, 이의신청에 대한 각하결정이 확정된 때, 이의신청이 취하된 때에는 확정판결과 같은 효력을 가진다. 이행권고결정에 기한 강제집행은 결정서의 정본에 의하여 행한다.

(2) 민사조정제도

내용증명 우편을 발송한 후에도 채무자가 빌려준 돈을 갚지 않는 경우에는 소송을 하기 전에 조정에 의하여 해결을 도모할 수도 있다.

조정은 제3자인 법관이나 조정위원회가 독자적으로 분쟁 해결을 위한 타협 방안(조정안)을 마련하여 당사자가 이를 받아들이도록 권고하는 방식이다.

민사조정은 민사조정 신청서를 작성하여 법원에 이를 제출함으로써 절차가 진행된다. 조정이 성립되어 조정 조서가 작성되면 이는 재판상 화해와 동일한 효력이 발생한다.

이 조정제도는 분쟁 당사자 간에 서로 감정을 상하지 않고 신속하게 사건을 해결하는 데 사용된다. 임차인의 경우도 보증금을 반환받지 못한 경우에는 임대인에게 먼저 우편으로 통지한 뒤 관할 법원에 제기하면 된다. 조정기일이 되면 임대인과 임차인 모두 출석하고 판사 입회하에 협의를 하게 된다.

이때 판사의 조정안은 사실 확정판결과 같은 효력을 갖는다.

(3) 제소 전 화해제도

전세보증금 분쟁 시 소송 전의 화해는 간단하고 신속할 뿐 아니라 비용도 거의 들지 않는 장점이 있다. 제소 전 화해제도는 일반적인 민사 분쟁이 소송으로 발전하는 것을 방지하기 위해 소송제기 전에 지방법원

단독판사 앞에서 화해신청을 하여 해결하는 것을 말한다. 제소 전 화해는 성립되면 판결과 동일한 효력을 갖기 때문에 내용이 사회통념이나 법률로 인정될 수 없는 것을 제외하고는 어떤 내용이라도 제한이 없다. 화해비용은 화해가 성립되면 각자가 부담하고 성립되지 않으면 신청인이 부담하는 것이 원칙이다.

이 판결문 후 추후 임대인이 불이행 시 강제집행을 할 수 있다.

(4) 약속어음 공정증서 작성

공증은 당사자 간 합의문건을 바탕으로 약속어음을 만든 뒤 공증사무실에서 공증절차를 밟으면 집주인과 임차인 모두 신속하고 간편하게 분쟁을 해결할 수 있다. 당사자 간 화해조건에 합의한 뒤 이를 문서와 약속어음으로 만들어 공증인가 합동법률사무소에서 하게 되는데 비용은 금액에 따라 차이가 있지만 10만원 정도 예산하면 될 것이다.

기간 경과 후에도 이행하지 않을 시 약속어음공정증서에 집행문을 부여받아서 집주인 소유부동산 전부에 대하여 강제경매신청이 가능하다.

이 방법은 채권채무관계에서도 많이 이용하고 있는 방법인데 약속어음공정증서의 소멸시효가 3년의 단기소멸시효에 걸린다는 점을 유의해야 한다.

(5) 지급명령제도

① 채무자의 주소지 관할 법원에 지급명령신청을 하면 법원은 그 신청이 법률에 규정한 요건을 갖추고 있는지와 법률상 정당한 것인지를 판단한다. 요건을 갖춘 지급명령의 경우 채무자의 이의신청이 없다면 법원의 청구취지와 원인을 기재하고 가집행 선고를 통보하는 지

급명령을 발급한다.

② 지급명령을 받은 채무자가 2주일 안에 이의신청을 하지 아니하면 법원은 지급명령에 절차비용을 합한 액수와 가집행선고를 기재한 정본을 당사자들에게 송부한다.

채무자는 지급명령이 송달된 날로부터 2주일 내에 이의신청을 할 수 있다(468조). 채무자가 이의신청을 한 때에는 이의의 범위 내에서 지급명령이 실효된다(470조). 법원은 이의신청이 적법하지 않다고 인정한 때에는 결정으로 이를 각하하여야 하며, 이 결정에 대해서는 즉시 항고를 할 수 있다(471조). 적법한 이의신청이 있는 때에는 소송으로 이행하게 되는데, 지급명령을 신청한 때에 소를 제기한 것으로 본다(472조).

(6) 임차보증금 반환청구소송에 기한 집행권원으로 강제경매

앞에서와 같은 방법으로 해결이 안 되었다면 주택임차인은 채무불이행에 따른 전세보증금 반환청구소송을 제기할 수 있다.

① 단독 · 다가구 임차주택인 경우 주민등록을 옮기지 않은 상태에서 임대인을 상대로 주소지 관할법원에 채무불이행에 따른 전세보증금 반환청구소송을 할 수 있어서, 전세보증금반환청구소송에서 승소 후 그 판결문을 갖고 임차주택 및 임대인의 다른 재산에 대하여 강제경매를 신청하고 그 매각대금에서 배당받으면 된다.

단 주소지를 이전하게 되는 경우 반드시 관할법원에 임차권등기를 신청해서 임차권등기 이후에 퇴거해야 주임법상 대항력과 우선변제권이 그대로 유지된다는 점을 잊어서는 안 된다.

부득이하게 점유 이전 시에는 임차권등기를 하고 이전하면 되는데 이때에도 등기부에 기입등기가 이루어진 다음 퇴거를 해야 종전의 대항력과 우선변제권이 그대로 유지된다.

② 집합건물 즉 아파트, 다세대, 연립 등에 전세권이 설정되어 있다면 임의경매를 바로 소송절차 없이 신청하여 그 매각대금에서 배당받아서 보증금을 회수하면 된다.

김선생의 **한/마/디**

보증금반환이 지체될 경우, 임차인의 행동 요령은 바로 이것!

보증금반환이 지체되고 있다면 먼저 법적절차를 진행하지 말고 전화 또는 내용증명을 통해서 보증금반환을 청구하고, 그래도 반환이 안 될 경우 약식재판절차를 통해서 간단하게 집행권원 등을 만들고, 이 방법이 원활하지 않을 경우 정식재판으로 전세보증금반환청구소송을 제기해서 임차주택을 강제경매 신청하는 방법으로 보증금을 반환받으라는 겁니다.

_보증금을 반환받지 못한 경우 "서울시 전 · 월세보증금지원센터" 활용

서울시는 보증금을 제때 반환받지 못하는 임차인들을 위해 '전 · 월세 보증금 지원센터'를 운영하고 있다. 최근 이용 시민들의 수가 증가 추세에 있으며, 전화를 걸어오는 세입자 한 명 한 명에 대해 상담과 분쟁조정 · 계약해지 내용증명 발송 · 임차권등기명령 등 사전절차를 거쳐야 하기 때문에 대출이 되기까지는 약 20일의 시간이 소요되고 있다.

서울시에 따르면 대출이 가능한 사례 271건 중 72%인 196건은 '주택임대차 보호법'상 계약종료 1개월 전까지 계약갱신 거절의사를 통지하지 않아 '묵시적으로 계약이 갱신'된 세입자다.

이 경우 계약해지는 해지 통보 후 3개월 경과 후 해지효력을 발생하도록 하고 있어, 계약해지 효력이 발생하는 3개월 이후부터 대출이 가능해 원하는 시기에 이사를 가지 못하는 문제점이 발생하고 있다.

따라서 임대차계약을 갱신할 의사가 없는 세입자의 경우 반드시 계약종료 1개월 전에 증빙이 가능한 방법(내용증명 · 문자메시지 등)으로 집주인에게 계약갱신 거절의사를 통지해야만 한다.

서울시는 임대차 등기명령 이후 자금을 융통해 먼저 이사한 세입자와 종전 임차주택 선순위 채권이 많아 대출이 불가능한 세입자에게 지원을 확대하고 연소득 5000만원 이하, 보증금 2억 5000만원 미만이던 대출대상기준을 완화하는 등의 방안을 검토하고 있다. 또 계약만료 1개월을 전후로 이사 시기가 맞지 않아 보증금이 필요한 세입자를 위한 단기 대출 상품도 운영하고 있다. 이와 함께 집주인 동의 없이 임대차 등기를 할 수 있도록 '주택임대차 보호법' 개정을 건의할 예정이다. 전월세 보증금 지원센터는 서울시 을지로 청사 1층에 있으며 상담 받으려면 직접 방문하거나 센터(02-731-6720, 6721, 6240)로 문의하면 된다.

신청대상은 서울시 거주 임차인으로 보증금 2억 5,000만원 미만이면서 부부 연소득 합산액이 5,000만원 이하인 임차인만 해당되며 계약만료 1월 전에 해지통보를 한 경우는 계약만료일, 합의해지한 경우에는 해지일, 묵시적으로 계약이 갱신된 경우에는 해지통보 후 3개월이 되는 날에 신청이 가능하다.

센터에서는 임차인으로부터 신청을 받게 되면 보증금 분쟁상담을 해주면서 집주인(임대인)과 임차인 사이 분쟁조정에도 나선다. 시에서 분쟁을 조정하다 보니 당사자 간의 협의보다 해결의 실마리를 쉽게 찾을 수 있게 되는데, 조정이 여의치 않다면 서울시가 신청서류를 받아 임차권등기명령에 의한 임차권등기를 신청해주고 임차권등기가 기입된 후 대출추천서를 금융기관에 보내 임차인이 금융기관(우리은행)에서 연 이율 5.04%로 대출을 받을 수 있도록 해준다. 이때 담보는 필요 없고, 이사 갈 새 주택의 임대차계약서만 있으면 되며 대출 후 2년 이내에 상환하면 된다.

대출금액은 기존 임차보증금과 새 임차보증금 중 적은 금액을 기준으로 하고 대출금 지급은 임차인이 새 임대인과 함께 대출금융기관에 방문해 새 임대인의 권리확인절차를 거쳐서 새 임대인의 통장으로 계좌이체 된다. 임차인이 구주택에서 임차보증금을 반환받게 되면 상환하는 것으로 모든 절차가 마무리된다.

CHAPTER 3

특별법으로 보호받는 임차인 Vs. 민법상의 임차인

'특별법으로 보호받는 주택 및 상가 임차인'과 보호를 받지 못하는 '민법상의 일반임차인' 간에는 큰 차이가 있다. 특별법으로 임차인의 권리를 보호받기 위해서는 어떠한 요건을 갖추어야 되며, 그 경우 일반 임차인에 비해 어떤 보호를 더 받게 되는가를 정확히 알아 두어야 한다. 그리고 이 둘의 차이를 이해하기 위해서는 물권과 채권 간의 우선순위를 이해하는 것이 선행되어야 한다.

13

물권과 채권에 관한 설명과 이들 간의 우선순위는?

선생님, 임대차 공부를 하다 보니까, 물권이니 채권이니 하는 말이 나오는데 무슨 말인지 잘 모르겠어요.

부동산의 권리관계 파악을 위해 꼭 필요한 개념이니 이번 기회에 꼭 알고 넘어가야 합니다. 물권은 특정 물건에 대해 가지는 직접적, 배타적 권리입니다. 반면 채권은 특정인에 대해 어떤 행동을 요구할 수 있는 권리로 상대적이고 비배타적 권리죠.

무슨 말인지 잘 모르겠어요.

걱정 말고 하나씩 공부하면 됩니다. 일반적으로 물권과 채권이 상충할 때 물권이 우선한다는 물권우선주의와 그 예외 조항에 대해서도 확실히 알고 넘어갑시다.

임대차계약의 핵심으로 들어가는 느낌인데요. 우리 빨리 공부해보죠.

_물권과 물권 상호 간의 우선순위

(1) 물권에 대한 설명

특정 물건을 직접적, 배타적으로 지배하여 이익을 얻을 수 있는 권리(사용, 수익, 처분할 수 있는 권리)로서 지배권이며, 대물권이다. 모든 사람에게 주장이 가능한 절대권이기 때문에 대부분 등기부에 공시된다. 물권은 설정계약에 의해서 성립되지만 법률 또는 관습법에 의해서도 발생된다. 이러한 물권의 종류에는 물건을 사용, 수익, 처분할 수 있는 권리를 모두 가지고 있는 소유권과 물건을 사실상 점유할 수 있는 점유권, 소유권을 제한할 수 있는 권리로 담보물권과 용익물권이 있다. 담보물권에는 유치권, 질권, 저당권 등이 있으며 용익물권에는 지상권, 지역권, 전세권 등이 있다. 이 밖에도 관습상의 물권으로 분묘기지권과 관습법상 법정지상권 등이 있다.

(2) 물권과 물권 간의 우선순위

1) 동일한 물권 상호 간의 우선순위(1물 1권 주의)

먼저 성립된 물권이 후에 성립된 권리보다 우선하는, 즉 1물 1권 주의의 원칙상 하나의 물건 상에 2개 이상의 물권이 성립되지 못한다.

즉 1개의 물건 위에 2개의 소유권 · 전세권 · 지상권 등이 중복해서 성립할 수 없다.

2) 동일한 물권이 아닌 경우에 우선순위

① 소유권과 제한물권

소유권과 제한물권이 동일 물건 위에 존재하는 경우 시간의 선후에 관계없이 항상 제한물권이 우선한다.

소유권과 제한물권과의 관계에서는 용익물권은 소유권을 제한하여 행사되고, 담보물권은 소유권을 배척하여 실행된다.

② 제한물권 상호 간의 우선순위

동일한 물건 위에 두 개 이상 성립하는 것은 불가능하지만, 제한물권은 병존적 양립이 가능하다.

동일 물건에 제한물권이 병존할 수 있고 제한물권 상호 간 우선순위는 담보물권의 경우 순위를 달리하는 담보권의 성립이 가능하고 이들 간의 우선순위는 선순위 담보물권이 우선한다.

(3) 물권이 채권에 우선하는 효력(=물권우선주의)

물건 위에 물권과 채권이 함께 존재하는 경우 그 성립의 선후와 관계없이 물권이 우선하는 것이 원칙이다. 그러나 이 원칙에도 예외가 있다.

이에 대한 설명은 다음 물권우선주의의 예외에서 함께 자세하게 다루었다.

_채권에 대한 설명과 채권 상호 간의 우선순위

(1) 채권에 대한 설명

채권이란 특정인(채권자)이 특정인(채무자)에 대하여 일정한 행위(=급부)를 청구할 수 있는 권리로서 상대적이고 비배타적인 권리이다. 채권은 채무자에게만 주장할 수 있는 대인적 권리로서 채무자의 행위에 의하여 권리내용이 실행되는 권리이다. 채권은 특정한 사람에게만 주장이 가능한 상대권으로 대부분 등기부에 공시되지 않는다. 이러한 채권은 계약(청약과 승낙)에 의해서 성립된다.

그리고 채무자가 임의로 그 행위를 하지 않을 경우 채권자는 법원에 강제집행을 청구할 수 있다.

(2) 일반채권 상호 간의 우선순위

원칙적으로 채권의 평등의 원칙에 따라서 우열이 없이 그 채권의 성립 시기, 효력 발생 시기를 불문하고 동순위로서 안분배당(=비율배당, 평등배당)하게 된다.

김선생의 **한/마/디**

물권우선주의에도 예외가 있음을 잊지 마세요.

채권은 특정한 사람(채권자)이 특정한 사람(채무자)을 대상으로 이권을 청구할 수 있는 권리입니다. 그래서 물권과 같이 특정물에 한하지 않고 채무자의 전 재산에 대해서 청구가 가능하지만 우선변제권이 없는 일반채권자에 불과해서 채권자 모두가 그 등기된 순위와 상관없이 모두가 동순위로 안분배당받게 되는 것입니다.

만일 물권과 채권이 충돌 시 물권이 우선하는 물권우선주의가 적용되지만 유의할 점은 모든 채권이 물권에 우선하는 것이 아니라는 것입니다. 특별법의 보호 대상 임차인으로 대항력과 우선변제권이 있거나, 일반채권에 기해서 채권가압류를 한 경우라면 처분금지가처분의 효력이 있어서 우선하거나 또는 동순위가 됩니다. 위의 사례들이 물권우선주의에서 예외가 인정되는 경우입니다.

_채권과 물권이 충돌하는 경우

(1) 물권이 채권에 우선하는 것이 원칙물권은 성립 시기에 관계없이 항상 채권에 우선하는 것이 원칙이다.

채권은 물권같이 등기부에 등기되지 않는 것이 대부분이기 때문에 등기부에 등기된 물권에 우선할 수 없는 것이 원칙이지만, 일반채권도 물권보다 먼저 등기가 되었다면 후순위 물권과 동순위로 안분배당하게 된다.

(2) 물권우선주의에도 예외가 있다(특별법 우선 원칙).

주택임대차보호법 제3조 제2항에 의하면, 임차주택이 매매 · 상속 등으로 인하여 소유자가 바뀐 경우라도 새로운 소유자는 전 소유자(임대인)의 지위(임대차관계에 대한 권리 · 의무)를 승계한 것으로 본다고 규정하여 물권이 채권에 항상 우선한다는 원칙에 대한 예외를 인정하여 주택임차인들을 보호하고 있다.

그러나 경매 등의 절차에서는 저당권 등의 말소기준권리보다 먼저 대항요건을 갖춘 임차인만 대항력이 있고, 후순위 임차인은 대항력이 없어서 소멸 대상이 된다.

이 밖에 등기되지 않은 채권도 특별우선채권과 일반우선채권이라면 우선특권이 있어서 물권과의 관계에서 우선할 수도 있고, 우선특권이 없는 일반채권이라도 등기된 일반채권이라면 즉 가압류, 압류한 경우에는 처분금지효력이 후순위 채권에 미치게 되므로, 물권과 선후 등기순위에 따라 일반채권이 선순위인 경우는 후순위 물권과 동순위로 안분배당하고, 후순위인 경우만 물권이 우선하게 된다는 물권우선주의에 대한 예외가 된다.

김선생의 한/마/디

특별법의 보호 대상 임차인과 일반임차인은 하늘과 땅 차이!

이제 물권이 항상 채권에 우선하는 것은 아니라는 것은 아시겠죠?
언뜻 보면 이런 공부가 임차인과 무슨 상관이냐 싶겠지만 반드시 짚고 넘어가야 할 내용입니다.
특별법의 보호 대상인 임차인은 특별법의 보호 대상으로 담보물권적인 지위를 갖게 되어 물권우선주의의 예외가 인정되지만 특별법의 보호 대상이 아닌 민법상의 일반임차인은 물권우선주의가 적용되는 일반채권자의 지위에 놓이게 되어 물권우선주의가 적용되므로 소유자가 바뀌게 되면 대항력을 잃게 됩니다.

14

주임법 적용 대상 건물과 보호 대상 임차인을 알아보자

여러분, 이제 주임법에 대해 공부할 차례입니다. 주임법은 주택임대차보호법으로 임차인을 보호해주는 기본법이니 잘 알아두어야 합니다.

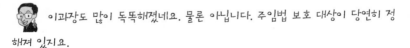

선생님, 모든 주택이 주임법으로 보호되는 건가요?

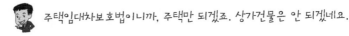

이과장도 많이 똑똑해졌네요. 물론 아닙니다. 주임법 보호 대상이 당연히 정해져 있지요.

주택임대차보호법이니까, 주택만 되겠죠. 상가건물은 안 되겠네요.

맞습니다. 주거용 건물은 주임법이고, 비주거용 건물은 상임법으로 보호를 받습니다. 그러니 주거용 건물과 비주거용 건물을 구분할 수 있는 기준도 알아둬야 하는 것이죠.

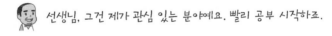

선생님, 그건 제가 관심 있는 분야예요. 빨리 공부 시작하죠.

_주택임대차보호법의 적용 대상 건물과 대상에서 제외되는 경우

이 법은 주거용 건물의 전부 또는 일부의 임대차에 관하여 이를 적용하는데, 그 임차주택의 일부가 주거 목적 외의 목적으로 사용되는 경우에도 또한 같다(주임법 제2조).

주거로 사용하고 있는 건물이 주택으로 등기가 되었든, 미등기든, 무허가 건물이든, 비주거용 건물의 일부를 주거용 건물로 이용하든 모두 적용 대상이 되는데 그 주거용 건물의 용도로 사용하는 판단 시점은 임대차계약 체결 시점으로 판단해서 주임법의 적용을 받게 된다. 다만 일시 사용하기 위한 임대차임이 명백한 경우에는 적용하지 아니한다(일시 사용을 위한 임대차 – 주임법 제11조).

건물의 일부가 주거용과 비주거용으로 겸용되는 경우 주임법 제2조에 정한 주거용 건물에 해당하는지 여부의 판단 기준은 임대차 목적물의 공부 상의 표시만을 기준으로 할 것이 아니라 그 실제 용도에 따라 정하여야 하고, 건물의 일부가 임대차의 목적이 되어 주거용과 비주거용으로 겸용되는 경우에는 구체적인 경우에 따라 그 임대차의 목적, 전체 건물과 임대차 목적물의 구조와 형태 및 임차인의 임대차 목적물의 이용관계, 그리고 임차인이 그곳에서 일상생활을 영위하는지 여부 등을 아울러 고려하여 합목적적으로 결정하여야 할 것이다(대법 94다52522).

(1) 주거용과 비주거용 겸용 시 주거용 건물에 해당되는 경우

1) 비주거용 건물의 일부가 주거의 목적으로 사용되고 있는 경우

비주거용 건물이 건축 당시부터 영업용 점포와 주거용 방으로 나뉘어 있는 건물로 그 방 이외에 다른 주거 공간을 가지고 있지 않은 임차인의 경우에는 이 임대차 목적물이 주임법 제2조에 정한 주거용 건물에 해당된다.

> **판례 돋보기**
>
> **등기부 상 소매점이나 주거용 건물로 판시된 경우**
>
> 전체 건물 중 1층인 임대차 목적물이 공부 상 소매점으로 표시되어 있으나, 건축 당시부터 그 면적의 절반 정도가 방(2칸)으로, 나머지 절반 정도가 소매점 등 영업소를 하기 위한 홀(Hall)로 건축되어 있었고, 그러한 상태에서 임차인이 가족들과 함께 거주하면서 음식점을 영업하여온 사실 등을 인정하여, 위 임대차 목적물이 주임법 제2조에 정한 주거용 건물에 해당한다고 판단했다(대법 96다5971).

2) 공부 상 용도는 공장이나 현재 주거로 사용하는 경우

Q : 건축물대장 상의 용도는 공장으로 되어 있지만 현재 내부 구조를 변경하여 주거로 사용하고 있는 건물을 임차하여 입주와 전입신고를 마쳤다. 이러한 건물도 주임법의 적용을 받을 수 있는가?

A : 적용을 받을 수 있다.

어떤 건물이 주임법의 적용의 대상이 되는 주거용 건물인지 여부는 등기부, 건축물대장 등 공부 상 표시만을 기준으로 할 것이 아니라 사실상 주거로 사용하는지 여부를 기준으로 결정한다.

따라서 공부 상 용도가 상가, 공장으로 되어 있어도 이미 건물의 내부 구조 및 형태가 주거용으로 용도 변경된 건물을 귀하가 임차하여 그곳에서 일상생활을 영위하면서 사실상 주거로 사용하고 있다면 주임법이 적용된다.

3) 주택의 일부를 점포로 개조한 경우

Q : 현재 주택의 일부를 구멍가게로 개조한 건물을 임차하여 입주와 동시에 전입신고를 마치고 그곳에서 거주하면서 작은 슈퍼를 운영하고 있다. 이러한 경우도 주택임대차보호법의 적용을 받을 수 있는가?

A : 적용을 받을 수 있다.
왜냐하면 주임법 제2조 후문은 임차주택의 일부를 주거 이외의 목적으로 사용하는 경우에도 같은 법이 적용된다고 규정하고 있기 때문이다. 그러나 본인의 주장과 달리 건물 중 주택과 점포의 구조와 점유면적, 건물의 주된 용도 등을 참작할 때 오히려 비주거용 건물의 일부를 주거로 사용하고 있는 경우라고 판단된다면 주임법이 적용되지 않을 수도 있다.

Bonus 정보 +

옥탑방과 주택임대차보호법

최근 다가구용 단독주택에서 옥상의 옥탑을 주거용으로 용도 변경하는 경우를 종종 볼 수 있는데 이러한 경우도 임차하여 실제로 주거용으로 사용하고 있음이 확인되면 주택임대차보호법의 적용을 받을 수 있다.

4) 비주거용 건물의 일부를 주거용으로 사용하는 것이 명백한 경우

주임법 제2조의 후단 규정은 반드시 주된 목적이 주거용에 있는 주거용 건물의 일부가 주거 이외의 목적으로 사용되는 경우만을 대상으로 하는 것은 아니다.

미용실이나 과자점 안에 방이 있어 임차인들이 거주하면서 영업을 하였더라도 임차인이 주거 부분에서 일상적인 생활을 영위하였고 또한 유일한 주거 공간이라면 임차 목적물 전부를 주거용 건물로 보아야 한다(대법 87다카2024 판결).

(2) 주거용과 비주거용으로 겸용 시 주거용 건물에 해당되지 않는 경우

1) 여관의 방 하나를 내실로 사용하는 경우

비주거용 건물을 주거용으로 사용하는 경우에도 주임법 제2조의 주거용 건물로 인정된다.

그러나 해당 사례는 당초부터 여관, 여인숙의 형태로 건축되었고, 피고는 여인숙을 경영할 목적으로 임차하여 방 10개 중 현관 앞의 방 하나를 피고가 내실로 사용하면서 여관, 여인숙이라는 간판을 걸고 여인숙업을 경영하여온 사실이 인정되므로 피고의 그 점유 부분은 주임법상의 주거용 건물에 해당하지 아니한다. 건축 당시부터 영업용 점포와 주거용 방으로 나뉘어 있는 건물로 그 방 이외에 다른 주거 공간을 가지고 있지 않은 임차인의 경우에는 이 임대차 목적물이 주임법 제2조에 정한 주거용 건물에 해당한다.

비주거용 건물의 일부가 주거 목적으로 사용되는 경우 보호 대상 여부
임차주택의 일부가 주거 외의 목적으로 사용되는 경우에도 주거용 건물에 포함되나 주거 생활의 안정을 보장하기 위한 입법의 목적에 비추어 거꾸로 비주거용 건물에 주거의 목적으로 일부를 사용하는 경우에는 주임법 제2조가 말하고 있는 일부라는 범위를 벗어나 이를 주거용 건물이라 할 수 없고 이러한 건물은 위 법률의 보호 대상에서 제외된다(대법 86다카2407).

2) 방 2개와 주방이 딸린 다방의 경우

방 2개와 주방이 딸린 다방은 영업용으로서 비주거용 건물로 보이고, 설사 그중 방과 다방의 주방을 주거 목적에 사용한다고 하더라도 이는 어디까지나 다방의 영업에 부수적인 것으로서 그러한 주거 목적 사용은 비주거용 건물의 일부가 주거 목적으로 사용되는 것일 뿐, 주임법 제2조 후문에서 말하는 '주거용 건물의 일부가 주거 외의 목적으로 사용되는 경우'에 해당한다고 볼 수 없다(대법 95다51953).

3) 전체 40평 중 다방 27평, 주거 면적 13평일 경우

Q : 방 2개와 주방이 있는 다방 40평을 임차하여 그곳에서 살면서 다방을 경영하고 있는데 전체 면적 중 다방 영업을 위한 부분이 27평이고 방과 부엌을 합한 주거 면적이 13평 정도이다. 이 경우에도 주임법의 적용을 받을 수 있을까?

A : 적용을 받을 수 없다.

왜냐하면 비주거용 건물 중 일부인 방과 주방은 어디까지나 다방 영업에 부수하여 주거 목적으로 사용하는 것에 불과하기 때문이다. 미용실이나 제과점 안에 방이 있어 임차인들이 거주하면서 영업을 하였더라도 임차인이 주거 부분에서 일상적인 생활을 영위하였고 또한 유일한 주거 공간이라면 임차 목적물 전부를 주거용 건물로 보아야 한다(대법 87다카2024).

4) 임대 기간 중에 비주거용 건물을 주거용으로 개조한 경우

Q : 점포용 건물을 임차하여 장사를 하다가 영업이 잘 되지 아니하여 현재는 주거용으로 내부를 개조하여 거주하고 있다. 이러한 경우에도 주택임대차보호법의 적용을 받을 수 있을까?

A : 원칙적으로 적용을 받을 수 없다.

왜냐하면 주임법이 적용되기 위해서는 임대차계약 당시에 이미 임대건물이 주거 용도로 사용할 수 있어야 한다. 따라서 귀하의 경우와 같이 계약 당시에 점포용 건물이었다면 그 후 임차인이 임의로 주거용으로 개조하더라도 주임법의 적용을 받을 수 없다.

다만 임대인의 승낙을 얻어 주거용으로 개조한 경우에는 개조한 시점부터 주임법의 적용을 받을 수 있다.

김 | 선 | 생 | 특 | 별 | 과 | 외

이런 경우는 주임법과 상임법 중 어느 법에 적용될까요?

주거로 거주하고 있는 경우에는 그 건물이 등기되었든 미등기든 상관없고 모든 임차인이 주임법의 보호를 받게 되는 것이나, 그중에서 특별히 주임법 제11조에 의해서 임시 사용을 위한 임대차가 명백한 경우만은 제외됩니다. 아래는 주택의 적용법 대상을 정리한 것으로 꼭 알아두어야 합니다.

겸용주택의 경우

- 겸용주택이란 점포가 딸린 주택 등 주택의 일부가 주거 외의 목적으로 사용되는 경우와 같이 주거용 부분과 비주거용 부분(상가 부분)을 겸한 주택을 말합니다. 주거용 건물의 일부가 비주거용으로 사용되는 경우(주거용 부분>비주거용 부분) 주택 전체를 주임법의 적용을 받는 주거용으로 판단하고 비과세 요건을 갖춘 경우에는 양도세를 비과세 받을 수 있으나, 반대로 임차건물이 주로 비주거용으로 사용되는 경우(주거용 부분 ≦ 비주거용 부분)에는 주거 사용 부분만 비과세 대상이고 비주거용 부분(상가 부분)은 일반세율로 과세됩니다.

업무용 오피스텔의 경우

- 주거용으로 신고하여 대항요건과 확정일자를 갖추면 주택임대차보호법이 적용됩니다. 따라서 1주택인 경우 비과세 요건이 성립되면 양도세가 비과세됩니다.
- 업무용(사무용)으로 신고하고 사업자등록과 건물의 인도 그리고 확정일자를 받으면 상가임대차보호법이 적용되어서 1가구 2주택 즉 다주택의 양도세를 피할 수 있습니다.

_주임법상 보호 대상

(1) 주임법상 보호 대상이 되는 임차인

임차인은 자연인만 대상이 되고 법인은 자연인이 아니라 대상이 될 수 없다(대법 2003다23885).

대한민국 국민과 외국인(출입국관리법 제88조의 2)과 외국 국적의 재외동포(재외동포법 제9조)도 자연인으로 임차인이 될 수 있다. 이들 임차인은 대항요건만 갖추고 있으면 대항력이 인정되어 특별법(주임법)의 보호 대상이 된다('자연인'이란 법이 권리능력을 인정하는 자연적 생활체로서의 인간을 말하는 것으로 재단이나 사단인 법인에 대립하여 개인을 가리키는 데 쓰이는 개념이다).

출입국관리법 제31조 제1항 본문은 90일을 초과하여 국내에 체류하는 외국인은 그의 체류지를 관할하는 출입국관리사무소장 또는 출입국관리사무소 출장소장에게 외국인 등록을 하여야 하고, 등록을 한 외국인이 그의 체류지를 변경한 때에는 전입한 날부터 14일 이내에 신체류지의 시 · 군 · 구의 장 또는 신체류지를 관할하는 출입국관리사무소장 · 출입국관리사무소 출장소장에게 전입신고를 하여야 한다고 규정하고 있으며, 출입국관리법 제88조의 2는 법령에 규정된 각종 절차와 거래관계 등에 있어서 주민등록증 또는 주민등록 등 · 초본을 요하는 경우에는 외국인등록증 또는 외국인등록사실증명으로 이에 갈음한다고 규정하고 있으므로, 귀하의 경우에는 대항요건인 주민등록을 갖추었다고 볼 수 있기 때문이다.

그러나 전세임대주택을 지원하는 법인이 주택을 임차한 후 지방자치단체의 장 또는 그 법인이 선정한 입주자가 그 주택을 인도받고 주민등록을 마쳤을 때 제1항을 준용하게 되는데, 이 법인은 「한국토지주택공사법」에 따른 한국토지주택공사, 「지방공기업법」에 따라 주택사업을 목적으로 설립된 지방공사 등이 있다(제2항).

(2) 주임법상 보호 대상이 되지 않는 임차인

법인 명의의 주택임대차는 법인은 자연인이 아니라 주민등록이 불가하므로 주임법의 보호를 받을 수가 없는 임차인으로 제3자에 대항력이 없고 오로지 당초 임차인에게만 보증금 반환을 청구할 수 있다(대법 2003다2918).

법인은 애당초 대항요건의 하나인 주민등록을 자신의 명의로 할 수 없고 그 직원 명의로 주민등록을 마치더라도 이를 법인의 주민등록으로 볼 수 없기 때문이다.

따라서 법인이 임차주택을 안전하게 지키기 위해서는

① 주택의 경우 법인 명의로 전세권설정등기, ② 상가건물에서는 법인이 상임법상 상가를 임차한 후 대항요건(사업자등록과 건물인도와 확정일자)을 갖추면 이 법의 적용을 받는다. ③ 법인의 직원 명의로 임대차계약서를 작성하고, 대항요건과 확정일자를 받아서 직원과 법인 간의 채권양도 양수계약서를 작성하고 집주인에게 양도 통지를 하면 된다.

유의할 점은 대항요건은 별도로 채권만 양도되어 대항력과 우선변제권이 없는 일반채권만 양수하게 되므로 이 방법은 현명하지 못하고, 근저당권 또는 전세권을 설정하는 것이 유리하다는 것이다.

김 | 선 | 생 | 특 | 별 | 과 | 외

임차권의 개념부터 확실하게 챙기자!

임대차계약서에 의해 임차인이 임차보증금을 임대인에게 지급하고 임차 목적물을 인도받아서 임대차 기간 동안 사용 · 수익할 수 있는 권리를 가짐과 동시에 계약 기간 종료 시에는 임차보증금을 반환받을 권리를 가집니다. 이때 임차인은 계약 또는 그 목적물의 성질에 의하여 정해진 용법으로 이를 사용 · 수익하여야 하며, 임대인의 승낙 없이(동의 없이) 임차물을 타인에게 사용하게 하여 이익을 얻을 수 없어요.

이러한 임차권은 주임법 또는 상임법의 보호를 받는 임차권과 보호를 받지 못하는 일반 임차권이 있어요.

(1) 주임법 또는 상임법의 보호를 받는 임차권(특별법의 보호 대상=대항력과 담보물권적 효력)

임대차계약서를 체결하고 주택의 인도와 주민등록을 갖추면 그다음 날 오전 0시부터 제3자에 대하여 대항력이 발생하고, 임대차계약서에 확정일자를 받아두면 확정일자에 의한 우선변제권이 발생하여 저당권 등의 담보물권과 같은 효력(우선변제권)이 발생하지요.

(2) 민법상의 임차권(일반임차권=우선변제권 없는 일반채권자)

주임법 또는 상임법의 보호를 받지 못하는 일반 임차권은 일반채권자이므로 새로운 소유자에게 대항력을 주장할 수 없고, 경매 등의 절차에서도 우선변제권이 없다는 차이가 있습니다. 따라서 임차인은 종전 일반임차권을 가지고 새로운 소유자에게 그 권리를 주장할 수 없어요.

15

주택임차인이 주임법상 대항력과 우선변제권을 가지려면?

주임법이 어떤 것인지 알았으니까, 이제 주임법이 보호해주는 대항력과 우선변제권에 대해 공부할 차례입니다. 대항력은 말 그대로 임대인에게 대항할 수 있는 권리이며, 우선변제권은 경매나 공매로 매각 시 최우선으로 변제받을 수 있는 권리를 의미합니다.

대항력과 우선변제권이 임차인에게 정말로 중요한 무기라는 말씀이네요.

그렇죠. 임차인에게 이 권리가 발생하려면 주택인도와 주민등록이라는 2가지 요건이 갖춰져야 하니, 임차인은 전입신고를 필히 해야 됨을 잊지 마세요.

저는 전입신고가 그렇게 중요한지 몰랐네요.

많이들 그렇게 생각하다가 큰코다치지요. 그리고 경매나 공매로 소유자가 바뀔 경우, 대항력과 우선변제권은 어찌 되는지에 대해서도 공부하도록 하겠습니다.

_주택임차인의 대항력이 발생하려면 어떠한 요건을 갖추고 있어야 하나?

일반적으로 임대차계약은 채권계약이므로 당사자 상호 간에서만 그 효력을 주장할 수 있지 제3자에게 그 효력을 주장할 수 없었다.

그러나 주택 및 상가건물임대차보호법이 시행되면서 임차인이 대항요건(주민등록과 주택인도)만 갖추게 되면 일반거래절차로 소유자가 바뀌더라도 임차인이 새로운 소유자에 대하여 종전의 임대차의 효력을 주장할 수 있는 힘을 가지게 되는데 이를 대항력이라 한다.

김선생의 한/마/디

대항력이란 임차인이 갖는 최강의 무기입니다!

임대차 권리 분석에서 가장 중요한 개념인 '대항력'에 대해 확실히 알아두어야 합니다. 대항력이란 임대차계약의 존속을 주장할 수 있는 권리와 계약 종료 후 주택인도와 동시에 보증금을 반환받을 수 있는 권리를 말합니다.

임대차는 그 등기(登記)가 없는 경우에도 임차인이 주택의 인도와 주민등록을 마친 때에는 그다음 날부터 제3자에 대하여 효력이 생긴다.

이 경우 전입신고를 한 때에 주민등록이 된 것으로 본다(주임법 제3조 제1항).

판례 돋보기

주민등록이 대항력의 요건을 충족시키는 공시 방법이 되기 위한 요건

주민등록이 대항력의 요건을 충족시킬 수 있는 공시 방법이 되려면 단순히 형식적으로 주민등록이 되어 있다는 것만으로는 부족하고, 주민등록에 의하여 표상되는 점유관계가 임차권을 매개로 하는 점유임을 제3자가 인식할 수 있는 정도는 되어야 한다[대법 2002다38361, 38378].

(1) 일반거래로 소유자가 바뀌는 경우 대항력

임차인이 주택의 인도와 주민등록이라는 요건을 모두 갖춘 다음 날부터 대항력이 생긴다.

여기서 다음 날의 의미는 다음 날 오전 0시를 의미한다(대법 2001다30902).

대항요건[주민등록(=전입신고)+주택인도(=점유)] → 익일 오전 0시 대항력 → 소유권 이전.

소유권이 제3자로 이전되기 이전에 대항요건을 갖추고 있으면 모든 임차인이 제3자에 대하여 대항력이 발생한다.

일반거래의 의미는 매매, 상속, 증여, 교환 등으로 소유권이 이전되는 경우 대항력이 있어서 임대차 존속 기간 동안 주택을 사용 · 수익할 수 있고, 종료 시에 주택인도와 보증금 반환에 대한 동시이행 항변권을 가지게 된다.

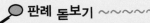

판례 돋보기

신탁법상 수탁자가 임차주택의 양수인에 해당하는지 여부

- 신탁법상 신탁의 법률관계 및 신탁계약에 의하여 재산권이 수탁자에게 이전된 경우, 수탁자의 권한을 제한하는 신탁계약상의 특약에도 불구하고 수탁자가 제3자에 대한 관계에서 그 신탁재산에 관한 완전한 소유권을 행사할 수 있는지 여부(적극)[대법 2007다54276 판결]
- 임대차의 목적이 된 주택을 담보목적으로 신탁법에 따라 신탁한 경우에도 수탁자는 주택임대차보호법 제3조 제2항에 의하여 임대인의 지위를 승계한다고 한 사례[대법 200다70460]

양도담보권자가 주임법상의 임차주택의 양수인에 해당하는지 여부

- 주택의 양도담보의 경우는 채권담보를 위하여 신탁적으로 양도담보권자에게 주택의 소유권이 이전될 뿐이어서, 이 법 조항에서 말하는 '양수인'에 해당되지 아니한다고 보는 것이 상당하다[대법 93다4083].

김선생의 한/마/디

주택임대차보호법은 사회적 약자를 위한 배려!

이 법은 주거용 건물의 임대차에 관하여 민법에 대한 특례를 규정함으로써 국민의 주거 생활의 안정을 보장함을 목적으로 제정된 것입니다. 소유자 즉 임대인에 비해 열악한 위치에 있는 주택임차인을 보호하기 위하여 주택임차인에게 일정한 요건(주민등록+주택인도)을 갖추면 대항력을 가지게 하고, 여기에 추가로 확정일자를 받았다면 확정일자에 의한 우선변제권을 인정, 후순위 채권자들에게 비해 우선적으로 보호를 받을 수 있도록 주임법이 만들어졌는데, 이 주임법은 사법인 민법에 우선하는 특별법입니다.

(2) 경매나 공매로 소유자가 바뀌는 경우 대항력

1) 공매 · 경매절차에서는 조금 다르게 적용되고 있다.

말소기준권리(근저당, 가압류, 압류, 담보가등기, 전세권(집합건물), 강제경매 개시결정기입등기)보다 후순위는 대항력이 없다는 사실이다.

말소기준권리 이전에 대항요건을 갖추고 있는 경우만 대항력이 인정된다.

김선생의 **한/마/디**

대항요건이 갖춰지는 시점은 너무나 중요합니다.

대항요건[주민등록+주택인도] → 익일 오전 0시 대항력 →말소기준권리 →대항력 발생 →낙찰

경매나 공매로 소유자가 바뀌는 경우에는 말소기준권리보다 먼저 대항요건을 갖추고 있으면 대항력이 있어서 낙찰자가 인수하지만, 후순위로 대항요건을 갖추고 있으면 대항력이 없어서 임차권은 소멸됩니다.

2) 대항력 있는 임차인이 저당권등기 이후에 보증금을 증액한 경우

임차건물에 관한 저당권설정등기 전에 대항력을 갖춘 임차인이 저당권설정등기 후 임대인과 합의하여 임차보증금을 증액한 경우, 그 증액한 보증금으로 위 저당권에 기해 건물을 경락받은 소유자에게 대항할 수 없는 것이다(대법 90다카11377).

이러한 법리는 체납처분에 의한 압류등기 후 증액한 보증금의 경우에도 마찬가지로 적용된다(대법 2010다12753).

3) 임차인이 계약금과 중도금만 지급하고 주택을 인도받아 점유하고 있는 경우의 대항력

실무에서 보증금이 큰 액수인 경우에 임대인 또는 임차인의 사정에 따라 당사자 간의 협의를 거쳐서 계약금·중도금만 지급하거나 잔금의 일부를 남겨놓고 나머지 금액은 별도 정한 기일에 지급하기로 하고 먼저 입주하는 사례가 종종 발생한다. 이러한 경우 잔금 지급 기일 이전에 근저당이나 채권가압류가 등기될 수 있고 이 경우 임차인은 그 사유가 해결될 때까지 잔금 지급을 거절해야 한다.

그러나 임차인이 부동산 전문가가 아니라서 등기부를 확인하지 않고 약속된 기일에 잔금을 지급했다면 어떻게 되나 하는 문제가 발생한다.

여기에 대한 판례가 있다.

판례 돋보기

등기부를 확인하지 않고 잔금을 지급한 경우

임차인이 주택의 인도와 전입신고를 마친 때에는 주임법 제3조에 의하여 그다음 날부터 임차주택의 양수인에 대하여 대항력을 취득하게 되므로, 보증금의 반환을 받을 때까지 임대차관계의 존속을 주장할 수 있는 권리를 가지게 되는 것이고, 여기서 임차인이라 함은 적법하게 임대차계약을 체결하여, 그 임대차관계가 유지되고 있으면 족한 것이며, 반드시 새로운 이해관계인이 생기기 전까지 임대인에게 그 보증금을 전부 지급하여야만 하는 것은 아니라고 할 것인바, 원심이 확정한 대로, 피고가 이 사건 주택의 당시 소유자로부터 이를 임차하기로 하는 임대차계약을 체결한 후 이를 인도받아 전입신고를 마친 시점이 소외 한국주택은행 명의의 이 사건 근저당권설정등기일 이전인 이상, 피고는 위 근저당권자에게도 대항할 수 있는 임차인이라 할 것이므로[대법 2000다61855 판결][서울지법 2000나31563]

이 판결에서는 계약이 유효하게 성립되었다면 임대인과 임차인의 협의로 잔금 지급 전이라도 언제든지 주택에 입주하여 전입신고를 해서 대항력을 갖추면 그 후에 근저당권이 설정되고 나서 지급한 잔금까지 대항력이 있다는 것이다.

김 | 선 | 생 | 특 | 별 | 과 | 외

임차보증금의 일부를 남겨두고 대항요건을 갖춘 경우 대항력은 어떻게 될까?

Q : 보증금 1억원, 임대 기간 2년의 임대차계약서를 작성하고 계약금 1,000만원과 중도금 6,000만원을 지급한 후, 임대인의 동의를 얻어서 입주와 전입신고를 했습니다. 그 후 근저당권이 설정된 사실을 모르고 잔금을 지급했는데 이 근저당권에 기해서 경매가 진행되었다면 저의 대항력은 어떻게 되나요 ?

A : 대항력을 갖춘 임차인이 근저당권이 설정등기 이후에 보증금을 증액하는 경우에는 증가된 금액에 대해서는 대항력이 없지만(대법 2010다12753), 근저당권이 설정되기 전에 임대인과 임차인인 보증금 1억 원으로 하는 임대차계약서를 작성하였다면 계약은 이미 성립한 것이고, 그에 기해서 대항요건인 주민등록과 주택인도를 갖추어서 대항력이 발생되었으므로 근저당권이 설정된 것을 모르고 잔금을 지급했더라도 앞에서 보증금을 근저당권 설정 이후에 증액하는 것과 같이 볼 수는 없을 것입니다.

따라서 대항력이 인정되는 보증금의 범위는 1억까지라고 볼 수 있을 것입니다[대법 2000다61855 판결 참조].

그러나 이 판결 내용은 추후 변경될 소지도 있다고 생각된다.

저자의 개인적인 판단이지만 임차인이 적법한 대항요건을 갖추고 대항력이 발생했다면 계약금만 입금 또는 중도금까지 입금하고 입주했다면 그 금액에 대해서만 대항력이 인정될 수 있다고 보수적으로 판단해서, 반드시 중도금 및 잔금 지급 전에 등기부를 열람해서 대항력 발생 이후에 등기된 채권이 있는가를 확인한 후 중도금 및 잔금을 지급하기 바란다. 판례는 항상 변하지만 저자와 같은 생각을 갖는다면 임차인의 보증금을 지키는 데 어려움이 없을 것이다.

4) 저당권이 설정되고 임차인이 대항요건을 갖춘 경우 대항력이 없어서 소멸된다

만일 소멸하지 않는다면 경락이 잘 이루어지지 않을 것이고, 그것은 곧 선순위 저당권의 담보가치를 훼손하는 것이 되기 때문이다. 나아가 임차권이 먼저 대항력을 갖추고 저당권이 후순위로 설정되었다 하더라도, 그 저당권설정등기 이후에 증액한 보증금으로써는 그 주택의 경락인에게 대항할 수 없다(대판 90.8.24. 90다카11377).

김 | 선 | 생 | 특 | 별 | 과 | 외

임차인의 권리보호를 위해서는 전입신고를 완벽하게 해야 합니다.

(1) 주택인도

임대차의 목적물인 주택에 대한 점유 즉 주택의 사실상의 지배가 임대인에서 임차인에게 이전되는 것입니다.

실무에서는 보증금 납부와 동시에 주택을 인도 받게 되고 다음으로 전입신고(대항요건)와 확정일자를 받는 절차로 이어지지요.

(2) 주민등록(=전입신고)

①주택법 제3조 제1항 후단에 ~ 전입신고를 한 때에 주민등록이 된 것으로 봅니다. 전입신고는 신거주지로 전입한 날로부터 14일 이내에 해야 됩니다.

②주임법상 보호받기 위해서는 주민등록으로 공시하고 있어야 합니다(대법 98다32939).

임차인이 주민등록을 갖춘 경우뿐만 아니라 동거 가족 중 일부가 먼저 전입신고한 경우(세대합가)에도 적용됩니다.

동일세대원 중 일부가 최초로 전입신고 →근저당권설정 →세대주(임차인)의 전입 →임의경매

전입 세대 열람과 등기부를 확인한 결과 이렇게 되어 있다면 임차인은 가족구성원이 최초 전입신고를 한 날짜를 기준으로 대항력이 발생하므로 임차인은 대항력이 있습니다.

대항력이 인정되는 "가족"의 주민등록은 임차인과 세대를 같이하고 있던 가족으로서 주택을 임차한 후에도 임차인과 공동으로 임차주택에 거주하고 있는 동거 가족에 한합니다(대법 95다30338).

전 입 세 대 열 람

순번	세대주 성명	전입일자	거주상태	최초전입자	전입일자	거주상태	동거인수
	주소						
1	홍길동	1996-09-05	거주자	홍당무	1996-09-05	거주자	
	서울특별시 광진구 중곡동 191-4 (19/9)						
2	무지개	2007-06-13	거주자			거주자	
	서울특별시 광진구 중곡동 191-4 (19/9)						

위 전입 세대 열람의 1번에서 임차인 홍길동의 대항력은 최초 전입자인 홍당무의 전입일자를 기준으로 하고, 2번 임차인 무지개의 대항력은 자신의 전입일자를 기준으로 하면 됩니다.

③대전에 거주하는 부모가 학생인 자녀를 서울로 유학 보내며 부모의 이름으로 임대차계약을 체결한 후 자녀만 입주와 전입신고를 한 경우 이후 설정된 저당권에 기한 경매절차에서 임차인의 대항력은?

아버지인 임차인이 대항요건을 갖추지 않았더라도 그의 동거 가족 등 이른바 점유보조자(아들)에 의하여 임차주택에 대항요건을 갖추었다면 당해 주택이 임대차의 목적물로 되어 있다는 사실이 충분히 공시될 수 있으므로 임차인이 점유하면서 주임법상 대항력을 취득합니다.

Q : 저는 시골 출신 대학 1학년생인데 현재 방 1칸을 임차하여 전입신고를 하고 입주하여 자취를 하고 있습니다. 그런데 아직 미성년자이기 때문에 시골에 거주하는 부친이 임대차계약을 체결하였습니다. 이러한 경우에도 주임법의 보호를 받을 수 있는지요?

A : 보호를 받을 수 있습니다. 왜냐하면 임차인인 부친이 자녀를 통하여 점유하는 것으로 되기 때문에(이러한 경우 자녀는 부친의 점유 보조자가 된다) 자녀가 점유와 주민등록이라는 대항요건을 갖춘 이상 임차인인 부친이 대항력을 취득하는 것으로 되기 때문입니다.

④ 비거주 및 세대를 달리하는 가족의 전입신고는 대항력 불인정(서울지법 98나25022)

그 가족이 성년으로 임차인과 세대를 달리하고 있었고, 임차 후에도 임차인이 입주하지 않은 채로 그 가족만 입주하여 거주하고 있었다면 그 가족의 전입신고만으로 당연히 임차인이 대항력을 취득한다고 볼 수 없습니다. 즉 결혼해 서울에 살고 있는 아들이 부산에 살고 있는 아버지에게 집을 얻어드리면서 아들이 임차인이 되고 아버지가 전입 및 거주하다가 그 이후 설정된 저당권에 의해 경매가 진행되는 경우 임차인은 대항력을 취득할 수 없습니다.

그러나 성년인 경우에도 종전 주민등록이 동일 세대원으로 함께 있다가 아들이 임차인이고 아버지가 대항요건을 갖춘 경우에는 아버지가 전입한 시점을 기준으로 대항력을 취득하게 됩니다.

⑤ 단독주택과 다가구주택 등은 주민등록이 임차주택의 번지까지만 일치해야 합니다(대법 87다카1573). 다가구주택을 다세대로 변경 시 기존 다가구주택의 임차인은 번지만 일치하면 됩니다(대법 2006다70516).

⑥ 집합건물은 주민등록이 임차주택의 번지, 동, 호수까지 일치해야 주임법의 보호 대상입니다(대법 99다8322).

_특수한 경우의 대항력과 우선변제권

(1) 주택의 전 소유자가 임차인의 지위를 취득한 경우

주택의 소유자가 임차인으로 지위가 바뀐 경우 새로운 소유자 앞으로 소유권등기일 다음 날 오전 0시에 대항력이 발생한다(대법 99다59306, 99다70556, 2001다61500).

김선생의 **한/마/디**

임차인의 대항력 발생 시점은 등기일 다음 날 0시!

전 소유자가 새로운 소유자에게 집을 팔고 임차인의 지위를 갖게 되는 경우 소유권이전등기되기 전까지는 소유자로서 살고 있었던 기간이고, 임차인으로서의 대항력은 소유권이전등기일(5월 1일) 다음 날(5월 2일) 0시에 발생된다는 얘기! 5월 1일 계약서에 확정일자를 받았다면 5월 2일 오전 0시에 우선변제 효력이 발생하게 됩니다.

(2) 종전 임차인이 낙찰자와 새로이 임대차계약을 체결한 경우

경매절차에서 낙찰자가 주민등록은 되어 있으나 대항력은 없는 종전 임차인과의 사이에 새로이 임대차계약을 체결하고 낙찰 대금을 납부한 경우, 종전 임차인의 주민등록은 낙찰자의 소유권 취득 이전부터 낙찰자와 종전 임차인 사이의 임대차관계를 공시하는 기능을 수행하고 있었으므로, 종전 임차인은 당해 부동산에 관하여 낙찰자가 낙찰대금을 납부하여 소유권을 취득하는 즉시 임차권의 대항력을 취득한다고 한 사례[대법 2002다38361, 38378].

김선생의 한/마/디

매수인이 대금 납부하면 곧바로 대항력과 우선변제권이 발생합니다.

실무에서는 이러한 경우가 많습니다. 문제는 계약서만 가지고 되는 것으로만 이해해서는 안 되고, 임차보증금이 낙찰자에게 지급되었는가를 확인하고, 민법 제187조 규정을 적용받아 매수인이 대금 납부 즉시 대항력과 우선변제권이 발생된다는 것입니다.

(3) 임대아파트의 임차인과 전대차계약서를 작성하고 대항요건을 갖춘 경우 대항력

전차인이 전입신고를 마치고 거주하던 중 임차인이 소유권을 취득하고 근저당권을 설 정한 경우 전차인은 임차인의 소유권이전등기가 이루어진 다음 날 오전 0시에 대항력을 취득하게 되는 것이 아니라 소유권이전 즉시 대항력을 취득하게 되어 소유권이전등기와 동시에 설정된 은행 근저당권보다 대항력이 있게 된다(대법 2000다58026, 58033).

김선생의 한/마/디

소유권 이전 즉시 대항력과 우선변제권이 발생합니다.

이번 사례도 앞의 사례와 유사하지만 분양받아 소유권을 취득하게 된다는 점에서 민법 제186조의 규정을 적용받아 소유권 이전 즉시 대항력과 우선변제권이 발생된다는 차이가 있습니다.

(4) 주민등록의 일시적 이탈 후 재전입 시

대항력과 확정일자우선변제권임차인이 그 가족들의 주민등록을 그대로 둔 채 자신만 주민등록을 일시적으로 옮긴 경우에는 대항력과 우선변제권은 그대로 유지된다. 그러나 임차인과 그의 세대원 전원이 주민등록을 퇴거했다가 다시 전입신고를 한 경우에는 주민등록을 재전입신고한 다음 날 오전 0시에 대항력이 발생한다.

김선생의 **한/마/디**

확정일자부 임차인이 일시적으로 주민등록 이전 시 조심하세요!

이 경우 또다시 확정일자를 받지 아니하여도 종전의 확정일자가 유용하게 적용되나 확정일자에 의한 우선변제권의 효력 발생 시기는 재전입신고한 다음 날 오전 0시(대항력 발생 시기)입니다.

(5) 선순위 임차인의 제1경매에서의 미배당금은 제2경매에서 대항력만 주장 가능하다

선순위 임차인이 제1경매절차에서 우선변제권을 선택해서 배당요구를 하였으나 보증금 전액을 배당받을 수 없었던 때에는 경락인에 대하여 이를 반환받을 때까지 임대차관계의 존속을 주장할 수 있을 뿐이고 임차인의 우선변제권은 경락으로 인하여 소멸되는 것이므로 제2경매절차에서 우선변제권에 의한 배당을 받을 수 없다(대법 2005다21166 판결).

(6) 전입신고를 잘못한 경우

전입신고가 잘못되어 실제 지번으로 주소정정하면 그 정정일 다음 날 오전 0시에 대항력이 발생한다. 따라서 경매 개시결정이 있은 후 전입이 잘못된 것을 알아서 정정하였다면 임차인은 대항력을 상실하게 되므로 소액임차보증금에 해당되어도 최우선변제금을 배당받지 못하게 된다.

참고로 이러한 사항은 등기부만 확인하고 전입신고를 했는데 건축물대장의 주소와 다른 경우 또는 주택 현황은 201호로 되어 있어서 201호로 전입신고를 갖추었으나 실제 등기부와 대장 상에는 101호로 되어 있는 경우에 임차인이 착각하기 쉬우므로 임대차계약 체결 시점에서 등기부와 건축물대장을 반드시 확인해서 올바른 전입신고를 갖추고 있어야 대항력과 우선변제권을 보장받게 된다.

김 | 선 | 생 | 특 | 별 | 과 | 외

전입신고를 잘못했다. 주임법상의 보호 대상이 될 수 있을까?

(1) 전입신고를 잘못한 경우

Q : 저는 주민등록 전입신고를 하면서 착오로 임차주택의 소재지 지번을 잘못 기재하여 주민등록표에 다른 지번이 기재되고 말았습니다. 이러한 경우에도 주택임대차보호법의 보호를 받을 수 있는지요?

A : 현재 상태로는 보호받을 수 없습니다.
그 이유는 임차인이 착오로 전입신고를 잘못하여 다른 지번에 주민등록이 되어버린 경우에는 주민등록이 실제 지번과 일치하지 아니하여 주택임대차보호법상의 유효한 공시 방법을 갖추었다고 볼 수 없기 때문입니다.

따라서 귀하께서는 제3자가 임차주택을 양수받거나 근저당권, 가압류 · 압류의 등기가 되기 전에 실제 지번에 맞도록 주민등록을 신속하게 정정하여야만 그때부터 비로소 보호를 받을 수 있습니다.

(2) 건물의 실제 동표시가 공부와 다른 경우

Q : 저는 실제 동표시가 '라동'인 신축 다세대주택 101호를 임차하여 사전 입주하면서 주민등록 전입신고도 '라동 101호'로 마쳤습니다. 그런데 준공검사 후 건축물대장이 작성되면서 '가동'으로 등재되고 그에 따라 등기부도 '가동 101'호로 소유권보존등기됨으로써 주민등록이 공부 상의 동표시와 불일치하게 되었습니다. 이러한 경우에도 주임법의 보호를 받을 수 있는지요?

A : 보호를 받을 수 없습니다.
주민등록이 공부 상의 동표시와 일치하지 않는 경우에는 주임법의 요구하는 유효한 공시 방법인 주민등록에 해당되지 않기 때문입니다.

그러나 건물의 벽에는 가동, 나동으로 표시되었으나 등기부상(=대장과 일치)에는 A동, B동으로 되어 있을 경우 가동으로 전입되었더라도 주소지 대지 위에 2개의 동의 연립주택 외에 다른 건물이 전혀 없고 그 두개의 동도 층당 세대수가 한 동은 4세대씩, 다른 동은 6세대씩이어서 크기가 달라서 외관상 혼동의 여지가 없으며 실제 건물 외벽에는 가동, 나동으로 표시되어 호칭되어 사회통념상 가동, 나동, A동, B동은 표시 순서에 따라 각각 같은 건물을 의미하는 것이라 인식될 여지가 많기에 임차인이 다르게 전입신고를 하였더라도 임차인으로서 제3자가 인식하는 데 어려움이 없기에 대항력이 인정됩니다(대법 2002다59351 판결).

지번 · 동 · 호수 기재 시 부동산등기부의 부동산 표시를 기준으로 하는 것이 아니고 건축물대장 상의 지번 · 동 · 호수를 기준으로 합니다. 따라서 등기부와 일치한다 해도 건축물대장과 일치하지 않으면 주택임대차보호법상 대항력이 인정되지 아니하고 정정 시 정정 익일 오전 0시에 대항력이 발생합니다.

부동산등기부는 소유권을 기준으로 할 때 대장보다 우선하고 부동산 표시 지목, 면적, 지번, 동, 호수 등과 같은 것은 대장을 기준으로 합니다.

(3) 두 필지 위에 축조된 다가구용 단독주택의 전입신고

Q : 저는 신축된 다가구용 단독주택 중 1실을 임차하여 입주한 후 등기부를 열람하여 보니 위 주택이 ㅇㅇ동의 3의 1, 3의 2, 두 필지 위에 축조되어 있는 사실을 발견하게 되었습니다. 이러한 경우에 주민등록표에 주택소재지의 위 양 지번 중 하나인 3의 1만 기재되어 있어도 주택임대차보호법의 보호를 받을 수 있는지요?

A : 보호받을 수 있습니다.
왜냐하면 건축법 제2조 제1항 제1호, 같은 시행령 제3조 제1항은 한 채의 건물이 2필지 이상에 걸쳐 건축된 경우에는 이를 하나의 대지로 보도록 규정하고 있고, 행정관서에서도 위와 같은 경우에 주민등록상에 한 필지의 지번만을 기재하고 있으므로 주택의 대지인 여러 필지 지번 중 하나만 기재한 주민등록도 유효한 공시 방법이라고 할 수 있기 때문입니다.

(7) 공무원 등에 의해 주민등록이 직권말소된 경우

임차인의 주민등록이 직권말소된 경우 대항력과 우선변제권이 상실되지만 말소된 주민등록이 주민등록법상 소정의 이의절차에 의해서 회복되거나 재등록이 이루어지면 당초 대항력과 확정일자부 우선변제권이 소급하여 발생하게 된다(대법 91다18118 판결).

다만 직권말소된 주민등록이 주민등록법상 소정의 이의절차에 의해서 회복된 경우가 아니면 선의의 제3자에게 그 소급효를 주장할 수 없다.

(8) 단독 · 다가구주택에서 토지와 건물의 말소기준권리가 다른 경우

단독 · 다가구주택에서 토지와 건물의 말소기준권리가 다른 경우 임차인의 대항력 기준은 토지와 건물에 설정된 말소기준권리 중 가장 빠른 날짜가 되는 것이 아니라 건물의 말소기준만을 가지고 판단하게 된다.

이는 임대차 대상이 건물이고 임차인은 건물의 사용 · 수익을 목적으로 하기 때문이다.

임차인은 토지와 건물 전체에 대해서 우선변제권을 주장할 수는 있지만 대항력은 건물말소기준권리를 가지고 판단해야 되며 토지는 매각대금에서 우선변제를 받을 수 있는 우선변제권만 갖게 된다고 보면 될 것이다.

김선생의 한/마/디

말소기준권리 2가지가 상충할 경우, 건물 승(勝)!

토지와 건물의 말소기준권리가 다른 경우를 가끔 보았는데, 이 경우 임차인의 대항력은 건물의 말소기준권리를 가지고 계산하게 됩니다. 잊지 마세요.

_경매나 공매절차에서 임차인의 우선변제권

일반거래로 소유자가 달라지는 경우에는 오로지 새로운 소유자에게 대항력을 주장하고 계약 기간이 종료되면 보증금반환청구를 해서 계약관계가 종료되는 것이지 우선변제권이라는 용어를 사용할 수 없다.

우선변제권이란 경매나 공매절차에서 그 권리를 주장할 수 있는 것으로 소액임차인인 경우 소액임차보증금 중 일정액을 최우선변제금으로 우선변제 받고, 소액임차인이 아닌 경우는 확정일자 우선변제금으로 우선변제 받게 된다.

따라서 소액임차인이 확정일자를 받아두었다면 소액임차인은 두 개의 권리를 동시에 가지고 있어서 1차적으로 최우선변제금, 2차적으로 확정일자에 의한 우선변제금을 우선변제 받을 수 있게 된다.

임차인의 우선변제권은 대항력이 있든, 없든 상관없이 받을 수 있게 되는 권리이지만, 차이가 있다면 대항력이 있는 임차인의 미배당금은 낙찰자가 인수하게 되므로 보증금의 손실이 없게 되는 반면, 대항력이 없는 임차인의 미배당금은 채무자가 인수하게 되므로 무자력자가 된 임대인이 그 부담을 하기란 어려워서 보증금을 손해 보게 된다.

임차인의 최우선변제권은 소액임차인으로 경매기입등기 또는 공매공고등기 이전에 대항요건을 갖춘 임차인은 모두가 대상이 되고 있으나, 임차인의 확정일자부 우선변제권은 경매 개시 이전 또는 이후에 갖춘 경우도 그 임대차가 진정한 이상 모두가 우선변제권을 가지고 있는데 차이가 있다면 이후에 갖춘 임차권은 우선변제 받을 순위에서 밀려서 배당받을 금액이 없을 것이 예상되나, 이 경우에도 경매 개시 이전의 가압류 등의 일반채권자와 동순위로 안분배당받게 된다.

그리고 확정일자부 우선변제권은 적법한 요건을 갖춘 임차인에게만 부여되는데 그 요건은 다음과 같다.

임차인이 계약서 작성 → 계약금계약 → 5월 1일 보증금 잔금 지급과 동시에 주택인도 → 5월 1일 주민센터에서 전입신고와 계약서에 확정일자 부여받으면 → 5월 2일 오전 0시에 대항력과 확정일자우선변제권의 효력이 발생하게 된다.

임차인이 주택의 인도와 주민등록이라는 요건을 모두 갖춘 다음 날부터 대항력이 생긴다.

여기서 다음 날의 의미는 다음 날 오전 0시를 의미하는데(대법 2001다30902), 확정일자를 입주 및 주민등록과 같은 날 또는 그 이전에 갖춘 경우에는 우선변제적 효력은 대항력과 마찬가지로 인도와 주민등록을 마친 다음 날을 기준으로 발생하고(대법 97다22393, 98다26002, 99다67960), 대항요건을 갖춘(5월 1일) → 다음 날(5월 2일)에 확정일자가 이루어졌다면 확정일자를 받은 당일(5월 2일) 주간에 우선변제적 효력이 발생된다.

그러나 유의할 점은 대항요건을 갖춘 시점에서 대항력이 발생하기 전에 소유권이 변경되거나 담보물권이 설정되면 대항력도 없어서, 배당에 참여할 수 없거나(소유권이전), 배당에서 후순위(담보물권 설정)가 되어 보증금의 손실이 예상된다는 사실이다.

김 | 선 | 생 | 특 | 별 | 과 | 외

주임법상 임차인의 지위 & 선순위 전세권의 지위를 겸한 임차인의 대항력과 배당 방법

주택임대차보호법상 임차인으로서의 지위와 전세권자로서의 지위를 함께 가지고 있는 자가 그중 주임법상 임차인으로서의 지위에 기하여 경매법원에 배당요구를 하였다면 배당요구를 하지 아니한 전세권에 관하여는 배당요구가 있는 것으로 볼 수 없어요. 그뿐만 아니라 최선순위 전세권등기 이후 그 지위를 강화하기 위해 주임법상 임차인으로서 지위를 갖춘 경우에도 최선순위 전세권에 기한 배당요구를 하였다 해도 주임법상의 지위를 상실하는 것이 아니라 주임법상의 권리를 주장할 수가 있어서 미배당금은 매수인의 부담으로 남게 됩니다. 이에 대한 판례를 살펴보면 다음과 같아요.

(1) 대법원 2010.7.26. 자 2010마900 결정

주택에 관하여 최선순위로 전세권설정등기를 마치고 등기부 상 새로운 이해관계인이 없는 상태에서 전세권설정 계약과 계약 당사자, 계약 목적물 및 보증금(전세금액) 등에 있어서 동일성이 인정되는 임대차계약을 체결하여 주택임대차보호법상 대항요건을 갖추었다면, 전세권자로서의 지위와 주택임대차보호법상 대항력을 갖춘 임차인으로서의 지위를 함께 가지게 됩니다. 최선순위 전세권자로서 배당요구를 하여 전세권이 매각으로 소멸되었다 하더라도 변제받지 못한 나머지 보증금에 기하여 대항력을 행사할 수 있고, 그 범위 내에서 임차주택의 매수인은 임대인의 지위를 승계한 것으로 보아야 합니다.

(2) 대법원 2010.6.24. 선고 2009다40790 판결

주택임대차보호법상 임차인으로서의 지위와 전세권자로서의 지위를 함께 가지고 있는 자가 임차인으로서의 지위에 기하여 경매법원에 배당요구를 한 경우, 전세권에 관하여도 배당요구가 있는 것으로 볼 수 있는지 여부(소극)(대법 2009다40790)

16

상가임차인이 상임법상 대항력과 우선변제권을 가지려면?

상가임차인의 권리는 주택임차인보다 까다로운 모양새를 가지고 있고 복잡한 단계를 더 거치지만 실무에서는 주택임차인보다 널리 이용되고 있지 못하는 반쪽짜리 보호법으로 알려져 있습니다.

보호받는 상가임차인이 소수에 불과하고, 보호받지 못하는 사람들까지 보호 대상인 양 오해의 소지를 양산하고 있어서 상가건물임대차보호법의 적용 범위를 확대하는 방향으로 개정되어야 한다는 여론이 형성되고 있어서, 개인적인 생각이지만 환산보증금제도[보증금 + 월세×100]를 없애고 주택임차인과 같이 보증금만 가지고 (월세×100을 보증금 범위에서 제외) 적용 대상을 정하도록 개정하는 것이 현실적이지 않을까 합니다. 그랬다면 박사장님도 보증금 2억으로 상임법에서 보호받는 상가 임차인에 해당되었을 것입니다.

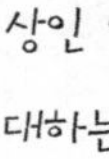

그렇네요. 너무 안타까운 현실입니다. 우리나라는 기득권을 보호하는 데에는 혈안이 되어 있고 서민 보호는 관심들이 없으니 반쪽짜리 보호법을 만들고 그것도 보호법인 양 생색을 내고 있는 거군요.

 상가건물임대차보호법은 임대인들에 비해 상대적으로 약자인 상가임차인 등을 보호하기 위해서 제정되었는데 이는 일정한 보증금 범위 내에 있는 상가임차인 등을 영세상인으로 보호하고 그중에서 열악한 소액임차인 등의 보증금 중 일정액을 최우선적으로 보장해주도록 하여 영세상인들이 보다 안정적인 생계를 유지하게 하기 위해서 2002년 11월 1일 제정되었습니다.

상임법은 모두가 적용 대상이 되지 못하고 환산보증금이 일정한 범위 내에 있는 상가임차인으로 대항요건과 확정일자를 갖춘 임차인만이 대항력과 우선변제권을 가지게 되고 그중 소액임차인에 해당되면 일정액을 최우선변제금으로 보장받게 되는 제도인데, 그 환산보증금의 범위를 초과하면 대항력과 우선변제권이 없는 일반 채권자의 지위에 놓이게 되어 상가임차인으로 최장 5년간의 임대 기간까지 갱신을 요구할 수 있는 갱신요구권까지 주장할 수 없게 됩니다.

 상임법 제2조 제1항 규정은 이렇군요.

이 법은 상가건물(제3조 제1항의 규정에 의한 사업등록의 대상이 되는 건물을 말한다)의 임대차(임대차 목적의 주된 부분을 영업용으로 사용하는 경우를 포함한다)에 대하여 적용한다. 다만, 대통령이 정하는 보증금을 초과하는 임대차에 대하여는 그러하지 아니한다.

 이 법의 적용을 받기 위해서 기본적인 요건으로 모든 상가건물이 대상이 되는 것이 아니라, 사업자등록의 대상이 되는 영업용 건물로, 상가임차인이 보호를 받기 위해서는 대항요건 즉 건물인도와 사업자등록을 신청한 임차인만이 보호 대상이 되고, 상임법 시행일 2002. 11. 1. 이후 임대차계약서를 체결하거나 기존 계약을 갱신한 경우뿐만 아니라 이 법 시행 당시 계속 중인 임대차에 대하여도 적용됩니다.

그런데 이와 같은 임대차도 모두가 적용되는 것이 아니라 상가임차인의 환산보증금(보증금 +월세×100)이 다음 ①·②·③·④ 4개의 권역에서 일정액 이하인

경우만 이 법의 보호 대상이 됩니다.

아래 표와 같이 이 4개의 권역에서 환산보증금을 초과하는 상가임차인은 이 법의 보호 대상이 아니라 일반채권자로서 민법상의 임차권의 지위를 갖게 된다는 것입니다.

선생님, 경매로 소유자가 바뀔 경우가 궁금한데요.

대항력 있는 임차보증금을 낙찰자가 인수하면 채무자를 대신해서 갚은 것이 되니 채무자에게 구상권을 청구할 수 있다고 알았는데 그렇지 않을 수도 있나요?

낙찰자 인수 조건으로 매각이 되었으니 낙찰자는 그 인수 금액을 포함해서 총 취득금액이 되므로 인수 금액만큼 낮은 가격으로 입찰가를 정해서 매수해야 합니다.

예를 들어 우리가 집을 살 때 임차인이 있다면 그 임차보증금을 새로운 매수자가 인수하고 그만큼 매매대금에서 제외하고 잔금을 지급하는 것과 같은 이치입니다.

쉽게 잘 설명해주시네요. 그런데 제 생각으로 임차인이 배당요구를 하지 아니하여 후순위 채권자가 임차인이 배당받을 금액까지 배당받았다면 부당이득이 가능할 것 같은데 그것도 어렵다는 말씀인가요?

그렇습니다. 그래서 임차인은 반드시 배당요구종기 시까지 배당요구를 해야 되고, 만일 배당요구종기 시까지 배당요구를 하지 못한 경우에도 첫 매각기일 이전이라면 배당요구종기일을 연기신청해서 배당요구하도록 하세요. 법원에서 특별한 사정이 없는 한 연기신청을 받아주고 있습니다.

그럼 위에서 얘기했던 내용들을 하나하나 되짚어 보며 공부해봅시다.

_상임법의 적용을 받을 수 있는 대상은 어떻게 되는가?

권역별	2002.11.1.부터~ 2008.8.20.까지	2008.8.21.부터~ 2010.7.25.까지	권역별	2010.7.26. 이후부터 현재까지
① 서울특별시	2억 4천만원 이하	2억 6천만원 이하	① 서울특별시	3억원 이하
② 수도권 과밀억제 권역 (서울시 제외)	1억 9천만원 이하	2억 1천만원 이하	② 수도권 과밀억제권역(서울 제외)	2억 5천만원 이하
③ 광역시 (인천, 군 지역 제외)	1억 5천만원 이하	1억 6천만원 이하	③ 광역시(수도권 과밀억제권역과 군 지역은 제외), 안산, 용인,김포,광주(경기)	1억 8천만원 이하
④ 그 밖의 지역	1억 4천만원 이하	1억 5천만원 이하	④ 그 밖의 지역	1억 5천만원 이하
비고	환산보증금	환산보증금		환산보증금

_상가건물에 대항요건을 갖춘 임차인의 대항력은 언제 발생되는가?

(1) 일반거래로 소유자가 바뀌는 경우 대항력은

임차인이 건물의 인도와 사업자등록을 모두 갖춘 다음 날부터 대항력이 생긴다. 여기서 다음 날의 의미는 다음 날 오전 0시를 의미한다.

상임법 제3조의 대항력

① 제1항 임대차는 그 등기가 없는 경우에도 임차인이 건물의 인도와 부가가치세법 제5조 소득세법 제168조 또는 법인세법 제111조의 규정에 의한 사업등록을 신청한 때에는 그 다음 날로부터 제3자에 대하여 대항력이 발생한다.

② 제2항 임차건물의 양수인(그 밖에 임대할 권리를 승계한 자를 포함한다)은 임대인의 지위를 승계한 것으로 본다. 따라서 주택임대차보호법과 같이 대항력은 사업자등록신청과 건물의 인도(대항요건)를 갖춘 다음 날 오전 0시에 발생한다.

(2) 경매나 공매로 소유자가 바뀌는 경우 대항력은

경매 · 공매절차에서는 조금 다르게 적용되고 있다.

말소기준권리(근저당, 가압류, 압류, 담보가등기, 전세권(집합건물), 강제경매개시결정기입등기)보다 후순위는 대항력이 없다는 사실이다. 말소기준권리 이전에 대항요건을 갖추고 있는 경우만 대항력이 인정된다.

김선생의 한/마/디

상입법에서도 대항력 여부는 말소기준권리에 따를 것!

상임법도 주임법과 같이 일반매매로 소유자가 바뀌면 대항요건을 갖춘 모든 임차인이 대항력이 있지만, 경매로 매각되면 말소기준권리가 되는 선순위 채권자를 보호하기 위해서 말소기준권리 이전에 대항요건을 갖춘 임차인만 대항력이 있고, 이후에 갖춘 임차인은 대항력이 없고 우선변제권만 가지게 됩니다.

_경매나 공매절차에서 임차인의 우선변제권

일반거래의 경우, 새로운 소유자에게 대항력만 있고 우선변제권은 없다. 우선변제권이란 경매나 공매 절차에서 그 권리를 주장할 수 있는 것으로 최우선변제금과 확정일자부 우선변제권이 있다.

소액임차인이 확정일자를 받아두었다면 1차로 최우선변제금, 2차로 확정일자에 의해 변제받을 수 있는데, 이것은 대항력 유무와 상관없는 권리이다. 대항력 있는 임차인의 미배당금은 낙찰자가 인수하므로 보증금 손실이 없지만, 대항력 없는 임차인의 경우 채무자가 인수하게 되므로 보증금 손해가 발생한다는 차이가 있다. 임차인의 최우선변제권은 경매기입등기 또는 경매공고등기 이전에 대항요건을 갖춰야 대상이 된다. 그러나 임차인의 확정일자부 우선변제권은 경매 개시 이후에 갖추어도 우선변제권을 가지는데, 순위에서 밀려서 배당받을 금액이 없는 경우도 발생한다.

김선생의 **한/마/디**

상가임차인이 가장 중요하게 생각할 것은 선순위 채권!

상가임차인이 대항요건과 동시에 확정일자를 받는 것은 중요합니다.
그런데 그것보다 더 중요한 것은 계약서 작성 단계에서 임차인보다 선순위 채권 유무를 확인하고 임대차계약서를 체결하는 것이지요.

판례 돋보기

임차인이 배당요구를 하지 아니하여 배당에서 제외된 경우 부당이득 반환 청구 여부

대법원 2002.1.22. 선고 2001다70702 판결【부당이득금반환】

① 민사소송법 제605조 제1항 소정의 배당요구가 필요한 배당요구채권자가 실체법상 우선변제청구권이 있다 하더라도 적법한 배당요구를 하지 아니하여 배당에서 제외된 경우, 배당받은 후순위 채권자를 상대로 부당이득의 반환을 청구할 수 있는지 여부(소극)

② 주택임대차보호법에 의하여 우선변제청구권이 인정되는 소액임차인의 소액보증금반환채권은 현행법상 민사소송법 제605조 제1항에서 규정하는 배당요구가 필요한 배당요구채권에 해당한다.

③ 주택임대차보호법상의 임대차보증금반환채권이 배당요구가 필요한 배당요구채권에 해당하는지 여부(적극)[98다12379 판결]

대항력 있는 임차인에 대한 법원이 잘못 작성한 배당표와 낙찰자의 부담

김미숙 전입신고 및 확정일자 → 기업은행 근저당권 → 최성식 강제경매 신청 → 한기상이 낙찰 받은 경우 임차인 김미숙은 기업은행에 앞서서 전액 배당받을 수 있다.

임차인 김미숙 보증금이 3,000만원이었는데 1,600만원만 배당표가 작성되었고 김미숙이 배당기일에 법원에 출석하지도 않아서 배당표가 확정되었다. 이에 낙찰자에게 김미숙이 잔여보증금 1,400만원을 인수하라고 요청하였는데 낙찰자는 오히려 명도소송하였다.

대법원은 대항력 있는 임차인에 대한 낙찰금액은 임차보증금과 법원이 올바르게 작성하였을 경우 임차인이 배당받을 수 있었던 금액의 차액만 낙찰자가 부담하면 된다고 판결하였다(대법 2000다30165).

김 | 선 | 생 | 특 | 별 | 과 | 외

특별법상 임차권의 권리를 종합 분석해봅시다.

(1) 대항력 주장(대항력 있는 임차인만)

일반거래로 소유권이 이전되면 적법하게 대항요건을 갖춘 주택이나 상가 임차인은 모두 대항력이 인정되지만, 경매나 공매로 매각되는 경우에는 말소기준권리 이전에 대항요건을 갖춘 임차인만 대항력이 인정됩니다.

(2) 배당을 요구한 경우(대항력 있는 임차인과 대항력 없는 임차인 모두포함)

1) 소액보증금 중 일정액

임차인이 소액임차인(=소액임차보증금)에 해당되면 소액보증금 중 일정액을 다른 담보물권(근저당, 담보가등기, 전세권)에 우선해서 변제받는데 이 일정액이 최우선변제금입니다. 이러한 일정액을 우선변제 받기 위해서 임차인은 보증금이 담보물권(근저당, 담보가등기, 전세권)의 설정등기일에 해당하는 구간의 소액임차보증금이 되어야 합니다.

예1) 주택의 경우(서울 지역)

2001.9.15. ~ 2008.8.20. 구간에 설정된 근저당이면 소액임차보증금은 4,000만원 이하이고, 이 경우 일정액 1,600만원을 그 구간에 설정된 근저당보다 우선해서 변제받습니다.

예2) 상가의 경우(서울지역)

상임법 시행일 이전에 설정된 근저당에 대해서 소액임차인임을 주장할 수 없지만 시행일인 2002.11.1.부터 2010.7.25.까지 설정된 근저당이라면 4,500만원 이하인 경우 일정액 1,350만원을, 2010.7.25. 이후에 설정된 근저당이라면 5,000만원 이하인 경우 일정액 1,500만원을 근저당보다 우선해서 최우선변제금으로 배당받게 됩니다.

이 최우선변제금을 받기 위한 요건으로는

① 경매개시기입등기 이전에 또는 공매공고등기 이전에 대항요건을 갖추어야 합니다.

② 보증금의 액수가 소액임차보증금에 해당되어야 합니다.
③ 반드시 배당요구종기 시까지 배당요구를 해야 합니다.
④ 배당요구종기 시까지 대항력을 유지해야 합니다.

2) 확정일자 우선변제금

대항요건을 갖추고 계약서에 확정일자를 받으면 확정일자에 의한 우선변제금을 후순위 권리자에 우선하여 변제받을 수 있는 권리입니다.

이 우선변제를 받기 위한 요건으로는

① 대항요건을 갖추고 + 계약서에 확정일자 받기
(주택은 모든 임차인, 상가는 상임법으로 보호되는 임차인만)
② 배당요구종기 시까지 배당요구
③ 배당요구종기 시까지 대항력 유지
④ 확정일자에 의한 우선변제금을 받기 위해서 대항요건을 갖추어야 하는 시기는 별도로 정해지지 않았으나 경매 개시 이후라도 대항요건을 갖추고 배당요구종기 시까지 배당요구하면 그 임차권이 진정한 이상 배당 참여 가능

Bonus 정보+

낙찰자가 인수한 선순위 임차보증금을 채무자에게 구상청구가 가능한지 여부

구상청구가 불가능하다. 경매절차에서 매각으로 인하여 전 소유자의 임대인으로서의 지위는 확정적으로 낙찰자에게 이전되고 전 소유자의 보증금 반환 의무는 소멸되기 때문이다.

17

민법상 임차인은 대항력이 없는 일반채권자에 불과하다

선생님, 만약에 주임법이라는 특별법으로 보호받지 못하는 임차인은 아무 권리도 주장할 수 없는 건가요?

그런 사람들을 민법상 임차인이라고 합니다. 즉 소유자가 바뀌면 대항력을 인정받을 수 없는 일반채권자의 지위를 갖는 거죠.

민법상 임차인이 대항력과 우선변제권을 주장할 길은 없다는 말씀인가요?

그렇지는 않습니다. 임차권 등기를 하면 대항력을 가질 수 있으나 우선변제권은 주장할 수 없습니다. 그런데 전세권을 설정하면 2개의 권리를 다 주장할 수 있게 됩니다.

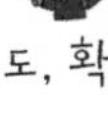

하늘이 무너져도 솟아날 구멍이 있는 거군요. 민법상 임차인이 되었다고 해도, 확실하게 대비해두면 임차보증금을 지킬 수 있겠네요.

네. 그렇습니다. 열심히 공부해두면 꼭 필요할 때가 있을 겁니다. 그럼 시작해보죠.

_민법상의 임차인은 일반채권자로 소유자가 바뀌면 대항력이 없다

특별법의 보호를 받지 못하는 민법상의 임차인은 일반채권자로 소유자가 바뀌는 경우 새로운 소유자에게 대항력이 없고, 그 임차 대상 물건이 경매로 매각되는 경우도 대항력과 배당요구권(우선변제권)이 없어서 채권가압류절차를 통해서만 배당요구가 가능하다.

그들의 권리에 대해서 살펴보면 다음과 같다.

이는 채권은 물권과 같이 등기부에 등기되지 않는 것이 대부분이기 때문에 등기부에 등기된 물권에 우선할 수 없는 것이 원칙으로 임차보증금채권이 주임법 또는 상임법의 적용을 받지 않는 건물이나 토지의 임차보증금채권인 경우 물권우선주의가 적용되어 새로운 소유자로 변경되면 종전 임대차계약을 가지고 새로운 소유자에게 대항할 수 없어서 새로운 소유자의 동의를 얻지 못하는 한 계약은 해지될 수밖에 없다.

이러한 민법상의 임차인은 대항력과 우선변제권이 없어서 그 임차 대상 물건이 경매당해도 배당요구할 수 있는 우선변제권이 없는 일반채권자의 지위에 놓이게 된다.

(1) 부동산이 이갑돌 소유자에서 → 홍길동으로 소유권이 이전되면

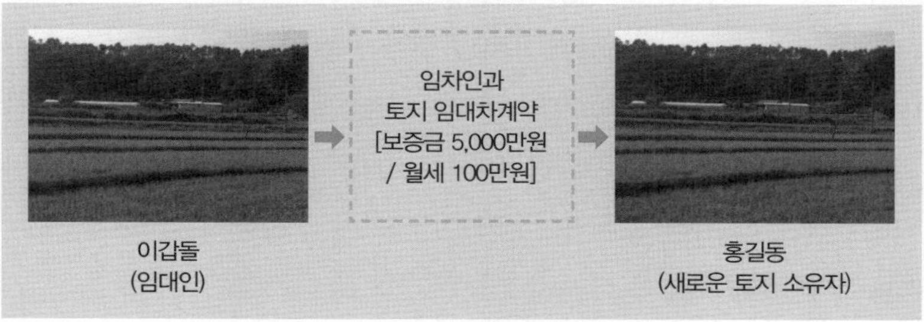

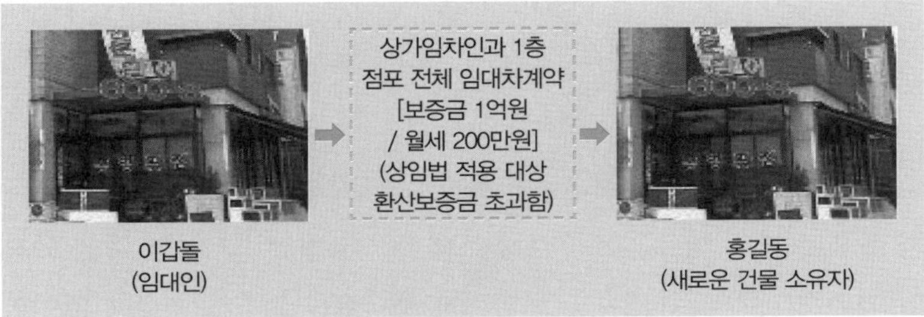

이갑돌을 채무자로 하는 임차보증금채권(공사대금채권, 조세 · 공과금채권, 임금채권, 차용증서)을 가지고 있는 채권자는 이갑돌을 채무자로만 그 권리를 주장할 수 있어서(이갑돌 소유 부동산만 청구가 가능하고), 새로운 소유자인 홍길동(부동산이 홍길동으로 소유권이 변경되면)에 대항할 수 없게 되는데 이는 물권우선주의가 적용되기 때문이다. 물권은 성립 시기에 관계없이 항상 채권에 우선하는 것이 원칙이다.

(2) 계약 당시 단독소유자였다가 공유물로 나뉘게 된 경우 다수지분권자에 대항력 여부

단독소유자인 갑과 을이 임대차계약을 체결한 경우

⬇

갑 1/3 지분 소유	병 2/3 지분 소유

단독으로 토지를 소유하고 있을 당시에 그 소유자로부터 토지에 대한 사용 · 수익권을 부여받았다 하더라도 그 후 그 토지에 다른 공유자(종전의 소유자 외)가 생겼을 경우 그 사용 · 수익이 지분 과반수로써 결정된 공유물의 관리 방법이 아닌 이상 그 사용 · 수익권을 가지고 새로이 지분을 취득한 다른 공유자에 대하여는 이를 주장할 수 없다(대법 65다2618, 89다카19665).

Bonus 정보+

임차인이 주임법이나 상임법 적용을 받는 경우

이 판례 내용은 종전 소유자인 갑의 공유지분이 과반수 이상이면 임차인 을이 새로운 공유자 병에게 대항할 수 있지만, 과반수 미만이면 새로운 공유자에게 대항할 수 없다는 것인데, 우리가 오해를 해서는 안 되는 부분이 있다.

이 내용은 일반 민법상의 임대차계약(토지임대차계약)에 관한 사항이지만, 그 임대차가 주택이나 상가로 주임법 또는 상임법의 적용을 받는 임차인이라면 갑이 전체 지분을 가지고 있다가 전체가 병에게 이전되든 일부 지분이 이전되든 을 임차인은 대항력이 있다는 것에 유의해야 한다.

_민법상 임차인이 배당에 참여하려면 가압류나 집행권원이 필요하다

민법상의 임차인은 그 임대차계약서만 가지고는 경매절차에서 배당참여가 불가한 일반채권자이지만 이러한 일반채권도 배당요구종기 이전에 채권가압류나 집행권원을 얻어서 배당요구하면 배당참여가 가능하고, 근저당권보다 먼저 가압류나 압류등기가 되었다면 처분금지효력이 있어서 물권우선주의의 예외가 적용되고 경매절차에서 후순위 물권과 동순위로 안분배당받게 된다.

임차인이 임차보증금반환채권에 기해서 채권가압류한 경우 그 가압류의 효력에 대해 공부하도록 하자.

_일반임차인이 대항력을 가지려면 임차권등기를 해야 한다

임차권등기는 대항력만 인정되고 우선변제권 즉 경매절차에서 배당요구권이 없다는 점에 유의하면 된다.

(1) 임차권등기 → 근저당, 또는 근저당 → 임차권등기 → 매매로 소유권 이전

임차권등기를 한 일반임차인은 일반거래에서는 모두가 대항력이 있어서 소유자가 바뀌더라도 기존 임대차를 주장할 수 있다(여기서 유의할 체크 포인트로 하나의 부동산에 대해서 임차권등기를 이중으로 할 수 없는데 선순위 임차권등기인 경우와 후순위 임차권등기된 사례 모두가 대항력이 있다는 것을 표현하기 위해서 나란히 그려본 것에 불과하다).

그러나 경매가 진행된다면 어떤 상황이 벌어지는지 알아둬야 한다.

(2) 임차권등기 → 근저당 → 근저당에 기한 임의 경매 → 낙찰자

임차권등기권자는 대항력이 있어서 낙찰자의 인수가 되는데, 중요한 점은 우선변제권이 없어서 배당요구권이 없다는 점과 배당요구를 위해서는 배당요구종기 이전까지 채권가압류를 한 다음 배당요구가 가능하다는 점이다. 이 경우도 후순위로 배당금이 발생하기가 어렵게 되는데, 간혹 입찰자들이 선순위 임차권등기권자가 가압류나 강제경매 신청 시 임차권등기를 말소기준권리로 삼아 소멸되는 것으로 착각을 하여 입찰보증금을 떼이는 경우가 발생하지만, 그렇게 소멸되지 않고 낙찰자의 부담으로 남게 된다. 물론 전액 배당받은 경우는 혼동으로 소멸하겠지만, 임차권등기 → 근저당 → 임차권등기권자가 임차보증금반환채권에 기해서 채권가압류 후 본안소송을 거쳐 강제경매 신청→ 낙찰자의 과정이 진행되어 임차권등기권자의 미배당금이 있으면 임차권등기는 소멸되지 않게 된다는 사실이다.

(3) 근저당 → 임차권등기 → 근저당에 기한 임의 경매 → 낙찰자

임차권등기권자는 대항력이 없어서 소멸되는데 경매절차에서 배당요구권도 없는 일반임차인으로 분류돼 배당요구종기 이전에 보증금반환채권에 기한 채권가압류 후 배당요구를 해야 배당에 참여할 수 있지만 후순위로 보증금의 손실이 예상된다.

_일반임차인이 전세권을 설정하면 대항력과 우선변제권을 가지게 된다

전세권은 계약 기간 동안 전세 목적물을 사용 · 수익하고 전세 기간 종료 시 전세보증금을 반환받을 권리를 갖는 용익물권이다. 따라서 일반거래로 소유권이 변경되더라도 대항력이 인정된다. 그러나 경매절차에서는 선순위 전세권은 대항력이 있어서 소멸되지 않지만, 후순위 전세권은 대항력이 인정되지 못하고 소멸된다.

선순위든 후순위 전세권이든 배당요구하면 담보물권으로 우선변제권이 인정되는데, 특별법의 보호를 받는 임차권과 같이 대항력이 있는 임차인의 미배당금이 매수인의 인수가 되는 것이 아니라는 점에 주목해야 한다. 선순위 전세권은 대항력이 있지만 배당요구하면 전세권자

스스로 용익권을 포기하고 담보물권의 지위를 갖게 되므로 미배당금이 생기더라도 소멸되는 물권이 된다. 이 경우 미배당금은 낙찰자가 인수하는 것이 아니라 전세권 설정자의 부담으로 남게 되니 전세금의 손실이 예상되므로 최선순위 전세권은 배당요구에 신중을 기해야 한다.

김선생의 한/마/디

선순위 전세권자에겐 2가지 선택권이 있습니다.

후순위 전세권은 선택의 여지가 없지만, 선순위 전세권은 배당참여와 대항력 중 어느 것을 선택하느냐에 따라서 전세보증금의 손실이 발생할 수 있으니, 상황 파악이 되기 전에는 배당요구를 하지 말아야 합니다.

_일반임차인이 지상권을 설정하면 대항력을 가진다

지상권은 지상권 약정 기간 동안 토지를 사용 · 수익하고 지상권 존속기간의 종료 시 토지를 반환할 권리를 가지는 용익물권이다.

따라서 일반거래로 소유권이 변경되더라도 지상권의 약정 기간 동안 대항력이 인정된다.

그러나 경매절차에서는 선순위 지상권은 대항력이 있어서 소멸되지 않지만, 후순위 지상권은 대항력이 인정되지 못하고 소멸된다. 지금까지는 토지에서 임차권등기나 전세권, 지상권을 설정하고 토지를 사용하면 대항력이 있다는 내용을 공부했는데 이번에는 임차권등기 등을 하지 않고서도 대항력이 인정되는 임대차에 대해서 알아보도록 하겠다.

CHAPTER 4

꼭 알아두어야 할 임차인의 기본 권리

임차인의 임대차계약 기간이 어떻게 정해지고 그 정해진 계약 기간을 갱신 또는 해지할 수 있는가를 임차인과 임대인 측면에서 분석하였는데 그 중심에는 특별법의 보호 대상 임차인과 민법상의 일반임차인이 어떻게 다르게 적용되는지를 알아보겠다.

임차인이 차임을 연체하게 된다면 임대차 기간 중에도 임대인은 언제든지 계약을 해지할 수 있고, 계약이 묵시적 갱신이 되거나 계약갱신요구권을 주장하더라도 임대인이 거절할 수 있는 권리를 가지게 되니 차임을 연체하지 말아야 한다.

등기된 임차권의 종류와 그 효력은 어떻게 다른가와 임차권의 양도나 전대차에서 임대인의 동의를 얻은 경우에는 임대인에 대항력이 있지만 동의가 없으면 임대인에게 대항할 수가 없어서 특별법의 보호 대상에서 제외되는데, 임차권의 양도에 대해 임대인의 동의를 얻었다고 하더라도 대항요건과 분리양도하면 임차보증금반환채권만 양도받은 것이 되어 특별법의 보호를 받는 담보물권적인 채권이 되지 못하고 일반채권자의 지위에 놓이게 된다는 내용을 다루었다.

18

임대차계약 기간과 갱신 및 해지는 어떻게 결정되는가?

 이번엔 임대차계약 기간에 대해 공부하도록 합시다. 홍대리, 계약 기간에 대해 아는 것이 있으면 말해보세요.

 글쎄. 주택은 2년이고 상가는 1년이 보장된다는 것밖에는 모르겠는데요.

 특별법이 보호해주는 계약 기간은 홍대리 말이 맞습니다. 물론 다양한 예외 조항이 있습니다. 특히 차임을 2기 이상 연체했을 경우엔 계약을 일방적으로 해제 당할 수 있으니 주의해야 합니다.

 선생님, 임대차 계약에서 묵시적 갱신이라는 말을 많이 들었는데 경매로 매각되어 소유자가 바뀐 경우에도 해당되는 사항인가요?

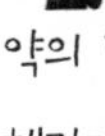 네, 그럴 경우에도 2년을 주장할 수 있습니다. 지금부터 공부할 내용은 계약의 갱신과 해지는 누가 어떤 경우에 할 수 있느냐는 것입니다. 여러분들이 많이 헷갈려하는 전세권과 임차권 등기의 차이에 대해서도 공부할 예정이니 정신 똑바로 차리고 들으세요.

_임대차계약 기간은 어떻게 정해지나?

(1) 특별법상 임대차계약 기간

1) 기간의 약정이 있는 임대차

원칙적으로 임대차계약의 존속 기한은 20년을 초과할 수 없으므로(민법 제651조), 20년의 범위 내에서는 주택이든 상가든 당사자 간의 협의로 약정 기간을 정해서 임대차계약을 체결할 수 있다. 부동산 중개 실무에서는 주택은 2년 이내, 상가는 1년 이내의 기간으로 당사자 간에 임대차계약을 자유롭게 체결할 수 있는데, 그 계약 기간을 주택에서 2년 미만 또는 상가에서 1년 미만으로 정한 임대차의 경우에도 임차인은 그 기간을 2년 또는 1년으로 주장할 수도 있고, 본래의 계약 기간인 2년 미만 또는 1년 미만의 기간을 주장할 수도 있는 데 반해서, 임대인은 임차인의 주장대로 2년 미만 또는 1년 미만의 계약에서도 임차인이 2년 또는 1년을 주장하면 그에 따를 수밖에 없다.

왜냐하면 주택은 최단 기간이 2년, 상임법의 적용을 받는 상가는 1년이기 때문이다.

2) 기간의 약정이 없는 경우

기간의 정함이 없는 경우에는 그 기간을 주택은 2년, 상가는 1년으로 본다. 이 경우에도 임차인은 주택은 2년, 상가는 1년을 주장할 수도 있고, 기간의 정함이 없는 임대차계약으로 언제든지 계약을 해지할 수 있으나, 임대인은 그러한 권한이 없어서 임차인의 주장대로 따를 수밖에 없다.

3) 특별법상의 임대차계약 기간 중에도 언제든지 해지할 수 있는 경우

특별법으로 보호를 받을 수 있는 기간 내에 있더라도 임차인이 차임을 연체한 경우 또는 기타 임차인으로서 의무를 현저히 위반한 임차인에 대하여는 임대인은 언제든지 계약을 해지할 수 있다. 주택은 2기 이상 차임의 연체, 상가는 3기 이상의 차임에 달하도록 연체한 경우에 임대인이 계약을 해지할 수 있다.

김선생의 한/마/디

임대인이 계약을 해지할 수 있는 경우의 수를 모두 알아둡시다.

기간을 정하지 아니한 경우나 주택이 2년 미만, 상가가 1년 미만의 임대차에서 임차인이 임대인에게 임대 기간을 2년 또는 1년까지 주장할 수도 있고, 그 임차 기간만을 주장할 수 있지만 임대인은 그러하지 못하다는 내용으로 임차인에게 유리합니다. 그러나 다음과 같은 경우에는 임대인도 언제든지 계약을 해지할 수 있습니다.

임차인이 2기 이상 연체 시 임대인이 계약 해지할 수 있는 권리는 임차인이 연체 차임을 지급하면 소멸하므로 연체 사실이 있었다는 것만으로 계약을 해지할 수 없게 되지만 연체 차임을 지급하기 전에는 계약 해지에 대한 별도 최고 기간을 두지 않고도 즉시 해지할 수 있으니 임차인은 이러한 사실에 유의해야 합니다.

(2) 민법상 임대차계약 기간

1) 기간의 약정이 있는 임대차

원칙적으로 임대차계약의 존속 기한은 20년을 초과할 수 없으므로(민법 제651조), 20년이 초과되면 20년으로 단축된다.

그러나 그 임대차 목적이 석조, 석회조, 연화조 또는 이와 비슷한 견고한 기타 공작물의 소유를 목적으로 하는 토지임대차나, 식목, 채염을 목적으로 하는 토지임대차는 20년의 제한이 없이 장기간으로 정하는 것도 가능하다. 따라서 임대차 목적이 견고한 기타 공작물의 소유를 목적으로 하는 경우가 아니면 민법에서는 최장 존속 기간의 제한만 있고 최단 기간의 제한은 없어서 20년의 범위 내에서는 당사자 간의 협의에 의해서 얼마든지 계약을 체결할 수 있다.

2) 기간의 약정이 없는 경우

당사자 간에 언제든지 상대방에게 계약을 해지 통보할 수 있는데(민법 제635조), 해지 통고가 있으면 임대차계약이 즉시 해지되는 것이 아니라 부동산의 경우 임차인이 해지통고를 한 경우에는 상대방이 통고를 받은 날로부터 6개월 경과 시, 임대인이 해지통고를 한 경우에는 부동산은 1개월, 동산은 5일이 경과 시 해지의 효력이 발생한다.

3) 민법상의 임대차계약 기간 중에도 언제든지 해지할 수 있는 경우

부동산 임차인의 차임 연체액이 2기의 차임액에 달하는 경우 임대차계약의 해지 사유로 삼고 있다(민법 제640조).

2기의 차임액에 달하도록 차임이 연체되어야만 임대차계약을 해지할 수 있다는 규정은 민법상 강행규정이므로(제652조) 이보다 임차인에게 불리한 약정은 무효이다.

김선생의 **한/마/디**

상임법이 보호해주는 임차보증금의 범위를 확인해야 합니다.

상가임차인의 환산보증금(보증금 + 월세×100)이 상임법상 보호 대상 금액을 초과하면 민법상 일반임차인이 되므로 특별법의 보호를 받을 수 없다는 사실을 꼭 기억해둬야 합니다.

_계약의 갱신과 묵시적 갱신

(1) 특별법상 임대차계약의 갱신과 묵시적 갱신

1) 임대차계약의 갱신

임대차계약이 종료 시 당사자 간의 협의로 임대차계약을 갱신할 수 있는데, 이러한 약정 갱신은 당사자의 합의로 10년을 넘지 않는 범위 내에서 약정 기간을 갱신할 수 있다.

이 경우에는 자세한 내용은 기간의 약정이 있는 임대차를 준용하면 될 것이다.

주택임차인은 계약갱신요구권이 없어서 협의로 약정 갱신과 묵시적 갱신만 인정되므로 임대인이 계약 갱신을 거절하면 그 주택을 비워주어야 하겠지만, 상가임차인은 상임법의 적용 대상만 계약갱신요구권이 있는데 자세한 내용은 다음 김선생의 특별과외를 참고하면 된다.

김 | 선 | 생 | 특 | 별 | 과 | 외

계약갱신을 요구할 수 있는 권리에 대해 알아봅시다.

1) 주택임차인은 계약갱신요구권이 없어서 계약 기간이 종료되면, 계약갱신을 협의로 갱신하거나 또는 묵시적 갱신이 있지 않으면 즉 임대인이 계약 기간 종료 전 6월에서 1월까지 계약 갱신 거절의 통지가 있으면 계약은 종료됩니다.

2) 상임법의 보호 대상 상가임차인은 계약 만료 전 6월에서 1월 사이에, 전체 임대 기간 최대 5년 내의 범위 내에서 1년 단위로 갱신을 요구할 수 있어서 5년간의 임대차 기간을 보장받을 수 있습니다. 그러나 상가임차인이 차임액을 3기 이상 연체한 사실이 있는 경우, 임대인의 동의 없이 목적 건물 전부 또는 일부를 전대한 경우, 임차인의 중대한 과실이 있는 경우에 해당되면 임대인은 계약 갱신을 거절할 수 있습니다.

상임법 제10조(계약 갱신 요구 등)

① 임대인은 임차인이 임대차 기간이 만료되기 6개월 전부터 1개월 전까지 사이에 계약 갱신을 요구할 경우 정당한 사유 없이 거절하지 못한다. 다만, 다음 각 호의 어느 하나의 경우에는 그러하지 아니하다.

1. 임차인이 3기의 차임액에 해당하는 금액에 이르도록 차임을 연체한 사실이 있는 경우
2. 임차인이 거짓이나 그 밖의 부정한 방법으로 임차한 경우
3. 서로 합의하여 임대인이 임차인에게 상당한 보상을 제공한 경우
4. 임대인의 동의 없이 목적 건물의 전부 또는 일부를 전대한 경우
5. 임차한 건물의 전부 또는 일부를 고의나 중대한 과실로 파손한 경우
6. 임차건물의 전부 또는 일부가 멸실되어 임대차 목적을 달성하지 못할 경우
7. 임대인이 목적 건물의 전부 또는 대부분을 철거하거나 재건축하기 위하여 목적 건물의 점유를 회복할 필요가 있는 경우
8. 그 밖에 임차인이 임차인으로서의 의무를 현저히 위반하거나 임대차를 계속하기 어려운 중대한 사유가 있는 경우

② 임차인의 계약갱신요구권은 최초의 임대차 기간을 포함한 전체 임대차 기간이 5년을 초과하지 아니하는 범위에서만 행사할 수 있다.

③ 갱신되는 임대차는 전 임대차와 동일한 조건으로 다시 계약된 것으로 본다. 다만, 차임과 보증금은 제11조에 따른 범위에서 증감할 수 있다.

④ 임대인이 제1항의 기간 이내에 임차인에게 갱신 거절의 통지 또는 조건 변경의 통지를 하지 아니한 경우에는 그 기간이 만료된 때에 전 임대차와 동일한 조건으로 다시 임대차한 것으로 본다. 이 경우에 임대차의 존속 기간은 1년으로 본다〈개정 2009.5.8〉.

⑤ 제4항의 경우 임차인은 언제든지 임대인에게 계약 해지의 통고를 할 수 있고, 임대인이 통고를 받은 날부터 3개월이 지나면 효력이 발생한다.

Bonus 정보+

상가에서 갱신요구권을 행사해서 보장되는 5년의 기준 시점은?

상가건물 임대차보호법 제10조 제2항은 '임차인의 계약갱신요구권은 최초의 임대차 기간을 포함한 전체 임대차 기간이 5년을 초과하지 않는 범위 내에서만 행사할 수 있다'라고 규정하고 있는바, 위 법률규정의 문언 및 임차인의 계약갱신요구권을 전체 임대차 기간 5년의 범위 내에서 인정하게 된 입법 취지에 비추어 볼 때 '최초의 임대차 기간'이라 함은 위 법 시행 이후에 체결된 임대차계약에 있어서나 위 법 시행 이전에 체결되었다가 위 법 시행 이후에 갱신된 임대차계약에 있어서 모두 당해 상가건물에 관하여 최초로 체결된 임대차계약의 기간을 의미한다고 할 것이다[대법 2005다74320].

2) 임대차계약의 묵시적 갱신

① 주택이나 상가건물에서 임대인은 임대차 기간 만료 전 6월부터 1월까지 임차인에 대하여 갱신 거절의 통지 또는 조건을 변경하지 아니하면 갱신하지 아니한다는 뜻의 통지를 하지 아니한 경우에는 그 기간이 만료된 때에 전임대차와 동일한 조건으로 다시 임대차한 것으로 본다. 주택임차인이 임대차 기간 만료 전 1월까지 통지하지 아니한 때, 상가임차인은 임대인과 같이 임대차 기간 만료 전 6월부터 1월까지 통지하지 아니한 때에도 또한 같다.

② ①항의 경우 임대차의 존속 기간은 2년으로 본다.

③ 주택은 2기, 상가는 3기 이상의 차임에 달하도록 차임을 연체하거나, 그 밖의 임차인으로서 의무를 현저히 위반한 임차인에 대하여는 ①항의 규정을 적용하지 아니한다.

김선생의 한/마/디

임대차보호법 시행 전에 계약했다면, 문제가 달라집니다.

주택에서 차임을 2기 이상 연체하면 묵시적 갱신은 인정되지 않고, 임차인은 부속물매수청구권도 행사할 수 없으니까 조심해야 합니다.
또 상가임차인의 갱신요구권에서 최대 5년간의 보장에서 '최초의 임대차 기간'이라 함은 모두가 최초로 체결된 임대차계약의 기간을 의미한다는 것으로 임대차보호법이 시행되기 전에 이미 경과된 임대차는 5년에서 남아 있는 기간만 인정된다는 것으로 우리의 상식과 다른 내용입니다.

Bonus 정보+

묵시적 갱신이 될 수 없는 사유

주임법 제6조 제3항에서 '2기의 차임액에 달하도록 차임을 연체하거나 기타 임차인으로서의 의무를 현저히 위반한 경우' 묵시적 갱신의 예외 사유로 정하고 있다. 상임법 제10조에서 일정한 환산보증금 이하의 임대차계약의 임차인에 대하여 최장 5년간의 기간 동안 임대차 기간의 갱신을 요구할 수 있는 권리를 부여하면서, 그 예외 사유 중의 하나로 '임차인이 3기의 차임액에 달하도록 차임을 연체한 사실이 있는 경우'를 규정하고 있다.
유의할 점은 주택에서 2기, 상가에서 3기 이상 연체한 사실이 있어도 임대인이 이 사유로 계약을 해지하기 이전에 차임을 납부하여 임대인의 해지 사유가 소멸하면, 차임 연체 사실이 있었다는 사유만으로는 계약을 해지할 수 없으나, 상임법상 계약갱신요구권은 과거의 3기 이상 차임 연체 사실만 있어도 임대인은 계약 갱신 요구를 거절할 수 있고, 임대인이 건물을 철거하거나 재건축하기 위한 경우도 계약 갱신 요구를 거절할 수 있다.
이와 같이 임차인으로서 의무를 다하지 못하거나 임대차계약을 갱신하지 못하는 중대한 사정 변경이 생긴 경우에는 갱신요구권을 인정하지 않고 있다.

3) 주택/상가건물임대차보호법 비교표

	주택임대차보호법	상가건물임대차보호법
대상 건물	주거용 건물	사업용 건물(환산보증금액이 지역별, 기준금액 이하인 임대차)
대상 임차인	개인	개인/법인
임대차 기간	2년	1년(최대 5년)
임차인계약갱신 청구권	×	○(최대 5년)
계약 갱신	임대차 기간 만료 전 6월부터 1월까지	임대차 기간 만료 전 6월부터 1월까지
대항력 요건	건물인도/전입신고	건물인도/사업자등록신청
우선변제	건물인도/전입신고/확정일자	건물인도/사업자등록신청/확정일자
확정일자 부여처	주민센터(구 동사무소)/등기소/공증사무실/구청	세무서
임차권 등기	○	○
최우선변제금 한도	낙찰가액의 1/2 이내에서	낙찰가의 1/3 이내
임대료 인상 상한선	1/20(5%) 이하, 계약/증액 후 1년 이내 인상 금지	① 2002.11.1. 이후 : 12% 이하, 계약/증액 후 1년 이내 인상 금지 ② 2008.8.21. 이후 : 9% 이하로 축소
월차임 전환 시 산정율	14% (2002.6.30.부터 시행)	연 15% 이하

(2) 민법상 임대차계약의 갱신과 묵시적 갱신

1) 임대차계약의 갱신

임대차계약이 종료 시 당사자 간의 협의로 임대차계약을 갱신할 수 있는데, 이러한 약정 갱신은 당사자의 합의로 10년을 넘지 않는 범위 내에서 할 수 있다.

이 경우 자세한 내용은 기간의 약정이 있는 임대차를 준용하면 될 것이다. 상임법의 보호를 받지 못하는 상가임차인도 이 규정이 적용된다.

2) 임대차계약의 묵시적 갱신(민법 제639조)

① 임대차 기간이 만료한 후 임차인이 임차물의 사용, 수익을 계속하는 경우에 임대인이 상당한 기간 내에 이의를 하지 아니한 때에는 전임대차와 동일한 조건으로 다시 임대차한 것으로 본다. 그러나 당사자는 제635조의 규정에 의하여 해지의 통고를 할 수 있다.

② 전항의 경우에 전임대차에 대하여 제삼자가 제공한 담보는 기간의 만료로 인하여 소멸한다.

민법상 임대차계약이 묵시적 갱신이 이루어지면 기간의 약정이 없는 경우를 준용하면 된다.

_묵시적 갱신의 경우 임대 기간과 계약 해지 방법

(1) 특별법상 묵시적 갱신의 경우의 임대 기간과 계약 해지(주임법 제6조 제1항)

① 임차인은 언제든지 임대인에 대하여 계약 해지의 통지를 할 수 있다.

② 제1항의 규정에 의한 해지는 임대인이 그 통지를 받은 날부터 3월이 경과하면 그 효력이 발생한다.

③ 묵시적 갱신이 된 경우 임차인은 언제든지 계약 해지 통보를 할 수 있고 계약 해지 통보 후 3개월 후에 임대인은 보증금을 반환하여야 한다.

④ 묵시적 갱신에 따른 임대차 존속 기간을 주택은 2년, 상가는 1년으로 못 박은 관련법률 개정안이 2009.4.21. 국회를 통과하여 시행하게 되었다.

(2) 민법상 묵시적 갱신의 경우의 임대 기간과 계약해지

민법 제639조에 의한 묵시적 갱신이 이루어지면 당사자는 기간의 약정 없는 임대차의 해지 통고(민법 제635조)와 같이 언제든지 해지 통고를 할 수 있는데 그 효력은 토지, 건물, 기타 공작물에 대하여는 임대인이 해지를 통고한 경우에는 6월, 임차인이 해지를 통고한 경우에는 1월, 동산은 5일 경과 후에 발생된다.

상임법의 보호를 받지 못하는 상가 임차인도 이 법의 적용을 받게 된다는 사실에 유의해야 한다.

김선생의 한/마/디

묵시적 갱신의 경우 임차인에게 유리합니다.

묵시적으로 갱신되는 경우 임차인은 종전 계약 기간에 상관없이 주택임차인은 2년, 상가임차인은 1년을 주장하거나 종전 계약 기간만을 주장할 있는 권리와 언제든지 계약 해지 통지를 할 수 있는 권리를 가지는 데 반해서 임대인은 임차인의 주장을 받아들일 수밖에 없는 입장에 놓이게 되므로 임대인은 묵시적 갱신이 되지 않도록 주의해야 됩니다.
주임법과 상임법이 임차인의 권리를 보호하기 위해서 만들어진 특별법이기 때문입니다.

_경매로 매각 시 임차인의 임대 기간과 부당이득

(1) 특별법의 보호를 받는 임차인

특별법의 보호 대상인 임차인은 선순위든 후순위든 일반거래로 소유권이 이전되기 전에 대항요건만 가지고 있으면 모두가 새로운 소유자에게 대항력이 있지만, 경매로 매각되는 경우에는 다음과 같이 결정된다.

1) 대항력 있는 임차인

① 배당요구를 하지 않은 경우

매수인은 전 소유자의 지위를 승계하게 되므로 임차인은 잔여 임대차 기간 동안 주택을 사용 · 수익할 수 있으며 계약 기간 종료 시 임차보증금의 반환과 주택인도가 동시이행관계에 있게 된다.

김선생의 한/마/디

경매로 묵시적 갱신이 될 경우, 2년을 주장할 수 있습니다.

임대인은 계약 기간 만료 전 6월부터 1월까지 계약 해지 통지를 할 수 있는데 이 기간에 경매절차가 진행된다면 경매의 압류효력이 처분 행위가 아니므로 종전 계약을 해지할 수 있는 권능이 없고 낙찰자 역시 계약 해지를 할 수 있는 기간 내에 계약을 해지할 수 없으므로 묵시적인 갱신이 이루어집니다.

주택임차인은 묵시적 갱신일로부터 2년, 상가임차인은 1년간의 임대차 기간을 주장할 수 있고, 주택 또는 상가임차인은 언제든지 계약을 해지할 수 있고 해지 통보 후 3개월 이후에 해지 효력이 발생합니다.

② 배당요구를 한 경우

배당기일에 전액 배당받은 경우 배당기일에 주택을 인도할 의무가 있으며 이때부터 주택 사용은 매수인에 대한 부당이득에 해당된다.

그러나 미배당금이 있는 경우 미배당금을 받을 때까지 주택인도를 거절할 수 있고 이 경우에도 배당 시점을 기준으로 배당받은 금액은 부당이득에 해당된다.

월세가 있는 경우에는 매수인의 대금 납부 이후부터 월세는 매수인에게 부담해야 될 부당이득에 해당된다.

2) 대항력이 없는 임차인

대항력이 없는 임차인은 임대차 기간의 종료 및 임차보증금 배당금 여부와 상관없이 경매절차로 소멸되므로 매수인이 대금을 납부하면 주택을 인도해주어야 한다.

대항력 없는 임차인은 매수인이 대금 납부하면 그 이후의 주택 사용은 매수인에 대한 부당이득에 해당된다.

(2) 민법상의 일반임차인

1) 임차권등기를 한 임차인

민법상 임대차에 기해서 임차권등기를 한 임차인은 일반거래로 소유권이 이전 시에는 모두가 대항력이 인정되지만 경매로 소유자가 달라지면 다음과 같이 된다.

① 임차권등기 → 근저당 → 근저당에 기한 임의 경매 → 낙찰자

이 경우 임차권등기권자는 대항력이 있어서 낙찰자가 인수하게 된다.

② 근저당 → 임차권등기 →근저당에 기한 임의 경매 → 낙찰자

이 경우 임차권등기권자는 대항력이 없어서 권리가 소멸된다.

③ 임차권등기권자의 배당요구 가능 여부

대항력이 있든, 없든 간에 경매절차에서 배당요구권이 없는 일반임차인으로 분류돼 배당요구종기 이전까지 보증금반환채권에 기한 채권가압류 후 배당요구를 해야 배당에 참여할 수 있지만 후순위가 되므로 배당금이 발생할 수 없게 되는데, 문제는 임차권등기가 소멸되느냐와

말소기준권리가 되느냐에 대한 판단이다.

임차권등기는 대항력이 없는 임차인은 배당금과 상관없이 소멸되지만, 대항력 있는 선순위 임차권등기는 말소기준이 될 수 없고 배당요구했다고 소멸 대상도 아니어서 매수인의 부담으로 남게 되지만 전액 배당받은 경우라면 혼동으로 소멸된다.

2) 일반임차인

민법상 임대차로 임차권등기를 하지 않은 일반임차인 계약 당사자에게만 대항력이 있고 일반거래로 소유자가 변경되면 대항력을 잃게 된다. 그리고 경매나 공매로 매각되는 경우에도 대항력과 우선변제권이 없는 일반채권자의 지위에 있어서 배당요구종기 이전까지 채권가압류 또는 집행권원으로 배당요구를 해야 배당에 참여가 가능하다.

_지상권, 전세권, 임차권등기, 임대차계약 등의 차이점에 대해 분석해보자!

항목	지상권	전세권	임차권등기(민법 제621조)		임대차계약	
			일반임차권등기	특별법 대상 임차권등기	일반 임대차계약	특별법 대상 임대차계약
대상	토지	주택, 상가, 토지	토지, 상가 (상임법 적용 제외)	주임법, 상임법의 적용 대상 주택, 상가	토지, 상가 (상임법 적용 제외)	주임법, 상임법의 적용 대상 주택, 상가
권리	용익물권	용익물권	용익채권	용익채권	용익채권	용익채권
방식	지상권설정 계약에 기한 등기가 필요	전세권설정 계약에 기한 등기가 필요	임대차계약에 기한 등기가 필요	좌동	임대차계약 등기가 필요 없음	좌동
지료 및 보증금	지료(지료 없이도 성립)	전세보증금	임차보증금	좌동	임차보증금	좌동

대항력	대항력 ○	대항력 ○	대항력 ○	대항력 ○	대항력 ×	대항력 ○
우선 변제권	우선변제권 ×	우선변제권 ○	우선변제권 ×	우선변제권 ○	우선변제권 ×	우선변제권 ○
최단 기간	30, 15, 5년.	토지 없음, 건물만 1년	없음	주택 2년 상가 1년	없음	주택 2년 상가 1년
최장 기간	없음	10년	20년	좌동	20년	좌동
갱신 청구권	있음	없음	토지 있음, 건물 없음	주택 없음, 상가5년 있음	토지 있음, 건물 없음	주택 없음, 상가5년 있음
묵시적 갱신	없음(대법 94다39925 판결)	종전 전세 기간, 전세권자, 설정자가 모두 해지 통고 시 6월 이후 소멸	종전 임차 기간, 계약 해지 통고 후 임대인 6월 임차인 1월 이후 소멸	임대인 해지 × 임차인은 종전 임차 기간 또는 주택 2년 상가 1년	종전 임차 기간, 계약 해지 통고 후 임대인 6월 임차인 1월 이후 소멸	임대인 해지 × 임차인은 종전 임차 기간 또는 주택 2년 상가 1년
매수청구권	지상물 매수청구권	부속물 매수청구권	매수청구권	좌동	매수청구권	좌동
처분성 (양도와 전대)	지상권설정자 동의 ×(동의 없이 양도, 임대, 담보 제공 가능)	전세권설정자 동의 ×(동의 없이 양도, 임대, 담보 제공 가능)	임대인 동의 ○ (동의 없는 임차권의 양도 및 전대차는 대항력이 없다)	좌동	좌동	좌동
소멸 청구 및 해지	기간 만료, 2년 이상 지료 연체 시	사용 목적 위반 시	기간 만료, 2기의 차임 연체, 임대인 동의 없이 임차권 양도·전대, 사용 목적 위반 시	좌동	좌동	

* 유의사항: 주임법 또는 상임법에 따른 임차권등기명령에 기한 임차권등기는 특별법 대상 임대차계약에 포함된다고 이해하면 될 것이다. 왜냐하면 대항력과 우선변제권의 효력이 이미 임차권등기 이전에 갖추어졌으므로 임차권등기 시점은 의미가 없기 때문이다.

19

임대차 기간에도 차임을 연체하면 계약을 해지할 수 있다

임대차 기간이 유지되는 데 가장 중요한 것이 차임의 연체 여부입니다. 차임을 연체하면 임대인은 임차인에게 별도로 고지하는 절차 없이도 계약을 해지할 수 있습니다.

아무 말 한마디도 안 하고 계약을 해지할 수 있다는 게 말이 됩니까?

그러니까 주의해야 된다는 얘깁니다. 주택은 2기의 차임이 연체되었을 시, 상가는 3기의 차임이 연체되었을 시 해지될 수 있다는 사실을 명심해야 합니다.

보증금이 있기 때문에 월세를 연체하는 것을 별로 심각하게 생각하지 않았는데, 잘못하다가는 꼼짝없이 당하겠군요.

그렇습니다. 임대차 기간 중이고 보증금이 넉넉하게 있다고 배짱을 부릴 문제가 아닙니다. 질이 좋지 않은 임대인의 경우 차임 연체를 악용해 계약을 일방적으로 해지할 수 있으니 각별히 주의해야 합니다.

선생님, 요즘 전세를 월세로 전환하는 임대인들이 많아졌는데요. 그럴 경우 법적으로 정해진 환산 요율이 있는 건지 궁금합니다.

전세를 월차임으로 전환 시 , 실무에서는 보통 7~10% 선에서 결정이 됩니다. 요즘 부동산 경기가 안 좋아 거의 7% 선에서 합의가 되는 경우가 많습니다.

그럼 지금부터 자세히 공부해보도록 하죠.

_주택임차인의 차임 등의 증감청구권과 월차임 전환 시 산정률

(1) 주택임차인의 차임 등의 증감청구권(주임법 제7조)

약정한 차임 또는 보증금이 임차주택에 관한 조세, 공과금, 기타 부담의 증감이나 경제사정의 변동으로 인하여 상당하지 아니하게 된 때에는 당사자는 장래에 대하여 그 증감을 청구할 수 있다.

차임 등 증액 청구의 기준 등(주임법 시행령 제2조)

① 차임 또는 보증금의 증액 청구는 약정한 차임의 1/20의 금액을 초과할 수 없다.

② 차임 등의 증액이 있은 후 1년 이내에는 이를 하지 못한다. 그러나 여기서 임차인의 감액 청구는 기간과 상관없이 청구가 가능하다.

Bonus 정보+

묵시적 갱신과 차임의 증액 청구 가능성

Q : 기존 주택임대차 계약에 대하여 묵시적 갱신이 이루어진 경우에도 보증금이나 차임의 증액을 청구할 수 있나요?

A : 묵시적 갱신은 계약이 체결된 것으로 간주될 뿐 새로운 계약을 체결한 것은 아니므로 그 전에 차임 등을 증액한 지 1년이 경과하지 않은 경우가 아니라면 임대인에 의한 차임의 증액 청구가 가능한 것으로 판단됩니다.[법무부 법무실 법무심의관|02-2110-3511]

(2) 주택임차인의 보증금을 월차임으로 전환 시 산정률(주임법 시행령 제2조의2)

대통령령이 정하는 비율이라 함은 연 1할 4푼을 말한다. 이는 전세를 월세로 전환할 경우 환산 방법이다.

김선생의 한/마/디

임대인이 일방적으로 계약을 해지할 수도 있으니 미리미리 주의합시다.

주택은 2기 이상의 차임의 연체, 상가는 3기 이상의 차임에 달하도록 연체한 경우에 임대인이 계약을 해지할 수 있습니다. 그리고 민법 제640조, 제641조는 부동산 임차인의 차임 연체액이 2기의 차임액에 달하는 경우 임대인은 계약을 해지할 수 있도록 규정하고 있는데 해지 시에 상당한 기간을 정하여 최고할 필요가 없고 바로 해지할 수 있습니다.
보통 일반인들은, 차임이 2기 이상 연체된 경우에도 한 번쯤은 임차인에게 내용증명으로 차임의 지급을 촉구하고서야 계약 해지가 가능하다고 이해하고 있지만, 계약 해지를 위해서 도의적인 차원과 관계없이 법률적으로는 최고가 불필요합니다.

_상가임차인의 차임 등의 증감청구권과 월차임 전환 시 산정률

(1) 상가임차인의 차임 등의 증감청구권(상임법 제11조)

상임법 제11조 제1항 차임 또는 보증금이 임차건물에 관한 조세, 공과금, 그 밖의 부담의 증감이나 경제사정의 변동으로 인하여 상당하지 아니하게 된 때에는 당사자는 장래에 대하여 그 증감을 청구할 수 있다. 그러나 증액의 경우 대통령령이 정하는 기준에 따른 비율을 초과하지 못한다. 제2항 제1항의 규정에 의한 증액 청구는 임대차계약 또는 약정한 차임 등의 증액이 있은 후 1년 이내에 이를 하지 못한다.

상가는 청구 당시의 차임 또는 보증금의 12/100(12%)의 금액을 초과하지 못한다. 그러나 시행령 개정으로 2008.8.21. 이후부터는 9%로 축소되었다.

(2) 상가임차인의 보증금을 월차임으로 전환하는 경우에 대한 제한 (상임법 제12조)

주택은 연 14%를 초과하지 못하는 데 반해서 연 15% 범위 내에서만 인정한다.

_부동산 실무에서 주택이나 상가임차인의 보증금을 월차임으로 전환하는 경우

주임법과 상임법의 시행령에서는 앞서 설명한 대로 정하고 있으나 부동산 실무에서는 주택이든, 상가든 7~10% 선에서 결정되고 있다.

부동산 경기 둔화와 금리 인하 등으로 7% 선에서 결정하는 것이 보통이라는 것을 참고하고, 보증금을 월세로 환산하거나 공유물의 임대차에서 부당이득 계산 시 보증금의 7% 정도로 산정해서 계산하면 될 것이다.

다음은 차임을 연체하게 되면 임대차 기간이라도 언제든지 계약을 해지당할 수 있다는 내용을 공부하겠다.

_임대인이 임차인의 차임 연체로 임대차계약을 해지할 수 있는 경우

(1) 해지를 할 수 있는 연체 차임 기간

주임법의 적용 대상 주택에서 임차인은 2기, 민법의 적용 대상 부동산에서 임차인은 2기 이상의 차임을 연체 시 임대인이 계약을 해지할 수 있으나 상임법의 적용 대상 상가건물의 임차인은 3기 이상의 차임을 연체 시 임대인이 계약을 해지할 수 있다.

여기서 2기 이상의 차임 연체 시 계약 해지 규정은 강행규정(법 제652조)이므로 1기 이상 연체 시 계약을 해지할 수 있다는 당사자 간의 특약은 무효가 된다.

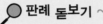

판례 돋보기

주택에서 차임의 연체액이 2기의 차임액에 달하면

임대인이 임대차계약의 해지를 할 수 있는 것으로 규정한 취지는 다른 여러 가지 규정을 통하여 임차인을 강력하게 보호하는 반면에 임차인에게도 성실한 차임 지급 의무를 이행할 것을 요구하는 것으로 생각되므로 민법 제640조에 의한 임대차계약 해지의 경우에는 계약일반의 해지의 경우와는 달리 임대인의 최고절차가 필요 없다[대법 62다496 판결].

상가에서 차임의 연체액이 3기의 차임액에 달하면

연체 차임액이 3기 이상의 차임액에 달하여야만 비로소 임대차계약을 해지할 수 있는 것이므로~[대법 2008다3022]

(2) 차임 연체로 계약 해지의 경우 임대인의 최고절차가 필요 없다

민법 제640조에 의한 임대차계약 해지의 경우에는 계약일반의 해지의 경우와는 달리 임대인의 최고절차가 필요 없다[대법 62다496 판결]

김선생의 한/마/디

차임을 연체하면 계약갱신요구권을 행사 못 할 수도 있습니다.

주택은 차임의 2기, 상가는 3기 이상을 연체한 사실이 있었더라도 임대인이 이를 이유로 계약을 해지하기 전에 연체 차임을 납부하여 그러한 사유가 소멸되면 2기 또는 3기 이상을 연체한 사실이 있었다는 사실만으로 계약을 해지할 수 없습니다. 그러나 상임법에서 상가임차인에게 부여하는 계약갱신요구권은 이전에 3기 이상의 차임을 연체한 사실이 있는 경우 갱신 요구 당시 연체한 차임을 납부했더라도 권리 행사가 불가능하다는 차이가 있음을 잊지 마세요.

_임차인이 보증금의 존재를 이유로 차임 지급을 거절 또는 연체 시

임대차보증금으로 연체 차임 등 임대차관계에서 발생하는 임차인의 모든 채무가 담보된다 하여 임차인이 그 보증금의 존재를 이유로 차임의 지급을 거절하거나 그 연체에 따른 채무 불이행 책임을 면할 수는 없다 [대법 94다4417].

_임대차보증금액보다 임차인의 채무액이 많은 경우, 변제충당의 방법

임대차보증금은 임대차계약이 종료된 후 임차인이 목적물을 인도할 때까지 발생하는 차임 및 기타 임차인의 채무를 담보하는 것으로서 그 피담보채무액은 임대차관계의 종료 후 목적물이 반환될 때에 특별한 사정이 없는 한 별도의 의사표시 없이 임대차보증금에서 당연히 공제되는 것이므로, 특별한 사정이 없는 한 임대차계약이 종료되었다 하더라도 목적물이 명도되지 않았다면 임차인은 임대차보증금이 있음을 이유로 연체 차임의 지급을 거절할 수 없는 것이고, 또한 임대차보증금액보다도 임차인의 채무액이 많은 경우에는 민법 제477조에서 정하고 있는 법정 충당 순서에 따라야 하는 것이다.

_임대차에 관한 분쟁을 이유로 차임을 2기 이상 연체한 경우

임대인와 임차인 사이에 임대차계약의 기간, 목적물 등에 관하여 분쟁이 있었고, 그 분쟁 중에 임대인이 임대차계약의 성립을 일시 부인한 사실이 있었다고 하더라도 그 사실만으로 2기 이상의 차임 연체를 이유로 한 임대차계약 해지의 의사표시가 금반언의 원칙에 위배된다고 할 수 없다.

_양수인이 승계 이전의 차임 연체를 이유로 계약을 해지할 수 있는지 여부

임대인 지위가 양수인에게 승계된 경우 이미 발생한 연체차임채권은 따로 채권양도의 요건을 갖추지 않는 한 승계되지 않고, 따라서 양수인이 연체차임채권을 양수받지 않은 이상 승계 이후의 연체 차임액이 3기 이상의 차임액에 달하여야만 비로소 임대차계약을 해지할 수 있는 것이므로, 원심의 위와 같은 판단은 임대인 지위의 승계와 차임연체로 인한 해제권에 관한 법리오해의 위법이 있다[대법 2008다3022].

Bonus 정보 +

임대료 연체된 상가를 매수한 경우 계약 해지권

Q : 상가를 매도할 당시 임차인이 주택에서 2기 이상 임대료를 지급하지 않은 상황입니다. 이 경우 새로운 상가 매수인이 전 임대인의 2기 연체를 포함해서 계약 해지권을 행사할 수 있나요 ?

A : 결론적으로 할 수 없습니다. 다만 새로운 상가 매수인이 연체차임채권을 따로 떼어내서 양도요건을 갖춘 경우에는 계약 해지권을 행사할 수 있습니다.

_임차인의 채무 불이행으로 인하여 해지된 경우 부속물 매수청구권

임대차계약이 임차인의 채무 불이행으로 인하여 해지된 경우에는 임차인은 민법 제646조에 의한 부속물매수청구권이 없다[대법 88다카7245].

임차인의 채무 불이행을 이유로 토지임대차계약이 해지되는 경우에도 임차인의 지상물매수청구권이 인정되는지 여부(소극)[대법 96다54249]

_임차인의 필요비와 유익비 상환청구권의 제척 기간

필요비와 유익비 상환청구권은 임대인이 목적물을 반환받을 수 있는 날로부터 6개월 이내에 행사하여야 한다.

20
임차권등기명령 제도와 민법상 임대차등기는 어떤 차이가 있나?

이번엔 임차권등기명령 제도에 의한 '임차권등기'와 민법상 '임대차등기'의 차이에 대해 공부할 차례입니다. 용어가 비슷해 보여도 차이가 많으니 확실하게 알고 넘어가도록 하세요.

선생님, 진짜 헷갈려요. 그게 그거 같은데 뭐가 다른지 설명해주시기 바랍니다.

임차권등기명령 제도에 의한 '임차권등기'는 주택과 상가에 한정됩니다. 당연히 주임법과 상임법에 그 규정이 명시되어 있지요. 임대차 종료 후 보증금을 반환받지 못한 임차인이 관할 법원에 임대인의 동의 없이 단독으로 신청할 수 있습니다.

그러니까 임대차 기간이 끝난 후에, 보증금을 주지 않을 때 하는 거네요.

네. 맞습니다. 이에 반해 '임대차등기'는 민법에 규정되어 있으며 모든 부동산 임대차에 적용됩니다. 임차인이 입주 전에 임대인의 동의를 얻어 신청하는 것이지요.

처음엔 비슷해 보였는데, 이름만 비슷하지 완전히 다른 거네요. 이래서 공부를 계속해야 한다니까요.

자, 그럼 계속 공부해봅시다.

_임차권등기명령 제도와 민법상 임대차등기의 차이점

주임법 제3조의3(상임법 제6조)의 임차권등기명령에 의한 임차권등기는 그 대상이 주택 또는 상가(상임법 보호 대상)에 한정되어 있고, 임대차가 종료된 후 보증금을 반환받지 못한 임차인이 임대인의 동의 없이 임차주택의 소재지를 관할하는 법원에 단독으로 신청이 가능한 반면, 민법 제621조의 임대차의 등기는 등기된 임차권으로 부르고 있으며 그 대상이 모든 부동산 임대차이고 입주 전에 임대인의 동의를 얻어서 임차권등기를 하게 된다는 점이 임차권등기명령에 의한 임차권등기와 차이점이 있다.

그리고 주임법(상임법)상 임차권등기명령에 의한 임차권등기는 계약기간 종료 이후에 하게 되는 것으로 대항력과 우선변제권은 대항요건과 확정일자를 갖춘 시점에서 그 효력이 발생되지만, 민법에 의한 임차권등기는 모든 주택과 상임법의 적용 대상 상가건물에 한해서만 등기 시점에 즉시 대항력과 우선변제권의 효력이 발생하고, 주택이나 상임법 보호 대상 상가건물 이외의 건물이나 토지임차권등기는 대항력만 인정되고 우선변제권이 없어서 경매가 들어가도 배당요구가 인정되지 않는다는 차이가 있다.

_임차권등기명령 제도(주임법 제3조의3 및 상임법 제6조)

(1) 임차권등기명령의 신청 방법

임대차가 종료된 후 보증금을 반환받지 못한 임차인은 임차주택의 소재지를 관할하는 지방법원 또는 시 · 군법원에 임차권등기명령을 임대인의 동의 없이 단독으로 신청할 수 있다. 임대차 기간이 종료되었으나 임차보증금을 반환받지 못한 임차인이 신청할 수 있는 것으로 계약 기간이 남아 있는 경우에는 신청할 수 없다. 그리고 보증금의 전액 또는 일부를 반환받지 못할 경우도 신청할 수 있다.

(2) 임차권등기의 대항력 및 우선변제권의 효력 발생 일시

임차권등기명령의 집행에 의해 임차권등기가 경료되면 임차인은 종전의 대항력과 우선변제권을 취득하게 되므로 임차권등기 후 대항요건 즉 점유와 주민등록요건을 상실하여도 이미 취득한 대항력과 우선변제권은 상실하지 아니하고 그대로 유지된다.이러한 임차권등기명령의 효과는 신청서 제출 시가 아니라 임차권등기가 마쳐진 시점을 기준으로 발생하게 된다는 점에 유의해야 한다.

(3) 임차권등기신청 비용의 부담

임차권등기와 관련하여 발생된 소송비용은 임대인에게 청구할 수 있다.

(4) 선순위 임차권등기와 후순위 임차권과의 우선순위

선순위 임차권등기는 후순위 임차권에 대하여 우선하게 되므로 임차권등기 이후에 새로 임차한 임차인이 소액임차인에 해당되어도 임차권등기의 범위 내에서는 최우선변제권이 인정되지 아니한다.

(5) 경매에 의한 임차권의 소멸(주임법 제3조의5)

1) 임차권등기명령에 의한 임차권등기는 배당요구가 없어도 배당참여가 가능한가?

임차권등기명령에 의하여 임차권등기를 한 임차인은 우선변제권을 가지며, 위 임차권등기는 임차인으로 하여금 기왕의 대항력이나 우선변제권을 유지하도록 해주는 담보적 기능을 주목적으로 하고 있으므로, 위 임차권등기가 첫 경매개시결정등기 전에 등기된 경우, 배당받을 채권자의 범위에 관하여 규정하고 있는 민사집행법 제148조 제4호의 "저당권 · 전세권, 그 밖의 우선변제청구권으로서 첫 경매개시결정등기 전에 등기되었고 매각으로 소멸하는 것을 가진 채권자"에 준하여, 그 임차인은 별도로 배당요구를 하지 않아도 당연히 배당받을 채권자에 속하는 것으로 보아야 한다.

다만 대항력 있는 임차권등기(말소기준 이전에 대항요건을 갖춘 경우)는 보증금 전액 변제받을 때까지 소멸되지 않지만, 대항력 없는 임차권등기는 소멸되는 것이 원칙이다.

2) 대항요건을 상실한 임차인

임차인이 임대차 종료 후 임차주택에 대한 점유를 상실하였더라도 보증금을 반환받지 못한 이상 임차권등기명령을 신청할 수 있다고 보아야 할 것이다(대법 2003다62255, 62262).

이러한 경우에 임차권등기명령을 신청하면 법원은 점유개시일자 또는 주민등록일자를 공란으로 한 임차권등기명령을 하고, 임차권등기명령의 집행에 따라 임차권등기가 마쳐지면 이 등기일을 기준으로 대항력과 우선변제권을 취득하게 된다.

3) 임대인의 보증금 반환 의무와 임차인의 임차권등기 말소 의무가 동시이행 관계에 있나?

주택임대차보호법 제3조의3 규정에 의한 임차권등기는 이미 임대차 계약이 종료하였음에도 임대인이 그 보증금을 반환하지 않는 상태에서 경료되게 되므로, 위 임차권등기는 임차인으로 하여금 기왕의 대항력이나 우선변제권을 유지하도록 해주는 담보적 기능만을 주목적으로 하는 점 등에 비추어 볼 때, 임대인의 임대차보증금의 반환 의무가 임차인의 임차권등기 말소 의무보다 먼저 이행되어야 할 의무이다[대법 2005다4529].

_등기된 임차권(민법 제621조 임대차의 등기)

민법 621조의 임대차등기는 원래 주택, 상가, 공장, 토지 등의 모든 임대차에서 임대인의 동의를 얻어서 임대인과 임차인이 공동으로 신청하게 된다.

이 민법상 임대차권등기는 대항력만 인정되고 우선변제권이 없으므로 주택이나 상가에서 우선변제권을 해결하기 위해서 주임법 제3조의4와 상임법 제7조에 별도 규정을 두어 우선변제권을 해결하게 되었다.

(1) 임차권등기의 신청 방법

임대인이 임차권등기 의무자로 협조할 경우 임차할 당시 또는 임차 기간 중에 임대인과 임차인이 공동으로 신청하며, 이러한 등기가 등기한 임차권에 해당한다.

(2) 주임법(상임법)상 임차권등기명령 제도와 민법 제621조에 의한 임대차등기의 차이점

1) 주임법 제3조의3 제1항은 임차권등기명령에 의한 주택임차권등기는 그 대상이 주택임대차에 한정(상임법 제6조 제1항은 그 대상이 상임법의 적용 대상인 상가임차인만)되어 있고 임대인의 동의 없이 법원의 결정을 받아 단독으로 등기할 수 있다.

2) 민법 제621조에 의한 임대차의 등기는 그 대상이 모든 부동산에 대한 임대차이고, 당사자 간에 반대 약정이 있으면 그 등기절차에 협력할 것을 청구할 수 없다는 점 등에서 차이가 있다.

3) 이 두 가지 임차권등기 모두 경매 신청권이 없다는 점에서 동일하지만 주임법 제3조의3(상임법 제6조) 임차권등기명령에 의한 임차권등기와 민법 제621조에 의한 임차권등기 중에서 주택의 경우(주임법 제3조의4), 상임법 적용 대상 범위 내에 있는 상가(상임법 제7조)는 민법 제621조에 의한 임차권등기를 통해서 우선변제권이 있다고 명시하여 이들 모든 임차권등기는 대항력과 우선변제권의 취득 · 유지의 효력이 인정된다.

〈민법에 따른 주택임대차등기의 효력(주임법 제3조의4, 상임법 제7조)〉

이 임대차등기의 효력은 임차인이 아직 대항력과 우선변제권을 취득하지 못한 상태에서 임대차권등기가 되면 그 등기 시점을 기준으로 대항력과 우선변제권을 취득하게 되고, 먼저 대항력과 우선변제권을 취득했다면 그 시점을 기준으로 발생하게 된다.

임차권 등기 이후에 대항요건을 상실하여도 이미 취득한 대항력과 우선변제권은 상실되지 않고 존속하여 유지된다.

(3) 앞에서 설명한 임차권등기 이외의 민법 제621조에 의한 임대차 등기

앞에서 설명한 임차권등기 이외의 민법 제621조에 의한 임대차등기(주택 이외, 상임법 적용 대상 이외의 건물, 토지 등)는 제3자에 대한 대항력만 인정되고, 우선변제권은 인정되지 아니하여 임대인의 부동산에 대한 경매절차에 대해서도 임차권등기만으로 당연히 배당되는 것이 아니라 별도 보증금반환채권에 기해서 가압류를 하거나 집행권원을 가지고 배당요구종기 시까지 배당요구해야 배당에 참여가 가능한데 이 경우에도 민법상의 임차보증금반환채권은 일반채권자에 불과하게 되어 우선변제권이 없다.

따라서 이러한 민법상의 임차권등기권자는 대항력만 인정되고, 배당관계에서는 등기하지 아니한 민법상의 임차권과 같이 채권가압류 또는 집행권원을 획득해서 배당요구해야만 배당참여가 가능하게 된다.

그리고 임차권등기명령에 의한 임차권등기든, 민법 제621조에 의한 임차권등기든, 모두 집행권원을 획득해야만 강제경매 신청이 가능하고, 말소기준권리가 될 수 없다는 공통점이 있다.

(4) 경매절차에서 임차권등기의 대항력과 우선변제권, 그리고 소멸 여부

경매절차에서 선순위의 임차권등기는 존속 기간 여부와 상관없이 배당요구를 하지 않으면 대항력이 인정되고, 후순위 임차권등기는 소멸하게 된다.

① 주임법 제3조의3과 상임법 제6조에 기한 임차권등기와 주임법 제3조의4와 상임법 제7조에 기한 임차권등기는 우선변제권이 있어서

배당요구가 가능하다. 따라서 선순위 임차권등기가 배당요구한 경우 전액 배당받을 때까지 대항력이 있지만, 후순위 임차권등기는 미배당금이 있어도 소멸하게 된다.

② 이 밖에 다른 민법상의 모든 임대차등기는 대항력만 인정되고 우선변제권이 없어서 배당요구가 불가하므로 배당요구를 위해서 별도 채권가압류 또는 집행권원이 필요하다.

Bonus 정보 +

계약 기간 중의 퇴거로 임차권등기명령의 신청이 불가한 경우 대처 요령

임대차 존속 기간이 종료되거나 해지 사유(경매나 공매)가 발생되지 않으면 임차권등기명령에 기한 임차권등기가 불가하게 되는데 이 경우 부득이하게 주소를 이전하게 된다면 대항력을 상실하게 된다.

그래서 보증금을 보장하기 위해서 전세권을 설정하거나 저당권을 설정하고 퇴거하는 경우가 있는데 이 경우 최초 대항요건에 기한 대항력과 우선변제권은 소멸될 수 있다.

이러한 경우 대항력을 지키기 위한 방법에는 다음과 같은 방법이 있다.

① 임대인의 동의를 얻어서 민법 제621조에 기한 임대차등기 이후에 이사를 가라. 그러면 임차인은 최초의 대항력과 우선변제권(최우선변제금과 확정일자부 우선변제금)이 그대로 유지 존속하게 된다.

② 임대인의 동의를 얻어 임차권을 양도하거나 전대차계약에 기해서 대항력을 유지할 수 있도록 해야 한다.

임차권의 양도나 전대차에서 유의할 점은 임대인의 동의를 얻는 것과 임차인이 퇴거 후 14일 이내에 임차권 양수인 또는 전차인이 대항요건을 갖추어야 종전 임차인의 권리가 그대로 유지 존속되어 최초 대항력과 우선변제권이 그대로 유지하게 된다.

21

임대차의 양도와 전대차는 적법해야 한다

선생님, 임차한 주택을 다시 임차하는 경우에 대해서 알고 싶습니다.

전대차가 불법은 아니죠?

내가 전대차를 할 수도, 전대차로 집을 구할 수도 있을 텐데 무엇을 주의해야 할지 알려주십시오.

네. 임대차의 권리 자체를 양도할 수도 있고, 임차인 자신이 임대인이 되어 그의 임차물을 다시 임차할 수도 있습니다. 임차인은 전대인의 지위를 갖고, 새로 주택을 이용하는 자는 전차인이라고 부릅니다.

주택의 양도나 전대차에 있어 가장 중요한 것은 임대인의 동의가 필수라는 것입니다. 임대인의 동의 없이 전대차를 할 경우 엄청난 손해를 볼 수 있다는 사실을 잊지 마세요.

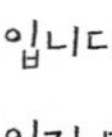

만약에 그런 주택이 경매로 넘어간다면 권리관계가 아주 복잡해질 것 같습니다.

맞습니다. 그렇다고 지레 겁먹을 필요는 없습니다.

지금부터 저와 함께 차근차근 공부하면 임대차 양도에 대한 전체적인 그림이 그려질 것입니다. 자, 그럼 힘내서 열심히 공부합시다.

_임대차의 양도와 전대차에서 주의할 점

(1) 임차권 양도

임차권 양도는 임차권이 그 동일성을 유지하면서 이전하는 계약으로서 임차권의 양도인은 임차인의 지위를 벗어나고 양수인은 임차인으로서의 권리 의무를 취득하게 되므로 새로운 임차인이 발생하고 양도인은 임차권이 소멸하게 된다.

(2) 임차권의 전대차

임차권의 전대는 임차인 자신이 임대인이 되어 그의 임차물을 다시 전차인으로 하여금 사용 · 수익하게 하여 임차인이 종전의 임차인으로서 계약상의 지위를 계속적으로 유지하면서 별도로 전차인과의 사이에 새로운 임대차관계를 성립시키는 것으로, 임차권의 양도와는 달리 임차인이 임차권을 소멸하지 않고 전대인의 지위를 갖고 새로운 주택 이용자는 전차인의 지위를 갖는다.

(3) 민법은 임대차의 양도나 전대차 모두 임대인의 동의를 얻은 경우에만 허용된다

1) 주임법 제3조 제1항에 의한 대항력을 갖춘 주택임차인이 임대인의

동의를 얻어 적법하게 임차권을 양도하거나 전대한 경우에 있어서 양수인이나 전차인이 임차인의 주민등록퇴거일로부터 주민등록법상의 전입신고 기간 내(14일 이내)에 전입신고를 마치면 종전 대항력과 우선변제권이 그대로 유지된다.

2) 주택임차인이 임차주택을 직접 점유하여 거주하지 않고, 간접 점유하여 자신의 주민등록을 이전하지 아니한 경우라 하더라도 임대인의 승낙을 받아 임차주택을 전대하고 그 전차인이 주택을 인도받아 자신의 주민등록을 마친 때에는 그때로부터 임차인은 제3자에 대하여 대항력을 취득(대법 94다3155)한다는 것이 판례의 내용이다.

3) 임대인의 동의는 특별한 방식이 필요하지 않고 명시적 · 묵시적으로도 가능하며 사후 동의도 가능한데, 그러나 추후 법률적으로 확실히 하기 위해서는 임대차 양도 양수계약서에 임대인 동의 확인란에 서명을 받거나 양도 통지(내용증명으로)를 하여야 하며, 전대차 계약서 특약란에 동의 확인 서명을 받는 방법이 좋다.

4) 임대인의 동의가 없어도 양도 · 전대의 당사자 계약 자체는 유효하지만 단지 임대인 또는 제3취득자에 대해서 대항력을 주장할 수 없는 일반채권계약에 불과하다.

5) 임차인인 등기된 임차권(민법 제621조) 또는 임차권등기명령(주임법 제3조의3)에 의해서 임차권등기를 양도 또는 전대를 하는 경우에도 임대인의 동의를 얻어야만 가능한데, 만일 동의가 없이 임차권등기를 전대나 양도하고 주민등록상 전입신고 기간인 14일 이내에 전입신고를 마친 경우에도 주임법상의 대항력과 우선변제권의 보호를 받지 못하고 일반채권자의 지위에 놓이게 될 수 있으니 주의해야 한다.

임차권의 양도나 전대차뿐만 아니라 임차권등기도 마찬가지로 임대인의 동의가 있어야 적법한 대항력과 우선변제권이 생기게 된다는 것으로 그에 대한 내용과 질의 내용에 대한 답변을 정리해보았다.

상가임차인의 임차권 양도 및 전대차

상가임차인이 임대인의 동의를 얻어서 임차권을 양도 또는 전대하는 경우에는 상임법의 보호 대상으로 대항력과 우선변제권 그리고 계약 기간 종료 시 최대 5년간의 계약갱신청구권이 인정되지만, 동의 없이 양도한 경우는 특별법의 보호 대상이 아니어서 계약갱신청구권도 소멸됩니다. 최대 5년의 범위 내에서 계약갱신청구권이 보장되는 제도는 상임법의 보호 대상 임차인에게만 인정됩니다.

판례 돋보기

임차권의 양도와 대항력

Q : 저는 주택소유자인 임대인의 동의를 받아 대항력 있는 임차인으로부터 임차권을 양도받았습니다. 그런데 원래의 임차인이 대항력을 취득한 후 제가 임차권을 양도받기 전에 임차주택에 관하여 근저당권이 설정되고 그 근저당권에 기한 경매 절차가 현재 진행 중에 있습니다. 저의 경우에 매수인에 대하여 임대보증금을 반환받을 때까지 임차주택을 비워주지 않아도 됩니까?

A : 임대인의 동의를 얻어 대항력을 갖춘 임차인으로부터 적법하게 임차권을 양도받은 경우 임차인의 주민등록 퇴거일로부터 주민등록법상의 전입신고 기간인 14일 이내에 전입신고를 마치고 주택에 입주하였다면 원래의 임차인이 갖고 있었던 대항력을 주장할 수 있습니다. 따라서 위 요건을 갖추었다면 임차권을 양도받기 전에 근저당권이 설정되어 있어도 그 실행을 위한 경매절차에서 매수한 자에 대하여 임대보증금을 반환받을 때까지 임차주택을 비워주지 않아도 됩니다(대법 87다카2509 판결, 대법 94다3155 판결 각 참조).

(4) 임대인의 동의를 얻어 전대차한 경우 전차인의 권리(법조문)

1) 전차인의 권리의 확정(민법 제631조) 임차인이 임대인의 동의를 얻어 임차물을 전대한 경우에는 임대인과 임차인의 합의로 계약을 종료한 때에도 전차인의 권리는 소멸하지 아니한다.

2) 해지 통고의 전차인에 대한 통지(민법 제638조) ①항 임대차약정이 해지의 통고로 인하여 종료된 경우에 그 임대물이 적법하게 전대되었을 때에는 임대인은 전차인에 대하여 그 사유를 통지하지 아니하면 해지로써 전차인에게 대항하지 못한다. ②항 전차인이 전항의 통지를 받은 때에는 제635조 제2항의 규정을 준용한다.

3) 전차인의 임대청구권, 매수청구권(민법 제644조) ①항 건물, 기타 공작물의 소유 또는 식목, 채염, 목축을 목적으로 한 토지임차인이 적법하게 그 토지를 전대한 경우에 임대차 및 전대차의 기간이 동시에 만료되고 건물, 수목, 기타 지상시설이 현존한 때에는 전차인은 임대인에 대하여 전전대차와 동일한 조건으로 임대할 것을 청구할 수 있다. ②항 전항의 경우에 임대인이 임대할 것을 원하지 아니하는 때에는 제238조 제2항의 규정을 준용한다.

4) 전차인의 부속물 매수청구권(민법 제647조) ①항 건물, 기타 공작물의 임차인이 적법하게 전대한 경우에 전차인이 그 사용의 편익을 위하여 임대인의 동의를 얻어 이에 부속한 물건이 있는 때에는 전대차의 종료 시에 임대인에 대하여 그 부속물의 매수를 청구할 수 있다. ②항 임대인으로부터 매수하였거나 그 동의를 얻어 임차인으로부터 매수한 부속물에 대하여도 전항과 같다.

김선생의 **한/마/디**

경매에서 임차권 양도와 전대차를 모두 확인할 수는 없다.

경매 입찰 시 임차권의 양도와 전대차에 대해 모두 확인하는 것은 불가능합니다. 양수인이나 전차인이 권리신고 또는 배당요구를 하지 아니하는 한 알 수가 없고, 이 경우 매각물건명세서에도 기재되어 있지 않아서 각별한 주의가 필요합니다.

(5) 경매 대상 주택에서 임차권이 양도된 경우나 전대차된 경우 유의할 점

임차권이 양도된 경우 또는 전대차된 경우 임차인(양도인) 또는 전대인(임차인)이 주민등록을 퇴거한 날로부터 14일 이내에 새로운 임차인(양수인) 또는 전차인이 전입신고를 마치게 되면 종전 임차인 또는 전대인이 가지고 있던 대항력과 우선변제권을 그대로 소급해서 취득하게 된다.

그러므로 입찰 참여 시의 전입세대만 신뢰하고 입찰에 참여했다가는 권리의 하자가 발생될 수 있다.

따라서 대항력 없는 임차인이 배당요구를 하지 아니한 경우에 이러한 상황을 예측하여 낙찰 받고 나서 대금 납부 전까지 확인하고 그에 대한 대비 즉 매각물건명세서 작성에 중대한 하자를 들어서 매각결정을 취소신청하고 입찰보증금을 반환받으면 될 것이다.

김선생의 한/마/디

임차권등기 양도 시에도 임대인의 동의가 필요하다는 사실!

주택임차권이 적법하게 양도나 전대차가 이루어진 경우만 대항력과 우선변제권이 인정됩니다. 그렇지 아니한 경우에는 대항력도 없고 우선변제권도 없는 일반채권자의 지위에 놓이게 된다는 점을 이해하고 있어야 합니다. 여기서 적법한 임차권의 양도가 되기 위해서는 임대인의 동의가 필요한데, 이는 임차권등기를 양도하는 경우에도 마찬가지입니다.

낙찰 받고 나서 매각결정이 나면 그때부터 낙찰 받은 주택을 방문해서 명도 협의를 하고, 이러한 권리와 유치권자 등이 있는지를 잔금 납부하기 전에 확인하고 이상이 발생하면 그에 기한 매각결정취소신청을 하면 됩니다.

_임차권 또는 임차권등기의 적법한 양도, 그리고 임차권에 대한 가압류의 효력

(1) 임차권의 적법한 양도

1) 임차권은 임대인에 대한 청구권으로 다른 사람에게 양도 또는 전대를 할 수 있는 권리가 아니지만, 임대인의 동의를 얻으면 적법한 양도가 가능하다.

2) 임차인이 등기된 임차권(민법 제621조) 또는 임차권등기명령(주임법 제3조의3)에 의해서 임차권등기를 양도 또는 전대하는 경우도 임대인의 동의를 얻어야만 가능하다.

(2) 임차권의 부적법한 양도

임대인의 동의가 없이 임차권을 전대나 양도하고 주민등록상 전입신고 기간인 14일 이내에 전입신고를 마친 경우에도 주임법상의 대항력과 우선변제권의 보호를 받지 못하고 계약 당사자 간의 일반채권자의 지위에 놓이게 된다.

(3) 임차권이 등기된 경우도 임대인의 동의가 필요한지 여부

임차권은 임차인이 임대인에 대하여 임대차목적물을 사용 · 수익하게 할 것을 청구할 수 있는 채권에 불과하고, 비록 그에 관한 등기가 마쳐졌다고 하더라도 그 임차권등기는 임차인이 채권인 임차권으로써 임대차목적물의 제3취득자 등에 대하여 대항할 수 있는 요건에 불과할 뿐 저당권이나 전세권의 경우와는 달리 임차권의 공시 방법으로서 그 득실 · 변경의 성립요건 또는 그 대항요건이 되는 것은 아니다.

따라서 임차권에 관하여 임차권등기를 마친 경우에도 임차인은 임대인의 동의를 얻어 지명채권의 양도방법에 따라 유효하게 이를 양도할 수 있다[대구지법 2003라189].

〈임차권등기 이전 및 임차물 전대의 등기 제한〉

−임차권등기에 관한 업무처리지침(등기예규 제1059호)−

임대차의 존속 기간이 만료된 경우(민법 제621조)와 주택임차권등기 및 상가건물임차권등기(임차권등기명령)가 경료된 경우에는 그 등기에 기초한 임차권이전등기나 임차물전대등기를 할 수 없다.

김선생의 한/마/디

대항력이 없는 경우, 임차권 양도 방법을 알아두어야 합니다.

주임법 및 상임법상 임차권등기명령에 의한 임차권등기는 임대차가 종료된 후 임대인이 임대차보증금을 반환해주지 아니할 경우 임차인이 단독적으로 법원에 임차권등기명령을 신청할 수 있는 제도로, 부기등기로 이전등기를 할 수 없어서 임차권을 양도받고자 하는 사람은 임대인과 새로이 임대차계약서를 작성하고 그 임차보증금을 종전 임차인에게 주택인도와 동시이행으로 반환받으면 되지요. 그러나 종전 임차인이 대항력이 발생하고 그 이후 등기부에 설정된 채권자 등이 있다면 대항력이 없게 되므로 이 방법을 해결하고자 하는 방법으로 태동된 방법이 임차권 양도라는 방법입니다. 이 경우 임대인의 동의를 얻어 임차권 양도를 받고 14일 이내에 대항요건을 반드시 갖추고 있어야만 구 임차인의 대항력과 우선변제권이 그대로 유지 존속하게 되지요.

민법 제621조에 기한 임차권등기라면 조금 다르게 생각할 수가 있다.

임대인의 동의를 얻어 임차권 양도를 받고 부기등기로 임차권등기를 이전받으면 제3자에 대하여 대항력이 발생되므로 별도로 대항요건을 갖추지 않고서도 구 임차인(양도인)의 대항력과 우선변제권이 그대로 유지하게 된다.

그런데 간혹 임차권 또는 등기된 임차권을 전대하는 경우가 있는데 이때에도 주의가 필요하다.

임차권등기명령에 기한 임차권등기나 민법상의 임차권등기에서 임차인 본인이 점유하고 있든가 아니면 공실로 남겨둘 때에는 대항력과 우선변제권의 보호 대상이 되지만, 임차인이 점유하고 있지 않고 제3

자에게 점유시키고자 한다면 반드시 임대인의 동의를 얻어서 전대차계약을 하고 입주를 시켜야 주임법상 대항력과 우선변제권이 발생하게 된다는 사실은 잊어서는 안 될 것이다.

임차권등기가 되어 있으면 대항요건이 필요하지 않다는 사실만 가지고 본인이 입주하지 않고 제3자를 입주시키고 보증금 일부와 월세를 받고 있는 임차권등기권자가 있는데 그 주택이 경매당하게 되면 대항력과 우선변제권이 한순간에 사라질 수도 있기 때문이다.

최근 NPL(부실채권) 시장이 활성화되면서 임차권과 임차권등기를 양도받고자 하는 문의가 많은데, 주택에서 민법상 임대차등기(주임법 제3조의4) 채권을 담보하기 위해서 임대인의 동의를 얻어 임차권의 양도와 임차권등기를 부기등기 형식으로 이전받고서 본인이 거주하지 않고 채무자(구 임차인)가 점유하고 있을 경우에도 구 임차인의 주임법상 대항력과 우선변제권이 새로운 양수권자에게 그대로 이전될 수 있을까 하는 문제를 살펴보면 어렵다고 보아야 한다.

왜냐하면 주택과 상가의 임차권등기권자에게 경매로 매각될 때 우선변제권을 인정하고 있는 것은 임차인을 보호하고자 하는 취지이지 채권을 담보하기 위해 양도받은 임차인에게까지 그 적용 여지가 없다. 또 구 점유자가 점유하는 것 역시 전대차에 해당되어 또다시 임대인에게 동의를 얻지 못하고 있는 한 그 전대 행위는 임대인에게 대항할 수가 없어서 주임법상 대항력과 우선변제권이 발생되지 못한다. 채권을 담보로 임차권등기를 양도 받는 경우도 전입신고까지는 필요하지 않아도 점유요건을 갖추고 있지 않는 한 채권만 양도받은 일반 금전채권자의 지위에 놓이게 되므로 우선변제권은 상실하게 될 수 있으니 이러한 점에 유의해야 한다.

김선생의 한/마/디

임대인의 동의 없이 전대차계약을 체결한 경우, 손해 봐도 할 말이 없다는 것!

임차인이 임대 기간 중에 임차주택을 다른 사람에게 전대하였을 경우 임대인의 동의가 없으면 전차인은 임대인에게 자신의 전차권을 주장할 수 없으므로 전차인이 대항요건을 갖추었더라도 소유자에 대하여 임차인 갑(전대인)과 을(전차인) 사이에 체결한 임대차계약 관계를 주장하여 명도를 거부할 수 없고 임대보증금도 임차인 갑에 대하여만 그 반환을 청구할 수 있을 뿐입니다.

(4) 임차권에 가압류나 가처분 또는 임차권부채권가압류의 기입등기가 된 경우

1) 임차권에 관하여 가압류나 가처분 또는 임차권부채권가압류의 기입등기가 마쳐졌다고 하더라도 제3채무자인 임대인에게 가압류결정정본이나 가처분결정정본 또는 임차권부채권가압류결정정본이 송달되지 않는 한 처분 금지의 효력이 발생하지 않는다[대구지법 2003라189 결정].

2) 임대차보증금반환채권이 가압류 또는 압류된 후 임차인이 임대인의 승낙하에 임차권을 양도한 경우, 임대인과 구 임차인과의 임대차관계는 종료되어 임대인의 임차권 양도 승낙 시에 이행기에 도달하게 된다.

   신 임차인에 대하여 임대차보증금반환채권을 양도하기로 한 때에도 그 이전에 임대차보증금반환채권이 제3자에 의하여 가압류 또는 압류되어 있는 경우에는 위와 같은 합의나 양도의 효력은 압류권자 등에게 대항할 수 없으므로, 신 임차인이 차임 지급을 연체하는 등 새로운 채무를 부담하게 되었다고 하여 그 연체차임 등을 구 임차인에게 반환할 임대차보증금에서 공제할 수는 없다[대법 96다17202].

따라서 임차권에 가압류나 압류된 경우 임차권의 양도나 임차권의 갱신 등은 가압류나 압류권자에 대항할 수 없어서 인도 대상이 될 수 있다.

22
임차권과 전세권에서 전세금 반환채권과 분리양도를 할 경우

임차인의 기본적 권리에 대해 공부를 마무리할 때가 된 것 같군요. 마지막으로 임차권과 전세권에서 전세금반환채권과 분리양도를 하는 경우를 알아보겠습니다.

선생님, 저는 무슨 얘긴지 하나도 모르겠어요.

임차인이 집도 비워주지 않고 주민등록도 옮기지 않은 채, 임차보증금만 반환하는 경우를 말합니다. 이렇게 말하니 어렵지 않지요?

아하, 그렇군요. 그런데 그런 경우도 있나요?

그뿐만이 아닙니다. 전세권과 전세권반환채권이 분리양도되는 경우도 있으니까요. 이제부터 전세권에 저당권이나 가압류등기가 된 경우, 임차권에 가압류나 압류가 된 경우도 두루 살펴보기로 하겠습니다. 이 내용만 숙지되면 어떤 경우에도 대응할 수 있는 천하무적 임차인이 될 수 있습니다.

그 말씀 들으니 갑자기 힘이 나는데요. 선생님, 빨리 공부 시작하시죠.

_주임법상 임차보증금채권의 분리양도 시 대항력과 우선변제권

채권양수인이 우선변제권을 행사할 수 있는 주택임차인으로부터 임차보증금반환채권을 양수하였다고 하더라도 임차권과 분리된 임차보증금반환채권만을 양수한 이상 그 채권양수인이 주택임대차보호법상의 우선변제권을 행사할 수 있는 임차인에 해당한다고 볼 수 없다. 따라서 위 채권양수인은 임차주택에 대한 경매절차에서 주임법상의 임차보증금 우선변제권자의 지위에서 배당요구를 할 수 없고, 이는 채권양수인이 주택임차인으로부터 다른 채권에 대한 담보 목적으로 임차보증금반환채권을 양수한 경우에도 마찬가지이다. 다만, 이와 같은 경우에도 채권양수인이 일반 금전채권자로서의 요건을 갖추어 배당요구를 할 수 있음은 물론이다(대법 2010다10276 판결, 배당이의).

(1) 주임법상 임차인이 임차권의 양도 없이 보증금반환채권만 양도한 경우

주임법상 임차인이 적법한 임차권의 양도(주민등록과 주택인도) 없이 임차보증금반환채권만 양도한 경우 주임법상 우선변제권은 인정되지 못하고 일반 금전채권자가 된다.

적법한 임차권의 양도를 위해서는 임대인의 동의를 얻어서 임차권을 양도하고, 종전 임차인(양도인)이 퇴거한 날로부터 14일 이내에 신 임차인(양수인)이 전입신고와 주택인도를 갖추고 있어야 종전 임차인이 취득한 대항력과 우선변제권이 신 임차인에게 그대로 유지 존속하게 되므로 유의해야 한다.

이와 같은 이치는 전대차계약을 체결하는 경우에도 똑같이 적용되므로 반드시 임대인의 동의를 얻어서 임차인(전대인)이 퇴거일로부터 14일 이내에 대항요건을 갖추고 있어야 한다.

(2) 주택임차보증금의 반환채권에 채권 질권이 설정된 경우, 혹은 주택임차보증금반환채권에 대해 압류 및 전부명령 또는 추심명령이 있는 경우

이들 채권자(양수자, 질권자, 전부명령 또는 추심명령을 한 채권자) 등은 채권자가 주임법상 우선변제권을 갖지 못하고 일반채권자의 지위로 이 물건이 경매로 매각된다면 일반 금전채권자로서 배당요구종기 시까지 채권가압류를 하고서 배당요구를 해야 한다.

다시 말해 임차권을 임대인의 동의를 얻어서 양도한 경우도 대항요건과 함께 양도받아야 한다. 즉 양도인이 퇴거한 날로부터 14일 이내에 전입신고와 점유를 하고 있어야만 주임법상 임차권의 지위를 가지게 되어 대항력과 우선변제권이 따르는 것이다. 분리양도의 경우는 임차보증금반환채권만 양도받은 것이 되어 일반채권자가 된다.

_임차권 양도 통지 이후 보증금반환채권과 임차인에 대한 인도 이행 의무

(1) 임차권 양도 통지 이후 보증금반환채권

대법원 1989.4.25. 선고 88다카4253, 4260 판결【양수금】

임대인이 임대차보증금반환청구채권의 양도 통지를 받은 후에는 임대인과 임차인 사이에 임대차계약의 갱신이나 계약 기간 연장에 관하여 명시적 또는 묵시적 합의가 있더라도 그 합의의 효과는 보증금반환채권의 양수인에 대하여는 미칠 수 없다.

(2) 임대차보증금반환채권을 양수한 채권자가 임차인에 대한 명도 청구가 가능한가?

임대차보증금반환채권의 양수인이 임대인의 임차인에 대한 임차가옥 명도 청구권을 대위행사하는 경우 임대인의 무자력을 요건으로 하는지 여부(소극)

채권자가 자기채권을 보전하기 위하여 채무자의 권리를 행사하려면 채무자의 무자력을 요건으로 하는 것이 통상이지만 임대차보증금반환채권을 양수한 채권자가 그 이행을 청구하기 위하여 임차인의 가옥명도가 선 이행되어야 할 필요가 있어서 그 명도를 구하는 경우에는 그 채권의 보전과 채무자인 임대인의 자력 유무는 관계가 없는 일이므로 무자력을 요건으로 한다고 할 수 없다.

그런데 원심이 이 사건 피고들 사이의 임대차계약이 아직 임대 기간이 남아 있는 것으로(양도 통지 이후에 갱신이나 계약 연장을 할 수 없는데도) 오해하고 위와 같이 판시한 것은 임대차보증금반환채권이 다른 사람에게 양도된 경우 임대인과 임차인과의 사이에 임대차계약을 갱신한 효력이 당연히 양수채권자에게 미친다고 오해하고 또 채권자 대위권의 법리를 오해한 위법이 있다고 판시하였다.

김선생의 한/마/디

임차인 명도 및 보증금 회수 절차를 확실하게 지켜야 합니다.

임차권양수인이 임차보증금을 반환받기 위해서 임대인에게 먼저 구 임차인을 명도해야 하므로, 양수인(신 임차인)이 임대인의 구 임차인에 대한 임차가옥명도청구권을 대위하여 건물인도청구소송을 진행할 수 있고 이에 기해서 구 임차인을 명도하면 됩니다. 따라서 임차권양수인이 임차보증금채권을 회수하려면 임대차계약 기간 종료 시만 구 임차인을 명도하고 나서 임대인에게 반환을 청구할 수 있고, 임대인이 반환을 거절하면 임차보증금반환청구소송을 통해서 그 임차주택에 대해서 강제경매를 신청하면 되고 전세권도 이와 같은 방법으로 전세금을 회수하게 되지요.

_전세권에 저당권이나 가압류등기가 있는 경우 전세금 반환과 건물 인도 의무

(1) 전세권이 기간 만료로 종료된 경우, 전세권을 목적으로 한 저당권의 소멸 여부(적극)

전세권이 기간 만료로 종료된 경우 전세권은 전세권설정등기의 말소등기 없이도 당연히 소멸하고, 저당권의 목적물인 전세권이 소멸하면 저당권도 당연히 소멸하는 것이므로 전세권을 목적으로 한 저당권자는 전세권의 목적물인 부동산의 소유자에게 더 이상 저당권을 주장할 수 없다.

전세권저당권이 설정된 경우에도 전세권이 기간 만료로 소멸되면 전세권설정자는 전세금반환채권에 대한 제3자의 압류 등이 없는 한 전세권자에 대하여만 전세금 반환 의무를 부담한다. 따라서 전세권저당권자가 위 전세금반환채권에 대해 압류, 추심, 전부명령 등을 받았다는 자료가 없는 한 전세권설정자가 잔존 전세금을 전세권자에게 지급해야 한다[대법 98다31301].

김선생의 한/마/디

전세보증금반환채권에 압류 및 전부명령, 추심명령이 필요한 경우!

전세권의 존속 기간이 만료되면 전세권이 소멸되고 전세금반환채권만 남게 되는데 전세권에 저당권, 질권, 가압류, 압류 등이 등기된 경우도 전세권이 소멸되면 함께 소멸되는 것으로 별도로 전세보증금반환채권에 압류 및 전부명령 또는 압류 및 추심명령을 해야만 임대인이 전세보증금의 반환채권을 전부명령 또는 추심명령한 권리자에게 반환할 의무가 있는 것이지 그러하지 않은 경우 전세권자에게 반환하게 된다는 내용입니다.

(2) 전세권의 존속 기간 만료 후 그 전세권에 설정되어 있던 저당권을 실행하는 방법

전세권의 존속 기간이 만료하면 전세권의 용익물권적 권능이 소멸하기 때문에 그 전세권에 대한 저당권자는 더 이상 전세권 자체에 대하여 저당권을 실행할 수 없게 되고, 이러한 경우에 저당권의 목적물인 전세권에 갈음하여 존속하는 것으로 볼 수 있는 전세금반환채권에 대하여 추심명령 또는 전부명령을 받거나, 제3자가 전세금반환채권에 대하여 실시한 강제집행절차에서 배당요구를 하는 등의 방법으로 자신의 권리를 행사할 수 있다[대법 2006다29372, 29389].

(3) 저당권자가 물상대위권을 행사하여 우선변제를 받을 수 있는 경우

민법 제370조, 제342조 단서가 저당권자는 물상대위권을 행사하기 위하여 저당권설정자가 받을 금전, 기타 물건의 지급 또는 인도 전에 압류하여야 한다고 규정한 것은 물상대위의 목적인 채권의 특정성을 유지하여 그 효력을 보전함과 동시에 제3자에게 불측의 손해를 입히지 않으려는 데 그 목적이 있으므로, 적법한 기간 내에 적법한 방법으로 물상대위권을 행사한 저당권자는 전세권자에 대한 일반채권자보다 우선변제를 받을 수 있다[대법 2006다29372, 29389].

(4) 저당권자의 물상대위권의 행사 방법과 그 시한 및 이를 제한하는 취지

민법 제370조, 제342조에 의한 저당권자의 물상대위권의 행사는 민사소송법 제733조에 의하여 담보권의 존재를 증명하는 서류를 집행법원에 제출하여 채권 압류 및 전부명령을 신청하거나, 민사소송법 제580조에 의하여 배당요구를 하는 방법에 의하여 하는 것이고, 이는 늦어도 민사소송법 제580조 제1항 각 호 소정의 배당요구의 종기까지 하여야 하는 것으로 그 이후에는 물상대위권자로서의 우선변제권을 행사할 수 없다.

이같이 제한하는 취지는 다른 일반 채권자의 신뢰를 보호하는 등 제

3자에게 불측의 손해를 입히지 아니함과 동시에 집행절차의 안정과 신속을 꾀하고자 함에 있다[대법 2000다4272].

(5) 전세권부 근저당권자가 전부명령을 받은 경우, 형식상 압류가 경합되어도 유효한가?

저당 목적물의 변형물인 금전, 기타 물건에 대하여 일반 채권자가 물상대위권을 행사하려는 저당채권자보다 단순히 먼저 압류나 가압류의 집행을 함에 지나지 않은 경우에는 저당권자는 그 전은 물론 그 후에도 목적 채권에 대하여 물상대위권을 행사하여 일반 채권자보다 우선변제를 받을 수가 있으며 그 실행절차는 담보권의 실행절차이므로, 그 요건으로서 담보권의 존재를 증명하는 서류를 집행법원에 제출하여 개시된 경우이어야 한다(대법 94다25728 참조).

위와 같이 전세권부 근저당권자가 우선권 있는 채권에 기하여 전부명령을 받은 경우에는 형식상 압류가 경합되었다 하더라도 그 전부명령은 유효하다[대법 2008다65396].

(6) 전세권에 가압류, 압류, 압류 및 전부명령(추심명령) 등이 있는 경우 갱신 방법

전세권에 가압류, 압류, 압류 및 전부명령, 압류 및 추심명령 등이 있으면 전세권설정자와 전세권자 간의 합의가 있더라도 그 갱신의 효력은 처분 금지 효력이 미치게 되어 무효가 된다. 따라서 존속 기간이 종료되면 앞에서 설명한 대로 추심하는 절차를 진행하면 된다.

경매가 진행되는 과정에서 최선순위 전세권은 전세 기간이 종료된 경우도 대항력을 주장할 수 있는데 이러한 경우 묵시적 갱신이 되므로 낙찰자가 대금 납부 즉시 전세권의 소멸을 주장하면 6월 이후에 전세권은 소멸하게 되는데, 전세권에 압류 및 전부명령, 압류 및 추심권자 등은 채권자대위를 통해서 배당요구하고 배당절차에서 배당받을 수 있다.

다음 사례와 같이 단지 압류권자인 신한카드사가 채권계산서만 제출한 경우에는 배당요구의 효력이 없으므로 전세권자 명의로 채권자가 대위하는 방법으로 배당요구해야 배당절차에 참여할 수 있다.

소재지	인천광역시 연수구 청학동 ○○○ 선우상가 ○○○호		
물건종별	근린상가	감정가	160,000,000원
대지권	56.71㎡(17.155평)	최저가	(34%) 54,880,000원
건물면적	133.2㎡(40.293평)	보증금	(20%) 10,980,000원
매각물건	토지·건물 일괄매각	소유자	홍길동
사건접수	2011-05-11	채무자	홍길동
사건명	임의경매	채권자	이한국

기일입찰 [입찰진행내용]

구분	입찰기일	최저매각가격	결과
1차	2011-12-15	160,000,000원	유찰
2차	2012-01-16	112,000,000원	유찰
3차	2012-02-15	78,400,000원	유찰
4차	2012-03-16	54,880,000원	낙찰
낙찰 70,100,000원(43.81%) / 1명 / 미납			
5차	**2012-06-18**	**54,880,000원**	
낙찰 : 61,100,000원 (38.19%)			
(입찰1명, 낙찰: 박서민)			
매각결정기일 : 2012.06.25 - 매각허가결정			
대금지급기한 : 2012.07.20			

• 등기부현황

No	접수	권리종류	권리자	채권금액	비고
1	1995.10.19	소유권이전	홍길동		공유물분할
2	1997.05.01	전세권(전부)	춘향이	50,000,000원	존속기간: ~1999.04.26
2-1		2번전세권부채권압류	신한카드주식회사	전세권부채권압류및추심명령(2007타채18484)	
2-2		2번전세권부채권압류	대한생명보험주식회사	전세권부채권압류및추심명령(2009타채212)	
3	1997.06.23	근저당	이한국	350,000,000원	말소기준등기
4	1998.12.30	가압류	신기자	13,699,867원	
5	2001.01.13	압류	남인천세무서		
6	2001.03.30	압류	인천광역시연수구		
7	2003.12.19	압류	국민건강보험공단		
8	2005.10.17	가압류	서울보증보험(주)	22,100,650원	
9	2007.03.22	압류	인천광역시연수구		
10	2007.08.16	압류	인천광역시연수구		
11	2008.04.28	압류	인천광역시연수구		
12	2011.05.12	임의경매	이한국	청구금액: 150,000,000원	2011타경26355

어쨌든 이 주택의 낙찰자는 전세권 5,000만원을 인수하지 않을 것을 예상하여 낙찰 받고 나서 신한카드사가 채권계산서를 제출했으니 채권자대위에 기한 배당요구로 보고 전세권자에게 배당해야 한다고 주장했

으나 받아들여지지 않고 낙찰자의 부담으로 남게 되어 전세권부채권의 압류 및 추심명령권자는 낙찰자가 전세권 소멸청구시 전세금반환채권에서 회수하면 될 것이다.

(7) 전세권을 존속 기간 만료 후에 양도할 수 있는지 여부(적극) 및 그 대항요건

존속 기간의 경과로서 본래의 용익물권적 권능이 소멸하고 담보물권적 권능만 남은 전세권에 대해서도 그 피담보채권인 전세금반환채권과 함께 제3자에게 이를 양도할 수 있다.

이 경우에는 확정일자 있는 증서에 의한 채권양도절차를 거치지 않는 한 위 전세금반환채권의 압류 · 전부 채권자 등 제3자에게 위 전세보증금반환채권의 양도 사실로써 대항할 수 없다[대법 2003다35659].

_임차권에 가압류나 압류가 있는 경우, 임차인과 임대인의 대처 방법

(1) 임대인 입장에서 대응 방법

임차권에 채권가압류가 있으면 제1채무자가 임차인이 되고 제3채무자가 임대인이 되는 것이므로 채권가압류가 되면 임대인은 임차인에 직접 보증금을 반환해서는 안 되고 반드시 가압류채권자의 동의를 얻어서 지급하는 방법 또는 채권가압류를 원인으로 공탁해버리면 되는데 이 공탁에서도 임대주택 명도 이행을 조건부로 공탁하면 된다.

만일 차임이 있다면 보증금에서 차임을 먼저 공제하고 나서 나머지 잔금만을 지급하게 되는데 이는 임차보증금은 임차인의 차임이나 손해배상을 담보하기 위해서 보증금으로 지급된 것이기 때문이다.

(2) 임차인 입장에서 대응 방법

임차인은 가압류채권자와 협의를 통해서 채권액을 주택인도 시 반환받을 채권에서 공제하는 조건으로 해결하면 되는데, 협의가 안 되어서 가압류채권자의 건물인도청구소송까지 진행하게 된다면 강제집행당하는 경우도 발생하고 그에 대한 모든 비용이 임차인의 부담으로 남게 되니 여기서 현명한 판단이 필요하다.

(3) 가압류채권자 입장에서 대응 방법

가압류된 보증금을 반환받기 위해서는 본안소송을 통해 임차보증금반환채권에 대해서 압류 및 전부명령 또는 추심명령을 하게 되는데, 이러한 절차를 거치더라도 임차보증금 반환을 임대인에게 청구하기 위해서는 선행 조건으로 임차인을 주택에서 명도해야 되므로 임대인, 임차인, 가압류채권자가 협의를 거쳐서 가압류만 되어 있는 상태에서 원만한 해결로 채권을 회수하는 방법이 시간도 적게 걸리고 비용도 줄일 수 있는 방법이다.

CHAPTER 5

최우선변제금과 우선변제권이란 2개의 권리

임차인이 최우선변제금을 받기 위한 적용대상 범위를 공부하려고 한다. 소액임차인은 소액임차보증금중 일정액을 다른 담보물권자와 기타 채권에 우선해서 변제받을 수 있다. 예외적으로 담보물권이 설정되었다면 담보물권이 예측 가능한 소액보증금에 한해서만 담보물권보다 우선하고, 예측 불가한 소액보증금은 소액임차임을 주장해서 담보물권보다 우선해서 변제받지 못하게 된다.

담보물권이 설정되어 있다면 그 설정 시기가 속한 구간의 소액보증금에 해당하는가, 해당하지 않는다면 배당 시점을 기준으로 소액임차인에 해당하는가를 구분해서 배당을 하면 된다.

소액임차인이면 최우선변제금을 우선변제 받고 나머지 금액은 확정일자부 우선변제금으로 우선변제 받지만, 소액임차인이 아니면 최우선변제금의 대상이 아니므로 오로지 확정일자부 우선변제권의 권리만 가지게 된다.

이러한 임차인의 권리가 다른 채권과 만날 때 우선순위를 어떻게 결정하는가와 임차인의 권리를 보장받기 위해서 경매가 개시되기 전에 대항요건과 확정일자를 받아야만 우선변제권이 있고 이후에 받으면 없게 되는가를 알아본다.

23

임차인의 최우선변제금은 어떻게 결정되는가?

임차인이 변제받을 수 있는 권리는 최우선변제금과 우선변제금이 있습니다. 홍대리, 둘 중 뭐가 더 좋은 건지 알겠어요?

우선보다는 최우선이 좋은 것 같은데요.
사실은 두 개념이 어떻게 차이가 나는지 잘 몰라요.

당연히 그럴 겁니다. 임차인의 권리를 지키기 위해 꼭 알아야 하는 개념인데, 사실상 알고 있는 사람들이 전혀 없다는 게 문제입니다. 그러니 문제가 생기면 발만 동동 구르게 되지요. 최우선변제금을 보장받을 수 있는 액수는 지역에 따라 다르고 담보물권 설정일에 따라서 다르므로 잘 알아보고 대처해야 합니다.

선생님, 그럼 최우선변제금 1순위가 되기 위해 무엇을 챙겨야 하는지 자세히 알려주세요.

그렇게 합시다. 열심히 공부해보도록 하죠.

_최우선변제에 관한 사항과 적용 대상 범위

(1) 최우선변제금(주임법 제8조 제1항)

임차인은 보증금 중 일정액을 다른 담보물권자보다 우선하여 변제받을 권리가 있다.

이 경우 임차인은 주택에 대한 경매신청등기 전(공매공고등기 이전)에 제3조 제1항의 요건(대항요건)을 갖추어야 한다.

다시 말해서 임차인이 대항요건인 주민등록 전입과 주택의 인도를 경매개시기입등기 전(공매공고등기 이전)에 갖추고 있으면 보증금 중 일정액에 대하여 다른 담보물권이나 채권자들에 비해 우선적으로 변제받을 수 있는 규정을 두고 있다.

김 | 선 | 생 | 특 | 별 | 과 | 외

Q : 한 집에 부인과 남편의 명의로 소액임대차계약서가 별도로 작성된 경우는 어떻게 되나요?

A : 부부는 1인의 임차인으로 보아 소액임차인으로 각각 보호를 받을 수 없습니다. 유의할 점은 합산액이 소액임차보증금 범위 밖이라면 최우선변제금 대상에서 제외됩니다.

Q : 임대보증금이 4,200만원인 임차인으로부터 임대인(집주인)의 동의하에 방 1칸을 보증금 1,500만원에 다시 빌려(전차하여) 입주한 후 주민등록까지 마쳤습니다. 소액전차인으로 보호받을 수 있는지요?

A : 보호받을 수 없습니다. 방 1칸을 빌려준 임차인(전대인)이 소액임차인에 해당하여야만 그로부터 임차한 전차인도 소액전차인으로 보호받을 수 있기 때문입니다(재민 84-10).

(2) 최우선변제금의 범위와 기준(주임법 제8조 제3항)(주택 매각대금의 1/2)

우선변제를 받을 임차인 및 보증금 중 일정액의 범위와 기준은 주택가액(대지가액을 포함한다)의 2분의 1 범위 안에서 대통령령으로 정한다.

(3) 주택(상가)임대차보호법상의 소액보증금 중 최우선변제요건

① 배당요구의 종기까지 배당요구를 하였을 것

② 보증금의 액수가 소액보증금에 해당할 것

③ 첫 경매 개시 전(경매기입등기와 공매공고등기 이전)에 대항요건을 갖출 것

④ 배당요구의 종기까지 대항력을 유지할 것

⑤ 임차목적물이 등기된 주택이든 미등기된 주택이든 모두에 대해서 우선변제권 인정

⑥ 소액전차인의 소액보증금 최우선변제재민(재민 84-10, 주택임대차보호법 제8조에 관한 질의 회답)은 주택의 경우 전대차가 적법(전대차 계약이 임대인 동의하에 이루어질 경우)하고, 전대인(임차인) 자신이 우선변제권 있는 소액임차인일 경우에 한하여 전차인도 소액임차인으로 본다.

그러나 임차권등기 후의 주택 또는 상가건물을 임차한 임차인이나 전세권설정등기 후의 주택 또는 상가건물을 임차한 임차인은 소액보증금 중 일정액을 우선변제 받을 권리가 없다.

김선생의 한/마/디

경매기입등기 이전에 대항요건을 갖추어도 모두가 최우선변제금을 받는 것은 아닙니다.

1. 경매기입등기 이전에 임차인이 대항요건을 갖춘 경우도 경매 개시일로부터 6월 이전에 대항요건을 갖춘 임차인은 경매법원에서 보정명령, 심문절차를 거쳐서 위장 임차인으로 판단되면 최우선변제금의 배당에서 배제되고, 법원에서 심문하지 않더라도 후순위 채권자의 배당이의 소송에서 패소하게 되면 배당에서 배제될 수 있으니, 임대차계약서는 물론이고 임차보증금 입금 내역이 분명해야 적법한 소액임차인으로 인정받을 수 있습니다.
2. 등기부에 다수의 근저당과 가압류가 설정된 사실을 알고도 아파트 임차 계약을 맺은 임차인은 아파트가 경매에 넘어가더라도 최우선변제권을 갖지 못할 수도 있습니다.

   2010년 저축은행의 담보채권을 넘겨받은 자산관리공사는 그해 부동산 경매를 신청했는데 법원은 1순위로 김 씨와 송 씨에게 각 1600만원씩 배당했고, 자산관리공사는 이를 사해행위라며 소송을 냈습니다.

   김 씨와 송 씨는 2009년 시세 2억 8000만 원짜리 아파트를 소유한 정 모 씨와 각각 방 2칸에 보증금 1700만 원, 1800만 원으로 임대차 계약을 체결했는데, 이미 저축은행의 근저당(2억여 원) 설정등기, 시중은행 가압류(1억원) 등기, 건보공단 압류등기 등이 설정돼 있었습니다.

   재판부는 “임대차 계약 체결 당시 이 아파트에 다액의 근저당권과 다수의 가압류 등이 설정돼 있다는 점을 임차인들도 잘 알고 있었다”며 “피고인들이 진정한 임차인인지 의심의 여지가 있다”고 밝혔습니다.

   1심에서는 원고가 승소, 2심에서는 피고가 승소, 대법원은 2심 판결을 파기하고 다시 심리·판단하게 하기 위해서 원심 법원에 환송하기로 결정했습니다. 이 판결에서 유의할 점은 선순위 채권만 과다뿐 아니라 위장 임차인으로 판단해 재심 판결을 내렸다는 것입니다[대법 2012다20222].

_주임법상 소액임차보증금과 일정액(최우선변제금)

임차인이 주택임대차보호법의 적용 대상인 소액임차인에 해당되면 소액보증금 중 일정액을 최우선변제금의 지급 기준이 되는 담보물권(근저당권, 담보가등기권, 전세권 등)에 우선하여 변제받을 수 있다. 소액임차인은 다음에 기재된 각 구간의 소액보증금에 해당되어야만 그 구간에 설정 등기된 담보물권보다 소액보증금 중 일정액을 우선변제 받을 수 있다.

주택소액임차인 최우선변제금			
담보물권설정일	지역	보증금 범위	최우선변제액
84.6.14.~ 87.11.30	특별시, 직할시	300만원 이하	300만원까지
	그 밖의 지역	200만원 이하	200만원까지
87.12.1.~ 90.2.18.	특별시, 직할시	500만원 이하	500만원까지
	그 밖의 지역	400만원 이하	400만원까지
90.2.19.~ 95.10.18.	특별시, 직할시	2,000만원 이하	700만원까지
	그 밖의 지역	1,500만원 이하	500만원까지
95.10.19.~ 2001.9.14.	특별시, 광역시, 군지역 제외	3,000만원 이하	1,200만원까지
	그 밖의 지역	2,000만원 이하	800만원까지
2001.9.15.~ 2008.8.20.	수도권 과밀억제권역	4,000만원 이하	1,600만원까지
	광역시(인천광역시, 군지역 제외)	3,500만원 이하	1,400만원까지
	그 밖의 지역	3,000만원 이하	1,200만원까지
2008.8.21.~ 2010.7.25.	수도권 과밀억제권역	6,000만원 이하	2,000만원까지
	광역시(인천광역시, 군지역 제외)	5,000만원 이하	1,700만원까지
	그 밖의 지역	4,000만원 이하	1,400만원까지
2010.7.26.~ 현재	① 서울특별시	7,500만원 이하	2,500만원까지
	② 수도권 과밀억제권역(서울시 제외)	6,500만원 이하	2,200만원까지
	③ 광역시(수도권 과밀억제권역과 군지역은 제외), 안산시, 용인시, 김포시, 광주시(경기)	5,500만원 이하	1,900만원까지
	④ 그 밖의 지역	4,000만원 이하	1,400만원까지

_최우선변제금 지급 기준의 권리(소액임차인 결정 기준)

최우선변제금의 지급 기준을 소액임차인 판단 기준 또는 소액임차인 결정 기준이라고도 하는데 매각대금에서 경매비용을 제외하고 다른 채권자에 우선해서 배당받게 되는 채권이 임차인의 최우선변제금이다.

그런데 아무리 임차인의 최우선변제금이라도 저당권 등의 담보물권을 설정할 당시에 예측 가능한 금액에 대해서만 인정되어야지, 예측할 수 없었던, 즉 저당권 등이 설정되고 나서 법이 개정되어 소액임차보증금의 증액으로 인해서 소액임차인이 되는 것까지 인정해서 소액보증금 중 일정액을 최우선변제금으로 지급해서는 안 된다는 것으로, 보다 자세하게 설명하면 다음과 같다.

(1) 최우선변제금 지급 기준

주택법 제8조 제1항에서 담보물권자가 해당되는데 우선변제권을 가지는 담보권에는 저당권(근저당권), 담보가등기, 전세권 등은 포함되나 가압류, 압류(강제경매 신청채권) 등은 우선변제권이 없어서 포함되지 아니한다.

그리고 확정일자를 갖춘 임차인은 배당실무에서 확정일자 한정설 정도만 적용하면 된다.

즉 저당권 등보다 선순위 또는 동순위의 확정일자우선변제권이 있는 경우에 저당권에 대항할 수 없는 소액임차인은 확정일자우선변제권보다 후순위로 보나, 저당권 등이 없고 확정일자 등만 있다면 소액임차인의 기준은 배당 시점에서 법적 최대한의 소액임차보증금을 소액임차인으로 보게 된다는 점만 유의해서 배당표를 작성하면 될 것이다. 이렇게 배당표를 작성하면 소액임차인의 지위도 폭넓게 인정함과 동시에 순차 배당의 횟수도 줄일 수 있게 된다는 점도 있다.

(2) 담보물권 등의 우선변제권 있는 권리 등이 없는 경우

가압류채권 · 강제경매 신청채권 · 집행권원에 의한 배당요구채권 등의 일반채권과 조세 · 공과금채권 · 일반임금채권 등의 우선특권이 있는 채권도 우선변제권이 있는 담보물권자가 아닌 무담보채권자이므로 최우선변제금 지급 기준 권리가 될 수 없다.

이와 같이 선순위 담보권자를 우선배당하고 또는 담보권자가 없는 경우는 민사집행법상 진행되는 경매의 경우 배당표 작성 시점의 현행 법상 규정을 적용하고 있다(대구지법 2003가단134010).

김선생의 한/마/디

최우선변제금 1순위가 되기 위한 조건을 꼼꼼하게 챙겨야 합니다.

법에서 정한 지역에 해당하는 소액임차보증금이 되어야 최우선변제금을 받을 수 있고, 만일 그 주택에 담보물권이 설정되어 있다면 그 담보물권을 보호하기 위해서 담보물권이 예측 가능한 보증금, 즉 설정 시기에 해당하는 소액임차보증금을 가지고 있는 소액임차인만 일정액을 최우선변제금으로 받을 수 있습니다. 담보물권이 없거나, 선순위 담보물권을 배당하고 더 이상 담보물권이 없으면 배당 시점에서 소액임차인을 정해서 최우선변제금을 우선배당하게 되는 것입니다. 채권의 소멸 시점이 배당 시점이고 주임법 시행령 부칙 제1조에서도 이 법은 공포 즉시 시행하게 되므로 배당 시점으로 소액임차인에 해당되면 소액임차인에 해당됩니다.

_소액임차인의 지위와 확정일자우선변제권의 지위를 겸하는 경우 배당

주택임대차보호법상 대항요건과 확정일자를 갖춘 임차인들이 소액임차인의 지위를 겸하는 경우, 그 배당 방법은 다음과 같다.

만일 대항요건과 확정일자를 갖춘 임차인들이 주택임대차보호법 제8조 제1항에 의하여 보증금 중 일정액의 보호를 받는 소액임차인의 지위를 겸하는 경우, 먼저 소액임차인으로서 보호받는 일정액을 우선 배당하고 난 후의 나머지 임차보증금채권액에 대하여는 대항요건과 확정일자를 갖춘 임차인으로서의 순위에 따라 배당을 하여야 하는 것이다[대법 2007다45562].

김선생의 **한/마/디**

2개의 권리를 동시에 주장하면 안 된다.

소액임차인이 두 개의 권리를 가질 때에는 배당에서 최우선변제금을 우선하고 나머지 금액에서 확정일자우선변제금으로 배당해야 합니다. 만약 권리를 동시에 주장하면 최우선변제금보다 적어져서 임차인이 손해를 보게 되는 경우도 있으니 주의가 필요합니다.

24

최우선변제금과 다른 채권이 충돌하는 경우 배당 사례

최우선변제금은 일정 금액으로 정해진 것이 아니라는 점을 알아두셔야 합니다. 다시 말해 담보물권이 있고 없고에 따라 배당 방법이 달라지고, 따라서 계산이 달라집니다.

그러면 최우선변제금도 다른 권리들과 경쟁을 해야 된다는 말씀인가요?

물론입니다.

최우선변제권과 담보물권, 채권이 서로 충돌하는 경우에 어떻게 계산하는지 알아보도록 하겠습니다. 안분배당을 하거나 흡수배당을 하거나 순환흡수배당을 하는 등 다양한 방법이 있습니다.

각각 어떤 경우에 어떤 배당을 하는지 자세하게 공부해보도록 하지요.

선생님, 그럼 이것만 잘 공부해두면 경매로 매각되더라도 최소한의 권리를 지킬 수 있다는 말씀이지요? 자세히 알려주십시오. 열심히 배우겠습니다.

_경매로 매각될 경우 매각대금의 배당 순서

(1) 조세채권의 법정기일 후에 설정된 담보권(저당권부 채권 등)이 있는 경우

1) 0순위 [집행비용]

2) 1순위 [필요비, 유익비]

3) 2순위 [임차인의 최우선변제금, 근로자의 최우선변제금]

4) 3순위 [당해세]

5) 4순위 [일반조세채권 – 담보권보다 일반조세채권의 법정기일이 빠른 경우]

6) 5순위 [공과금 – 담보권보다 공과금의 납부 기한이 빠른 경우]

7) 6순위 [담보권(저당권, 전세권, 담보가등기, 확정일자 임차권, 등기된 임차권)]

8) 7순위 [일반임금채권]

9) 8순위 [조세채권– 담보권보다 일반조세채권의 법정기일이 늦은 경우]

10) 9순위 [공과금 – 담보권보다 공과금의 납부 기한이 늦은 경우]

11) 10순위 [일반채권]

(2) 매각부동산에 담보권(저당권부 채권 등)이 없는 경우

1) 0순위 [집행비용]

2) 1순위 [필요비, 유익비]

3) 2순위 [임차인의 최우선변제금, 근로자의 최우선변제금]

4) 3 순위 [일반임금채권(왜냐하면 근로기준법 제37조(임금채권의 우선변제]

5) 4순위 [당해세]

6) 5순위 [일반조세채권]

7) 6순위 [공과금]

8) 7순위 [일반채권]

_최우선변제기준일이 채권자에 따라 상이한 경우 배당 사례

최우선변제권의 기준 시점이 1차적으로 근저당권, 2차적으로 배당 시점을 기준으로 계산한 사례

주소	면적	경매가 진행 과정	1) 임차인 조사 내역 2) 기타 청구 내역	등기부 상의 권리관계
서울시 금천구 독산동 ㅇㅇㅇ번지	대지 165㎡ (50평) 건물 1층 85㎡ 2층 85㎡ 3층 84㎡ 옥탑 45㎡	감정가 200,000,000원 최저가 1차 200,000,000원 유찰 2차 160,000,000원 유찰 3차 128,000,000원 낙찰 152,000,000원	1) 임차인 ① 최성식 전입 1997.10.18. 확정 2000.1.10. 배당 2001.5.30. 보증 25,000,000원 ② 이기철 전입 1998.4.18. 확정 1998.4.18. 배당 2001.5.15. 보증 50,000,000원 ③ 우선명 전입 1998.7.10. 확정 × 배당 2001.5.15. 보증 20,000,000원 ④ 이미란 전입 1998.10.10. 확정 × 배당 2001.5.3. 보증 15,000,000원 ⑤ 김수민 전입 2000.10.10. 확정 2000.10.15. 배당 2001.5.12. 보증 25,000,000원	소유자 김인규 근저당 외환은행 1993.1.13. 40,000,000원 가압류 박철순 1999.3.14. 20,000,000원 임의 외환은행 청구 40,000,000원 〈2001.1.10.〉

이 경매사건은 말소기준권리가 1993.1.13. 외환은행 근저당권이 되며, 최우선변제권의 기준 시점이 1차적으로 근저당권이 되고, 2차적으로는 담보물권(근저당, 담보가등기, 전세권 등) 등의 우선변제권을 가지는 권리가 없어서 소액임차인의 지위를 침해할 권리가 없다. 이러한 경우에는 배당 시점을 기준으로 현행 주임법상 소액보증금 중 일정액을 우선변제 받을 수 있다. 따라서 이들을 구분하여 배당표를 작성하면 다음과 같다.

배당금이 150,000,000원(152,000,000원－집행비용 200만원)

1순위 : ① 우선명 700만＋ 1차 최우선변제권 기준 시점
② 이미란 700만(최우선변제 1) (외환은행 2,000/700)

2순위 : 외환은행＝40,000,000원(우선변제 1)

2차 최우선변제기준일이 배당 시점 현행법상
소액보증금 중 일정액(3,000/1,200)

3순위 : ① 우선명 500만원＋② 이미란 500만원 ＋
③ 최성식 1,200만원＋④ 김수민 1,200만원(최우선변제 2)

4순위 : 이기철 50,000,000원(우선변제 2)

5순위 : ① 가압류 박철순＝② 최성식이고, ① 가압류 박철순＝③ 김수민의 관계로 동순위이므로 안분배당

－1차 안분배당

① 가압류 박철순 $= 1,200\text{만원} \times \frac{2,000\text{만}}{4,600\text{만}(2,000\text{만}+1,300\text{만}+1,300\text{만})} =$ 5,217,391원(종결)

② 최성식$=$1,200만원$\times \frac{1,300만}{4,600만}=$3,391,305원

③ 김수민$=$1,200만$\times \frac{1,300만}{4,600만}=$3,391.304원

−2차 흡수배당

② 최성식이 ③ 김수민보다 선순위이므로 흡수한다.

② 최성식=3,391,305원(1차 안분액)+3,391,304원(③에서 흡수)=6,782,609원

③ 김수민=3,391,604원(1차 안분액)−3,391,304원(②에 흡수당함)=0

따라서 최종 배당 결과는

가) 우선명=700만(1)+500만(3)=1,200만원

나) 이미란=700만(1)+500만(3)=1,200만원

다) 외환은행=4,000만원(2)

라) 이기철=5,000만원(4)

마) 가압류 박철순=5,217,391원(5)

바) 최성식=1,200만(3)+6,782,609(5−1)=18,782,609원

사) 김수민=1,200만(3)

_담보물권 없는 경우 최우선변제금 계산 사례

주소	면적	경매가 진행 과정	1) 임차인 조사 내역 2) 기타 청구 내역	등기부 상의 권리관계
서울시 강북구 미아동 ㅇㅇㅇ번지	대지 98㎡ 건물 58㎡	감정가 100,000,000원 최저가 1차 100,000,000원 유찰 2차 80,000,000원 낙찰 76,300,000원	1) 임차인 ① 이기동 전입 99.10.30. 확정 × 보증 30,000,000원 2) 기타청구 ① 강북구청 145,000원 (재산세 2기분) (법정2002.9.10)	소유자 이수정 가압류 상호신협 1998.12.10. 50,000,000원 가압류 김기수 2002.4.10. 25,000,000원 강제 상호신협 청구 5,000만원 〈2003.5.10.〉

우선변제권이 없고 일반채권자들만 있는 경우에는 최우선변제권 기준일은 경매기입등기일을 기준으로 보아야 한다는 의견이 많으나 경매·공매 실무에 있어서는 배당표 작성 시점을 기준으로 하고 있으니 이를 참고하기 바란다. 여기서는 말소기준권리는 1998.12.10. 가압류가 된다.

배당금액은 75,450,000원(76,300,000원－집행비용 850,000원)이다.

1순위 : 이기동 1,600만원(최우선변제 1)(최우선변제금 지급 기준 : 배당표 작성일 당시의 소액보증금 중 일정액)

2순위 : 강북구청 145,000원(당해세 우선변제 1)

3순위 : ① 가압류 상호신협＝59,305,000원 × $\frac{5,000만}{5,000만+2,500만}$ ＝ 39,536,667원

② 김기수＝59,305,000원 × $\frac{2,500만}{7,500만}$ ＝19,768,333원

따라서 낙찰자 인수 금액이 없다.

김선생의 한/마/디

담보물권이 있고 없고에 따라 배당 방법이 확 달라집니다.

담보물권이 있는 경우에는 최우선변제권의 기준 시점이 1차적으로 근저당권, 2차적으로 배당 시점을 기준으로 계산하면 되는 것입니다.

그러나 앞의 사례와 같이 담보물권이 없으면 배당 시점으로 소액임차인에 해당되면 최우선변제금으로 다른 채권자에 우선해서 배당받게 됨을 유의하세요.

_최우선변제금과 담보물권, 기타 채권과 순위가 충돌하게 되는 경우 해결 방법

(1) 2005년 가압류 ⇒ 2006년 근저당 ⇒ 2007 임차인 보증금 4,000만원(전입신고만 한 경우) ⇒ 2007.7.10. 임의경매 ⇒ 2008. 2.10. 배당기일

1순위 : 임차인 1,600만원(최우선변제금 1)

2순위 : 배당 잔여금을 가지고 가압류채권자와 근저당권자가 동순위로 안분배당

(2) 순위가 상호모순 관계에 있는 경우 순환흡수배당 사례

갑 가압류 2006년 1월(1,000만원) → 을 근저당 2007년 1월(3,000만원) → 병 임차인 전입 2008년 1월(6,000만원) → 을의 임의경매 2009년 1월인 경우(배당금이 4,000만원이고 주택이 서울 소재) → 배당 시점 2009년 10월 10일인 경우

갑 가압류는 을 근저당권과 동순위가 되지만, 을 근저당권은 자기보다 후순위인 병 임차인보다 선순위가 된다. 여기서 선순위의 의미는 두 가지로 임차인의 최우선변제금과 확정일자에 의한 우선변제금이 있는데 두 가지 모두에 대해서 을 근저당권보다 우선하게 된다. 왜냐하면 병 임차인은 근저당권 설정 당시에 해당하는 소액임차인이 아니기 때문이다. 그러데 병 임차인은 이 사례에서 확정일자가 없어서 논의의 대상은 아니지만 있는 경우라면 병 Ⅰ 최우선변제금 2,000만원과 병 Ⅱ 확정일자부 우선변제금 4,000만원으로 하면 된다.

어쨌든 이 사례에서 확정일자가 없어서 최우선변제금만 가지고 계산하면 을 근저당권에 대해 병 최우선변제금 2,000만원은 소액임차인임을 주장할 수 없지만, 갑 가압류채권에 대해서는 배당 시점으로 소액임차인에 해당하면 소액보증금 중 일정액을 최우선변제금으로 항상 우선하여 변제받게 되므로 이들 간에는 순위가 상호모순관계가 형성되어 다음과 같이 배당하게 되는 것이다.

갑=을이고, 을>병의 최우선변제(2,000만원)이고, 병>갑인 관계에 있다. 따라서 순위가 상호모순 관계에 있다. 이 경우 1차 안분배당하고, 2차로 흡수절차를 거치면 된다.

−1차 안분배당

① 갑 가압류=4,000만원(배당액)× $\frac{1,000}{6,000}$ =6,666,667원

② 을 근저당=4,000만원(배당액)× $\frac{3,000}{6,000}$ =20,000,000원

③ 병 최우선변제=4,000만원(배당액)× $\frac{2,000}{6,000}$ =13,333,333원

−2차 흡수배당

갑 가압류는 흡수할 수 있는 지위에 있지 못하는 채권이므로, 흡수할 수 있는 지위에 있는 채권자 중에서 선순위인 을 근저당권이 먼저 흡수하고, 제일 열후한 ③ 병부터 흡수당한다(을은 갑과는 동순위이므로 흡수하지 못하고 흡수할 수 있는 후순위자는 ③ 병밖에 없기 때문이다).

따라서 선순위자인 ②부터 흡수하면

② 을 근저당＝20,000,000원(1차 안분액)＋10,000,000원(③에서 흡수)＝30,000,000원

③ 병 최우선변제＝13,333,333원(1차 안분액)－10,000,000원(②에서 흡수당함)＋6,666,667원(①에서 흡수)＝10,000,000원

① 갑 가압류＝6,666,667원(1차 안분액)－6,666,667원(③에 흡수당함)＝0원으로 배당이 종결된다.

그러나 병 임차인이 확정일자를 같은 날 갖춘 경우에는 다음과 같은 순서로 순환흡수배당절차를 진행하면 된다.

갑은 갑 가압류=을 근저당=병Ⅱ(병의 확정일자 4,000만원)이고, 갑<병Ⅰ(최우선변제 2,000만원)인 관계에 있다. 을은 을>병Ⅰ과 병Ⅱ이고, 을=갑인 관계에 있다.

병Ⅰ(최우선변제 2,000만원)은 병Ⅰ>갑과 병Ⅱ이고, 병Ⅰ<을인 관계에 있다. 병Ⅱ(병의 확정일자 4,000만원)는 병Ⅱ=갑이고, 병Ⅱ<을과 병Ⅰ인 관계가 된다.

따라서 순위가 상호모순 관계에 있다.

이 경우 1차 안분배당하고, 2차로 흡수절차를 거치면 된다.

−1차 안분배당

① 갑 가압류=4,000만원(배당액) $\times \frac{1,000}{10,000}$=4,000,000원

② 을 근저당=4,000만원(배당액) $\times \frac{3,000}{10,000}$= 12,000,000원

③ 병 Ⅰ 최우선변제=4,000만원(배당액) $\times \frac{2,000}{10,000}$=8,000,000원

④ 병 Ⅱ 확정일자=4,000만원(배당액) $\times \frac{4,000}{10,000}$=16,000,000원

−2차 흡수배당

앞에서와 같은 순위로 하면 된다.

김선생의 **한/마/디**

임차인에게 유리한 방향으로 배당절차가 진행된다.

임차인에게 주어진 두 개의 권리를 동시에 주장함으로써 배당금이 적어지는 경우가 있는데, 이 경우 임차인에게 유리하도록 최우선변제금만 가지고 순환흡수배당절차를 진행해야 한다는 것이 우리 판례의 입장이고 이러한 판단은 당연한 것이지요.

왜냐하면 두 개의 권리를 가진 자는 자신에게 유리하게 배당요구를 분리해서 할 수 있고 설령 임차인이 몰라서 두 개의 권리로 배당요구했다고 달라지는 것이 아니므로 배당관계자는 임차인에게 유리한 최우선변제금만 가지고 순환흡수배당절차를 진행해야 합니다. 그리고 순위가 순환관계에 놓이는 경우 어떻게 배당되는지도 공부해둬야 합니다.

(3) 순위가 순환관계에 있는 경우 순환배당

갑 저당권 2007.1.1.(3,000만원) → 을 임차인 2008.5.5. 전입(6,000만원) → 갑의 임의경매 신청 2009.2.10. → 병 당해세 교부청구 2009.4.15.(1,000만원)

소액임차인과 당해세는 원칙적으로 저당권자에 우선하는 우선특권자이다.

그러나 저당권 설정 시에 소액보증금 중 일정액을 초과한 경우라면 즉 소액보증금의 범위가 변동되기 전에 설정된 저당권자에 대하여는 현행법상 소액보증금 중 일정액을 주장하지 못한다. 그렇다고 하더라도 당해세는 현행법상 소액보증금 중 일정액에 대하여 우선하여 징수하지 못하므로 이들 3자 간의 순위는 소액보증금 중 일정액>당해세, 당해세>저당권자, 저당권자>소액보증금 중 일정액의 순이다.

이들 3자 간에는 배당순위가 고정되지 않고 채권자들 사이의 우열 관계가 상대에 따라 변동되는 경우로서 이들은 순환흡수배당을 하게 된다. 이러한 경우 갑 저당권>을의 최우선변제금 2,000만원이고, 을의 최우선변제금 2,000만원>병 당해세이고, 병 당해세>갑 근저당이 되어 3자 사이에 순환관계가 성립된다.

따라서 1차로 안분배당하고, 2차로 순환흡수 절차를 거쳐야 한다.

배당금이 4,000만원이고 주택이 서울에 소재한 경우

-1차 안분배당

① 갑 근저당=4,000만원(배당금)$\times \frac{3,000}{6,000}$=20,000,000원

② 을 최우선변제=4,000만원(배당금)$\times \frac{2,000}{6,000}$=13,333,333원

③ 병 당해세=4,000만원(배당금)$\times \frac{1,000}{6,000}$=6,666,667원

-2차 순환흡수배당

이들의 관계는 배당순위가 고정되지 않고 채권자들 사이의 우열 관계가 상대에 따라 변하므로, 흡수권자인 동시에 피흡수자가 되어 순환흡수하게 된다.

① 갑 근저당=20,000,000원(1차 안분액)+10,000,000원(②에서 흡수)-3,333,333원(③에 흡수당함)=26,666,667원

② 을 최우선변제=13,333,333원(1차 안분액)-10,000,000원(①에 흡수당함)+6,666,667원(③에서 흡수)=10,000,000원

③ 병 당해세=6,666,667원(1차 안분액)-6,666,667원(②에 흡수당함)+3,333,333원(①에서 흡수)=3,333,333원으로 배당이 종결된다.

25

확정일자부 우선변제권은?

선생님, 확정일자부 우선변제권이라는 얘기는 많이 들었는데 정확하게 어떤 것인지는 잘 모르겠습니다. 이번 기회에 확실히 알고 싶습니다.

확정일자부 우선변제권이란 보증금의 잔금을 납부하고 주택인도를 받은 후 전입신고를 하면 대항력이 발생한다고 한 것을 기억하지요?

네, 잘 기억하고 있습니다. 그러면 대항력과 관계가 있는 건가요?

확정일자부 우선변제권은 대항력이 전제조건으로 갖춰져야 합니다. 같은 날에 대항력을 갖추고 확정일자를 받았다면 다음 날 오전 0시에 2개의 권리가 동시에 발생하는 것입니다.

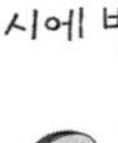
선생님 말씀은 확정일자를 받는 것이 매우 중요하다는 얘기로 들립니다.

물론이지요. 가능하면 빨리 확정일자를 받아두는 것이 좋습니다. 대항력이 빠르다고 해도 확정일자를 받지 않으면 보증금을 지킬 수 없는 경우가 생기니까요.

_확정일자부 우선변제권의 효력 발생 시점

임차인이 계약서(주계약)를 작성하고 계약금계약이 이루어지고 나서 보증금의 잔금 납부와 동시에 주택인도를 받고 주민센터에서 전입신고를 하게 되면 다음 날 오전 0시에 대항력이 발생하게 되는데, 대항력이 발생하기 전에 새로운 소유자에게 소유권이 변경되면 특별법의 보호를 받지 못하게 된다.

보통은 전입신고와 동시에 계약서에 확정일자를 받게 되지만 이 확정일자가 특별법의 보호를 받아서 우선변제권이 발생하기 위해서는 대항력을 전제조건으로 하므로 같은 날에 대항요건과 확정일자를 받으면 다음 날 오전 0시에 대항력과 우선변제권의 효력이 동시에 발생하게 되는 것이므로 확정일자에 의한 우선변제권은 계약서와 보증금 납부, 그리고 대항요건에 기한 대항력을 전제조건으로 그 효력이 발생된다.

Q : 잔금 납부하기 전, 즉 계약금과 중도금만 지급하고, 잔금은 3개월 있다가 지급하기로 특약하고 먼저 입주해서 전입신고와 계약서에 확정일자를 받아두었다면 그 효력이 있는 건가요?

A : 주임법은 임차인을 보호하기 위해서 제정된 법률인데, 계약이 완결된 임차인만 보호하는 것이 아니라 계약서에 기해서 적법하게 대항요건을 갖추고 있으면 그 임차 기간과 보증금을 보호하기 위한 제도입니다. 설령 계약금만을 가지고 입주했더라도 그 임대차 사실이 진정성이 있는 한 보호받을 수 있으며, 이때 소액임차인을 결정하는 것도 계약서에 기재된 내용으로 하는 것이 아니라 실제로 지급된 금액을 근거로 판단하게 됩니다.

_확정일자부 우선변제권이란

대항요건인 주택의 인도(점유)와 주민등록(전입신고)을 갖춘 임차인이 확정일자를 받았다면 경매나 공매로 매각되는 과정에서 후순위 제3채권자들에 우선하여 보증금을 변제받을 수 있는 우선변제권을 갖는다.

여기서 확정일자에 의한 우선변제권은 반드시 대항요건을 갖추고 대항력이 발생해야 그 효력이 발생하게 된다.

김 | 선 | 생 | 특 | 별 | 과 | 외

확정일자란 무엇이고 어떤 효력을 갖고 있는지 확실히 알아두자.

우선변제권의 요건으로 임대차계약 증서 상의 확정일자를 갖추도록 한 것은 당해 임대차의 존재 사실을 제3자에게 공시하기 위한 것이 아니라, 임대인과 임차인 사이의 담합으로 보증금의 액수를 사후에 변경함으로써 다른 권리자를 해하는 것을 방지하기 위한 것입니다(대법 99다7992).

확정일자인으로 인정되는 것은 ① 공증인 사무소, 법무법인 또는 공증인가 합동법률사무소 등에서 임대차계약서를 공정증서로 작성한 경우, ② 임대차계약서를 주민센터, 법원 등기과 또는 등기소, 구청 등의 관공서, 위 ①의 공증기관 등에서 확정일자인을 받은 경우, ③ 임대차계약서 자체에 확정일자를 받지 않았더라도 임대차계약서에 대하여 사서증서의 인증을 받은 경우입니다. ④ 대항요건만 갖추고 확정일자를 받지 못한 경우도 전세권 설정등기가 이루어지면 전세권 설정등기일을 확정일자가 갖춘 것으로 보아 주임법상 확정일자에 의한 우선변제를 받을 수 있다는 것이 대법원 판례입니다.

_입주와 주민등록을 마친 당일 또는 그 이전에 확정일자를 갖춘 경우

주임법 제3조의2 제1항에 규정된 확정일자를 입주 및 주민등록과 같은 날 또는 그 이전에 갖춘 경우에는 우선변제적 효력은 대항력과 마찬가지로 인도와 주민등록을 마친 다음 날을 기준으로 발생한다(대법 97다22393, 98다26002, 99다67960).

이 경우 다음 날 오전 0시에 대항력과 우선변제권이 발생된다.

대항력이 없는 확정일자는 확정일자인의 효력은 있으나 주임법상 확정일자에 의한 우선변제권은 발생되지 않고, 대항력을 갖추게 되는 시점에서 우선변제권이 발생하게 된다는 점이다. 그러나 대항요건을 갖춘 다음 날에 확정일자가 이루어졌다면 확정일자를 받은 당일 주간에 우선변제적 효력이 발생된다.

_확정일자를 갖춘 임차보증금채권의 우선변제 요건

① 대항요건을 갖추고 임대차계약서에 확정일자를 받아야 한다.

② 배당요구종기까지 배당요구를 하여야 한다.

③ 배당요구종기까지 대항력을 유지해야 한다.

④ 이러한 확정일자를 갖춘 임차인이 배당을 받기 위해서는 첫 경매 개시결정기입등기 전에 대항요건을 갖춰야 하는가에 대하여는 소액보증금 중 최우선변제권의 경우와는 달리 첫 경매개시등기 이후에 대항력을 갖추고 확정일자를 받아도 된다는 것이 판례와 다수설이다.

다만, 소액임차인의 우선변제권에 관한 같은 법 제8조 제1항이 그 후문에서 '이 경우 임차인은 주택에 대한 경매 신청의 등기 전에' 대항요건을 갖추어야 한다고 규정하고 있으나, 이는 소액보증금을 배당받을 목적으로 배당 절차에 임박하여 가장 임차인을 급조하는 등의 폐단을 방지하기 위하여 소액임차인의 대항요건의 구비 시기를 제한하는 취지이지, 반드시 임차주택과 대지를 함께 경매하여 임차주택 자체에 경매 신청의 등기가 되어야 한다거나 임차주택에 경매 신청의 등기가 가능한 경우로 제한하는 취지는 아니라 할 것이다. 대지에 대한 경매 신청의 등기 전에 위 대항요건을 갖추도록 하면 입법 취지를 충분히 달성할 수 있으므로, 위 규정이 미등기 주택의 경우에 소액임차인의 대지에 관한 우선변제권을 배제하는 규정에 해당한다고 볼 수 없다.[대법원 2004다26133 전원합의체 판결]

김선생의 한/마/디

대항요건이 빨라도 확정일자가 없으면 보증금을 떼이게 됩니다.

확정일자는 계약서 작성 이후에 정정하거나 새롭게 창출하는 것을 방지하고자 만든 제도이므로 여러 공공기관에서 받거나 작성하면 확정일자의 효력이 있고 그에 기해서 우선변제의 효력이 발생하게 되는데, 간혹 대항요건은 빠르나 확정일자가 없어서 보증금의 손실을 보게 되는 경우가 많으니 주의해야 합니다.

26
임차보증금 증감 시 재계약서 작성과 소액임차인의 지위

이제 아주 중요한 얘기를 할 차례군요. 주택을 임차해서 살다 보면 임차보증금을 올리거나 내리는 경우가 많습니다. 그러면 재계약서를 작성하게 되는데 이럴 경우 주의해야 할 사항을 공부해보려고 합니다.

보증금을 올려줄 경우엔 확정일자를 다시 받을 필요는 없는 거죠?

아닙니다. 보증금을 올려주었다면 반드시 확정일자를 다시 받아두어야 합니다. 그래야 증액된 금액에 대해서도 우선변제권을 주장할 수 있습니다.

임차 기간 중에 임차주택이 매매가 되어 주인이 바뀌는 경우에도 재계약서를 써야 하는지 궁금합니다. 부동산에서는 다시 쓸 필요가 없다고 하는데 믿을 수가 있어야지요.

집주인이 바뀌더라도 대항력을 갖추고 있다면 걱정할 필요가 없습니다. 계약

서를 다시 쓸 필요도 없습니다. 단지 기존 계약서에 특약란을 별도로 기재하면 됩니다. 그래야 대항력과 우선변제권이 그대로 존속되니 주의하세요.

자, 그럼 공부를 시작해보도록 하죠.

_집주인이 바뀌면 계약서를 새로 작성해야 하나?

대항력을 갖추고 나서 주택의 소유자가 바뀌면 임차인은 대항력이 있어 계약 기간 동안은 주택을 비워주지 않고 사용할 수 있는 권리가 있다.

그러나 계약 기간이 종료되면 어떻게 될까? 종전 계약을 새 주인이 그대로 승계해주면 좋겠지만 그렇지 않은 경우도 있다. 계약 갱신을 거절하면 그 주택을 비워주어야 하겠지만, 계약 기간 만료 후 계약 내용이 바뀌지 않는 같은 조건으로 계약을 갱신하거나 묵시적 갱신이 됐다면 계약서를 다시 쓸 필요도 없고 확정일자를 다시 받을 필요도 없다.

전세보증금이 아닌 다른 계약 조건만 변경한 경우에도 기존 계약서에 변경된 내용을 특약란에 별도로 기재하고 임대인(종전 임대차를 승계한 새로운 임대인)과 임차인이 서명날인 하면 되는데, 이러한 경우 종전 계약에 기한 대항력과 우선변제권이 그대로 존속하게 된다.

그러나 계약서를 새로운 소유자와 다시 작성하면 기존 계약 당시에 없었던 근저당권 등이 새로 설정될 수 있어 위험하므로 종전 임대차계약서(확정일자를 부여받은)을 폐기하지 말고 새로운 임대차계약서와 함께 보관하고 있어야 종전 임대차의 대항력과 우선변제권이 그대로 유지하게 된다. 그러나 변경 내용이 전세보증금인 경우에는 주의해야 하는데 그 증액 또는 감액 시 유의 사항은 2번과 3번을 참고하면 될 것이다.

_임차보증금 증액으로 재계약서를 작성하는 경우

1) 등기부등본을 확인하여 추가로 설정된 근저당권 또는 변동된 권리 관계(압류, 가압류, 가등기, 가처분 등) 등이 있는가를 먼저 확인해야 한다.
2) 특별한 문제점 등이 없는 경우 보증금 증액 계약서를 작성하고 주민센터, 읍 · 면사무소 등에서 확정일자를 받는다.
3) 보증금이 증액된 경우는 2)와 같이 증액된 계약서를 다시 작성하고 주민센터, 읍 · 면사무소 등에서 확정일자를 받는다. 그래야만 증액된 계약서 상의 권리(증액된 확정일자에 의한 우선변제권 등)를 보장받을 수 있다.
4) 보증금 증액 등으로 계약서를 재작성 시에는 증액된 금액을 포함한 전체 금액을 기재하고 특약사항란에 전세보증금 ㅇㅇㅇㅇ원을 증액하면서 기존 계약을 연장하기로 한다는 내용(또는 기존 전세계약 기간 만료로 인한 보증금 증액 및 기한 연장에 따른 재계약서 작성임) 등을 기재하고 반드시 확정일자를 받아두어야 증액된 부분에 대해서도 대항력 및 확정일자에 의한 우선변제권이 발생한다. 이와 같이 재작성하여야 하지, 기존 계약서에 증액될 금액만을 기재해서는 안 될 것이다. 이러한 경우 기존 계약서와 재계약된 계약서를 함께 보관하여야 한다. 그래야만 기존 계약서에 의한 보장과 증액된 계약서에 의한 대항력과 확정일자에 의한 우선변제권을 동시에 보장받을 수 있다.

김선생의 **한/마/디**

계약금을 올린 재계약서에도 확정일자는 필수!

계약금을 증액하고 재계약서를 작성한 경우, 확정일자를 받아야 한다는 사실을 모르는 임차인들이 많습니다. 재계약서에 확정일자를 받아두면 두 개의 우선변제권을 갖는다는 사실을 명심하고 귀찮더라도 반드시 확정일자를 받아둬야 합니다.

_임차보증금 감액으로 재계약서를 작성하는 경우

1) 이 경우에는 계약서를 다시 작성하지 아니하고 기존 계약서 특약사항란에 감액한 보증금액을 기재하고 임대인과 임차인이 서명날인하여도 될 것이다.
2) 그러나 임대차계약서를 다시 작성하여야 되는 경우는 특약사항란에 기존 전세계약 만료로 인한 보증금 감액 및 기한 연장에 관한 재계약임을 기재하고 확정일자를 받아두어야만 후일 분쟁의 소지에 대비할 수 있을 것이다. 이 경우에도 재계약된 계약서와 기존 계약서를 함께 보관하고 있어야 한다.

_소액임차보증금의 적용 시기

1) 증액 또는 감액한 이후의 보증금이 기준이 된다. 따라서 증액하기 전에는 대상이 되었으나 증액 후 소액보증금을 초과한 경우에는 대상이 되지 못한다. 반대로 감액으로 인해서 대상이 된다면 소액보증금 중 일정액을 우선변제 받을 수 있다.

① 임대차관계가 지속되는 동안 임대차보증금의 증감 · 변동이 있는 경우, 소액임차인에 해당하는지 여부의 판단 기준(배당 시의 임대차 보증금)(대구지법 2003가단134010)

② 계약 내용을 변경하여 소액임차권자가 된 경우에는 그 계약 내용이 진정한 의사로 적법하게 이루어졌다면 소액임차권자로 보호하여주어야 한다(광주지법 86가단4111 판결).

그러나 경매개시결정의 기입등기 후에 소유자와의 합의에 의하여 보증금을 소액보증금의 범위 내로 변경한 경우에는 우선변제권이 인정되는 소액임차인에 해당하지 않는다고 판시하였다(서울민사지법 93나31602).

③ 보증금 감액으로 주택임대차보호법상 소액임차인에 해당하게 된 경우 소액임차인으로서 보호받을 수 있는지 여부(원칙적 적극)

처음 임대차계약을 체결할 당시 보증금액이 소액임차인에 해당하지 않았지만 그 후 새로운 임대차계약에 의하여 정당하게 보증금을 감액하여 소액임차인에 해당된 경우, 그 임대차계약이 통정 허위 표시에 의한 계약이어서 무효라는 등의 특별한 사정이 없는 한 소액임차인으로 보호받을 수 있다(대법 2007다23203).

2) 실무에서는 소액보증금 중 일정액을 적용받기 위해서는 경매개시결

정기입 등기 전 또는 공매공고등기 이전에 증액되었거나 감액한 보증금을 기준으로 하게 되는데 경매 개시 이후부터 배당 시점까지 증액해서 소액임차인의 지위를 벗어나는 경우에는 소액임차인에서 배제될 수 있고, 경매 개시 전에 감액한 경우라도 경매 개시일로부터 6월 이전에 감액해서 소액임차인이 된 경우라면 경매 담당 판사는 보정명령 또는 심문절차를 거쳐서 소액임차인을 결정하게 되고 이 과정에서 허위로 밝혀지면 배당에서 배제된다.

그리고 경매 개시 이후 배당 시점에서 감액하여 소액임차인이 된 경우라면 배당에서 제외시키고 있으며 이의가 있으면 임차인으로 배당이의 소송을 제기하도록 하고 있다.

김선생의 **한/마/디**

소액 임차인의 권리에 대해 달달 외우고 있어야 합니다.

정리해보자면 증액으로 소액임차인의 지위에서 벗어나는 것은 배당 시점이 맞습니다. 감액으로 소액임차인에 해당하는 것은 선순위 담보물권자를 해할 목적으로 임대인과 담합하는 것을 방지하고자 경매개시기입등기 전 6월 이내면 경매 담당 판사는 보정명령 또는 심문절차를 거쳐서 소액임차인을 결정하게 됩니다. 이 과정에서 허위로 밝혀지면 배당에서 배제하고 경매 개시 이후이면 소액임차인으로 배당하지 않고 배당에서 제외합니다. 그래도 이의가 있으면 임차인이 직접 배당이의 소송을 진행해서 밝혀야 합니다.

27

주택임차인의 대항력과 확정일자부 우선변제권

저당권이 설정된 집을 임차하거나, 임차하고 있는 중에 저당권이 설정되는 경우 경매 시 어떻게 배당받을 수 있는지에 대해 알고 싶습니다.

네. 이번에 배울 내용은 조금 복잡하니까 다양한 상황들을 시뮬레이션해서 임차인의 권리를 살펴보기로 하죠.

임차인이 근저당 설정 후 보증금을 증액했다면 배당을 제대로 받을 수 있는지도 알려주시기 바랍니다.

그럴 경우 보증금을 증액해서 소액임차인의 지위에서 벗어나는 경우를 특히 주의해야 합니다. 그렇게 되면 최우선변제금을 받지 못하고, 다른 방법을 강구해야 되기 때문입니다. 그러면 어떤 상황들이 벌어지는지 알아보도록 하죠.

_갑 저당권이 먼저 설정되고 나서 임차인이 전입하고 갑이 임의경매 신청한 경우

갑 저당권 (05.1.10) → **을(전입 및 확정일자)** (05.1.10) → **갑의 임의경매 신청**

1) 갑 저당권 우선변제권 05.1.10. 주간

2) 을 임차인 대항력 발생시기 05.1.11. 오전 0시

을 임차인 확정일자에 의한 우선변제 05.1.11. 오전 0시

배당순위는 갑이 배당받고 배당 잔액이 있으면 을이 받는다. 여기서 을이 후순위로 낙찰자가 인수해야 할 금액이 없을 것이다. 그러나 을 임차인이 05.1.10. 전입하고 05.1.1.15 확정일자를 받았다면 대항력은 05.1.11. 오전 0시, 확정일에 의한 우선변제권의 효력은 05.1.15. 주간에 발생하게 된다(임차인의 최우선변제금과 경매 집행비용 계산하지 않음).

_임차인 갑이 먼저 전입하고 근저당권 을이 저당권 설정한 경우

갑 임차인(전입 및 확정일자) (05.5.10) → **을 근저당권** (05.5.11) → **을의 임의경매 신청**

1) 갑 임차인 대항력 05.5.11 오전 0시

갑 임차인 확정일자에 의한 우선변제 05.5.11. 오전 0시

2) 을 저당권 우선변제권 05.5.11. 주간

따라서 배당순위는 갑 임차인 1순위 배당 → 을 근저당권 2순위 배당, 갑의 미배당금액이 있으면 낙찰자 인수 사항이나 그렇게 되면

경매 진행이 정지될 것이다. 왜냐하면 경매 신청자의 배당금액이 없기 때문이다(임차인의 최우선변제금과 경매집행비용 계산하지 않음).

_을 임차인이 확정일자 다음 날 전입했는데 같은 날 병이 저당권을 설정한 경우

갑 저당권 (05.5.9) → 을 임차인(확정일자) (05.5.10) → 을 전입 (05.5.11) → 병 저당권 (05.5.11) → 병 임의경매 신청

1) 갑의 우선변제권 2005.5.9. 주간

2) 을의 대항력 2005.5.12. 오전 0시

을의 확정일자 우선변제 2005.5.12. 오전 0시

3) 병의 우선변제권 2005.5.11. 주간

배당순위는 1순위 갑 → 2순위 병이 배당받고 나서 → 3순위로 을이 배당받는다. 여기서 낙찰자의 인수사항은 없다.

김선생의 **한/마/디**

확정일자와 전입신고를 동시에 해야 불행을 막을 수 있습니다.

"누가 주민센터에 가서 전입신고만 하고 5일 후에 확정일자를 받나요? 이 바쁜 시기에."라고 말하는 사람들이 많은데, 이는 대항요건에 대해 이해하지 못하고 하는 말입니다. 전입신고와 확정일자를 05.5.10. 받았더라도 다음 날 5.11. 주택인도를 받았다면 대항요건을 완전하게 갖춘 시기는 5.11.이 되는 것입니다. 모든 경매서적에서 전입신고는 대항요건의 대명사로 기재되는 것임을 명심해야 보증금을 날리는 불행을 막을 수 있습니다.

_확정일자 임차인이 근저당 설정 후 임차보증금을 증액한 경우 배당 사례

주소	면적	경매가 진행 과정	1) 임차인 조사 내역 2) 기타 청구 내역	등기부 상의 권리관계
서울시 구로구 신도림동 ㅇㅇㅇ번지 소유자 (채무자) 김주민 채권자 국민은행	대지 198㎡ 건물 1층 98㎡ 2층 95㎡ 지하 45㎡	감정가 300,000,000원 대지 195,000,000원 건물 105,000,000원 최저가 1차 300,000,000원 유찰 2차 240,000,000원 유찰 3차 192,000,000원 낙찰 217,982,690원	1) 임차인 ① 이기대 전입 2002.3.10. 확정 2002.3.10. (보) 40,000,000원 증액 500만원 확정 2004.7.18. 배당요구 2005.5.20. ② 김철희 전입 2003.10.20. 확정 2003.10.20. (보) 40,000,000원 증액 500만원 확정 2004.8.10. 배당요구 2005.5.30. ③ 이미자 전입 2003.11.10. 확정 2003.12.25. (보) 40,000,000원 증액 500만원 확정 2004.9.10. 배당요구 2005.5.11. 2) 기타청구 ① 근저당 김미아 31,500,000원 청구 ② 압류 구로구청 10,400,000원 청구 취득세 2004.5.31.	소유자 김주민 근저당 국민은행 2003.10.10. 45,000,000원 근저당 김미아 2003.12.20. 35,000,000원 가압류 이유순 2004.5.10. 10,000,000원 가압류 대우캐피탈 2004.6.10. 15,000,000원 압류 구로구청 2004.9.10. 임의 국민은행 청구 41,541,790원 〈2005.1.10.〉

여기서 말소기준권리는 국민은행 근저당권이고, 2003.10.10.이 된다.

위 사례를 배당 순서에 의하여 작성하여보면,

배당금액(217,982,690－집행비용 3,000,000)은 214,982,690원이다. 그런데 임차보증금을 4,000만 원 이상으로 증액하여 최우선변제 대상이 없어진다.

1순위 : 이기대 40,000,000원(우선변제 1)

2순위 : 국민은행 41,541,790원(채권최고액이 4,500만원, 우선변제 2)

3순위 : 김철희 40,000,000원(우선변제 3)

4순위 : 김미아 31,500,000원(채권최고액 3,500만원, 우선변제 4)

5순위 : 이미자 40,000,000원(우선변제 5)

6순위 : 구로구청 10,400,000원(우선변제 6)

(법정기일이 가압류 이유순 설정등기일보다 늦어도 조세채권은 일반채권보다 우선한다)

7순위 : ① 가압류 이유순(1,000만원)=② 가압류 대우캐피탈(1,500만원)=③ 이기대 확정일자(증액보증금 500만원)이고, ①=②=④ 김철희 확정일자(증액보증금 500만원)이고, ①=②=⑤ 이미자 확정일자(증액보증금 500만원)이다. 따라서 ①, ②, ③, ④, ⑤는 동순위로서 안분배당 후 순위에 따라 흡수배당해야 할 것이다.

−1차 안분배당

① 가압류 이유순 $=11,540,900\times\frac{1,000만원}{4,000만원(1,000+1,500+500+500+500)}$
$=2,885,225$원(종결)

② 가압류 대우캐피탈 $=11,540,900\times\frac{1,500만원}{4,000만원}=4,327,837.^{5}=$ 4,327,838원(종결)

③ 이기대 $=11,540,900\times\frac{500만원}{4,000만원}=1,442,612.^{5}=1,442,613$원

④ 김철희 $=11,540,900\times\frac{500만원}{4,000만원}=1,442,612.^{5}=1,442,612$원

⑤ 이미자 $=11,540,900\times\frac{500만원}{4,000만원}=1,442,612.^{5}=1,442,612$원

-2차 순환흡수배당

여기서 ③ 이기대>④>⑤순위이므로 ④와 ⑤에서 채권이 만족할 때까지 후순위 채권자를 흡수한다.

③ 이기대=1,442,613(1차 안분액)+1,442,612(⑤에서 이미자 흡수)+1,442,612(④에서 김철희 흡수)=4,327,837원

④ 김철희=1,442,612(1차 안분액)-1,442,612(③에 흡수당함)=0

⑤ 이미자=1,442,612(1차 안분액)-1,442,612(③에 흡수당함)=0

따라서 최종 배당 결과는

가) 이기대=4,000만원(1)+4,327,837(7-1)=44,327,837원

나) 국민은행=41,541,790원(2) 다) 김철희=4,000만원(3)

라) 김미아=31,500,000원(4) 마) 이미자=4,000만원(5).

바) 구로구청=10,400,000원(6) 사) 이유순=2,885,225원(7)

아) 대우캐피탈=4,327,838원(7)으로 배당이 종결되면서 낙찰자 인수금액이 없이 모두가 소멸 대상이다.

김선생의 한/마/디

보증금이 올라서 소액임차인의 지위를 벗어나게 되면 대책을 세워야 합니다.

보증금 증액 전의 확정일자에 의한 우선변제금만 우선순위에 따라 우선변제 받고, 임차인의 증액보증금은 그 자체의 확정일자에 의한 우선순위에 따라 우선변제 받을 수 있습니다. 순위가 늦어서 배당받지 못하게 되어도 미배당금은 대항력 없는 후순위에 해당되기 때문에 등기부를 확인해서 선순위 채권이 설정되었는가와 소액임차인의 지위를 벗어나게 되는가를 종합적으로 판단해서 재계약해야 합니다.

28

경매 개시 시점에 따른 대항요건과 확정일자의 효력

살고 있던 주택이 경매로 넘어갈 경우 대항요건과 확정일자를 경매 개시 전에 갖추었는지, 후에 갖추었는지에 따라 상황이 많이 달라진다는 사실을 알아야 합니다.

경매 개시 이후에 권리를 갖추어도 배당을 받을 수 있나요? 저는 불가능한 줄 알았습니다.

비록 대항력을 갖추지 않아 최우선변제금 대상은 아니지만 배당을 통해 작은 금액이라도 건질 수 있습니다. 이번 장의 마지막에 경매 개시 후에 대항요건을 갖춘 사람들이 어떻게 행동해야 하는지 정리해두었으니 참고하시기 바랍니다.

_경매 개시 전에 전입하고 이후에 확정일자를 받을 경우 배당 방법

최우선변제금을 우선적으로 배당받고 배당받지 못한 보증금은 확정일자에 의한 우선순위에 따라 배당받게 된다. 경매기입등기 이후의 확정일자 우선변제금은 경매 개시 전 가압류권자와는 동순위로서 안분배당하게 된다. 그리고 경매 개시 이후에 가압류한 채권자도 마찬가지로 경매 개시 전 가압류권자와 동순위로 안분배당하게 된다.

주소	면적	경매가 진행 과정	1) 임차인 조사 내역 2) 기타 청구 내역	등기부 상의 권리관계
서울시 구로구 구로동 ㅇㅇ번지	대지 142㎡ 건물 1층 86㎡ 2층 85㎡	감정가 190,000,000원 최저가 1차 190,000,000원 유찰 2차 152,000,000원 유찰 3차 121,000,000원 낙찰 143,540,000원	1) 임차인 ① 이순영 전입 2001.9.10. 확정 2004.8.30. 배당 2004.8.30. 보증 3,000만원 ② 김기수 전입 2003.10.30. 확정 × 배당 2004.8.20. 보증 2,000만원	소유자 김철수 근저당 국민은행 2001.8.5. 85,000,000원 가압류 이영민 2003.9.20. 35,000,000원 임의 국민은행 청구 78,540,000원 〈2004.3.30.〉

배당표를 작성하기 전 대법원 판례를 알아보자[대법 92다30579].

경매 신청기입등기가 이루어진 다음 확정일자를 받은 경우에도 별도의 채무명의 없이 배당요구할 수 있다. 다만 선순위 담보물권자나 선순위 압류 · 가압류채권자에 우선권을 주장할 수 없을 뿐 나머지 후순위 담보권자나 후순위 일반채권자에게는 우선한다.

선순위 가압류채권자와는 동순위로 안분배당하게 된다.

여기서는 배당요구종기일까지 확정일자를 받아서 배당요구를 신청하면 된다. 그러나 최우선변제권은 확정일자 없이도 가능하나 확정일자를 받아두어야 배당 잔여금이 있을 때 후순위 채권자에 우선할 수 있다. 이 경매사건에서도 경매 진행 후에 배당요구 시 확정일자를 받아서 요구한 경우이다.

배당금이 (143,540,000원－집행비용 250만원)141,040,000원이므로 배당표를 작성해보면

1순위 : ① 이순영 1,200만원＋② 김기수 1,200만원(최우선변제금 1)－1차적 최우선변제금 지급 기준 : 국민은행(3,000/1,200)

2순위 : 국민은행 78,540,000원

3순위 : ① 이순영 400만원＋② 김기수 400만원(법 개정에 따른 소액보증금 중 일정액 증가분=1,600－1,200)(최우선변제금 2)

2차적 최우선변제금 지급 기준 : 현행법상(4,000/1,600)에 우선할 수 있는 담보권자 등의 우선변제권자가 없기 때문에 배당 시점을 기준으로 현행 임대차보호법상 소액임차보증금을 적용받게 된다. 이는 국세징수법상 진행되는 공매의 경우에도 배분표 작성 시점을 기준으로 하고 있다.

4순위 : ① 가압류 이영민(3,500만원)＝② 이순영 확정일자(1,400만원) 동순위로 안분배당

① 가압류 이영민＝30,500,000원 × $\frac{3{,}500\text{만}}{4{,}900\text{만}(3{,}500+1{,}400)}$ ＝ 21,785,714.[28]＝21,785,714원

② 이순영 확정일자＝30,500,000원 × $\frac{1{,}400\text{만}}{4{,}900\text{만}}$ ＝8,714,285.[71]＝8,714,286원

따라서 최종 배당 결과는

가) 이순영=1,200만원(1)+400만원(3)+8,714,286원(4)=24,714,286원

나) 김기수=1,200만원(1)+400만원(3)=1,600만원.

다) 국민은행=78,540,000원(2)

라) 가압류 이영민=21,785,714원으로 배당이 종결되고 낙찰자에게는 인수 금액이 없다.

경매 개시 이전에 대항요건을 갖추면 소액임차인으로 최우선변제금을 받고, 이후에 갖추면 최우선변제금으로 우선변제 받지 못하지만, 경매 개시 이후의 가압류채권자와 같이 확정일자에 기한 우선변제권은 인정된다.

_경매 개시 이후에 전입한 확정일자부 임차인과 경매 개시 이전에 전입 후 경매 개시 이후 확정일자를 받은 경우의 배당 사례

주소	면적	경매가 진행 과정	1) 임차인 조사 내역 2) 기타 청구 내역	등기부 상의 권리관계
서울시 영등포구 문래동 ㅇㅇㅇ번지	대지 131㎡ 건물 1층 88㎡ 2층 88㎡	감정가 1억 5,000만원 최저가 1차 1억 5,000만원 유찰 2차 1억 2,000만원 낙찰 123,200,000원	1) 임차인 ① 이기자 전입 2002.5.20. 확정 2003.11.5. 배당 2003.11.10. (보) 3,000만원 ② 조현중 전입 2003.8.10. 확정 2003.8.10. 배당 2003.11.20. (보) 2,000만원	소유자 김기철 근저당 신한생명 2002.7.28. 7,500만원 가압류 이수진 2003.4.20. 1,380만원 임의 신한생명 청구 7,100만원 〈2003.7.30.〉

이 경매사건에서는 먼저 설정된 가압류권자와 확정일자에 의한 우선변제권과 동순위로 안분배당한 사례이다. 이와 같이 경매기입등기 후에

전입하고 확정일자를 받아서 배당요구한 경우에는 경매 개시 전 가압류한 것과 적용이 다르지 않고, 동순위로서 안분배당한다. 그러나 대항력이 인정되지 못하여 최우선변제금 대상은 되지 못한다.

배당금액이 (123,200,000원－집행비용 1,200만원)122,00,000원이므로, 여기서 말소기준권리는 신한생명이고 ① 이기자는 경매 개시 전 전입하고 개시 후에 확정일자를 받은 경우이고, ② 조현중은 경매 개시 이후에 전입과 확정일자를 받은 경우이다.

배당표를 작성하면

1순위 : 이기자 1,600만원(최우선변제권 1) 그러나 조현중은 경매 개시 이후에 전입하여 대항요건이 성립되지 못하여 최우선변제금은 받지 못하나 확정일자에 의한 후순위로서의 우선변제권은 받을 수 있다.

2순위 : 신한생명 7,100만원(우선변제권 1)

3순위 : ① 가압류 이수진 1,380만원＝② 조현중 확정일자(2,000만원)이고, ①＝③ 이기자 확정일자(1,400만원)이므로 동순위로 안분배당한다.

① 가압류 이수진＝3,500만원 $\times \frac{1,380만}{4,780만(1,380+2,000+1,400)}$ ＝ 10,104,602.^{51}＝10,104,603원

② 조현중＝3,500만원 $\times \frac{2,000만}{4,780만}$ ＝14,644,351.^{46}＝14,644,351원

③ 이기자＝3,500만원 $\times \frac{1,400만}{4,780만}$ ＝10,251,046원

여기서 ②가 ③보다 우선순위이므로 흡수

② 조현중＝14,644,351원(1차 안분액)＋5,355,649(③에서 흡수)＝20,000,000원

③ 이기자＝10,251,046원(1차 안분액)－5,355,649(②에 흡수당함)＝4,895,397원

그러나 이기자가 선순위 임차인으로서 배당받지 못한 금액 9,104,603원은 대항력이 있어서 낙찰자가 인수해야 한다. 따라서 낙찰자는 총 구입 가격이 123,200,000원+9,104,603=132,304,603원이 된다. 경매 개시 후 전입하고 확정일자를 받은 조현중 임차인이 진정한 임차인임을 전제로 한 것이어서 기타 후순위 채권자들이 이에 대하여 진실 여부를 확인하기 위하여 배당이의를 제기할 수도 있을 것이다.

김|선|생|특|별|과|외

경매 개시 이후에 대항요건과 확정일자를 받았다면 어떻게 대처해야 할까?

확정일자를 갖춘 임차인이 배당을 받기 위해서는 첫 경매개시결정기입등기 전(공매공고등기 전)에 대항요건을 갖춰야 하는가에 대하여는 소액보증금 중 최우선변제권의 경우와는 달리 첫 경매개시등기 이후에 대항력을 갖추고 확정일자를 받아도 된다는 것이 다수설입니다.

즉 소액임차인이 경매개시기입등기 전에 전입신고를 마쳤을 때에는 최우선변제금을 받지만 경매기입등기일 이후에 전입신고를 마쳤을 때에는 소액임차인으로서 우선변제권이 없는 것과는 차이가 있습니다. 경매개시등기 이후에 대항요건과 확정일자를 갖춘 경우에는 그 갖춘 때를 기준으로 한 확정일자에 의한 우선변제권과 저당권 등의 담보물권 등과의 우선순위를 따져보아야 합니다. 이 경우에도 경매개시기입등기 전 가압류권자와 동순위로서 안분배당하게 됩니다.

그러나 진정한 임차인이라면 모르겠지만 허위 임차인이라면 가압류권자 및 기타 후순위 채권자등이 배당에 대한 이의를 제기할 것이 예상됩니다. 그러나 배당 참여자에게 모두 배당될 수 있다면 배당이의 없이 배당에 참여하여 배당받을 수 있을 것입니다.

CHAPTER 6

상가임차인에게도 유효한 2개의 권리

상가건물임대차보호법은 모두가 적용 대상이 되지 못하고 환산보증금이 일정한 범위 내에 있는 상가임차인으로 대항요건과 확정일자를 갖춘 임차인만이 대항력과 우선변제권을 가지게 된다. 그중 소액임차인에 해당되면 일정액을 최우선변제금으로 보장받게 되는 제도인데, 그 환산보증금의 범위를 초과하면 대항력과 우선변제권이 없는 일반채권자의 지위에 놓이게 되어 상가임차인으로 최장 5년간의 임대 기간까지 갱신을 요구할 수 있는 갱신요구권까지 주장할 수 없게 된다.

이러한 임차인의 권리와 다른 채권자가 만나면 우선순위는 어떻게 결정되고, 상가와 주택이 공존하는 상가주택에서 임차인에 대한 권리분석을 어떻게 하면 되는가를 공부해보자.

29

상가임차인의 최우선변제금과 우선변제금

이제까지 주택임차인의 최우선변제금과 우선변제금에 대해 공부했습니다. 이제 상가 임차인의 경우에도 그런 조항들이 똑같이 적용되는지 공부하겠습니다.

저한테 꼭 필요한 공부네요. 주택임차인 권리를 공부할 때와 용어들이 똑같습니다. 상가임차인도 주택임차인과 같은 권리를 갖는 것인가요?

같기도 하고 다르기도 하다고 대답하는 것이 정답일 것입니다. 중요한 것은 상임법이 2010년 7월 26일 자로 개정되었기 때문에 임대차 계약을 언제 체결했느냐에 따라 권리관계와 배당 금액이 달라질 수도 있다는 것입니다.

자신의 권리를 주장하기 전에 계약 날짜가 언제인지 확실히 알아둬야겠네요.

이제 주택을 넘어 상가 임대차도 정복해봅시다. 생각만큼 어렵지 않으니 잘 따라오세요.

_최우선변제금은 어떻게 결정되는가?

(1) 상가임차인의 소액보증금 중 일정액(최우선변제금)

임차인은 보증금 중 일정액을 다른 담보권자보다 우선하여 변제받을 권리가 있다.

이 경우 임차인은 건물에 대한 경매 신청의 등기 전(공매공고등기 전)에 상임법 제3조 제1항의 요건을 갖추어야 한다(상임법 제14조 제1항).

① 경매 신청등기 전(공매공고등기 전)에 대항요건을 갖춘 상가임차인은 전세의 경우 보증금을, 월세일 경우 보증금+(월세×100)으로 환산하여 그 보증금액이 다음의 보증금 범위 내에 있는 경우는 일정액을 담보물권자보다 우선하여 변제받을 수 있다. 즉 최우선변제권이 발생된다(제14조 제1항, 동법 시행령 제6조, 제7조).

② 상임법 시행일 2002년 11월 1일 이전에 담보물권이 설정되었다면 최우선변제권이 인정되지 않으며 이 시행일 이후에 담보물권(저당권, 담보가등기, 확정일자부 우선변제권)이 설정되었고, 소액보증금이 각 지역에 해당되는 금액 이하인 경우만 최우선변제금에 해당된다. 개정일(2010년 7월 26일) 이후에 소액임차인에 해당된다고 하여도 개정일(2002.11.1.~2010.7.25.) 이전에 설정등기된 담보물권에 대해서 소액보증금 중 일정액을 우선변제 받지 못한다.

(2) 상가건물에서 최우선변제금액의 한계(매각 건물가액의 1/3의 한도 내)

상임법 시행령 제7조 제3항 하나의 상가건물에 임차인이 2인 이상이고, 그 각 보증금 중 일정액의 합산액이 상가건물의 가액의 3분의 1을 초과하는 경우에는그 각 보증금 중 일정액의 합산액에 대한 각 임차인의 보증금 중 일정액의 비율로 그 상가건물의 가액의 3분의 1에 해당하는 금액을 분할한 금액을 각 임차인의 보증금 중 일정액으로 본다.

(3) 상임법상 해당 지역별 소액보증금 중 일정액의 우선변제

최우선변제금액은 아래 ①, ②, ③, ④권역에서 환산보증금이 소액보증금액에 해당할 때에 소액보증금 중 일정액을 우선하여 변제받을 수 있는 금액이다.

1) 상가임차인의 최우선변제금 합계의 한도(상가 매각대금의 1/3)

개정 전			개정 후		
권역별	2002.11.1.부터~ 2010.7.25.까지		권역별	2010.7.26. 이후부터 현재까지	
	보증금의 범위	최우선변제금		보증금의 범위	최우선변제금
① 서울특별시	4,500만원	1,350만원	① 서울특별시	5,000만원	1,500만원
② 수도권 과밀억제권역(서울 제외)	3,900만원	1,170만원	② 수도권 과밀억제권역(서울 제외)	4,500만원	1,350만원
③ 광역시(인천, 군지역 제외)	3,000만원	900만원	③ 광역시(수도권 과밀억제권역과 군지역은 제외), 안산,용인,김포,광주(경기)	3,000만원	900만원
④ 그 밖의 지역	2,500만원	750만원	④ 그 밖의 지역	2,500만원	750만원
환산보증금			환산보증금		

2) 환산보증금 계산법 : 임대보증금+(월세×100)

개정 이후인 2010.7.26. 이후부터 현재까지를 기준으로 계산하면 다음과 같다.

① 서울 소재 보증금 1,000만원에 월세 40만원이라면 1,000만원+(40만

원×100=4,000만원)=5,000만원으로 소액임차인에 해당되어 저당권 등에 우선하여 최우선변제금 1,500만원을 받을 수 있다.

② 보증금 3,000만원에 월세 25만원이라면 3,000만원+(25만원×100=2,500만원)=5,500만원으로 소액임차인에 해당되지 못하므로 최우선변제 대상이 아니다.

③ 토지를 포함한 건물가액의 1/3 범위 내에서 최우선변제금을 계산하고, 초과 시에는 배당금의 1/3을 가지고 최우선변제 대상끼리 안분배당하면 된다.

판례 돋보기

상가임차인의 환산보증금 산정 시 월세에 대한 부가세 포함 여부

임차인이 부담하기로 한 부가가치세액이 상임법 제2조 제2항에 정한 '차임'에 포함되는지 여부에 관하여 보건대, 임대차계약의 당사자들이 차임을 정하면서 '부가세 별도'라는 약정을 하였다면, 특별한 사정이 없는 한 임대용역에 관한 부가가치세의 납부 의무자가 임차인이라는 점, 약정한 차임에 위 부가가치세액이 포함된 것은 아니라는 점, 나아가 임대인이 임차인으로부터 위 부가가치세액을 별도로 거래징수할 것이라는 점 등을 확인하는 의미로 해석함이 상당하고, 임대인과 임차인이 이러한 약정을 하였다고 하여 정해진 차임 외에 위 부가가치세액을 상임법 제2조 제2항에 정한 '차임'에 포함시킬 이유는 없다[수원지법 2008나27056].

_상가임차인의 확정일자부 우선변제권

(1) 상가임차인의 확정일자 우선변제권

상임법 제5조 제2항 상가임차인이 제3조 제1항의 대항요건을 갖추고 관할 세무서장으로부터 임대차계약서 상 확정일자를 받으면 민사집행법에 의해 진행되는 경매 시 임차건물(임대인 소유의 대지를 포함)의 환가대금에서 후순위 권리, 그 밖의 채권자보다 우선하여 임차보증금을 변제받을 권리가 있다.

여기서 우선변제권의 취득은 상가건물 인도와 사업자등록을 마치고 임대차계약서 상에 관할 세무서에서 확정일자를 갖춘 날 발생하며 이 대항요건 존속 기간은 배당요구종기일까지 유지하여야 한다.

(2) 상임법상 해당 지역별 영세임차인 보호 대상 금액

상가임대차는 영세상인을 보호하기 위한 것이므로 아래 ①, ②, ③, ④ 권역에서 환산보증금이 법 적용 기준 금액을 초과 시 보호를 받을 수 없고, 그 이하인 경우만 대항요건과 확정일자에 의해 후순위 채권자보다 우선변제권이 발생된다. 그리고 법 적용 기준은 저당권 등의 담보물권자 등과 비교하여 개정 전(2002.11.1.~2008.8.20)과 1차 개정 후(2008.8.21.~2010.7.25.까지), 2차 개정 후(2010.7.26. 이후)를 기준으로 적용 기준 금액을 가지고 계산하면 된다.

권역별	2002.11.1.부터 ~ 2008.8.20.까지	2008.8.21.부터 ~ 2010.7.25.까지	권역별	2010.7.26 이후부터 현재까지
① 서울특별시	2억 4천만원 이하	2억 6천만원 이하	① 서울특별시	3억원 이하
② 수도권 과밀억제권역(서울 제외)	1억 9천만원 이하	2억 1천만원 이하	② 수도권 과밀억제권역(서울 제외)	2억 5천만원 이하

③ 광역시(인천, 군지역 제외)	1억 5천만원 이하	1억 6천만원 이하	③ 광역시(수도권 과밀억제권역과 군 지역은 제외), 안산, 용인,김포,광주(경기)	1억 8천만원 이하
④ 그 밖의 지역	1억 4천만원 이하	1억 5천만원 이하	④ 그 밖의 지역	1억 5천만원 이하
비고	환산보증금	환산보증금		환산보증금

_상가임차인은 어떻게 특별법의 보호 대상이 아닌 일반임차인이 되는가

(1) 상임법 시행일 이전에 담보물권이 설정되어 있는 경우

상임법 시행일 2002년 11월 1일 이전에 담보물권(말소기준)이 설정되었다면 이 담보물권에 우선해서 그 이전에 대항요건(사업자등록과 상가건물 인도)을 갖춘 경우도 대항력이 없고, 소액임차인으로 일정액을 최우선 변제금으로 우선해서 변제받는 것도 인정되지 않는다.

(2) 상임법 시행일 이후에도 개정 전 또는 개정 이후에 담보물권이 설정되어 있는 경우

① 상임법 시행일 이후 개정(2002.11.1.~2010.7.25.) 전에 담보물권(근저당권, 담보가등기권, 전세권)이 설정되어 있다면 임차인의 보증금이 각 지역에 개정 전에 해당되는 소액임차보증금 이하인 경우만 최우선변제금을 우선변제 받고 나머지 보증금은 확정일자 우선순위에 따라 우선변제 받는다.

② 개정일(2010년 7월 26일) 이후에 소액임차인에 해당된다고 하여도 개정(2002.11.1.~2010.7.25.) 이전에 등기된 담보물권에 대해서 소액임차

인으로 최우선변제금을 우선변제 받지 못하고 확정일자에 따른 우선변제권만 갖게 된다.

김|선|생|특|별|과|외

상가를 임대하기 전에 꼭 알아두어야 할 법 조항

(1) **상가임대차보호법 부칙**(제6542호, 2001.12.29)

① 시행일 – 이 법은 2002.11.1.부터 시행한다〈개정 2002.8.26〉.

② 적용례 – 이 법은 이 법 시행 후 체결되거나 갱신된 임대차부터 적용한다. 다만 제3조·5조 및 14조의 규정은 이 법 시행 당시 존속 중인 임대차에도 적용하되 이 법 시행 전에 물권을 취득한 제3자에 대하여는 그 효력이 없다.

③ 기존 임차인의 확정일자 신청에 대한 경과조치

(2) **상가임대차보호법 부칙**(제20970호, 2008.8.21)

제1조(시행일) 이 법은 공포한 날로부터 시행한다.

제2조(경과조치) 이 영 시행 당시 존속 중인 상가건물임대차계약에 대하여는 종전의 규정에 따른다.

다만 제4조의 개정규정은 그러하지 아니하다.

(3) 어떻게 되면 상가임차인이 일반임차인이 되는가?

① 상임법 시행 전에 말소기준권리가 있는 상태에서 상가임차인이 대항요건을 말소기준권리 이전에 갖춘 경우에도 대항요건은 상임법 시행일인 2002.11.1. 갖춘 것이 되어 대항력은 2002.11.2. 오전 0시에 발생하므로 말소기준권리보다 후순위가 되어 대항력이 없는 임차인이 되기 때문에 확정일자가 없는 경우 소멸되고 확정일자가 있더라도 우선변제권이 2002.11.2. 오전 0시에 발생해서 후순위로 배당받지 못

하고 소멸되므로 미배당금은 일반채권자의 지위에 놓이게 된다.

② 상임법 시행일 이후에 대항요건을 갖춘 경우도 상임법의 보호 대상인 환산보증금을 초과하게 되면 확정일자를 받을 수 없는 일반채권자의 지위에 놓이게 되어 보증금채권의 손실이 발생하게 된다.

30

상가건물에서 임차인과 다른 채권자 간의 배당

선생님께서는 상가건물 임대차의 경우 상임법 시행 전이냐 후냐에 따라 많은 차이가 있다고 하셨습니다. 그런데 더 복잡한 경우도 있을 것 같은데요.

물론입니다.

일례로 상임법 1차 시행령과 2차 시행령 사이에 근저당권이 복합적으로 설정된 경우가 생길 수 있습니다.

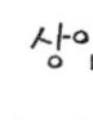
아휴, 정말 그렇게 절묘한 타이밍이 있을 수 있을까요?

임차보증금을 지키려면 모든 경우에 대해 대비해야 하지요.

위와 같은 경우에는 정확하게 배당표를 작성해 계산해야 합니다.

상임법 시행일 이후 근저당권과 상임법상 환산보증금을 초과하는 사례에서 어떻게 배당하는지도 알아보기로 하겠습니다.

_상가건물에서 상임법 시행 전후 근저당권이 혼합된 경우의 배당 사례

아래 물건은 상가건물이므로 상가임대차보호법 시행 전, 시행 후의 근저당권이 있는 경우와 소액보증금 합계가 낙찰가의 3분의 1을 초과하는 경우에 어떻게 권리분석과 배당표를 작성하는지를 살펴보면 된다.

주소	면적	경매가 진행 과정	1) 임차인 조사 내역 2) 기타 청구 내역	등기부 상의 권리관계
인천광역시 부평구 작전동 ○○○번지 상가건물 채무자 겸 소유자 : 김유민 경매 신청 채권자 : 외환은행	대지 132㎡ 건물 1층 75㎡ 2층 74㎡ 3층 74㎡	감정가 120,000,000원 최저가 1차 120,000,000원 유찰 2차(20% 저감) 96,000,000원 유찰 3차 76,800,000원 낙찰 86,700,000원	1) 임차인 ① 이경수 2,000/10만 사업자등록 2001.12.10. 확정일자 2002.12.10. 배당요구 2004.7.20. ② 김인규 3,500만원 전세 사업자등록 2003.11.20. 확정일자 2003.11.20. 배당요구 2004.7.15. ③ 이수민 2,000/15만 사업자등록 2003.5.16. 확정일자 × 배당요구 2004.7.20. ④ 이철중 1,000/20만 사업자등록 2003.12.15. 확정일자 × 배당요구 2004.7.30.	소유자 김유민 근저당 외환은행 2002.10.10. 2,600만원 근저당 이수철 2003.5.10. 1,000만원 가압류 한순규 2003.10.10. 1,800만원 임의 외환은행 청구 2,600만원 〈2004.3.10〉

(1) 등기부 상 권리와 부동산 상의 권리 분석

첫째, 말소기준권리가 누가 되고 시기는 언제인가?

말소기준권리인 외환은행 근저당권의 설정등기일이 2002.10.10.인데, 이 근저당권이 상가건물임대차보호법 시행일 이전인가 이후인가를 계산해보아야 한다. 상임법 시행일인 2002.11.1. 이전이므로 외환은행 근저당권은 이 법의 적용 대상이 아니고, 따라서 소액임차인이라도 외환은행 근저당권보다 우선변제 받지 못하고, 먼저 사업자등록을 갖춘 경우도 대항력이 없게 된다.

Bonus 정보+

상임법 시행일 이전에 사업자등록을 갖춘 경우의 대항력 발생 일시

유의해야 되는 점은 이경수의 사업자등록이 2001.12.10.이므로 대항력 2001.12.11. 오전 0시에 발생한다고 착각하면 안 된다.

왜냐하면 상임법의 적용 시기인 2002.11.1. 이후에만 보호 대상이 되므로 이경수 상가 임차인의 대항요건은 2002.11.1. 갖춘 것이 되고 대항력은 2002.11.2. 오전 0시에 발생하게 되므로 말소기준권리보다 늦어서 대항력이 없다.

둘째, 최우선변제 받을 수 있는 임차보증금의 범위 내에 있는 경우에도 개정 이전(2002.11.1.~2010.7.25. 기간에는 소액보증금 4,500만원)이냐, 개정 이후(2010.7.25. 이후에는 소액보증금 5,000만원)냐로 구분해서 소액임차인을 판단해 최우선변제금을 계산하게 된다.

셋째, 보증금이 상가건물임대차보호법 적용 기준인 경우도 개정 이전(02.11.1~08.8.20.)이냐, 1차 개정 이후(08.8.20.~2010.7.25.)냐, 2차 개정 이후(2010.7.25. 이후~현재)냐에 따라 적용 대상 금액이 달라지게 된다.

상임법 적용 기준 이하인 경우만 상임법을 적용받을 수 있어서 대항요건을 갖추고 확정일자를 받으면 확정일자에 의해 후순위 채권자보다 우선변제권이 발생하지만, 적용 범위를 초과하면 일반채권자의 지위에 놓이게 되어 대항력과 우선변제권이 없다.

(2) 배당표를 작성해보면 더 쉽게 이해할 수 있다

배당금액이 85,700,000원(86,700,000원－집행비용 100만원)이므로 배당순위는 다음과 같다.

1순위 : 외환은행 2,600만원(우선변제 1)

상임법시행일 2002.11.1. 이전

2순위 : ① 이경수[환산보증금 : 2,000＋(10×100)＝3,000만] ＝1,170만원(최우선변제 1)

시행일 이후이나 인천광역시 지역이므로 3,900만원 이하 1,170만원이 되는데,

② 김인규[환산보증금 : 3,500＋0＝3,500만]＝1,170만원(최우선변제 1)

③ 이수민[환산보증금 : 2,000＋(15×100)＝3,500만]＝1,170만원(최우선변제 1)

④ 이철중[환산보증금 : 1,000＋(20×100)＝3,000만]＝1,000만원(최우선변제 1)

이와 같이 배당되어야 하나 상임법에서는 최우선변제금의 합계 금액이 배당금액의 3분의 1을 초과하면 안 되므로, 3분의 1의 범위 내에서 안분배당하게 된다.

① 이경수＝28,566,666(85,700,000× ⅓)×

$$\frac{1{,}170\text{만}}{4{,}510\text{만}(1{,}170+1{,}170+1{,}170+1{,}000)}=7{,}410{,}864.^{57}=7{,}410{,}865\text{원}$$

② 김인규＝ $28{,}566{,}666\times\frac{1{,}170\text{만}}{4{,}510\text{만}}=7{,}410{,}864.^{57}=7{,}410{,}865\text{원}$

③ 이수민 $= 28,566,666 \times \frac{1,170만}{4,510만} = 7,410,864.^{57} = 7,410,864$원

④ 이철중 $= 28,566,666 \times \frac{1,000만}{4,510만} = 6,334,072.^{28} = 6,334,072$원

3순위 : 이경수 12,589,135원

4순위 : 이수철 1,000만원

그리고 5순위에서는 잔여 배당금을 가지고

① 가압류 한순규(1,800만원)=② 김인규 확정일자 우선변제(27,589,135원) 이므로 동순위로 채권액에 따라 안분배당하게 된다.

① 가압류 한순규=8,544,199원(배당 잔여금)×

$$\frac{18,000,000만}{45,589,135(18,000,000+27,589,135)} = 3,373,514원$$

② 김인규 $= 8,544,199$(배당 잔여금)$\times \frac{27,589,135원}{45,589,135원} = 5,170,685$원

_상임법 시행일 이후 근저당권과 상임법상 환산보증금을 초과하는 사례의 배당

상임법 시행 후(2002.11.1. 시행) 근저당권이 설정된 경우와 상가 영세임차인의 보호 대상 보증금 범위를 초과하는 경우의 배당 방법은 다음과 같이 하면 된다.

주소	면적	경매가 진행 과정	1) 임차인 조사 내역 2) 기타 청구 내역	등기부 상의 권리관계
서울시 마포구 아현동 ㅇㅇㅇ번지 상가건물	대지 151㎡ 건물 1층 95㎡ 2층 93㎡	감정가격 200,000,000원 최저가 1차 200,000,000원 유찰 2차 160,000,000원 낙찰 159,650,000원	1) 임차인 ① 이형기 2,500/20만 사업자등록 2002.12.15. 확정일자 × 배당요구 2004.9.10. ② 김철민 5,000/200만 (1층전체) 사업자등록 2002.12.1. 확정일자 × 배당요구 2004.9.15. ③ 유길준 2,000/25만 사업자등록 2003.5.10. 확정일자 2003.7.10. 배당요구 2004.9.15. ④ 이인규 3,000/20만 사업자등록 2003.7.10. 확정일자 2003.7.10. 배당요구 2004.9.20. ⑤ 최기자 1억/200만 사업자등록 2002.12.1. 확정일자 × 배당요구 2004.9.15.	소유자 한수진 2002.12.10. 근저당 국민은행 2002.12.10. 6,500만 근저당 이현숙 2003.5.10. 3,000만 가압류 이수철 2003.6.10. 3,500만 압류 마포구청 2003.8.10. 임의 국민은행 청구 61,500,000원 〈2004.5.30.〉

이 경매사건에서 마포구청 압류는 재산세로 450,000원이고 법정기일은 2003.7.10.이고, 배당금액이 157,850,000원(159,650,000－집행비용 180만원)이다. 여기서 등기부 상의 말소기준권리가 국민은행이고 상임법 시행 이후에 설정되었으므로, 임차인은 보증금 환산 금액이 4,500만원 이하인 경우 1,350만원 최우선변제금을 받고, 상가임차보증금(환산보증금)이 서울의 경우 2억 4천만원 이하이면 영세임차인 보호 대상 보증금에 해당되어 확정일자에 의한 우선변제를 받을 수 있게 된다.

배당순위를 살펴보면 다음과 같다.

1순위 :

① 이형기 [2,500+(20×100)=4,500만원]=1,350만원(최우선변제 1)

② 김철민 [5,000+(200×100)=2억 5천만원이므로 소액보증금에도 해당되지 못하고 또한 상가임대차보호법상 영세보증금 보호 대상인 2억 4천만원(서울기준) 초과로 확정일자에 의한 우선변제금을 받지 못함]

③ 유길준 [2,000+(25×100)=4,500만원]=1,350만원(최우선변제 1)

④ 이인규 [3,000+(20×100)=5,000만원으로 4,500만원이 초과되어 소액임차보증금 중 일정액을 최우선변제금으로 받지 못함]

2순위 : 마포구청 450,000원(당해세 우선변제 1)

3순위 : 국민은행 61,500,000원(우선변제 2)

4순위 : 이현숙 30,000,000원(우선변제 3)

5순위 : ① 가압류 이수철(3,500)=② 유길준(확정일자 우선변제, 650)이고, ① 가압류 이수철=③ 이인규(확정일자 우선변제, 3,000)로 서로 동순위가 되어 1차 안분배당 후 순위에 따라서 흡수배당하게 된다.

–1차 안분배당

① 가압류 이수철=3,890만 $\times \frac{3{,}500\text{만}}{7{,}150\text{만}(3{,}500+650+3{,}000)}$ =19,041,958원(종결)

② 유길준=3,890만 $\times \frac{650\text{만}}{7{,}150\text{만}}$ =3,536,363.^{63}=3,536,364원

③ 이인규=3,890만 $\times \frac{3{,}000\text{만}}{7{,}150\text{만}}$ =16,321,678.^{63}=16,321,678원

-2차 순환흡수배당

② 유길준은 ③ 이인규보다 우선순위이므로 흡수배당하게 되므로(②는 확정일자 우선변제 효력 발생일이 7월 10일이고, ③은 확정일자 우선변제 효력 발생일이 7월 11일 오전 0시이기 때문)

② 유길준=3,536,364원+2,963,636원(③에서 흡수)=6,500,000원(종결)

③ 이인규=16,321,678원-2,963,636원(②에 흡수당함)=13,358,042원(종결)

최종 배당 결과는 다음과 같다.

가) 이형기=1,350만원(1)(확정일자가 없어서 우선변제권이 없음)

나) 유길준=1,350만원(1)+6,500,000(5)=20,000,000원

다) 이인규=13,358,042원(5)

라) 마포구청=450,000원(2)

마) 국민은행=61,500,000원(3)

바) 이현숙=30,000,000원(4)

사) 이수철=19,041,958원(5)

이 사건은 대항력 있는 임차인이 없어서 낙찰자 인수 금액이 없으나 유의할 점은 ② 김철민과 ⑤ 최기자는 상임법상 영세상인의 보호 대상인 2억 4천만원(서울 기준) 초과로 보호를 받지 못하여 대항력과 확정일자에 의한 우선변제권도 인정되지 못한다는 것을 염두에 두어야 한다.

_상임법 1차 개정과 2차 개정 사이 근저당권 등이 중복 설정되었을 경우

상임법 시행령 1차 개정(2008.8.21.~2010.7.25.)과 2차 개정(2010.7.26.이후) 사이에 저당권 등이 중복으로 설정되었을 경우의 배당 방법

(1) 앞의 2번 사건이 2008.8.21. 이후 경매가 진행되었다면

앞의 2번 사건이 2008.8.21 이후 경매가 진행되었고 김철민이 확정일자를 받아서 배당요구하였다면 다음과 같이 배당될 것이다.

왜냐하면 2008.8.21.(2008.8.21.~ 2010.7.25) 1차 시행령 개정에 따라 서울의 경우 영세상인 보호 대상 금액이 2억 4,000만원에서 2억 6,000만원으로 상향 조정되었기 때문이다.

1순위 : ① 이형기 1,350만원+② 유길준 1,350만원(최우선변제 1)

2순위 : 마포구청 450,000원(당해세 우선변제 1)

3순위 : 국민은행 61,500,000원(우선변제 2)

4순위 : 이현숙 3,000만원(우선변제 3)

5순위 : ① 가압류 이수철(3,500)=② 유길준(확정일자)(650)이고,

①=③ 이인규(확정일자)(3,000)이고,

①=④ 김철민(확정일자)(5,000)인 관계에 있어서,

따라서 ①=②=③=④인 관계가 되어 동순위로서 1차 안분배당한 후 2차도 순위에 따라 흡수배당하게 된다.

–1차 안분배당

① 가압류 이수철=3,890만원× $\frac{3,500}{12,150}$ =11,205,761원(종결)

② 유길준(확정일자) = 3,890만원 × $\frac{650}{12,150}$ = 2,081,070원

③ 이인규(확정일자) = 3,890만원 × $\frac{3,000}{12,150}$ = 9,604,938원

④ 김철민(확정일자) = 3,890만원 × $\frac{5,000}{12,150}$ = 16,008,231원

–2차 순환흡수배당

② 유길준 = 2,081,070원(1차 안분액) + 4,418,930원(④에서 흡수) = 6,500,000원(종결)

③ 이인규 = 9,604,938원(1차 안분액) + 11,589,301원(④에서 흡수) = 21,194,239원(종결)

④ 김철민 = 16,008,231원(1차 안분액) – 4,418,930원(②에 흡수당함) – 11,589,301원(③에 흡수당함) = 0(종결)

이와 같이 배당이 종결되고 낙찰자 인수 금액이 없는데, 여기서 유의할 점은 ⑤ 최기자는 상임법상 영세상인의 보호 대상인 2억 6천만원(1차 개정 시 서울 기준) 초과로 보호를 받지 못하여 대항력과 확정일자에 의한 우선변제권도 인정받지 못한다는 것이다.

(2) 앞의 2번 사건이 2010.7.26. 이후에 경매가 진행되었다면

앞의 2번 사건이 2010.7.26. 이후에 진행되었고 김철민은 1차 개정 시 즉 2008.8.21.에 확정일자를 받았고, ⑤ 최기자는 2차 개정 시 즉 2010.7.26.에 확정일자를 받아서 배당요구하였다면 다음과 같이 배당될 것이다.

왜냐하면 2008.8.21.(2008.8.21.~ 2010.7.25) 1차 시행령 개정에 따라 서울의 경우 영세상인 보호 대상 금액이 2억 4,000만원에서 2억 6,000만

원으로 상향 조정되었기 때문이다. 2010.7.26.(2010.7.26. 이후 현재까지) 2차 시행령 개정에 따라 서울의 경우 영세상인 보호 대상 금액이 2억 6,000만원에서 3억원으로 상향 조정되었다. 소액임차 보증금도 4,500만원 이하일 때 1,350만원에서 5,000만원 이하일 때 1,500만원으로 상향 조정되었다.

그러므로 우선순위에 따라 배당하면 다음과 같다.

1순위 : ① 이형기 1,350만원+② 유길준 1,350만원(최우선변제 1)

2순위 : 마포구청 450,000원(당해세 우선변제 1)

3순위 : 국민은행 61,500,000원(우선변제 2)

4순위 : 이현숙 3,000만원(우선변제 3)

5순위 : ① 이형기 150만원 + ② 유길준 150만원 +③ 이인규 1,500만원(최우선변제 2)

담보물권(근저당, 담보가등기, 전세권 등) 등의 우선변제권을 가지는 권리가 없어서 소액임차인의 지위를 침해할 권리가 없기 때문인데, 이러한 경우에는 배당 시점을 기준으로 현행 주임법상 소액보증금 중 일정액을 우선변제 받을 수 있다(서울 5,000/1,500).

6순위에서는 ① 가압류 이수철(3,500)=② 유길준(확정일자)(500)이고, ①=③ 이인규(확정일자)(1,500)이고, ①=④ 김철민(확정일자)(5,000)이고, ①=⑤ 최기자(확정일자)(2억)인 관계에 있어서 ①=②=③=④=⑤인 관계가 되어 동순위로서 1차 안분배당한 후 2차로 순위에 따라서 흡수배당 절차[먼저 선순위 ②가 제일 열후한 ⑤를 흡수하고, 다음으로 ③이 ⑤를 흡수하고, 그다음으로 ④가 ⑤를 흡수하면 되는데, ②·③이 안분 부족액을 흡수할 때 ⑤에서 부족하면 ④에서 흡수]를 진행하면 될 것이다.

CHAPTER 7

전세권 Vs. 주임법상의 채권적인 전세

전세권을 설정하고 입주한 임차인이 갖게 되는 권리는 어떠한 것들인지 알아보도록 하자. 전세권 설정 임차인과 주임법상 등기되지 아니한 채권적인 전세와는 어떠한 차이가 있는지 알아보고, 전세권을 갱신하거나 전세금 증액 시 유의할 점에 대해서 꼼꼼하게 따져보도록 하겠다.

31

임차인이 전세권을 설정하고 입주한 경우

임차인의 권리 중 전세권이 있다고 앞에서 말씀드렸었지요. 이제 전세권에 대해 공부해볼 차례입니다.

전세권이란 쉽게 말해 임대인이 보증금을 반환해주지 않을 경우 임의경매로 전세권을 처분할 있는 권리라 할 수 있습니다.

선순위 전세권, 후순위 전세권이라는 말을 들은 적이 있는데, 어떤 차이가 있는지 궁금합니다.

말소기준권리가 선후의 기준이 되는 것입니다. 말소기준권리 이전에 설정된 전세권이 선순위, 이후에 설정된 전세권이 후순위가 되는 것이죠.

선생님, 전세권을 설정할 때 주의해야 할 점이 있으면 설명해주세요. 무조건 전세권만 설정한다고 모든 권리가 보호되는 것은 아닐 것 같아서요.

이제 이과장도 내공이 상당히 늘었네요. 다가구주택의 일부에 전세권이 설정된 경우는 특별히 위험할 수 있으니 조심해야 됩니다. 상임법상 보호받더라도 건물의 일부에 설정된 전세권도 위험합니다. 상임법상 보호받지 않는 건물의 일부에 설정된 전세권이라면 더더더 위험하지요. 그러면 이제부터 차근차근 공부해보도록 하죠.

_전세권이란?

(1) 전세권의 개념

전세 목적물을 전세 기간 동안 사용 · 수익할 수 있는 용익물권이면서 전세권 기간이 만료 시에는 소유자가 전세금을 반환해주지 아니할 경우 전세권을 처분(임의경매 신청)하여 그 매각대금으로부터 우선변제 받을 수 있는 담보물권적 성격을 가지고 있고 그 세부적인 내용을 설명하면 다음과 같다.

(2) 전세권의 성립 요건

① 건물 소유자와 전세권을 설정한다는 물권적 합의가 있어야 한다.
② 전세권설정등기를 하여야 한다.
③ 전세금을 건물 소유자(즉 임대인)에게 지급해야 한다.

이는 주택임대차처럼 전입신고 및 거주하여 대항요건을 갖출 필요 없이 물권으로서 당연히 효력이 발생한다. 전세권은 설정등기 즉시에 효력이 발생한다.

(3) 전세권의 존속 기간

1) 전세권의 존속 기간

전세권의 존속 기간은 10년을 넘지 못한다. 당사자의 약정 계약이 10년을 넘는 경우 이를 10년으로 단축한다(민법 제312조 제1항). 전세권의 갱신이 있는 경우 존속 기간은 갱신한 날로부터 10년을 넘지 못한다. 최장 존속 기간의 제한은 토지뿐만 아니라 건물에도 적용된다.

2) 건물에 대한 최단 기간의 제한

건물에 관한 전세권의 존속 기간은 1년 미만으로 정한 경우에는 1년으로 본다(민법 제312조 제2항).

3) 존속 기간을 정하지 않은 경우

전세권의 존속 기간을 정하지 않은 때에는 각 당사자는 언제든지 상대방에 대하여 전세권의 소멸을 통고할 수 있으며 상대방이 이 통고를 받은 날로부터 6월이 지나면 전세권은 소멸한다(민법 제313조).

4) 전세권의 갱신

① 약정 갱신

전세권의 존속 기간이 만료된 경우 당사자 간의 약정으로 갱신할 수 있다. 그러나 갱신된 전세권의 존속 기간은 갱신한 날로부터 10년을 넘지 못한다(민법 제312조 제3항).

약정에 의한 갱신은 등기해야 효력이 생긴다(민법 제186조).

② 건물 전세권에 관한 법정 갱신

건물의 전세권설정자가 전세권 존속 기간 만료 전 6월부터 1월까지 사이에 전세권자에 대한 갱신 거절 통지 또는 조건을 변경하지 않으면 갱신하지 않는다는 뜻의 통지를 하지 않은 경우에는 그 기간이 만료된 때 전에 설정된 전세권과 동일한 조건으로 다시 전세권이 설정된 것으로 본다. 이 경우 전세권의 존속 기간은 정하지 않은 것으로 본다(민법 제312조 제4항). 법정 갱신은 법률의 규정에 의한 것이므로 등기 없이도 효력이 발생한다(민법 제187조).

③ 전세권의 묵시적 갱신과 등기 여부

전세권설정자(소유자)가 전세권자에게 전세권 만료일로부터 6월에서 1월 사이에 계약갱신 또는 거절의 의사를 표시하지 않았다면 전세권이 만료되는 시점부터 전세권이 다시 설정된 것으로 본다. 이 경우 전세권은 존속 기간의 정함이 없는 것으로 보아 민법 제313조 규정에 의해 전세권자 또는 전세권설정자는 각자에게 계약 해지 통보할 수 있고 6개월 후에 계약 해지 효력이 발생한다. 이러한 전세권의 법정 갱신의 경우에는 전세권자가 그 등기 없이도 전세권설정자나 목적물을 취득한 제3자에 대하여 그 권리를 주장할 수 있다.

_전세권에서 유의할 점

전세권은 아파트 · 연립 · 다세대주택 등의 집합건물 전체에 설정된 전세권과 단독 · 다가구주택 등의 일부에 설정된 전세권이 있다.

집합건물전세권은 그 효력이 건물과 대지권 전체에 미치게 되어 임의경매 신청도 가능하고 말소기준권리도 될 수 있고 건물과 대지 전체의 매각대금에 대해서 우선변제 받을 수 있다.

단독 · 다가구주택과 같이 주택 일부에 설정된 전세권은 그 효력이 대지에는 미치지 못하고 전세권이 설정된 건물의 일부에만 미치게 되므로 말소기준권리와 임의경매 신청이 불가하다. 이 전세권자는 소유자를 상대로 전세금 반환청구소송을 제기하여 판결문을 득하고 토지 및 건물 전부를 강제경매 신청할 수밖에 없고 배당절차에서도 건물 매각대금에서만 전세권에 기해서 우선변제 받고(건물 일부에 설정된 전세권도 건물 매각대금 전체에서 우선변제를 받을 권리가 있다) 대지 매각대금에서는 강제경매 신청자로서 일반채권자의 지위에 있어서 선순위 채권자가 토지에서 우선변제 받게 된다. 그 후 배당금이 남아 있는 경우만 후순위 채권자로서 배당받게 되므로 전세금의 손실이 예상되는 것이다.

보통 대지가 매각대금의 90%를 차지하고 건물은 10% 정도 차지하고 있기 때문이다.

유의할 점은 이들이 최선순위인 경우 배당요구를 하지 않으면 대항력이 있어서 매수인이 인수하게 되지만, 전세권은 배당요구하면 배당받고 소멸되는데 미배당금이 발생해도 소멸되므로 예상 배당표를 작성해서 전액 배당되는 경우에 한해서만 배당요구해야 된다.

왜냐하면 잘못하다가는 전세보증금의 손실을 가져올 수 있기 때문인데, 특히 주택 일부에 설정된 전세권에서 더 많은 주의가 요구된다.

이에 반해서 주임법의 보호를 받게 되는 채권적인 전세는 대항력이 있으면 미배당금을 매수인이 인수하게 되므로 전세권보다 더 보호를 받을 수 있으니, 전세권을 설정한 경우에도 주임법상의 대항요건을 함께 갖추고 있어야 전세보증금을 안전하게 지키게 된다는 점 등을 유의해야 한다.

_경매절차에서 선순위 전세권과 후순위 전세권이 모두 소멸되는가?

(1) 선순위 전세권(말소기준권리보다 먼저 설정된 전세권) 등

민사집행법 제91조 제4항 규정에 의해 말소기준권리보다 선순위의 전세권 · 지상권 · 지역권 · 등기된 임차권 등은 매각으로 소멸되지 아니하고 매수인이 인수한다. 다만 이 용익권 중 전세권의 경우에는 전세권자가 민집법 제88조에 따라 배당요구를 하면 매각으로 소멸한다.

1) 선순위 전세권자가 배당요구를 하지 않은 경우

선순위 전세권인 경우 배당요구종기일까지 배당요구를 하지 아니하면 경매절차에서 매각으로 소멸되지 아니한다. 따라서 배당요구를 하지 않으면 경매절차상에서 소멸되지 않고 낙찰자가 인수해야 되므로 ① 존속 기간이 남아 있는 경우에는 매수인은 전세권의 존속 기간과 전세금 전액을 인수해야 한다.

② 존속 기간이 지난 경우에는 전세권이 법정 갱신된 것으로 본다. 이 경우 존속 기간을 정하지 않은 것으로 보아 그 존속 기간은 1년으로 의제되어 매수인은 언제든지 전세권의 소멸을 통고할 수 있고, 전세권 소멸 통고를 받은 날로부터 6월이 지나면 전세권이 소멸된다.

2) 선순위 전세권자가 배당요구한 경우

후순위 채권자 등의 경매절차에서 배당요구를 하였다면 선순위 전세권자는 경매절차에서 매각으로 소멸된다.

전세권은 용익물권이면서 담보권적인 두 가지 성질을 가지고 있어서 용익물권적인 성질로서 최선순위 전세권자는 대항력이 인정되어 매수자가 원칙적으로 전세권의 존속 기간과 전세보증금을 인수해야 된다. 그러나 최선순위 전세권자가 배당요구를 하였다면 배당받고 소멸되는 것이 원칙이다. 즉 최선순위 전세권자가 스스로 소멸을 원하여 배당을 요구하면 그 전세권을 매각으로 소멸시키고 전세금을 경매절차에서 배당하게 된다.

(2) 후순위 전세권(말소기준권리보다 후순위로 설정된 전세권) 등

첫 경매개시결정등기 전에 등기되었고 최선순위가 아닌 용익권(말소기준권리 이후에 설정등기된 전세권 및 등기된 임차권) 등은 매각으로 소멸되는 대신 별도의 배당요구를 하지 않더라도 당연히 순위에 따라 배당받을 수 있다. 왜냐하면 부동산 등기부에 전세금액 등이 표시되어 있기 때문이다. 여기서 등기된 임차권은 임차권등기명령에 의한 임차권등기를 포함한다.

김선생의 **한/마/디**

미배당금을 매수인이 인수해야 된다고 생각하면 오산!

선순위 전세권이 배당요구해도 미배당금은 매수인이 인수해야 되는 것으로만 알고 있는 사람들이 많은데 이는 잘못된 것입니다.
최선순위 전세권은 배당요구나 본인이 경매를 신청하지 않으면 말소되지 않고 매수인이 인수해야 되지만, 배당요구나 경매 신청을 하면 미배당금이 있어도 소멸됩니다. 그리고 후순위 전세권은 배당요구와 관계없이 소멸되지요.

_전세권이 최선순위와 후순위인 경우의 사례

(1) 전세권설정등기가 최선순위인 경우

갑 전세권설정등기 → 을 저당권 → 병 공과금채권 압류(납부 기한이 을 저당권보다 늦은 경우) → 을이 임의경매 신청 → 정이 낙찰

① 집합건물인 경우

ⓐ 갑 전세권이 배당요구하지 아니하였다면 낙찰자 정이 갑 전세권을 인수해야 되고 이때 말소기준권리는 을 저당권이다.

ⓑ 그러나 갑 전세권이 배당요구하였다면 갑은 배당받고 소멸되며 갑이 말소기준권리가 될 수 있다. 이 경우에는 낙찰자 정의 인수 금액이 없게 된다.

② 단독 · 다가구주택인 경우

갑 전세권이 배당요구하지 아니하였다면 낙찰자 정이 갑 전세권을 인수해야 한다. 유의할 점은 단독 · 다가구주택의 전세권과 같이 건물 일부에 설정된 전세권은 건물 매각대금에 대해서만 우선변제권이 있고, 토지 매각대금에 대해서는 우선변제권이 없다. 그리고 배당요구를 했든, 하지 않았든 간에 말소기준권리가 될 수 없다.

(2) 전세권설정등기가 후순위인 경우

갑 저당권 → 을 전세권 → 병 일반세금 압류(법정기일이 을 전세권보다 늦은 경우) → 갑이 임의경매 신청 → 정이 낙찰 받은 경우

① 을 전세권이 집합건물이든 단독주택이든 간에 구분하지 아니하고 모두가 말소기준권리 갑 저당권보다 후순위로서 대항력 없이 소멸 대상이 된다. 이때 배당을 받든, 받지 못하든 간에 무조건 소멸된다.

_상가건물 일부에 설정된 전세권은 특별한 위험이 따른다

(1) 주택 일부에 설정된 전세권이 위험한 이유

다가구주택의 일부에 전세권이 설정되고 주임법상 대항요건을 갖추지 않은 경우 건물 매각대금에서만 우선변제를 받게 되는데 건물이 20년 이상 오래된 경우 감정가에서 건물감정가비율이 10%에 지나지 않아서 그 매각대금으로 전세보증금을 우선변제 받기 어려우니 반드시 주임법상 대항요건을 함께 갖추고 있어야 건물과 토지 매각대금 전체에 대해서 주임법상 우선변제를 받을 수 있다.

(2) 상임법상 보호받는 임차인이 상가건물 일부에 설정된 전세권도 위험한 이유

다른 채권자가 경매 신청 시 주택의 경우처럼 건물의 매각대금에서만 전세권으로 우선변제 받고, 전세권자가 직접 전세보증금반환청구소송에 기해서 건물과 대지 전체를 일괄경매를 신청한 경우라도 건물 매각대금에서는 전세권자로 우선변제 받을 수 있지만, 대지 매각대금에서는 강제경매 신청자인 일반채권자로서 배당받게 되므로 채권의 손실이 예상된다.

상임법상 대항요건을 함께 갖추고 있으면 상임법상 채권적 전세로서 대지와 건물 매각대금 전체에서 우선변제를 받을 수 있다.

(3) 상임법상 보호 대상이 아닌 임차인이 상가건물 일부에 설정된 전세권은 아주 위험하다

건물의 일부만 전세권이 설정된 경우 최선순위인 경우 대항력을 주장해서 낙찰자의 부담으로 남겨두면 좋겠지만 실무에서 전세권이 최선순위가 된다는 것은 어려운 현실이다.

후순위 전세권은 건물 매각대금에서만 배당받게 되고 소멸되므로 전세금의 손실이 예상되고, 설령 전세권자가 직접 전세보증금반환청구소송을 진행해서 강제경매를 신청해도 건물 매각대금은 전세권자로 우선변제 받고 대지 매각대금은 강제경매 신청자인 일반채권자로서 배당받게 되므로 채권의 손실이 예상된다.

김선생의 **한/마/디**

상임법 보호 대상이 아닌 상가임차인에겐 저당권이 보약!

많은 상가임차인이 상임법의 보호 대상이 아니어서 전세권을 설정하고 영업을 하는 경우가 많습니다. 전세권은 건물에서만 우선변제권이 있으니 토지와 건물 전체에 대해서 저당권을 설정하고 입주하는 방법이 전세금을 보호받기 위해서는 가장 확실한 방법입니다.

_전세권의 존속 기간 갱신과 전세보증금의 증액 시 어떻게 대처하면 될까?

(1) 후순위 채권자가 없는 경우

전세권의 부기등기 형식으로 존속 기간의 연장 또는 전세보증금의 증액으로 변경등기하면 된다(예, 전세권이 순위번호가 5번이면 5-1번으로).

(2) 후순위 채권자가 있는 경우

1) 후순위 채권자의 동의가 있는 경우에는 부기등기가 가능하다.

부기등기 형식으로 순위번호 5-1번으로 하게 되고, 이 경우 후순위 채권자보다 대항력과 우선변제권을 주장할 수 있으나 실무에서는 동의가 이루어지는 경우가 드물거나 없다고 보는 것이 맞다. 왜냐하면 후순위 채권자가 부기등기를 용인하게 되면 그 증액한 전세금보다 후순위가 되니 그렇게 할 채권자가 없기 때문이다.

2) 후순위 채권자의 동의가 없는 경우에는 부기등기를 할 수 없고 주등기를 해야 한다.

이 경우 후순위 채권자 다음 순위로 주등기를 하게 되므로, 예를 들면 5번 전세권 → 6번 근저당권 → 주등기로 7번 전세권 존속 기간만 변경 또는 존속 기간과 전세보증금을 증액변경하게 된다.

① 전세권 존속 기간만 변경하는 경우

7번으로 주등기로 변경등기 시에 5번에서 존속 기간을 말소하고 나서 7번에서 주등기로 존속 기간을 변경하여 전세권을 설정하게 되고, 이 경우 선순위 전세권은 담보물권으로서 후순위 저당권보다는 우선변제를 받을 수 있으나 대항력을 주장하기는 어렵게 된다.

② 존속 기간과 전세보증금을 증액 변경하는 경우

7번으로 주등기로 변경등기 시에 5번에서 존속 기간과 전세금을 말소하고 나서 7번에서 주등기로 존속 기간과 증액된 전세보증금으로 변경하여 전세권을 설정등기하게 되는데, 이 경우 선순위 전세권은 종전 전세보증금에 대해서 담보물권으로서 후순위 저당권보다는 우선변제를 받을 수 있으나 대항력과 증액된 전세보증금에 대해서는 우선변제권을 주장하지 못하고 후순위가 된다는 점을 유의하면 된다.

그러나 앞의 상황은 일반거래에서 발생되는 것이지 경매나 공매절차에서는 발생되지 않는다. 왜냐하면 경매 등의 절차에서는 선순위 전세권은 배당요구할 수도 있고, 하지 않고 대항력을 주장할 권리를 갖게 되는데, 배당요구하면 배당받고 소멸되지만 배당요구하지 않으면 대항력이 있어서 매수인의 부담으로 남게 되기 때문이다.

존속 기간이 지난 선순위 전세권은 묵시적인 갱신으로 법정 갱신되고, 이 경우 매수인은 대금 납부와 동시에 전세권 소멸을 청구하면 6개월 이후에 전세권이 소멸되는데, 이때도 매수인의 전세보증금 반환과 전세권자의 주택인도는 동시이행관계에 놓이게 된다.

32

전세권과 주임법상 임차권(채권적 전세)의 차이

선생님, 앞 장에서 설명하셨던 전세권과 주임법에서 보호받는 임차권의 차이에 대해서 아직 확실한 구분이 되지 않습니다. 각각의 개념은 어떻고, 어떤 차이가 있는지 정리해주셨으면 좋겠네요.

박사장님이 이렇게 적극적으로 공부하려고 하니 저도 기쁘네요. 우리가 앞서 배웠던 임차권은 정확하게 채권적 전세라고 합니다. 임대인이 동의를 해주지 않더라도 간단하게 확정일자를 받고 전입신고를 할 수 있으니 조금만 부지런하면 누구나 할 수 있지요.

전세권을 설정하려면 그보다 훨씬 복잡하다는 말씀이네요.

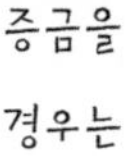
그렇죠. 보통은 법무사의 도움을 받아서 하게 됩니다. 임차권은 집주인이 보증금을 반환하지 않을 경우 별도의 보증금 반환소송을 청구해야 하지만, 전세권의 경우는 자동적으로 순위에 의해 배당을 받을 수 있다는 장점이 있습니다.

선생님 설명을 들으니 뭔가 확실해지는 것 같네요. 그 밖에 더 알아둬야 할 것은 없나요?

전세권과 채권적 전세에서 우선변제권이 어떻게 적용되는지까지 알아보려고 합니다. 그럼 모두들 공부할 준비 되셨죠? 이제 시작합니다.

_채권적 전세와 전세권의 차이

주택인도 및 주민등록(전입신고)과 확정일자의 3가지 요건을 갖추어 대항력과 우선변제권을 취득한 임차인은 임차주택에 대해 전세권자와 비슷한 지위를 취득하게 된다. 그러나 전세권은 물권이고 임차권은 채권이므로 전세권을 설정하게 되면 전세권자는 집 주인의 동의를 받지 않고 전세권을 양도하거나 전전세 할 수 있는 반면, 단순히 임차인이 확정일자를 받은 경우에는 임차권의 양도나 전전세를 하기 이해서는 집 주인의 동의를 얻어야 한다는 차이가 있다.

_우선변제권 발생 시점

전세권설정등기는 등기만 경료해두면 전입신고나 실제 거주는 전세권의 효력 발생 요건이 아니므로 전입신고나 실제 거주를 갖추고 있지 않아도 전세권으로서 그 설정등기일을 기준으로 우선변제권이 발생한다.

주임법상 확정일자인 제도에 의한 순위가 인정되기 위해서는 주민센터 · 구청 · 등기소 · 공증인사무소 등에서 임대차계약서에 확정일자 인을 받는 것 이외에 대항요건, 즉 전입신고의 경료 및 실제 거주 요건을 갖추고 있어야 확정일자부 효력 발생 일시를 기준으로 후순위 채권자 등에 우선하여 변제받게 된다는 차이가 있다.

_채권적 전세의 장점

전세권등기는 임대인의 협력 없이는 등기 자체가 불가능하며, 또한, 그 절차의 복잡으로 인해 대부분의 경우 법무사의 협조를 얻어야 하고 그 비용 또한 확정일자인을 받는 데 비하여 많은 비용이 소요된다.

여기에 반해 주임법상 확정일자인 제도는 주민센터 · 구청 · 등기소 · 공증인사무소에서 저렴한 비용으로, 또한 임대차계약서만 있으면 되므로 임대인의 동의 여부와는 관계없이 신속 · 간편한 절차에 의해 확정일자인을 받을 수 있다는 장점이 있다.

_전세권의 장점

전세계약이 만료된 경우에 이사를 하고자 하지만 임대인이 보증금을 반환치 않는 경우, 확정일자인을 받아둔 임차인은 별도로 보증금반환청구소송을 제기하여 판결문을 득해서 강제경매를 신청해야 되지만, 설정등기를 경료한 집합건물(아파트 · 다세대 · 연립 등) 전세권자는 민사집행법의 담보권 실행 등을 위한 경매(임의경매) 규정에 근거하여 판결 절차 없이도 직접 경매 신청이 가능하다.

전세권설정등기를 한 경우는 별도의 배당요구 없이도 순위에 의한 배당을 받을 수 있지만 확정일자인만 갖춘 경우는 경매절차에서 별도의 배당요구를 하여야 배당절차에 참여가 가능하다는 차이가 있으므로, 전세권은 조금 비용은 들어가지만 그만큼 보증금 반환 받는 절차에서 간편함을 얻을 수 있다.

_전세권과 채권적인 전세에서 우선변제권

집합건물(아파트 · 다세대 · 연립 등)에 설정된 전세권은 대지와 건물 전체의 매각대금에서 그 전세권설정등기일을 기준으로 우선변제 받을 수 있지만, 단독 · 다가구주택에 대한 전세권등기는 대지를 포함하지 않고 주택만 전세권 등기한 경우로 대지의 매각대금에서 우선변제를 받을 수 없고 오로지 건물 매각대금에서만 우선변제를 받을 수 있다.

전세권자가 사전에 임차인으로서 대항요건을 갖추었다면 전세권등기일에 임대차계약서 상에 확정일자를 받은 것과 동일한 효력이 발생하여 토지 및 건물 매각대금 전부에 대하여 주임법상 후순위 권리자보다 우선변제 받을 수 있어서(대판 2001다51725) 주택 일부의 전세권에서는 주임법상 대항요건도 함께 갖추고 있어야 전세보증금의 손실이 적어지게 된다. 어쨌든 주임법상 대항력과 우선변제권이 있으면 대지와 건물 전체 매각대금에서 우선변제가 이루어지므로 주택 일부에 설정된 전세권보다 유리한 경우가 많다.

_경매를 신청할 수 있는 권리와 말소기준권리

1) 집합건물(아파트 · 다세대 · 연립 · 상가 · 오피스텔 등)에 설정등기된 전세권은 그 건물만에 전세권이 설정된 경우에도 그 대지지분(대지권)의 매각대금으로부터도 우선변제 받을 수 있는데, 이 경우 전세권은 저당권으로 보고 대지지분은 저당물의 종물로 보아 저당권의 효력이 종물에까지 미치는 것과 같은 법리가 적용되기 때문이다.
   따라서 대지와 건물 매각대금 전체에 대해서 우선변제 받을 수가 있어서 임대인이 전세보증금을 반환하지 아니한 경우 임의경매를 신청할 수 있는 권리가 있고 이때 전세권이 최선순위인 경우 말소기준권리도 될 수 있다.
2) 단독 · 다가구주택에 설정등기 된 전세권은 주택의 일부에 설정된 전세권으로 임대인이 전세보증금을 반환하지 않을 경우 임의경매 신청권이 없고 별도의 전세보증금반환청구소송을 제기, 판결문을 득해서 강제경매를 신청해야 되고 말소기준도 될 수 없다.
3) 확정일자만 갖춘 임차인의 보증금도 임대인이 보증금을 반환하지 아니할 경우에는 단독 · 다가구의 전세권과 같이 전세보증금반환청구소송을 제기하여 강제경매를 신청할 수밖에 없고, 그리고 확정일자만 갖춘 임차인 등은 말소기준권리가 될 수도 없다.

CHAPTER 8

공유물에서 임대차계약과 지분경매 사례

공유물에서 임대차계약서 체결과 계약 해지는 어떻게 할 수 있는지, 지분경매로 낙찰 받은 주택을 종전 채무자 또는 다른 공유지분권자가 점유하고 있는 경우에 인도명령 대상에 포함되는지, 임차인이 점유하고 있는 경우에 어떻게 대처하면 되는지에 대해서, 2분의 1 지분경매에서 배당 방법과 대위 범위와 다가구주택의 3분의 1 지분이 경매된 경우 임차인 분석, 공유물의 일부 지분에 처분 제한(가압류, 근저당)을 받은 임대차계약을 통해서 분석해놓았다.

33

공유물에서 계약 체결과 해지 및 인도 청구 방법

이제 임차건물이 한 명이 소유가 아닌 여러 명의 소유인 경우, 즉 공유물의 계약에 대해 자세하게 공부해보려고 합니다.

제가 평소에 궁금했던 문제네요.

한두 명도 아니고 여러 명이 공동으로 소유한 건물은 도대체 누구와 계약을 해야 되는지 궁금합니다.

그들 모두와 해야 되는 거 아닐까요?

선생님, 제 말이 맞죠?

꼭 그렇지는 않습니다. 공유물의 소유자 중 과반수 이상과 계약하면 권리를 지킬 수 있다고 되어 있습니다.

이 '과반수'가 아주 중요하니 꼭 기억해두세요.

그러면 지금부터 공유물 계약에 대한 모든 것을 알아보기로 하죠.

_공유물이란?

공유물건이란 하나의 물건이 다수의 소유로 되어 있는 것을 말한다. 부동산의 경우, 등기부에 각 지분비율로 공유등기가 되어 있고, 공유자는 자기 지분을 자유로이 처분할 수 있지만 공유물 관리행위로 얻는 사용 수익은 민법 제 265조에 의해 과반수 동의가 필요하다.

공유자는 공유물을 자기 지분대로 사용, 수익할 권리가 있기에 합의가 있든 없든 사용, 수익을 하지 않는 다른 지분자들에 대해 부당이득을 보는 셈인데, 이러한 공유물 사용, 수익은 관리행위이며, 공유자 지분의 과반수 이상의 동의를 얻어야 적법하다.

김선생의 한/마/디

과반수 지분권자와 계약한 임차인은 주택 전체를 경매신청할 수 있을까?

과반수 이상의 지분권자 또는 그의 동의를 얻어서 임대차계약을 체결하면 동의한 지분권자에 대해서는 대항력과 우선변제권(경매시 배당요구로), 전세보증금반환청구 소송을 통해서 강제경매가 가능합니다. 동의하지 않은 다른 지분권자에게는 대항력과 우선변제권(경매시 배당요구로)은 가능하나 채무자가 아닌 다른 지분권자의 지분까지 강제경매신청은 어렵다고 볼 수 있는데, 공유물에서 민법 제265조의 관리행위는 사용수익에 관한 규정이지 처분행위까지 용인하는 것으로 볼 수 없기 때문입니다. 과반수 이상의 지분권자와 임대차계약서를 작성하는 경우도 과반수라는 이유만으로 모든 것이 해결되지는 않지만, 대항력과 우선변제권이 있으므로 임차인이 보증금을 보장받을 수 있습니다.

_공유물에 대한 임대차계약 체결 및 해지

(1) 과반수 이상의 공유지분권자 또는 과반수 이상의 동의로 임대차 계약을 체결한 경우

공유물의 관리행위가 적법하므로 이들과 공유물의 계약을 체결한 임차인은 주택 및 상가건물임대차보호법상 적법한 임차권을 갖게 되어 동의하지 않은 다른 공유자에게도 대항력을 행사할 수 있는데, 이때 동의는 구두상으로 추인을 받은 경우에도 유효하다.

(2) 과반수 미만의 공유지분권자와 임대차계약을 체결한 경우

과반수의 동의를 갖추지 못한 임대차는 적법한 관리행위에 해당하지 못해서 주임법 또는 상임법상 대항력과 우선변제권이 인정되지 못하고, 동의하지 않은 다른 공유지분권자에게 대항력이 없고, 단지 계약당사자 간에서만 민법상 유효한 임대차관계가 성립하게 된다(민법 제618조).

(3) 공유물의 임대차계약 해지 방법

임대차계약의 해지 행위도 공유물의 관리행위로 공유자 지분의 과반수로 결정된다.

(4) 공유물에서 적법한 임대차계약서 작성 방법

1) 홍길동(⅓), 이도령(⅓), 춘향이(⅓)의 공유물에서 홍길동과 이도령을 공동임대인으로 임대차계약서를 작성하면 주임법상 보호를 받을 수 있어서 대항력과 우선변제권이 있다.

No. _______	**[아파트] 임 대 차 계 약 서**	□ 임 대 인 용 □ 임 차 인 용 □ 사무소보관용

부동산 의 표시	소재지	서울시 서초구 서초동 109번지 삼성아파트 101동 605 호				
	구조	철근콘크리트조 슬래브지붕	용도	주거용	전유면적	84.98㎡
					대지면적	48.18㎡
임 차 보 증 금		금 3 억 원 정 (₩300,000,000)				

제1조 위 부동산의 임대인과 임차인 합의하에 아래와 같이 계약함.
제2조 위 부동산의 임대차에 있어 임차인은 임차(전세) 보증금을 아래와 같이 지불키로 함.

계 약 금	금 3 천 만 원 정은 계약 시에 지불하고 영수함.
잔 금	금 2 억 7 천 만 원 정은 2012년 00월 00일 지불하기로 한다.

제3조 [존속 기간] 임대인은 위 부동산을 임대차 목적대로 사용수익할 수 있는 상태로 년 월 일까지 임차인에게 인도하며, 임대차 기간은 인도일로부터 년 월 일 까지로 한다.
제4조 [계약의 해지] 임차인이 계속해서 2회 이상 차임의 지급을 연체하거나 제3조에 위반했을 때는 임대인은 즉시 본 계약을 해지할 수 있다.
제5조 [계약의 종료] 임대차계약이 종료한 경우 임차인은 위 부동산을 원상으로 회복하여 임대인에게 반환한다.
제6조 [중개수수료] 중개수수료는 본 계약체결과 동시에 계약당사자 쌍방이 각각 지불하며, 중개업자의 고의나 과실 없이 거래당사자 사정으로 본 계약이 무효 · 취소 또는 해약되어도 중개수수료는 각각 지급한다.

[특약사항]

1. 위 아파트는 홍길동(⅓), 이도령(⅓), 춘향이(⅓)가 공동소유하고 있으나 임대차계약은 민법 제265조 규정에 따라 공유물의 관리행위는 공유자의 과반수 지분권자 또는 과반수의 동의로 결정되는 바, 홍길동(⅓)과 이도령(⅓)을 공동임대인으로 해서 민법 제265조 규정에 따라 적법한 임대차계약을 체결하였다.
2. 임차보증금은 홍길동과 이도령의 계좌로 각 2분의 1에 해당하는 금액을 이체하기로 한다.

위 계약조건을 확실히 하고 훗일에 증하기 위하여 본 계약서를 작성하고 각 1통씩 보관한다.

2012년 00월 00일

임대인 I	주소	서울시 구 동 번지 아파트 동 호				
	주민등록번호		전화번호		성명	홍길동 ㉑
임대인 II	주소	서울시 구 동 번지 아파트 동 호				
	주민등록번호		전화번호		성명	이도령 ㉑
임차인	주소	서울시 구 동 번지 아파트 동 호				
	주민등록번호		전화번호		성명	○○○ ㉑
중개업자	사무소 주소				사무소	
	등록번호		전화번호		대표	○○○ ㉑

2) 홍길동(⅓), 이도령(⅓), 춘향이(⅓)의 공유물에서 홍길동 임대인이 다른 지분권자 이도령의 동의를 얻어서 임대차계약서를 작성하면 주임법상 보호를 받을 수 있어서 대항력과 우선변제권이 있다.

No. ______		[아파트] 임 대 차 계 약 서				□ 임 대 인 용 □ 임 차 인 용 □ 사무소보관용
부동산의 표시	소재지	서울시 서초구 서초동 109번지 삼성아파트 101동 605 호				
	구조	철근콘크리트조 슬래브지붕	용도	주거용	전유면적	84.98㎡
					대지면적	48.18㎡
임차보증금		금 3 억 원 정 (₩300,000,000)				

제1조 위 부동산의 임대인과 임차인 합의하에 아래와 같이 계약함.
제2조 위 부동산의 임대차에 있어 임차인은 임차(전세) 보증금을 아래와 같이 지불키로 함.

계 약 금	금 3 천 만 원 정은 계약 시에 지불하고 영수함.
잔 금	금 2 억 7 천 만 원 정은 2012년 00월 00일 지불하기로 한다.

제3조 [존속 기간] 임대인은 위 부동산을 임대차 목적대로 사용수익할 수 있는 상태로 년 월 일까지 임차인에게 인도하며, 임대차 기간은 인도일로부터 년 월 일 까지로 한다.
제4조 [계약의 해지] 임차인이 계속해서 2회 이상 차임의 지급을 연체하거나 제3조에 위반했을 때는 임대인은 즉시 본 계약을 해지할 수 있다.
제5조 [계약의 종료] 임대차계약이 종료한 경우 임차인은 위 부동산을 원상으로 회복하여 임대인에게 반환한다.
제6조 [중개수수료] 중개수수료는 본 계약체결과 동시에 계약당사자 쌍방이 각각 지불하며, 중개업자의 고의나 과실 없이 거래당사자 사정으로 본 계약이 무효 · 취소 또는 해약되어도 중개수수료는 각각 지급한다.

[특약사항]

1. 위 아파트는 홍길동(⅓), 이도령(⅓), 춘향이(⅓)가 공동소유하고 있으나 임대차계약은 민법 제265조 규정에 따라 공유물의 관리행위는 공유자의 과반수 지분권자 또는 과반수의 동의로 결정되는 바, 임대인 홍길동(⅓)이 이도령(⅓)의 동의를 얻어 민법 제265조 규정에 따라 적법하게 임대차계약을 체결하였다.
2. 이도령은 위 아파트를 임대인 홍길동으로 하는 임대차계약에 동의한다 [이도령 서명날인]

위 계약조건을 확실히 하고 훗일에 증하기 위하여 본 계약서를 작성하고 각 1통씩 보관한다.

2012년 00월 00일

임대인	주소	서울시	구	동	번지	아파트	동	호
	주민등록번호			전화번호			성명	홍길동 ㊞
임차인	주소	서울시	구	동	번지	아파트	동	호
	주민등록번호			전화번호			성명	○○○ ㊞
중개업자	사무소 주소						사무소	
	등록번호			전화번호			대표	○○○ ㊞

_채무자, 다른 공유자, 임차인 등이 공유물을 점유하고 있는 경우의 인도 청구

공유지분 과반수 소유자의 공유물 인도 청구는 민법 제265조의 규정에 따라 공유물의 관리를 위하여 구하는 것으로서 그 상대방인 타 공유자는 민법 제263조의 공유물의 사용 · 수익권으로 이를 거부할 수 없다(대법 81다653).

(1) 종전 공유자였던 채무자가 점유하고 있는 경우

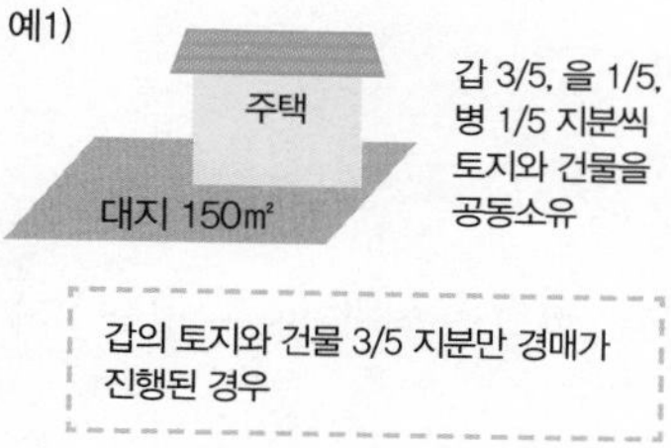

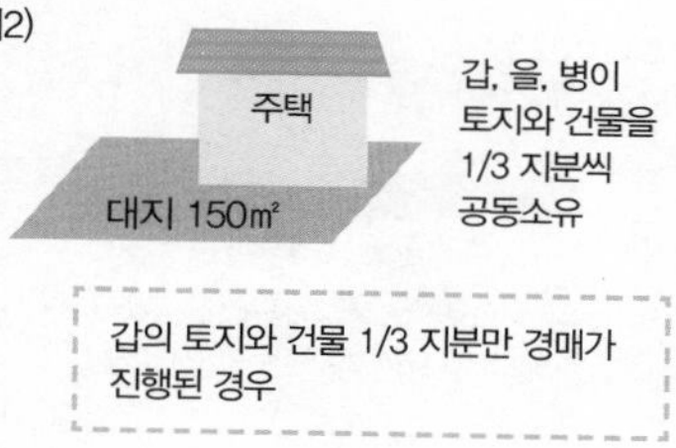

공유지분 경매 등의 절차에서 종전 공유자였던 채무자가 점유하고 있는 경우 그의 공유물의 점유 사용이 공유자인 지위에 기한 것이면 채무자는 경매로 그 지위를 상실하고 매수인이 그 지위를 승계하게 되므로 예1)의 지분경매물건의 매수인은 보존행위 여부와 상관없이 관리행위로서 인도명령 신청이 가능하고, 예2)의 지분경매물건의 매수인은 보존행위로서만 채무자를 상대로 인도명령 신청이 가능하다.

(2) 채무자가 아닌 다른 공유자가 점유하고 있는 경우

예1)

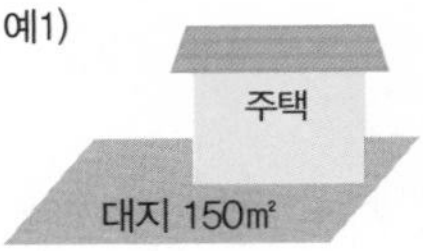

갑 3/5, 을 1/5, 병 1/5 지분씩 토지와 건물을 공동소유

갑의 토지와 건물 3/5 지분만 경매가 진행된 경우

예2)

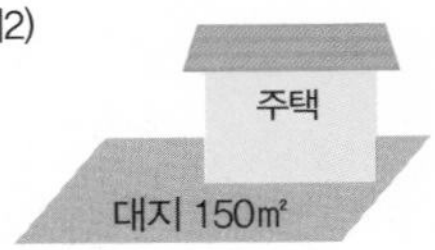

갑, 을, 병이 토지와 건물을 1/3 지분씩 공동소유

갑의 토지와 건물 1/3 지분만 경매가 진행된 경우

매수인이 취득한 공유지분이 과반수 이상(예1))이면 보존행위 여부와 상관없이 관리행위로서 인도명령 신청이 가능하고, 과반수 미만(예2))이면 관리행위로서 인도명령을 신청할 수 없다.

(3) 공유자가 아닌 임차인이 점유하고 있는 경우

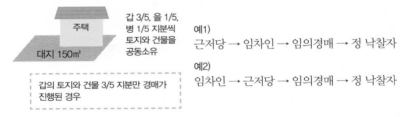

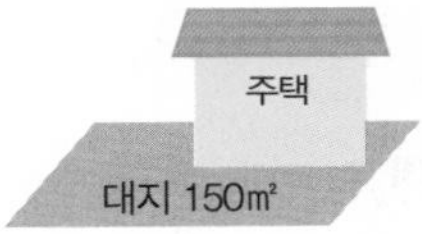

갑 3/5, 을 1/5, 병 1/5 지분씩 토지와 건물을 공동소유

갑의 토지와 건물 3/5 지분만 경매가 진행된 경우

예1)
근저당 → 임차인 → 임의경매 → 정 낙찰자

예2)
임차인 → 근저당 → 임의경매 → 정 낙찰자

① 매수인의 지분이 과반수 이상이고 매수인에게 대항력이 없는 임차인(예1)

임대차계약의 해지 행위도 공유물의 관리행위로 공유자 지분의 과반수로 결정(대법 2010다37905)되기 때문에 인도명령을 청구할 수 있다.

② 매수지분이 과반수 이상이고 임차인이 대항력이 있는 경우(예2)

과반수 이상이더라도 매수인에게 대항력이 있는 임차인 등은 인도명령을 청구할 수 없고, 임차인의 권리를 인수해야 된다. 이때 인수 금액은 자기지분비율만큼 인수하게 되나 대항력 있는 임차인으로부터 주택을 인도받기 위해서는 자신의 지분비율만큼 인수해서 인도를 청구할 수 있는 것이 아니라 전체 임차보증금을 지급해야만 주택인도를 청구할 수 있다. 다만 매수인은 자기지분을 벗어나는 임차보증금에 대해서 나머지 다른 공유자에게 구상권을 청구할 수 있을 것이다.

③ 그러나 매수인의 지분이 과반수 미만인 경우에는 인도명령을 청구할 수 없다.

김 | 선 | 생 | 특 | 별 | 과 | 외

공유자 중 일부와 주택 임대차계약을 체결한 경우, 임차인의 권리는?

Q : 저는 갑, 을, 병 3인이 각 1/3의 지분비율로 공유하고 있는 주택을 갑, 을 2인으로부터 임차하여 현재 거주하고 있습니다. 그런데 주변에서 공유주택에 관한 임대차계약은 공유자 전원과 체결하여야 유효하다고 하여 불안합니다.
제가 병에 대하여 임차권을 주장할 수 없는지요?

A : 그렇지 않습니다. 왜냐하면 민법 제265조 본문은 공유물의 관리에 관한 사항은 지분의 과반수로써 결정하도록 규정하고 있고 공유주택의 임대행위는 위 관리행위에 해당하는데, 귀하의 경우 2/3의 공유지분을 보유한 갑, 을과 임대차계약을 체결하였기 때문에 비록 병이 임대인에서 제외되었다고 하여도 병에 대하여 유효한 임차권을 가지고 대항할 수 있게 되는 것입니다.
공유물을 적법하게 사용·수익하려면 과반수 이상의 지분권자 또는 과반수 이상의 동의를 얻어 계약을 체결하면 적법한 관리행위에 해당되어 동의하지 않은 지분권자에도 대항력을 행사할 수 있고, 특별법의 보호 대상으로 대항력과 우선변제권이 인정됩니다. 과반수 미만과의 계약으로 공유물 사용 시 적법한 관리행위에 해당되지 않아서 동의하지 않은 다른 지분권자에 대항하지도 못하고, 특별법의 보호 대상도 되지 못함을 유의해야 합니다.

34

아파트 2분의 1 지분경매에서 배당 방법과 대위 범위

아, 드디어 우리도 전문가들만 한다는 지분경매에 대해 배우게 되는 건가요?

지분경매가 그렇게 어려운 개념이 아닙니다.

사람들이 잘 모르니까 무조건 어렵다고 생각하는 것이지요.

실제 사례로 아파트의 2분의 1이 경매로 나온 경우를 공부해보려고 합니다.

물건 분석을 한 다음 배당표를 작성하는 과정을 따라가다 보면 어렵지 않게 지분경매의 밑그림이 그려질 겁니다.

이런 경우엔 다양한 판례들을 공부하는 것이 도움이 되겠네요.

그렇습니다. 전체적인 개념을 머리에 그린 다음 판례로 공부하는 것이 좋은 방법이겠죠. 부부 공동 소유인 물건 중 남편 지분만 경매된 경우까지 분석해볼 테니 잘 따라오세요. 그럼 공부 시작하겠습니다.

_지분경매에서 배당 방법과 후순위 저당권자와 매수인의 권리

(1) 유사공동저당권자에 대한 배당 방법

공유물의 일부 지분이 경매되는 경우 전체 지분에 설정된 저당권과 과반수 이상의 지분권자와 임대차계약을 체결한 임차인은 유사공동저당권자의 지위에 놓이게 되고, 공유지분 중 2분의 1에 대한 경매라 하여도 유사공동저당권자에 대한 공동채무자의 반환 채무는 불가분채권이므로 경매 대상 공유지분인 2분의 1 부분만 배당받는 것이 아니고 전액 배당 신청하고 전액 배당받을 수 있다.

(2) 후순위 저당권자의 대위와 채무자(소유자)의 변제자대위

후순위 저당권자는 공유물의 일부 지분이 먼저 매각되는 과정에서 유사공동저당권자가 전액 배당받음으로써 전체 매각 시에 비해 손해를 보게 된 금액을 한도로 후순위 저당권자의 대위(민법 제368조 제2항)가 가능하고, 채무자는 변제자대위(민법 제481조, 482조)에 기한 물상대위 또는 다른 지분권자에게 구상권을 청구할 수 있다.

(3) 대항력이 있는 임차인이 있는 경우 매수인은 임차인의 권리를 인수

대항력 있는 임차인으로부터 주택을 인도받기 위해서는 자신의 지분비율만큼 인수해서 인도를 청구할 수 있는 것이 아니라 전체 임차보증금을 지급해야만 주택인도를 청구할 수 있는데, 이는 공동 임대인이 임차인에 대하여 부담하는 임차보증금 반환의무는 불가분의 관계에 있기 때문이다(대법 67다328)(민법 제409조 불가분채권). 다만 매수인은 자기지분을 벗어나는 임차보증금(다른 공유자의 1/2 지분)에 대해서 나머지 공유자에게 구상권을 청구할 수 있다.

_아파트의 2분의 1 지분이 경매로 매각된 경우 권리분석과 매수 이후 대응 방법

[성남시 수정구 신흥동 한신아파트 : 2분의 1 지분만 경매로 매각되는 사례]

(1) 지분경매 입찰 대상 물건 분석표

법원경매정보와 사설경매정보를 통하여 다음과 같이 물건분석표를 작성해보았다.

주소	면적	경매가 진행 과정	1) 임차인 조사 내역 2) 기타 청구 내역	등기부 상의 권리관계
경기도 성남시 수정구 신흥동 2463-1 한신아파트 6동 제14층 ○○○○호 채무자 겸 소유자 : 백경희 1/2 지분경매 강제경매 : (주) 명성 (2010- 21063) 중복경매 : 김병기 (2011- 2397)	대지 21.74㎡ (6.58평) [전체지분 43.48㎡] (1/2지분) 건물 42.45㎡ (12.84평) [총면적 84.90㎡] (1/2지분) 토지와 건물의 1/2지분인 백경희 지분만 경매	감정가 190,000,000원 최저가 1차 190,000,000원 유찰 2차 152,000,000원 유찰 3차 121,600,000원 낙찰 135,609,000원 정병희 〈11.7.11.〉	1) 임차인 ① 이한국 전입 00.11.1. 이한국은 나머지 1/2 지분권자로 채무자 백경희의 전 남편임 2) 기타청구 ① 수정구청 교부청구 재산세 15만원 (법정기일 10.7.10.) ② 파주세무서 부가세 500만원 (법정기일 10.7.25.)	공유자 지분등기 지분1/2 이한국 지분1/2 백경희 00.11.2. 근저당 농협중앙회 00.11.25. 6,000만원 02.11.7. 8,400만원 배당요구금액 1억 2,000만원 백경희 지분 근저당 김병기 07.11.2. 1억원 백경희 지분 강제 경매 (주) 명성 10.10.25. 청구금액 1억원 백경희 지분 압류 파주세무서 10.11.24. 백경희 지분 가압류 제일은행 11.1.6. 19,500,000원 백경희 지분 임의 경매 김병기 11.2.11. 청구금액 1억원

(2) 지분경매물건에 대한 권리분석과 배당표 작성

이 경매사건은 백경희의 2분의 1 지분만 경매로 매각되는 것으로 말소 기준은 농협근저당권으로 2000.11.25.이 되나 임차인이 없으므로 매수인의 인수사항은 없다.

그러나 전체 지분을 매수하는 것이 아니라 2분의 1 지분을 매수하는 것이므로 권리 행사가 각자의 지분에 의해서 제약이 예상되고, 지분경매이므로 다른 공유자가 공유자우선매수신청이 가능한데, 나머지 공유지분권자는 채무자의 전 남편으로 이혼 전에 공유지분으로 등기하였다가 이혼으로 인해서 채무자의 지분만 경매가 신청되었고 전 남편인 이한국이 점유하고 있는 실정이다.

이러한 경우 낙찰을 받는 경우 매수인의 지분이 과반수 미만이므로 관리행위로 인도명령 신청을 할 수는 없으나 점유자 역시 소수지분권자에 해당되어 매수인은 보존행위로서 인도명령 신청이 가능하다.

여기에 해당하는 판례는 다음과 같다.

① 1/2 지분권자의 다른 1/2 지분권자에 대한 공유물 인도 청구(=적극)
물건을 공유자 양인이 각 1/2 지분씩 균분하여 공유하고 있는 경우 1/2 지분권자로서는 다른 1/2 지분권자와의 협의 없이는 이를 배타적으로 독점 사용할 수 없고, 나머지 지분권자는 공유물 보존행위로서 그 배타적 사용의 배제, 즉 그 지상건물의 철거와 토지의 인도 등 점유 배제를 구할 권리가 있다(대법 2002다57935).

② 공유물의 2분의 1 지분권자라 할지라도 나머지 2분의 1 지분권자와의 협의 없이는 이를 배타적으로 독점 사용할 수 없으며 나머지 지분권자는 공유물 보존행위로서 그 배타적 사용의 배제를 구할 수 있다 할 것이므로 같은 취지에서 원고에게 이건 건물의 명도를 명한

원심의 조치는 정당하고 이건 건물 신축 당시 원고가 소외 강해주로부터 이건 건물을 인도받았다는 사실만으로 피고가 원고에게 이건 건물에 대한 배타적, 독점적 사용수익권을 인정한 것이라고도 볼 수 없으므로 논지는 이유 없다[대법 80다1280].

③ 공유자 1인의 공유물에 대한 배타적 사용의 가부

부동산의 공유자는 그 공유물의 일부라 하더라도 협의 없이 이를 배타적으로 사용 수익할 수는 없는 것이므로 원·피고와 소외인들의 공동 상속 재산인 이 사건 건물에 관한 피고의 배타적 사용은 공유지분 과반수의 결의에 의한 것이 아닌 한 부적법하다.

김 | 선 | 생 | 특 | 별 | 과 | 외

부부 공동소유 지분 중 남편 지분만 경매된 아파트의 인도 청구

부부 등의 공동소유(부부나 형제 등이 1/2씩 소유하고 공동으로 점유하고 있는 경우)로 남편 2분의 1 지분 경매물건을 낙찰 받아 잔금을 납부했을 경우 채무자와 다른 지분권자에 대한 인도 청구는 어떻게 처리하면 될까요?

인도명령의 상대방은 채무자, 소유자(물상보증인), 제3점유자로 매수인에게 대항력이 없는 임차인 등의 당사자뿐만 아니라 그의 가족 구성원 모두가 포함되므로 채무자가 인도명령 신청인 것만은 분명합니다. 그러나 채무자만을 상대로 인도명령 및 건물인도소송을 신청하여 집행권을 득한 후 강제집행을 한다 하더라도 실질적으로는 건물명도가 불가능한 것이 현실입니다. 그 이유는 아파트 1/2 지분의 채무자만을 상대로 점유 부분을 특정하여 강제집행하기가 사실상 불가능하기 때문입니다.

그리고 나머지 2분의 1 지분권자의 제3자 이의소송과 강제집행 정지 신청이 예상되므로 실무상 강제집행 절차로 이어지는 것은 불가능하다고 보면 됩니다.

그렇다면 어떤 방법이 있을까요?
채무자뿐만 아니라, 다른 지분권자 역시 소수지분에 의해서 점유하게 되므로 낙찰자는 보존행위로 인도명령을 신청할 수 있을 것입니다. 그러나 실무에서는 간혹 인도명령이 받아들여지지 않는 경우가 있는데 그 이유는 인도명령 성격상 그 대상과 인도 부분이 분명하고 다툼이 발생하지 않는 경우에 한하여 발하게 되므로 인도명령을 기각하는 경우가 발생되지만, 위와 같은 논리는 타당성이 있어 건물인도청구소송 시 건물 사용 배제를 청구할 수 있고 채무자와 다른 2분의 1 지분권자 모두를 상대로 강제집행을 하면 될 것입니다.
그러나 강제집행을 하더라도 상대방이 또다시 소수지분권자를 이유로 건물인도청구소송을 하게 되는 상황이 되풀이될 수 있어서 인도명령 또는 건물인도청구소송은 채무자 또는 다른 지분권자에게 압박의 수단으로 이용되는 것이지 본질적인 문제의 해결책은 되지 못합니다. 그래서 다음 단계로 부당이득을 청구하는 방법과 공유물분할청구소송을 통해서 실질적인 이득을 얻게 되는 절차가 기다리게 됩니다.

그런데 이한국 2분의 1 지분권자가 채무자 백경희의 동의를 얻어서 즉 용익권(임대차계약)에 기해서 점유하는 경우라면 과반수 이상의 동의를 얻은 결과가 되어 매수지분에서 대항력이 있는 경우 인도명령을 신청할 수 없으나 대항력이 없다면 보존행위로서 인도명령을 신청할 수 있다고 보면 될 것이다.

지분경매절차에서 농협 저당권자는 전체 지분에 대해서 저당권을 설정한 것이므로 공동저당권자와 유사한 지위에 놓이게 된다. 이 경우 농협 저당권은 어느 일부 지분이 먼저 매각되는 경우 채권불가분성에 따라 그 지분에서 채권 전액을 우선변제 받게 되고 그에 따라 배당받지 못하게 되는 후순위 저당권자와 채무자가 선순위 농협 유사공동저당권자를 대위하여 행사가 가능한데, 이들 대위행사 금액 내에서 후순위 저당권자가 채무자보다 우선하게 된다.

대위행사 금액은 동시매각 시 배당받을 수 있는 금액을 한도로 실행된다. 이때 유의할 점은 농협 유사공동저당권자가 전체 금액을 우선변제 받는다고 하여도 지분경매절차에서 촉탁으로 말소되는 것은 매각지분에 해당하는 2분의 1 지분뿐이고 나머지 부분은 후순위 채권자와 채무자의 대위를 위해서 남겨두어야 하며 실무에서도 경매집행기관도 매각절차가 진행된 부분만 촉탁으로 말소하게 되는 것이지 매각 절차가 진행되지 않은 지분에 해당되는 채권까지 말소할 수 있는 것은 아니다.

이와 같이 2분의 1 지분경매절차에서 배당 방법과 후순위 저당권자와 채무자의 대위행사 범위를 살펴보기로 하자.

매각대금이 135,609,000원이고 경매비용이 2,712,180원이면 배당금액은 132,896,820원이 된다.

1순위 : 수정구청 150,000원(백경희 지분 재산세 우선변제 1)

2순위 : 농협 근저당권 배당요구금액 12,000만원(우선변제 2)

3순위 : 김병기 근저당권 12,746,820원(우선변제 3)으로 배당 절차가 종결된다.

(3) 선순위 농협 저당권의 말소 방법과 후순위 채권자의 대위행사 금액은 어떻게 될까?

실무에서 농협 유사공동저당권은 매각이 진행된 지분에서는 근저당권이 촉탁으로 말소되고, 매각이 진행되지 않은 나머지 1/2 지분에만 근저당권의 채권 전액이 변경등기(목적 갑구 2번 이한국 지분 전부 근저당권 설정)로 다음 등기부와 같이 부기등기가 이루어진다.

【갑 구】

순위번호	등기목적	접수	등기원인	권리자 및 기타사항
2 ⋮	소유권이전	2000년 11월 2일 제105244호	2000년 10월 1일 매매	공유자 지분 2분의 1 이한국 56××××−1×××××× 지분 2분의 1 백경희 62××××−1××××××
10	소유권이전	2011년8월16일 제34650호	2011년 8월 10일 강제경매로 인한 매각	소유자 정병희

【을 구】(소유권 이외의 권리에 관한 사항)

순위번호	등기목적	접수	등기원인	권리자 및 기타사항
4	근저당권 설정	2000년 11월 25일 제109271호	2000년 11월 24일 설정계약	채권최고액 금60,000,000원 채무자 이한국 성남시 수정구 신흥동 ○○○−○○○ 근저당권자 농업협동조합중앙회 ○○ ○○○−○○○○ 서울 중구 충정로1가 75 (상대원지점)
4−1	4번 근저당권 변경	2011년 8월 16일 제34651호	2011년 8월 10일 강제경매로 인한 매각	목적 갑구2번 이한국지분전부근저당 권설정
5	근저당권 설정	2002년 11월 7일 제78106호	2002년 11월 7일 설정계약	채권최고액 금84,000,000원 채무자 이한국 성남시 수정구 신흥 동 ○○○−○○○ 근저당권자 농업협동조합중앙회 ○○ ○○○−○○○○ 서울 중구 충정로1가 75(상대원지점)
5−1	5번근저당권 변경	2011년 8월 16일 제34651호	2011년 8월 10일 강제경매로 인한 매각	목적 갑구2번 이한국지분전부근저당 권설정

다음으로 지분경매의 후순위 저당권자의 대위행사 금액은 이한국 지분에 대해서 농협 근저당권의 2분의 1에 해당하는, 즉 6,000만원이 아니라 1억 2,000만원이 된다.

공동저당물이 채무자 소유와 물상보증인 소유 즉 이한국 1/2 지분(채무자)과 물상보증인 1/2 지분(물상보증인) 중 백경희 지분이 먼저 매각되어 물상보증인은 변제자대위를 할 수 있고, 청구금액은 변제금액 전액을 대상으로 하기 때문이다. 후순위 김병기 근저당권자가 물상보증인의 변제금액을 한도로 민법 제368조 제2항에 따라 선순위 농협 근저당권을 대위하여 청구할 수 있다.

반대로 이한국 1/2 지분(채무자)과 백경희 1/2 지분(물상보증인) 중 이한국 지분이 먼저 매각 시에는 후순위 저당권자의 대위가 인정되지 못하게 되는데 이러한 이유는 물상보증인의 변제자대위와 채무자의 후순위 저당권자의 대위 간에는 변제자대위가 우선하기 때문이다.

그러나 선순위 농협 근저당권에 공동채무자인 경우로, 즉 이한국 1/2 지분(채무자)과 백경희 1/2 지분(채무자) 중 백경희 지분이 먼저 매각 시에는 선순위 저당권자가 동시배당 시 배당받게 되는 금액, 즉 6,000만원을 한도로 후순위 저당권자는 민법 제368조 제2항에 따라, 백경희는 민법 제481조, 482조에 기한 변제자대위로서 대위행사를 할 수 있다.

김선생의 한/마/디

물상대위가 인정되는 경우와 아닌 경우를 구분합시다!

채무자나 소유자가 같으면(모두 물상보증인 소유) 동시배당 시보다 적게 배당되는 금액을 한도로 공동저당권자를 민법 제368조 제2항의 후순위 저당권자의 물상대위와 민법 제481조, 482조에 기한 채무자의 변제자대위에 기한 물상대위가 가능합니다. 그러나 물상보증인 소유 지분이 먼저 매각되는 경우 후순위 저당권자와 채무자가 대위변제한 금액 전체에 대해서 물상대위가 인정되지만, 채무자 지분이 먼저 매각 시에는 물상대위가 인정되지 않는다는 내용을 명심하세요.

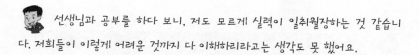

35

공유물에서 처분 제한을 받은 임대차계약 및 물권의 운명

선생님과 공부를 하다 보니, 저도 모르게 실력이 일취월장하는 것 같습니다. 저희들이 이렇게 어려운 것까지 다 이해하리라고는 생각도 못 했어요.

그럼 조금 더 어려운 이야기로 들어가 볼까요?

이번엔 공유물 중에서도 약간 문제가 있는 물건에 대해 공부하려고 합니다.

즉 일부 지분에 가압류나 근저당이 설정되어 있는 경우죠.

아, 설상가상이네요.

그렇게 골치 아픈 경우엔 어떻게 해야 할지 감이 안 잡히는군요.

제가 항상 기본을 생각하라 했었죠?

우선 누가 대항력을 가지고 있는지를 따져보면 됩니다. 다음으로 전체 지분에 설정되어 있는 등기가 전세권인지, 지상권인지, 임차권인지, 근저당권인지 알아봐야 합니다. 각각의 경우에 따라 임차인의 권리가 달라지니까요.

지금부터 각각의 경우에 대해 자세히 알아보도록 하죠.

_공유물의 일부 지분에 처분 제한(가압류, 근저당)을 받은 임대차계약

공유물에서는 과반수 이상의 지분권자 또는 과반수 이상의 동의를 얻어서 임대차계약을 체결해야 적법한 관리행위로 대항력과 우선변제권이 발생하게 된다. 따라서 이승민(1/2)과 박민기(1/2)를 공동임대인으로 임대차계약을 체결한 경우에는 적법한 관리행위로 이한국 임차인은 대항력이 있지만, 다음과 같은 경우에는 대항력과 우선변제권이 있을 수도 상실될 수도 있으니 유의해야 한다.

이승민 1/2 박민기 1/2

96년 가압류등기 5,000만원

이한국 97.1.30. 전입/확정일자(보증금8,000만원)
임차인이 이승민과 박민기를 공동임대인으로 임대차계약을 체결한 경우

Bonus 정보+

공유물의 일부가 매각될 경우 말소기준권리는?

공유물의 일부가 지분경매로 매각되는 경우 말소기준권리는 그 지분 일부에 등기된 가압류나 근저당권 등이 기준이 될 수 있다. 즉 지분의 일부에 등기된 말소기준 이후에 대항요건을 갖춘 임차인은 지분경매절차에서 소멸되고 매수인의 인수 사항이 아니므로 매각절차가 진행되지 아니한 지분에 대해서만 그 임차권의 효력이 남게 된다.

따라서 매수지분이 과반수 이상이 되지 못하면 인도명령을 신청할 수 없다. 그러나 매수지분이 과반수 미만(½)이라도 남아 있는 지분이 과반수 미만(½)에 그 임차권이 남게 된다면 애당초 매수지분의 동의는 매각절차로 소멸된 것이 되므로 인도 청구의 대상이 되는데 실무상 인도명령을 발하는 경우는 드물지만, 매수인이 건물인도청구소송을 하게 된다면 다음 김선생의 특별과외에서 설명하는 판례 사례와 같이 인도 청구 대상이 될 수 있다.

(1) 이한국 임차인이 새로운 소유자에 대항력이 있는 경우

1) 전체 지분이 일반매매로 소유자가 바뀌는 경우
2) 전체 지분이 경매로 소유자가 바뀌는 경우 낙찰자는 이승민 지분만 매수하게 되는 것이 아니라 박민기 지분에 대해서도 매수인이므로 임차인이 대항력을 주장할 수도 있고, 배당요구해서 우선변제를 받을 수 있는데 임차보증금반환채권은 채권불가분성에 따라 미배당금 전체에 대해서 낙찰자가 인수하게 된다.
3) 이승민 지분만 일반매매로 소유자가 바뀌는 경우
4) 박민기 지분만 일반매매로 소유자가 바뀌는 경우
5) 박민기 지분만 경매로 소유자가 변경되는 경우 임차인이 대항력이 있어서 낙찰자가 인수하게 된다.

(2) 이한국 임차인이 새로운 소유자에 대항력이 없는 경우

1) 이승민 지분만 먼저 경매로 소유자가 김대중으로 바뀌는 경우 이한국의 말소기준은 가압류등기권자가 되므로 이승민 지분에서의 임차인은 대항력이 없어서 임차권이 소멸되므로 낙찰자인 김대중의 인수사항이 아니다.

   이한국은 경매로 매각되기 전까지는 대항력이 인정되지만 경매로 매각되면 임대 권한이 소멸되므로 애당초 임대 권한이 없는 임대인과 임차차계약서를 작성한 것과 같이 된다.

2) 이승민 지분이 경매되고 나서 이한국 임차인의 운명은 이승민 지분이 경매로 매각되어 그 지분에서 임차권이 소멸되었으므로, 종전에는 과반수 이상의 지분권자의 동의를 얻어서 즉 이승민(1/2)과 박민기(1/2)를 공동임대인으로 임대차계약을 체결한 경우로 적법한 관리행위에 해당되어 이한국 임차인은 대항력이 있었다.

   그러나 이승민 지분에서 임차권이 소멸되어 박만기 2분의 1 지분과 계약한, 즉 소수지분권자와의 계약으로 특별법의 보호 대상이 되지 못하고 일반채권자의 지위에 놓이게 된다.

   따라서 추후 박민기 지분이 경매당해도 대항력과 우선변제권이 없는 일반채권자가 되어 별도 채권가압류 후 배당요구가 가능하게 된다.

   이러한 이유는 과반수 이상의 지분권자와 체결한 임대차는 특별법의 보호 대상으로 동의하지 아니한 다른 지분에 대해서도 그 대항력과 우선변제권이 미치지만 과반수 미만이라면 그 상황은 달라져서 계약 당사자 상호 간에만 일반채권자로서 채권 청구만 인정된다.

3) 이승민 지분 낙찰자 김대중은 이한국 임차인에 대해 인도명령을 신청할 수 있을까?

매수지분이 2분의 1 지분(과반수 미만)이고 이 지분에 대해서 대항력이 없는 임차인은 매수지분에 대해서 임차인의 권리가 소멸되고 다른 지분권자(2분의 1 지분)에 대해서만 임차인의 권리가 존속하게 되는데, 다른 지분권자 역시 과반수에 도달하지 못하게 되므로 낙찰자는 관리행위에 의한 인도청구는 불가하지만 보존행위로서 임차인에 대한 인도명령을 신청할 수 있다고 보아야 한다.

김선생의 한/마/디

임차권과 우선변제권이 한순간에 사라지는 경우가 있습니다.

일반거래(매매, 상속, 증여 등)에서 새로운 소유자에게 소유권이 이전되기 전까지만 대항요건을 갖추고 있으면 말소기준 이전이든, 이후든 모두가 대항력이 있어서 새로운 소유자가 인수하게 되지만, 경매나 공매로 매각되는 경우에는 선순위 채권자를 보호하기 위해서 말소기준권리 이후의 채권이나 권리는 소멸하게 되므로 낙찰자에게 대항력을 주장할 수 없게 됩니다.

임차권도 매각되는 지분의 말소기준권리의 제한을 받아서 임대차계약을 체결하고 대항요건을 갖추었다면 말소기준권리에 대항할 수 없어서 그 매각되는 지분에 대해서는 소멸하게 되는데 만일 그 지분권자가 동의를 해서 과반수 이상의 동의를 갖추게 된 경우 그 지분의 매각으로 인해서 그 지분에 해당하는 임차권이 소멸되기 때문에 처음부터 동의가 없었던 것과 같이 되는 경우가 발생하게 됩니다. 다시 말해 잘못하면 임차권의 대항력과 우선변제권이 한순간에 사라지고 일반채권자의 지위로 전락하게 될 수 있으니 주의를 요합니다.

_공유물의 일부 지분에 처분 제한(가압류, 근저당)을 받은 용익물권과 담보물권의 운명

공유물의 일부가 지분경매로 매각되는 경우 말소기준권리는 그 지분 일부에 등기된 가압류나 근저당권 등이 될 수 있다.

지분경매절차에서 그 지분 일부에 등기된 가압류나 근저당권 이후에 설정된 전세권이나 지상권, 임차권등기 등의 용익권은 토지 또는 건물의 일부 지분에 대하여 설정할 수 없는 권리이므로 말소 대상이 된다.

① 97년 전체 지분에 전세권이 설정등기된 경우 ② 97년 전체 지분에 지상권이 설정된 경우
③ 97년 전체 지분에 임차권등기가 된 경우 ④ 97년 전체 지분에 근저당권이 설정등기된 경우
이들이 별도로 존재했을 때 이들의 운명은 어떻게 달라질까?

(1) 97년 전세권이 전체 지분에 설정등기된 경우로 선순위 가압류채권의 경매가 진행된 경우

가압류채권자의 본안소송을 통해 박민기 지분만 강제경매가 진행되었다면 후순위 전세권은 그 매각절차에서 후순위로 소멸돼야 하는데 근저당과 같이 일부 지분이 소멸되고 나머지 지분에서 변경등기되어 그대로 존속하는가가 문제가 된다.

결과적으로 말하면 전세권은 용익물권으로 어느 일부 지분에만 등기되어 사용수익할 수 있는 권리가 아니라서 전체 전세권이 소멸되고 나머지 지분에서 이승민이나 이철희 지분권자에 대해서 우선변제권은 소멸되고 일반채권자의 지위에서 보증금을 반환받게 되는데 그 지분에 해당되는 보증금만 청구 대상이 아니고 채권불가분성에 따라 못 받은 보증금 전액 청구가 가능하다. 다만 전세권의 우선변제권은 사라지고 일반채권자의 지위를 가지 게 된다는 점만 다르다.

Bonus 정보 +

일부 지분이 그 지분에 설정된 근저당권의 실행으로 인하여 매각된 경우 후순위 전세권설정등기의 말소 방법[등기선례 200807-1]

전세권설정등기는 부동산의 전부 또는 특정 일부분에 대하여 할 수 있으나 일부 지분에 대하여 할 수 없으므로 전세권의 일부 지분에 대한 말소등기(일부 말소 의미의 경정등기) 또한 할 수 없다.

수 인이 공유하는 부동산의 일부 공유자의 지분에 대한 근저당권설정등기와 전세권설정등기가 순차적으로 경료된 후, 위 근저당권의 실행에 따른 경매절차에서 전세권의 인수에 관한 특별매각조건이 없이 매각되고 대금이 완납되었다면 위 전세권등기는 매수인이 인수하지 아니할 부담에 관한 기입의 등기에 해당하여 전부 말소의 대상이 된다.

(2) 97년 지상권이 전체 지분에 설정등기된 경우로 선순위 가압류채권의 경매가 진행된 경우

가압류채권자의 본안소송을 통해 박민기 지분만 강제경매가 진행되었다면 후순위 지상권은 그 매각절차에서 후순위로 소멸돼야 하는데 근저당과 같이 일부 지분이 소멸되고 나머지 지분에서 변경등기되어 그대로 존속할 수가 없다.

지상권은 용익물권으로 어느 일부 지분에만 등기되어 사용 수익할 수 있는 권리가 아니라서 전체 지상권이 소멸될 수밖에 없다.

(3) 97년 임차권등기가 전체 지분에 등기되었는데 선순위 가압류채권의 경매가 진행된 경우

가압류채권자의 본안소송을 통해 박민기 지분만 강제경매가 진행되었다면 후순위 임차권등기는 그 매각절차에서 후순위로 소멸돼야 하는데 근저당과 같이 일부 지분이 소멸되고 나머지 지분에서 변경등기되어 존속할 수가 없다. 임차권등기는 용익채권으로 어느 일부 지분에만 등기되어 사용 수익할 수 있는 권리가 아니라서 전체 임차권등기가 소멸되고 나머지 지분에서 이승민이나 이철희 지분권자에 대해서 대항력은 소멸되고 일반채권자의 지위에서 보증금을 반환받게 되는데 그 지분에 해당되는 보증금만 청구 대상이 아니고 채권불가분성에 따라 못 받은 보증금 전액 청구가 가능하다.

(4) 97년 근저당권이 전체 지분에 설정되었는데 선순위 가압류채권의 경매가 진행된 경우

가압류채권자의 본안 소송을 통해 박민기 지분만 강제경매가 진행되었다면 후순위 근저당권은 그 매각절차에서 후순위로 소멸돼야 하는데 용익권 즉 전세권, 지상권, 임차권등기와 같이 전체 지분에서 소멸되지 않고 매각이 진행된 박민기 3분의 1 지분에서는 소멸되고 나머지 지분권자에 대해서 근저당권설정등기의 목적을 이승민 · 이철희의 지분으로 하는 변경등기를 하게 된다.

Bonus 정보+

공유 부동산의 일부 지분이 강제경매로 매각된 경우[등기선례 200506-3]

갑, 을 공유의 부동산에 대하여 공유자 전원의 지분 전부에 대한 근저당권설정등기가 마쳐진 후 을의 지분이 강제경매절차에서 매각된 경우, 위 근저당권설정등기 중 을의 지분에 대한 부분은 민사집행법 제144조 제1항 제2호 소정의 "매수인이 인수하지 아니한 부동산의 부담에 관한 기입"으로서 집행법원의 일부말소등기(또는 일부 말소 의미의 변경등기)촉탁에 의하여 말소될 수 있는바, 이 경우 등기관은 근저당권설정등기의 목적을 갑의 지분으로 하는 변경등기를 하여야 할 것이다.

말소기준 이후의 전체 지분에 설정된 근저당권도 마찬가지로 하면 될 것이다.

CHAPTER 9

임대차계약과 임차권이 승계되는 특별한 사례

이 장에서는 미등기 아파트나 분양권에서 매매계약 또는 임대차계약 체결 시, 건물만 소유한 자와 임대차계약 체결 시, 토지별도등기가 있는 아파트와 임대차계약을 체결 시, 신탁등기 된 부동산에서 임대차계약 체결 시 각각의 계약서 작성 방법과 유의사항을 확인해보겠다.

유치권자와 계약을 체결하면 임차인의 권리는 보호되는가 여부와 임차인 사망 시 임차권의 승계 및 명의 이전 방법에 대해서도 알아보자.

36

미등기 아파트나 분양권에서 매매나 임대차계약 체결

선생님, 제 꿈이 아파트에서 살아보는 건데요.

분양권이나 미등기 아파트의 매매나 임대차 계약에 대해서도 알고 싶습니다.

일반 분양되는 아파트의 경우는 시공회사나 조합에 확인하고 분양대금이 잘 납입되었는지, 연체금이나 이자는 없는지 확인하면 되니까 상대적으로 어렵지 않습니다.

그러면 더 복잡한 경우도 있다는 말씀인가요?

네. 조합원분양권이나 일반분양권이 경매로 나온 경우에는 주의해야 할 사항들이 더 많습니다.

그 밖에도 임시 사용 승인이 난 상태의 미등기 아파트에 들어갈 경우 특별히 주의해야 할 점 3가지도 알려드릴 테니, 나중에 유용하게 활용하시기 바랍니다.

_미등기 아파트나 분양권에서 매매계약 체결 시 유의할 사항

분양권에 대하여 조합과 시공회사에 확인하고 실제 소유자가 맞는 경우 분양권매매계약서에 조합 또는 시공회사 도장을 날인받아야 하고, 이 당시 분양대금의 미납금, 연체금 등을 확인하는 것은 물론이고 신규로 분양받은 아파트에 대해 대출하여준 은행에서 대출금액 및 이자 등을 확인하여야 한다.

조합원분양권인 경우에는 이주비(무상이주비) 및 추가대출금(유상이주비), 연체 이자 등에 대하여 대출하여준 은행에 대해서 신규 아파트 분양과 같이 확인하고 이상이 없는 경우에 채무승계를 받아야 하는데, 이러한 모든 과정이 끝나면, 분양권매매계약서를 구청에 취득신고하고 취득세를 납부하면 된다.

_경매로 분양권 취득 시 유의사항

(1) 조합원분양권이 경매로 나온 경우

재건축이 추진 중인 분양권이 경매로 나온 경우 조합원분양권이 명의변경이 가능한지 여부에 대해서 관할 구청에 문의하면 정확히 알 수 있는데, 참고로 이에 대한 부수적인 정보는 조합이나 주변 부동산 중개업소를 방문하여 좀 더 살펴볼 필요가 있고, 조합원이 분양받을 평형대와 이 분양 평형대 가격이 어느 정도 가격을 형성하고 있는지 등을 조사해야 한다.

그리고 조합원의 종전 자산평가액과 청산금(추가 부담금)이 얼마이고 조합원의 청산금 미납금액과 이에 따른 연체금 등이 있는지 등을 분석하여 실제 입주하기 위해 지불해야하는 총 납부금액을 계산해야 한다.

조합원분양권을 낙찰 받아 온전한 권리 행사를 하기 위해서는 낙찰금액+청산금(추가 부담금) 미납 금액과 이에 따른 연체금 등을 납부해야 온전한 조합원분양권을 취득할 수 있으므로 낙찰자의 총 납부금액과 낙찰 받은 분양권의 가격 형성대와 미래가치 등을 분석하여 투자 기대수익률이 보장되는 금액에서 입찰가를 결정해야 하는 것이다.

김 | 선 | 생 | 특 | 별 | 과 | 외

경매 · 공매 · 일반매매로 분양권을 취득하는 경우에 유의사항

1. **입찰 전 조합에 문의**
   분양 신청을 어떻게 하였는지, 권리가액은 어떻게 되는지, 낙찰 받으면 어떻게 되는지 등등, 조합의 경우 권리가액과 명의 변경 가능성, 동 · 호수 확인 등이 중요한 체크사항입니다.
2. **시공사에 문의**
   전체 청산금(추가 부담금)이 얼마인지, 납입은 어느 정도 되었고, 미납된 원금과 연체 이자 등이 있는지, 경매로 인하여 명의 변경이 가능한지, 낙찰을 받으면 어떻게 해야 하는지 등(시공사의 경우엔 추가 부담금 금액과 납입 현황, 명의 변경 등 확인이 중요함)을 알아봐야 합니다.
3. **이주비 담당 은행과 추가 부담금 담당 은행과의 상담**
   이주비와 추가 부담금 설정은 어떻게 되어 있는지, 이자 지연금 등이 있는지, 경매로 경락자가 취득한 경우 어떻게 해야 하는지 등을 확인해야 합니다.
4. **관할 구청 담당 공무원과 상담**
   관할 구청 담당 공무원과 상담하여 분양 자격이 경매 · 공매 등으로 승계 가능한지 여부 등을 꼭 확인해야 합니다.

(2) 일반분양권이 경매로 나온 경우

일반분양권자가 계약금, 중도금, 잔금 중 어느 정도까지 납부하였는지 확인하고, 이에 따라서 미납금액에 대한 추가 부담 금액과 연체 이자, 기타 비용 등을 조합과 시공사 등에 문의하여 정확하게 분석하고 입찰에 응해야 된다.

임시 사용 승인이 나왔으나 미등기 상태인 아파트 등에 입주하는 임차인 등도 분양계약서가 진정한 것임을 확인하는 경우 위와 같은 내용을 확인하면 잘못된 임대차계약으로 인해서 보증금의 손실을 보지 않고 적법한 임대차의 효력으로 대항력과 확정일자에 의한 우선변제권으로 후순위 채권자보다 우선해서 권리를 보호받을 수 있게 된다.

_임시 사용 승인이 난 미등기 아파트에서 임대차계약 체결 시 유의사항

(1) 아파트가 건축되고 건축물대장과 건물등기부등본이 만들어지는 과정

재건축과 재개발 과정에서 건폐율과 용적률에 의해서 재건축이 이루어지는 경우, 아파트가 완공되고 나서 건축주 또는 시공사가 사용 승인을 신청하면 각 구청 건축과(19세대 이하) 또는 주택과(19세대 초과)에서 건축사협회에 특별검사원(건축사)의 지정을 요청하여 건축 허가 신청 시의 설계대로 건축이 완공되었는지를 확인하고 이상이 없을 경우 각 구청 담당자에게 조사서를 작성, 제출하게 된다.

그러면 각 구청 건축과 또는 주택과에서 사용 승인을 하고 사용 승인

이후 2~3일 이내(주택 규모에 따라 더 많은 시일이 소요되기도 한다)에 건축물 대장을 만들게 되고, 이 건축물대장에는 건물에 대한 구분소유지분과 면적 등이 표시되고, 소유자에 관한 표시 등이 기재된다. 이 대장을 가지고 건축주 또는 소유자가 소유권보존등기를 신청하면 등기소에서 소유권보존등기가 이루어지게 되고 이 보존등기 이후 등기소에서 전산으로 각 구청에 통지되므로 2~3일 이내(실무상 7일 이내)에 보존등기 사항을 기준으로 건축물대장을 정리하게 된다. 보존등기 이후에 소유권이 제3자에게 이전등기되면 등기소에서 전산으로 각 구청에 2~3일 이내에 통지하게 되고 이 소유권이전등기 사항을 대장에 변경, 기재하게 된다.

(2) 토지에서 대지지분이 정리되고 나서 집합건물의 대지권으로 등기되는 과정

건축물 완공 이후 사용 승인을 신청할 때에는 건물만 신청하게 되고, 대지권 미정리 등의 사유로 건축물만 보존등기하는 경우에는 집합건물 등기부에 대지권이 미등기가 된다. 물론 이 경우도 정상적인 경우는 대지권이 정리되고 나면 대지권이 집합건물등기부에 기입될 것이다.

아파트나 대단위 연립주택 등의 경우에는 대지지분이 정리되면 각 구분소유권의 전유면적비율에 따라 안분되어 토지등기부에서 대지지분이 각 대지지분으로 나누어지고, 집합건물의 각 구분소유권의 표제부에서 대지권으로 등기하게 된다.

물론 이 경우에도 토지별도등기에 의해서 대지권의 소유자가 변경되고 그에 따라 법정지상권이 없음을 이유로 건물 전체인 경우는 토지인도 및 건물철거소송이 이루어지고, 집합건물 일부의 구분소유권이 법정지상권이 성립되지 못하면 집합건물 소유 및 관리에 관한 법률 제7

조에 따라 시가매도청구권을 토지 소유자가 주장하게 되므로 건물구분 소유자는 구분소유권을 잃을 수도 있게 된다. 이와 같이 대지권이 정리되고 나서는 특별한 사정이 없는 한 구분소유권과 분리하여 매각될 수 없게 된다.

(3) 임시 사용 승인이 나온 미등기 아파트에서 임대차계약 체결 시 유의사항

앞에서 설명한 절차를 거쳐서 사용 승인과 건축물대장 그리고 건물등기부등본이 만들어지게 되는데 재건축 또는 재개발은 대단위 건축으로 모든 절차를 신속히 정리해서 대지권등기까지 이루어지기란 쉽지 않아서 2~3년의 기간이 소요되곤 한다. 이 과정에서 아파트는 임시 사용 승인 또는 가사용 승인 등으로 허가를 받아서 분양권자 또는 임차인 등이 먼저 입주하게 되는 경우가 실무에서 많이 발생한다.

이 경우 임차인이 미등기 아파트에 임대차계약을 체결하고 입주하는 경우 보장을 받을 수 있을까? 주임법의 보호를 받으면 대항력과 우선변제권을 갖게 되어 담보물권적인 권리를 갖게 되는데 건물이 등기된 건물뿐만 아니라 미등기 건물에도 적법한 요건을 갖춘 경우에 한해서 그 권리가 인정되지만, 과연 적법한 권리는 무엇일까?

첫째로 적법한 계약서(주계약 + 계약금계약)를 작성하고 대항요건인 주민등록(전입신고)과 주택인도(점유)를 갖추면 다음 날 오전 0시에 대항력이 발생하고, 계약서에 확정일자까지 받아두면 확정일자부 우선변제권의 효력이 있어서 담보물권적인 권리까지 가지게 되어 후순위 채권자보다 우선해서 변제받을 수 있게 된다.

둘째 문제는 아무리 계약서를 잘 작성하고 대항요건과 확정일자를 갖추었더라도 임대인에게 권리하자가 있다면 임대인이 분양 중도금, 잔금 등을 납부하지 않았거나 분양권에 기한 대출금이 연체가 있는 경우에는 임대인이 소유권을 온전하게 갖지 못하게 된다. 임대인이 소유자가 아닌 경우 즉 우리가 잘 알고 있는 소유자가 아닌 사람과 계약을 하는 경우, 그리고 아파트의 대지권이 다른 사람의 소유로 소유권이 변경되어 임대인에게 대지권이 없는 건물만의 소유권만 있다면 대지권이 등기된 경우에도 토지별도등기된 대지권을 갖고 있는 경우에는 추후 토지별도등기채권자에 기한 경매가 진행되면 대지권은 새로운 낙찰자의 소유가 되니 대지권이 원래부터 없었던 것과 같이 될 수 있다.

즉 토지별도등기채권자가 경매를 하지 않는 기간 동안 대지권이 있어 보이나 이러한 대지권은 살아 있어도 죽은 목숨에 불과하다는 것이다.

김 | 선 | 생 | 특 | 별 | 과 | 외

미등기 아파트에 들어갈 경우 3가지 필요조건

첫째, 소유권을 정확하게 판단해야 합니다.

이러한 사실은 분양계약서는 물론 조합과 시공회사에 확인하고 실제 소유자가 맞는 경우 미등기 아파트 소유자(분양권자)와 임대차계약서를 작성하면 됩니다. 이 당시 분양대금의 미납금, 연체금 등을 확인하는 것은 물론이고, 신규로 분양받은 아파트에 대해 대출하여준 은행에서 대출금액 및 이자 등을 확인하여야 하며, 조합원분양권인 경우에는 이주비(무상이주비) 및 추가 대출금(유상이주비), 연체 이자 등에 대하여 대출하여준 은행에 대해서 신규 아파트 분양과 같이 확인하고 이상이 없는 경우에 임대차계약서를 작성하면 됩니다.

둘째, 은행 대출금과 연체금을 확인합니다.

분양권을 담보로 대출한 은행을 통해서 대출금과 연체금을 확인하는 것은 연체금으로 인해서 추후 경매가 진행되는 것을 예방하는 목적과 대출금 과다 시 선순위 채권으로 남아 있을 수 있으니(건물은 미등기이나 토지별도등기채권으로 남아 있어서 선순위 채권이 된다) 임차보증금으로 대출금을 상환하고 입주해야 안전한데 이러한 과정에 미등기 아파트 소유자가 진정한 소유자임을 확인할 수 있는 것입니다.

셋째, 토지등기부를 확인합니다.

임대인의 토지지분에 대해서 등기된 채권이 있는가를 확인해봐야 합니다. 이러한 채권자들은 나중에 건물이 등기되고 나면 토지별도등기채권자가 되어서 임대인이 대지권이 없는 건물만의 소유자가 되니 임차보증금을 안전하게 지킬 수 없습니다.

앞에서 설명한 유의사항을 고려해서 하자가 없을 경우만 미등기 아파트 소유자와 임대차계약을 체결해야 보증금 손실을 보지 않을 수 있습니다.

37

건물만 소유한 자와 임대차계약을 한 임차인의 경우

가끔 건물과 토지가 나눠져 있는 것을 모르고 한쪽만 소유한 사람과 임대차 계약을 해서 보증금을 날렸다는 이야기를 듣습니다.

저희도 이런 실수를 하지 않도록 이 부분에 대해서도 공부하고 싶네요.

박사장님의 적극적인 자세, 아주 좋습니다. 건물만 소유한 자와 계약을 하면 권리 행사에 상당한 제약을 받는 것이 사실입니다. 결론적으로 말씀드리자면 평상시에는 문제가 없습니다. 그런데 건물과 대지 소유자 사이에 분쟁이 있거나 건물 철거소송이 걸리는 등 문제가 생길 경우에는 보증금의 손실을 감수해야 합니다.

그럴 경우 임차인의 권리를 지키려면 무엇을 해야 하는지요?

일단 대지권이 없는지, 대지권이 미등기 상태인지를 확인해야 합니다.

대지권이 없다면 부당이득청구소송을 벌일 수 있고, 미등기 상태라면 대지권 등기가 가능한지 알아보아야 할 것입니다.

그러나 제일 중요한 것은 이런 물건은 계약하지 않는 것이 상책입니다.

_건물만 소유한 자와 임대차계약을 한 임차인

주택은 건물과 대지가 하나가 되어야만 온전한 주택으로 권리를 행사할 수 있는데, 간혹 건물과 대지 소유자가 달라서 주택에서 권리 행사가 상당히 제약당하는 경우가 발생한다.

이렇게 건물과 토지 소유자가 다른 사례는 크게 두 가지 주택에서 찾아볼 수 있다. 하나는 단독 · 다가구주택과 같이 건물과 대지가 별개의 부동산으로 분류되어 언제든지 소유자가 달라질 수 있는 일반주택이 있다. 다른 하나는 아파트 · 연립 · 다세대주택과 같은 집합건물이 있는데 이러한 집합건물은 대지소유권이 집합건물의 대지권으로 등기가 되고 나서는 분리되어 매각할 수 없고 하나의 주택으로 거래되는 것이 원칙이나 집합건물이 신축되기 전에 설정된 채권자(나대지 상태에서 설정된 채권자=토지별도등기채권자)에 의해서 집합건물의 구분소유자와 대지 소유자가 달라지는 경우가 있어서 대지권이 없는 집합건물, 즉 대지권이 미등기인 집합건물이 태동하게 된다.

이렇게 대지소유권이 없는 일반주택이나 집합건물의 소유자를 임대인으로 해서 임대차계약서를 작성하면 임차인의 권리에는 제약이 없을까?

임차인은 건물만을 사용 · 수익하는 관계로 평상시에는 문제가 발생하지 않지만 대지 소유자에게 건물 소유자가 지료를 지급하지 않거나 또는 건물이 법정지상권이 성립되지 않으면, 토지 소유자는 건물 소유자를 상대로 지료를 원인으로 하는 부당이득반환청구소송을 제기해서 건물을 강제경매 신청하거나 또는 법정지상권이 없음을 이유로 일반주택에서는 토지인도 및 건물철거소송을, 집합건물에서는 집합법 제7조에 기해서 구분소유권매도청구권을 행사하게 되므로 임차인의 권리가 침해당할 수밖에 없게 되고, 이는 보증금의 손실로 이어지는 결과가 될 수 있다.

건물이 경매당하면 임차인은 건물 매각대금에서만 보증금을 회수할 수밖에 없는데 보통의 임차보증금은 그 건물 매각대금의 범위를 초과하기 때문이다.

건물이 법정지상권이 성립되지 않으면 건물은 철거되는 쪽으로 진행된다. 임차인은 건물 철거의 권리를 가지고 있는 토지 소유자에게 보증금의 보상을 청구할 수 없고 오로지 건물주에게만 청구가 가능한데 건물이 철거되고 나면 임대인 역시 무자력자가 되어 보증금을 보상받기란 어려워지므로 계약 체결 당시부터 이러한 사정을 감안해서 그 주택을 임차해야 한다.

_다가구주택에서 건물만 소유한 임대인과 계약을 체결한 임차인

다음 사례와 같이 다가구주택에서 대지소유권이 없는 건물만 소유한 임대인과 임대차계약을 체결하면 임차인은 보증금의 손실을 보게 되는 상황이다.

이 사례를 보게 되면 건물만 소유한 자와 계약하면 어떻게 되는가를 추가 설명 없이도 스스로 알게 될 것이다.

주소	면적	경매가 진행 과정	1) 임차인 조사 내역 2) 기타 청구 내역	등기부 상의 권리관계
서울시 서초구 반포동 ○○○번지 다가구주택 채무자 겸 소유자 : 이철민 경매 신청 채권자 : 신한은행 (대지의 소 유는 제3자 이므로 매 각 대상에서 제외하고 건 물만 매각 대상임)	대지 115㎡ (대지의 소유는 제3자임) 건물 1층 65㎡ 2층 65㎡ 3층 45㎡ 건물 감정가 1억원	건물감정가 1억원 최저가 1차 1억원 유찰 2차 8천만원 유찰 3차 6,400만원 유찰 〈낙찰〉 67,450,000원 낙찰자 박경미 〈토지 소유자가 건물을 낙찰 받은 경우〉	1) 임차인 ① 이순재(3층) 전입 10.7.15. 확정 10.7.15. 배당 11.10.1. 보증 5,000만원 ② 이경희(2층) 전입 10.10.10. 확정 10.11.10. 배당 11.10.10. 보증 5,000만원 ③ 이수진(1층) 전입 10.12.5. 확정 10.12.5. 배당 11.10.20. 보증 3,500만원 2) 기타청구 ① 강남구청 교부청구 재산세 법정기일 10.7.10. 450,000원	건물 소유자 이철민 근저당 신한은행 10.5.30. 7,000만원 신한은행의 임의경매 11.6.15. 매각기일 11.12.10. 매각허가결정 11.12.17. 대금납부 12.1.25. 배당기일 12.2.25. 〈신축건물〉 토지는 박경미 〈토자등기부〉

이 경매사건과 같이 건물만 매각되는 경우에는 토지 소유자가 낙찰받아 온전한 주택 소유자가 되는 경우가 보통인데, 문제는 이 경우 임차인의 미배당금은 누가 인수하게 되는가이다.

대항력이 있는 임차인은 매수인이 인수하지만, 이 주택에서 대항력이 있는 임차인이 없고 배당받지 못하게 되는 임차인은 그 미배당금의 손실을 볼 수밖에 없다는 점을 고려해서 입주해야 한다.

그러면 임차인의 보증금의 손실이 얼마가 될 것인가를 알기 위해서 배당표를 작성해보면

매각대금이 67,450,000원이고 경매비용이 150만원으로 실제 배당금은 65,950,000원이다.

1순위 ① 이순재 2,000만원 + ② 이경희 2,000만원 + ③ 이수진 2,000만원으로 최우선변제금의 합계가 7,500만원이 되는데 최우선변제금은 배당금의 2분의 1 범위 내에서 결정해야 되므로 65,950,000원× 1/2 = 32,975,000원으로 안분해야 된다.

① 이순재 2,000만원=32,975,000원× $\frac{2,000}{6,000}$ =10,991,667원

② 이경희 2,000만원=32,975,000원× $\frac{2,000}{6,000}$ =10,991,667원

③ 이수진2,000만원=32,975,000원× $\frac{2,000}{6,000}$ =10,991,666원

2순위 강남구청 재산세 450,000원(당해세 우선변제 1)

3순위 신한은행 32,525,000원(우선변제 2)으로 배당이 종결되어서

이순재 임차인은 39,008,333원의 보증금 손실이 발생하고,

이경희 임차인은 39,008,333원의 보증금 손실이 발생하고,

이수진 임차인은 24,008,334원의 보증금 손실이 발생하게 되므로

계약서 작성 단계에서 건물만 소유자를 임대인으로 계약하는 것은 주의해야 한다.

_대지권이 없는 집합건물 소유자를 임대인으로 계약을 체결한 임차인

(1) 대지권 미등기인지 대지권 없음인지에 대한 판단

대지권 미등기는 대지권이 있는데 등기되지 않은 상태이나, 대지권 없음은 대지지분이 없는 경우를 말한다. 이러한 것은 등기부등본 상으로만 대지권 미등기인지, 대지권이 없는 것인지 판단하기란 쉽지 않다.

모두가 대지권 등기가 되어 있지 않아서 표면상으로는 구분이 되지 않는다. 따라서 일반매매나 임대차계약에서 대지권이 미등기인 경우에는 대지권이 있는데 대지지분이 정리가 이루어지지 않아서 대지권이 등기되지 않은 것이지, 아니면 대지권 정리가 되었지만 임차주택만 대지권이 제3자의 소유로 되어 있어 임대인이 집합건물의 구분소유권만 가지고 있는지 등을 정확하게 판단하고 나서 임대차계약을 체결해야 될 것이다.

그러면 어떻게 대지권이 있는지 없는지를 판단할 수 있을까. 계약서를 부동산 중개업소에서 작성 시에는 중개업소에서 확인하겠지만, 그래도 믿을 것은 임차인 자신이다.

앞에서 보았듯이 보증금이 손실이 생기면 중개업소의 과실은 20%, 임차인의 과실은 80%가 되는 경우가 허다하기 때문이다.

먼저 집합건물등기부를 확인해서 첫 번째 표제부와 두 번째 표제부(모르겠으면 제7장 '등기부를 알아야 계약의 달인이 될 수 있다' 참조)에 대지권의 등기 여부를 확인하는데 첫 번째 표제부는 집합건물 전체의 표시와 대지 전체 면적이 표시되고, 두 번째 표제부에는 각 호수에 대한 전유면적과 전유면적에 해당하는 대지권이 등기되므로 이 표제부를 확인해서 대지권이 미등기이면 대지권의 고향인 토지등기부를 확인하면 된다.

왜냐하면 토지등기부에서 집합건물의 전유면적비율에 따라 대지지분으로 공유등기되고 나서 집합건물의 대지권으로 등기되기 때문에 미등기가 본래부터 대지권이 없는 경우 토지등기부를 살펴보면 제3자의 소유로 되어 있는 경우에 해당된다.

대지권이 집합건물과 분리되어 매각될 수 없는데도 이렇게 달라지는 것은 토지별도등기 때문이다.

(2) 대지권이 없는 아파트 소유자와 임대차계약을 체결하면

다가구주택과 같이 건물만 소유한 자와 임대차계약을 체결한 것과 같아서 추후 임차주택이 경매당하게 되면 임차인은 건물 매각대금에서만 배당받게 되므로 임차보증금의 손실이 예상된다.

김선생의 한/마/디

대지권이 없는 아파트는 낮은 가격에 낙찰된다는 진리!

대지권이 본래 없는 경우로 집합건물(아파트, 다세대, 연립 등)만을 매각하는 것으로 낙찰자는 대지에 대하여 소유권을 취득할 수 없습니다.
대지권이 없는 아파트를 낮은 가격으로 구입하였더라도 대지권 소유자와 협의하여 대지권을 별도로 매수하든가 또는 지료를 지급해야 하지요. 대지권 없는 아파트를 낙찰 받았을 경우 대지권 소유자가 구분소유권매도청구권을 행사하거나 건물 소유자를 상대로 지료를 원인으로 하는 부당이득반환청구소송을 제기해서 건물을 강제경매 신청하게 되면 낙찰자는 건물의 소유권을 잃을 수 있게 되기 때문에 대지권이 없는 집합건물은 낮은 가격으로 매각될 수 있어서 그 매각대금으로 배당받으려면 임차인은 손실이 발생할 수밖에 없으니 유의해야 합니다.

(3) 입찰할 물건이 대지권 미등기일 때 대처 방법은

1차적으로 대지권이 감정평가되었는가와 건물만 매각되는가 등을 법원의 감정평가서와 매각물건명세서를 통해서 확인해야 한다.

2차적으로 집합건물등기부를 열람해서 대지권이 미등기되어 있는 사실을 확인한 다음 토지등기부등본을 열람해서 대지지분에 대한 권리

유무 등을 마지막으로 점검하여 판단하면 될 것이다.

왜냐하면 대지권 유무에 대한 판단은 1차적으로 집합건물등기부에 대지권 미등기로 표시되지만 집합건물등기부에서 판단하는 것이 아니라 토지등기부에 의해서 결정되는 것이기 때문이다. 자세한 내용은 앞의 (1)번 내용과 같이 대지권이 등기되지 않은 사유 등을 분석하고 나서 낙찰 받고 난 다음 대지권등기가 가능할 것인가를 확인하고, 가능하지 않은 경우라면 별도 대지권의 매수를 고려해서 입찰에 참여해야 한다.

김선생의 한/마/디

건물만 소유한 임대인과의 계약은 가급적 피해야 합니다.

다가구주택에서 건물만 소유한 자와 대지권이 없는 아파트 소유자를 상대로 임대차계약을 체결하면 보증금의 손실이 발생할 경우가 빈번하니 가능하면 이런 주택을 피하거나, 임대차 계약을 맺을 경우 각별한 주의가 필요합니다.

38

토지별도등기가 있는 아파트와 임대차계약을 체결하면

선생님, 최근에 토지별도등기라는 얘기를 들었는데 제가 잘 이해가 안 돼서요. 건물과 토지가 따로따로 되어 있다는 건가요? 확실하게 설명 부탁드립니다.

이과장의 말이 맞습니다. 토지와 건물에 설정된 권리가 다르다는 얘기죠.

등기부등본을 떼면 표제부 대지권 표시 오른쪽에 '토지별도등기'가 있다고 나옵니다. 이런 건물은 대지권이 없다고 생각해야 합니다.

토지별도등기된 채권자가 경매 신청을 하면 그 건물의 대지권은 곧바로 미등기로 바뀌는 것입니다.

아, 무서운 거네요.

앞으로는 등기부등본을 자세하게 보는 습관을 들여야겠어요.

이왕 얘기 나온 김에 토지별도등기에 대해 짚고 넘어가도록 하죠.

공부 시작합시다.

_토지별도등기란 어떠한 의미인가?

토지와 건물에 설정된 권리 등이 서로 다르다는 의미이다.

어느 한쪽에 물권(저당권 등) 등이 있는 경우 토지와 건물의 권리관계가 일치하지 않으므로 이러한 집합건물은 토지와 건물이 일체되어 거래되도록 하고 있는데 토지등기부등본에는 대지에 대한 소유권 및 소유 지분 등이 기재되어 있고 모든 권리관계는 집합건물등기부의 전유부분 표제부에 대지권으로 기재하게 된다. 건물을 짓기 전(건물을 완성한 후 집합건물등기부의 대지권으로 등기하기 전)에 토지등기부에 소유권 제한에 관한 권리 및 채권(가처분, 예고등기, 가등기, 가압류 등) 또는 소유권 이외의 제실 등을 표시하기 위하여 집합건물등기부의 표제부 대지권의 표시 오른편에 "토지별도등기 있음"을 등기한다.

이는 아파트나 연립, 다세대 등의 집합건물인 경우에서 대부분 발생하고 있으나 간혹 단독, 다가구주택인 경우에도 법원이나 공매집행기관 등은 토지와 건물 설정 내용이 다른 경우 토지와 건물 설정 내용이 다르다는 표시로 "토지별도등기 있음"으로 표시하고 있다.

_토지별도등기된 채권자가 경매 신청을 하면 대지권이 미등기로 바뀐다

추후 토지별도등기된 채권자 등이 경매를 신청하게 된다면 나대지 상에 등기된 채권이므로 신축된 집합건물에 대해서 대항력을 갖고 있어서 토지 낙찰자가 토지 소유자가 되고 집합건물의 구분소유자는 대지

사용권이 없어서 대지권 미등기 상태가 되고 법정지상권이 성립되지 못한다.

법정지상권이 성립되지 못하면 건물이 철거 대상이지만 집합건물 전체가 아닌 일부만 대지사용권이 없는 경우에는 건물 전체를 철거할 수 없게 된다.

이러한 문제점을 해결하기 위해서 만들어진 규정이 토지 소유자에게 구분소유권매도청구권을 주는 것이다.

즉 대지사용권을 가지지 않은 구분소유자가 있을 때, 그 전유부분의 철거를 청구할 권리를 가진 자는 그 구분소유자에 대하여 구분소유권을 시가(時價)로 매도할 것을 청구할 수 있다(집합건물의 소유 및 관리에 관한 법률 제7조, 구분소유권매도청구권).

김선생의 한/마/디

토지별도등기 상태는 대지권을 온전하게 소유한 것이 아닙니다.

토지별도등기에 대해서 가볍게 생각하는 경향이 있는데 이는 잘못된 것입니다. 토지별도등기 상태에서 대지권이 등기되어 있지만 토지별도등기채권자에 의해서 경매가 진행되면 대지권은 제3자 소유가 되고 그 경우 집합건물은 대지권 미등기 상태로 남게 되므로 토지별도등기가 있으면 온전하게 대지권을 소유했다고 생각하면 안 되기 때문입니다.

_토지별도등기된 아파트는 언제든지 대지권을 잃을 수 있다

토지별도등기가 있는 경우 경매로 매각 시 낙찰자가 인수한다는 인수 조건(특별매각조건)을 붙이거나 인수 조건을 붙이지 아니하고 토지의 저당권자로 하여금 채권신고를 하게 하여 그중 경매 대상 구분건물의 대지권비율만큼 토지저당권을 말소시키고 있다

(1) 토지별도등기는 낙찰자가 인수해야 한다는 특별매각조건으로 매각된 경우

주소	면적	경매가 진행 과정	1) 임차인 조사 내역 2) 기타 청구 내역	등기부 상의 권리관계
서울시 강서구 방화동 ㅇㅇㅇ 번지 삼성빌라 000호	대지 41.05 735.80㎡중 (토지별도 등기 있음. 토지등기부 을구 1번에 근저당 5억이 설정등기됨) 건물 115㎡ (42평형)	감정가 300,000,000원 최저가 1차 300,000,000원 유찰 2차 240,000,000원 유찰 3차 192,000,000원 유찰 4차 153,600,000원 낙찰 153,600,000원 〈이 동 명〉	1) 임차인 ① 유승민 전입 09.12.30 확정 09.12.30. 배당 11.11.10. 보증 12,000만원 2) 기타청구 ① 압류 건강보험료 (납부 기한 11.1.10.~11.5.10.) 300만원 ② 교부청구 강서구청 재산세 (법정기일 11.7.10.) (70만원)	소유자 송만기 09.10.20. 근저당 신한은행 09.10.20. (7,000만원) 가압류 유미란 11.3.30. 3,000만원 압류 건강보험료 11.5.10. 임의경매 신한은행 청구 6,100만원 〈11.8.10.〉

(2) 배당표를 작성해 보자.

매각대금이 15,360만원－집행비용 160만원으로 배당할 금액은 15,200만원이다.

1순위 : 강서구청 70만원(당해세 우선변제 1)

2순위 : 신한은행 6,100만원(우선변제 2)

3순위 : 유승민 90,300,000원(우선변제 3)

따라서 유승민 임차인은 29,700,000원의 보증금 손실이 발생하게 된다.

이 연립주택은 시세가 3억 정도 가지만 이동명이 153,600,000원에 낙찰 받은 이유는 토지별도등기를 인수해야 되기 때문이다.

보통의 경우 토지저당권자에게 배당요구하도록 해서 배당에 참여시키지만, 배당요구를 하지 않으면 배당에 참여시키기가 곤란한 경우가 있는데 토지별도등기채권자인 근저당 5억이 매각되는 지분에 해당하는 대지지분에만 설정된 것이 아니라 전체의 대지에 설정된 유사공동저당권자인 경우에 저당권자가 대지지분비율에 해당하는 채권만 배당하고 말소하기로 채권신고를 하지 않는 한 어쩔 수 없이 매수인의 인수조건으로 매각하게 되는데 이 사건에서도 마찬가지였다.

어쨌든 토지별도등기된 채권자 때문에 임차주택이 경매로 낮은 가격으로 매각되었으므로, 임차인은 보증금 29,700,000원의 손실을 볼 수밖에 없게 되었다.

그래서 토지별도등기는 곧 대지권 미등기와 같다고 표현해도 지나치지 않으므로 임차할 주택에 토지별도등기가 있다면 대지권이 없는 아파트에 임차하는 것으로 이해하고, 그래도 괜찮다면 계약서를 작성하고 입주하면 된다. 그리고 예상된 후회는 하지 않아야 할 것이다.

39

주택을 유치권자가 점유하는 경우와 신탁등기된 경우, 누구와 계약해야 하나?

_유치권자가 점유하고 있으면 누구와 계약해야 하나?

혹시 유치권이라는 이야기 들어보셨나요? 부동산을 점유하고 있는 권리를 유치권이라고 하는데, 유치권자는 소유자의 동의 없이 임대행위를 할 수 없습니다. 그런데 잘 모르고 유치권자와 계약을 하게 되면 보증금을 완전히 날릴 수 있습니다.

그럼 소유자가 동의를 한 경우에는 어떻게 되나요?

임차보증금이 유치권자의 채무가 되는 거죠. 그런데 유치물건은 경매가 진행된다 해도 배당요구해서 우선변제 받을 수 없어요.

유치권자와 계약을 해도 괜찮다는 말씀인가요?

소유자를 임대인으로 하고 유치권자를 동의권자해서 "특약사항"란에 기재하고 서명날인해두면 추후 분쟁을 방지하고 배당에 참여할 수도 있습니다.

_소유자의 동의 없이 유치권자로부터 유치권의 목적물을 임차한 자의 점유

유치권의 성립요건인 유치권자의 점유는 직접점유든 간접점유든 관계 없지만, 유치권자는 채무자의 승낙이 없는 이상 그 목적물을 타에 임대할 수 있는 처분 권한이 없으므로(민법 제324조 제2항 참조), 유치권자의 그러한 임대행위는 소유자의 처분 권한을 침해하는 것으로서 소유자에게 그 임대의 효력을 주장할 수 없고, 따라서 소유자의 동의 없이 유치권자로부터 유치권의 목적물을 임차한 자의 점유는 구 민사소송법 제647조 제1항 단서에서 규정하는 경락인에게 대항할 수 있는 권원에 기한 것이라고 볼 수 없다(대법 2002마3516, 부동산인도명령).

김선생의 한/마/디

소유자의 동의 없는 유치권자의 임대행위는 불법입니다.

소유자의 동의 없이 유치권자가 임대한 것은 소유자가 언제든지 무효화시킬 수 있고, 소유자의 동의를 얻은 임차인이라도 주임법상 대항력이 아니라 유치권자의 직접점유자에 해당되어 그 유치물이 경매당해도 배당요구할 수 없는 권리자가 됩니다.

유의할 점은 소유자가 변경되면 전 소유자의 동의를 새로운 소유자에게 주장할 수 없어서 동의가 없는 임대행위로 변경될 수 있으니 조심해야 합니다. 이와 같은 이치는 경매로 매수한 자에게도 인정되어 임차인은 당연히 경락인에게 대항하지 못하고 인도명령의 대상이 되므로 경락인은 유치권 주장을 배척하고 깨끗한 물건을 인도받을 수 있게 되는 것이지요.

_소유자의 동의를 얻어 유치권자와 유치권의 목적물을 임차 한 자의 점유

소유자의 동의를 얻어 유치권자가 임대인으로 임대한 경우 그 임차인은 유치권자의 적법한 점유보조자가 될 수 있고 유치권자는 임차인을 직접점유자로 하는 간접점유자가 될 수 있으며 유치채권이 회수될 때까지 점유를 이전하지 않음으로 해서 유치채권을 회수할 수 있다.

임차인의 임차보증금은 유치권자의 채무가 되고 유치권자는 적법하게 유치권을 행사하게 되어 소유자(유치권의 채무자)로부터 채무를 변제받아서 임차보증금을 상환하고 건물을 소유자에게 인도하는 순으로 진행하게 되는 것이지, 유치물건이 경매가 진행된다 해도 배당요구해서 우선변제 받을 수 있는 권리는 아니다.

그러나 유의할 점이 있다. 소유자의 동의를 얻은 행위는 채권 계약이므로 제3취득자나 낙찰자에게 대항력을 주장할 수 없어서 제3자에게 소유권이 변경되면 이는 물권변동이 되므로, 종전 소유자의 동의는 물권우선주의 원칙에 따라 대항력을 잃게 된다. 따라서 제3자로 소유권이 변경되기 전에 유치권자가 반드시 직접점유를 하고 있어야 유치권자로서의 대항력을 제3자에게 주장할 수 있다는 점이다.

판례 돋보기

유치권자는 반드시 직접점유를 하고 있어야 한다.

유치권자 또는 임차권자가 소유권 변동 사실을 알 수 없어 새로운 소유자의 승낙을 받을 수 있는 시간적 여유가 없었다거나 새로운 소유자의 소멸청구가 신의칙에 위반하여 권리남용에 해당된다는 특별한 사정이 없는 한 새로운 소유자에게 대항할 수 없다고 보는 것이다.

① 유치권은 법정 담보물권으로서 채권 담보를 위하여 목적물을 점유하는 권리에 불과하므로, 종전 소유자의 승낙이 있다고 하더라도 유치권의 물권적 성격이 변화되는 것은 아니고, 다만 목적물을 '사용, 대여 또는 담보 제공' 등을 할 수 있는 일종의 채권적 성격을 가지는 권리를 부여받은 것에 지나지 않는다.

② 새 소유자는 유치권이라는 물적 부담을 안고 목적물의 소유권을 취득할 뿐이지 종전 소유자의 승낙에 따른 채권적 부담까지 그대로 승계한다고 볼 수 없다.

서울고법 2011나27983 손해배상(기) 〈상고하지 않아 확정〉

_유치권자의 동의를 얻어 소유자와 유치권의 목적물을 임차한 자의 점유

(1) 임차인의 입장

유치권의 목적물에 올바른 임대차계약 방법으로 주임법상 대항력이 인정되고 추후 경매가 진행될 때 대항력과 우선변제권을 보장받을 수 있다.

(2) 유치권자의 입장

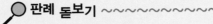

임차인이 경제적, 사회적으로 독립한 주체로서 점유라고 봄이 타당하

고, 설사 임차인이 유치권자의 점유보조자가 되겠다는 취지의 약정을 하였다고 하더라도 유치권자의 간접점유가 인정되지 못해서 유치권이 소멸하게 된다. 따라서 임차인은 점유보조자가 아니라 직접점유자로 봄이 상당하므로 유치권자가 임차인을 직접점유자로 간접점유를 주장하여 유치권의 대항력을 주장하는 것이 인정되지 못하게 되어 임차인은 매수인에게 그 점유 부분을 인도할 의무가 있다[인천지법 2011가단 17597 판결 내용 중 일부 발췌].

실무에서는 소유자를 임대인으로 하는 임대차를 유치권자가 동의해 주고 임차보증금으로 유치채권을 충당하게 되는 형식으로 임대차계약이 체결되고 있다.

김선생의 한/마/디

소유자와 유치권자의 동의는 무조건 필수입니다.

임차인인 입장에서는 어떤 경우라도 소유자의 동의는 필수적인 것입니다. 만일 동의가 없다면 보증금의 손실이 뻔하기 때문이지요. 동의가 있더라도 유치권자가 동의하고 유치권자는 임차보증금에서 채권액을 회수하면서 소유자와 자연스럽게 임대차계약서를 체결해야 된다는 것을 잊지 마세요.

강의가 진행될수록 점점 어려운 이야기들이 나오고 있는데, 다들 잘 따라오고들 계시죠?

물론입니다. 선생님 강의를 듣다 보니, 예전엔 굉장히 어렵게 생각되었던

것들이 아주 당연한 것처럼 생각이 되더라고요. 이번엔 어떤 내용인가요?

신탁등기 된 부동산에 대해 알아보려 합니다. 신탁등기란 위탁자로부터 부동산을 수탁받아 일정기간 동안 관리하다가 위탁자가 채무를 상환하면 위탁자에게 환원한다는 의미입니다.

실무에서는 위탁자(채무자)가 대출금융기관(우선수익자)에 담보신탁 대출을 요청하면 대출금융기관이 담보감정을 통하여 평가액의 50~60%의 수익권증서를 기 약정된 신탁회사에 요청하게 됩니다. 신탁회사(수탁자)는 위탁자와 신탁계약을 통해 부동산을 수탁받아 일정기간 동안 채권자(우선수익자)를 위하여 수탁부동산의 담보가치가 유지, 보전되도록 관리하다가 위탁자가 채무를 상환하면 수탁부동산을 위탁자에게 환원하게 됩니다. 채무가 불이행되면 대출 금융기관이 환가를 요청하게 되고 이 경우 신탁회사가 부동산을 환가하여 그 매각대금으로 채권자에게 채무를 변제하고 잔여금이 있으면 위탁자에게 교부하는 절차로 진행하게 되죠.

_담보신탁등기 된 주택의 임대차 계약 방법

담보신탁등기 된 주택에 임대차를 계약하는 방법에는 위탁자가 임대인으로 하여 임대차를 계약할 수도 있고 수탁자를 임대인으로 임대차를 계약할 수도 있는데 법상으로는 어떠한 절차를 거쳐도 유효한 계약절차라고 볼 수 있다.

김 | 선 | 생 | 특 | 별 | 과 | 외

임차인의 대항력과 적법한 임대 권한을 가진 자란?

• 임차인의 대항력

주택 임차인이 임대인과 임대차계약을 체결하고 대항력을 갖춘 다음 임대인이 임차주택을 신탁법에 따라 신탁한 경우 수탁자는 임대인의 지위를 승계한 것입니다(대법 2000다70460).

• 적법한 임대 권한을 가진 자

주택임대차보호법이 적용되는 임대차로서는 반드시 임차인과 주택의 소유자인 임대인 사이에 임대차계약이 체결된 경우에 한정된다고 할 수는 없고, 주택의 소유자는 아니지만 주택에 관하여 적법하게 임대차계약을 체결할 수 있는 권한(적법한 임대 권한)을 가진 임대인과 임대차계약이 체결된 경우도 포함됩니다(대법 2007다38908).

보통은 소유자와 임대차계약을 체결해야 유효한 계약이 되지만 위와 같이 적법한 임대 권한을 가진 자와 임대차계약을 체결해도 유효한 계약이 될 수 있습니다.

즉 명의신탁자와 임대차계약을 체결한 경우, 매수인이 매수대금을 완납 후 소유권이전등기 전이라도 매도인으로부터 임대 권한을 위임받아 임대차를 체결하는 것도 유효한 계약으로 인정됩니다.

다만 위탁자를 임대인으로 계약서를 작성 시에는 우선수익자와 수탁자의 동의를 거쳐서 임대차계약서를 작성(임차보증금은 수탁자가 보관)하여야 임차인의 지위를 보다 안전하게 지킬 수 있다.

왜냐하면 우선수익자와 수탁자의 동의를 얻지 못한 임대차로는 이들에게 대항하지 못한다는 것이 신탁계약에 기재되어 있기 때문이다.

이러한 내용 등을 종합해보면 신탁등기 된 주택에 임대차계약을 체결할 경우 수탁자의 동의를 얻지 못한 임대차로 임대차보호법상 대항력과 확정일자를 갖추었더라도 수탁자는 이를 인정하지 않을 것이고 임차인은 주임법상 대항력 없이 명도당할 수밖에 없는 상황도 발생된다는 사실이다.

(1) 담보신탁등기 된 부동산의 위탁자와 임대차계약을 체결하는 경우

앞에서와 같이 신탁원부를 등기소에서 확인하고 수탁자의 동의를 거쳐서 계약서를 작성하면 되는데, 수탁자는 우선수익자의 동의를 거쳐서 동의가 이루어지기 때문에 실무에서는 거의 이루어지지 않고 있고, 동의가 이루어지더라도 임차보증금은 위탁자가 보관하는지 또는 수탁자가 보관하게 되는지, 아니면 최선순위 우선수익자의 대출금을 우선상환하게 되는지 등과 계약 기간 종료 시 반환 방법 등을 꼼꼼하게 확인해야 한다.

(2) 수탁자를 임대인으로 해서 임대차계약을 체결하는 경우

수탁자(신탁회사)는 위탁자의 요청으로 담보신탁등기 된 부동산에 대해 임대차계약서를 작성하는 경우 사전에 수익권증서를 담보로 위탁자에게 대출한 금융기관(우선수익자) 등에 동의를 얻어서 계약서를 작성하면 되는데, 임차보증금은 수탁자의 법인계좌로 이체받아 보관하게 되는지, 아니면 최선순위 우선수익자의 대출금을 우선상환하게 되는지 등과 계약 기간 종료 시 반환 방법 등을 꼼꼼하게 확인해야 한다.

김선생의 한/마/디

절대로 위탁자와 계약하지 마세요.

앞서 말한 (1)과 (2)의 두 경우와 같이 임대차계약서를 작성하면 임대차계약이 유효하게 성립됩니다. 임차인 입장에서는 수탁자를 임대인으로 임대차계약서를 작성하면 임차보증금이 신탁회사의 법인계좌에 보관되어 있어서 안전하게 보장될 수 있고 실무에서도 모두 이러한 절차로 임대차계약이 체결되지 위탁자와 계약을 체결하는 경우는 거의 없습니다. 왜냐하면 등기부 상에는 수탁자 명의로 되어 있기 때문인데, 이 경우도 임차보증금이 수탁자의 법인계좌에 보관되지 않고 최선순위 우선수익자의 대출금을 우선상환하기도 하니 이러한 내용 등은 사전에 수탁자와 임대차계약서 작성 시 숙지하고 임대차계약을 체결해야 할 것입니다.

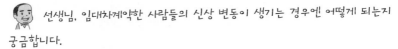

40

임차인 사망 시 임차권의 승계 및 명의이전 방법

선생님, 임대차계약한 사람들의 신상 변동이 생기는 경우엔 어떻게 되는지 궁금합니다.

예를 들어 임대인이 사망하든지, 임차인이 사망하는 경우 말입니다.

임차인 사망의 경우, 상속지분권자들의 동의하에 임대차계약서를 새로 쓰면 됩니다. 이때 주의할 것은 확정일자 등 권리가 후순위로 밀릴 수 있으므로 종전 계약서를 승계받는 형식을 취해야 합니다.

아, 그렇겠네요. 계약서를 새로 쓸 때는 언제나 조심해야겠군요.

임대인 사망 시에는 상속지분권자들에게 보증금 반환을 요구할 수 있습니다.

만약 재산 다툼 때문에 상속 절차가 늦어지면 전세보증금반환소송을 제기할 수도 있습니다.

특별한 사례들이 많으니 하나하나 공부해보죠.

_배우자와 자녀가 함께 거주하는 중 임차인이 사망한 경우

(1) 상속지분권자들의 승낙을 얻어 새로이 임대차계약서 작성

임차인 홀로 임차주택에 거주하다가 사망한 경우가 아니고, 배우자와 자녀가 함께 거주하다가 임차인이 사망한 경우에 임차권은 상속권자의 상속 포기가 없는 한 상속지분 비율대로 상속받게 된다.

실무에서는 임차인이 배우자의 사망 사실을 임대인에게 통지하고 종전 계약서를 임대인에게 반환함과 동시에 새로이 임대차계약을 체결하여 확정일자를 다시 받게 된다. 이때 임대인은 상속지분권자의 승낙 없이는 계약서 작성 또는 임차보증금의 반환을 거절할 것이 예상되므로 상속지분권자임을 증명하는 서류를 임대인에게 보여주고 그에 해당하는 상속지분권자들의 승낙을 얻어 임대인과 계약서를 새로이 작성하거나 보증금의 반환 절차로 진행하면 된다.

(2) 종전 임대차계약을 승계받는 절차로 종전의 대항력과 우선변제권을 유지하는 방법

종전 임대차계약의 대항력과 확정일자 우선변제권의 효력 발생 이후에 등기부에 근저당, 가압류 등이 등기되어 있거나 또는 주택에 다른 임차인이 발생하였다면, 종전 계약서를 폐기하고 새로이 계약서를 작성해 확정일자를 받으면 종전 임대차계약의 효력이 상실되고 후순위가 될 수 있으므로 주의해야 한다.

따라서 권리 변동이 있다면, 종전 계약서를 승계받는 절차로 종전 임대차의 대항력과 우선변제권을 유지시키는 방법으로 해야 한다.

종전 계약서에 상속에 의거 계약 당사자[피상속권자(아버지) → 상속권자(자녀)]만 변경한다는 내용을 부기하고 임대차계약 당사자 간 서명 날인하고 다시 확정일자를 받도록 한다.

사망자의 동거 가족이 그대로 살고 있으므로 대항력이 상실되는 것이 아니고 주임법상 대항력이 그대로 유지되어 종전 확정일자에 기해서 우선변제권이 유지된다.

다만, 나중에 임대차가 종료되어 임대인(집주인)이 보증금을 반환할 때에 '누구에게 반환할 것인가?'가 문제 되는데, 임대인과 임차인은 상속지분권자들의 동의를 얻어 1명에게 반환하면 간단한 문제이다. 그런데 만일 상속 다툼이 생긴다면 임대인은 주택인도와 동시에 법원에 공탁해서 상속권자끼리 각자 알아서 찾아가도록 하면 책임을 면할 수 있다.

따라서 사망자의 동거 가족이 거주한다면 계약서를 다시 작성할 필요는 없다.

(3) 사망자가 계약금 10%만 지불하고, 잔금은 지불하지 않고 사망한 경우

상속권자를 임차인으로 하는 계약서를 다시 작성하는 방법이 좋다.

그러나 사망자가 지불한 10%에 대해서 상속지분권자의 다툼이 발생할 수 있으므로 임대인이나 새로운 임차인은 상속지분권자의 동의를 얻어 계약을 체결하는 것이 분쟁을 예방할 수 있다. 또 유의할 사항은 새로 작성 시 선순위 근저당이나 가압류 등이 종전 계약 이후 발생했는가를 확인해서 종전 계약서를 무효화하거나 새로운 임대차계약서를 작성하는 기준으로 삼아야 될 것이다.

_임차인 홀로 임차주택에 거주하다가 사망한 경우

(1) 사망 이전에 상속지분권자가 동일 세대원으로 대항요건을 갖춘 경우

종전 임차권은 상속지분권자 명의로 승계취득하게 되는데 유의할 점은 임차인이 사망하면 대항력이 상실되므로 사망 이전에 동일 세대원으로 대항요건을 갖춘 경우에는 종전 임차권에 기한 대항력과 확정일자부 우선변제권이 상속지분권자에게 그대로 존속된다.

(2) 사망 이전에 상속지분권자가 동일 세대원으로 대항요건을 갖추지 못한 경우

사망 당시 동일 세대원으로 대항요건을 갖추지 않은 상태라면 종전 임차권의 효력은 소멸되고 새롭게 상속지분권자 명의로 대항요건을 갖춘 시점에 임차권이 대항력이 생기고, 만일 대항요건을 갖추기 이전에 제3자로 소유권이 변경되거나 경매로 매각된다면 종전 임차권은 일반채권자의 지위에 놓이게 되어 주임법상 대항력과 우선변제권이 상실되므로 별도 채권가압류를 통해서 배당요구를 해야 배당절차에 참여가 가능하게 된다. 그러나 이 기간 중에 경매당하거나 임차권 이후에 담보물권 등이 설정되었다면 후순위가 될 수 있으니 유의해야 될 것이다.

_사실상의 혼인 관계에 있는 자와 거주하다가 임차인이 사망한 경우

(1) 임차인이 상속인 없이 사망한 경우

그 주택에서 가정공동생활을 하던 사실상의 혼인 관계에 있는 자가 임차인의 권리와 의무를 승계한다(주임법 제9조 제1항 주택 임차권의 승계).

(2) 임차인의 사망 당시 상속권자가 그 주택에서 가정공동생활을 하지 아니한 경우

그 주택에서 가정공동생활을 하던 사실상의 혼인 관계에 있는 자와 2촌 이내의 친족이 공동으로 임차인의 권리와 의무를 승계한다(제2항). 그러나 상속권자가 사실상의 혼인관계에 있는 자와 그 주택에서 가정공동생활을 하고 있었던 경우에는 그러하지 아니하고 민법상 상속 규정에 따라 상속권자만 승계한다.

(3) 임차인 사망 후 1개월 이내에 임대인에 반대의사(상속 포기)를 표시한 경우

임차인이 사망한 후 1개월 이내에 임대인에게 제1항과 제2항에 따른 승계 대상자가 반대의사(상속 포기)를 표시한 경우에는 그러하지 아니하다(제3항).

(4) 임차권 승계 시 채권만 승계하는 것이 아니라 채무도 승계가 된다

제1항과 제2항의 경우에 임대차 관계에서 생긴 채권 · 채무는 임차인의 권리의무를 승계한 자에게 귀속된다(제4항).

김선생의 **한/마/디**

임차인이나 임대인이 사망하는 경우 당황할 필요 없습니다.

요즈음 독거노인분들이 많이 증가하면서 홀로 사시다가 사망하시는 경우가 많은데 임차인이나 임대인이 사망하는 경우가 발생하면 어떻게 대처해야 되는지 알아둬야 합니다.
앞서 내용을 정리하자면, 임차인 사망 시 임차권의 승계는 상속 포기가 없는 한 상속지분권자에게 상속지분비율별로 상속되는데, 상속 포기는 두 가지 관점에서 발생합니다.
첫째 상속지분권자 중 어느 한 사람에게 승계시키고(보통 배우자에게 승계) 다른 상속지분권자가 포기하는 경우와, 둘째 임차인이 재산보다 채무가 많은 경우입니다.
이는 상속을 받게 되면 권리와 의무를 모두 승계하게 되므로 채무가 많다면 상속권자가 부채를 껴안게 되므로 사망일로부터 1개월 이내에 포기해야 합니다. 상속인은 임차인의 사망 사실을 알았든 몰랐든 1개월이 지나면 승계를 포기할 수 없고 당연히 취득하게 되므로 임차인이 채무가 많은 경우 주의해야 됩니다. 상속 포기 시 배우자만 해서는 안 되고 상속 대상자 모두가 함께 해야 합니다. 배우자만 포기한 경우 그 채권 · 채무가 자녀에게 승계되는 경우가 발생하게 되기 때문입니다.

_임대인이 사망한 경우 임차인의 보증금 반환 방법

임대인이 사망하였다면 상속지분권자들에게 보증금 반환을 요구할 수 있다. 그러나 상속지분권자들끼리 협의가 되지 않고 상속 재산으로 다툼이 발생하여 오랜 시일이 소요된다면 전세보증금반환청구소송을 제기해서 강제경매를 신청할 수 있는데, 상속등기가 이루어지지 않은 경우 상속권자를 대위하여 상속지분권자 비율대로 등기와 동시에 강제경매절차를 진행하면 될 것이다.

CHAPTER 10

임차인의 배당요구와 배당금 지급 방법

임차주택이 경매당하면 그 매각대금으로 배당을 실행하게 되는데, 문제는 그 주택에 다수의 채권자들이 존재하게 되므로 그 채권자들에게 어떻게 배당할 것인지 우선순위에 대해서 이해할 필요가 있다.

이 장은 채권 상호 간에 우선순위는 어떻게 결정되는가와 권리분석에서 반드시 이해해야 될 사항은 무엇인가에 대해서 기술하고 있다.

41

임차주택이 경매당했다는 사실을 임차인은 어떻게 알 수 있나?

선생님, 임차인으로서는 임차주택이 경매당하는 경우가 가장 황당한 경우인데요. 경매가 어떻게 진행되는지 자세하게 알고 싶습니다.

저희들도 마찬가집니다.

이번 기회에 경매에 대해 철저하게 공부하고 싶어요.

좋은 생각입니다.

임차인의 권리를 완벽하게 지키기 위해서는 경매에 대한 기본 지식을 가지고 있어야 합니다.

경매의 종류는 집행권원에 의해서 경매가 진행되는 강제경매절차와 담보물권 즉 근저당권이나 담보가등기, 집합건물의 전세권 등의 전세권에 의한 임의경매절차가 있습니다.

자세한 내용을 하나하나 공부할 테니 정신 바짝 차리고 따라오세요.

_경매는 어떻게 진행되는가?

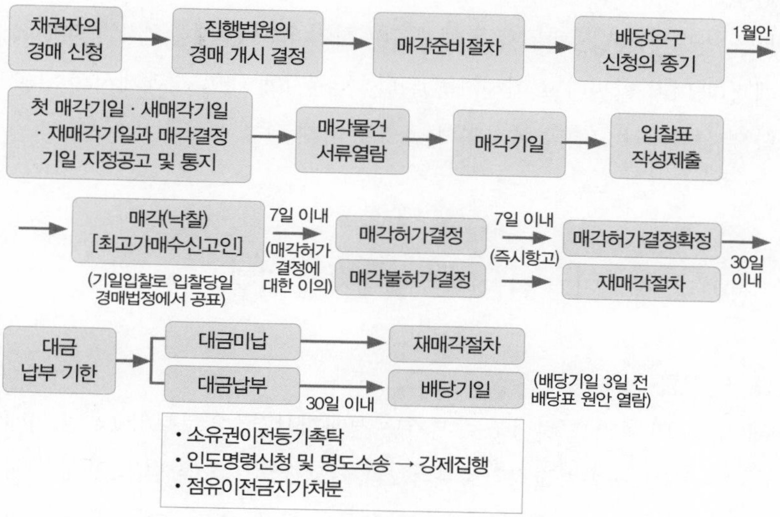

_경매 신청서 접수 후, 경매개시결정과 등기부 기입등기 및 채무자의 송달

(1) 경매개시결정의 기입등기를 촉탁

채권자의 경매 신청서가 접수되면 경매 담당 판사가 경매개시결정을 하고 접수일로부터 2일 이내 등기공무원에게 경매개시결정의 기입등기를 촉탁 → 등기관은 기입등기 후 등기필증을 법원에 송달하게 된다.

(2) 채무자 또는 소유자, 경매 신청 채권자에 대한 경매개시결정문 송달

경매 담당 판사가 경매개시결정을 하고 채무자 또는 소유자에 대한 경매개시결정문을 송달하게 되는데, 임의경매는 개시결정일로부터 3일 이내, 강제경매는 등기필증 접수일로부터 3일 이내에 경매개시결정정본을 반드시 송달, 채무자 등에게 고지하지 않으면 매각절차가 적법하게 진행되지 않는다고 이해하면 된다. 채권자에 대한 경매개시결정 송달은 실무에서 고지나 통지의 방법으로 하게 된다.

_경매로 매각되기 전 매각준비절차의 진행

(1) 배당요구의 종기 결정 및 공고 · 통지

배당요구의 종기를 결정하는 시기는 경매개시결정일로부터 1주일 이내이고, 배당요구종기결정일로부터 2월 이상 3월 이하의 범위 안에서 정하여야 한다고 규정하고 있고, 배당요구를 할 수 있거나 배당요구를 하여야만 배당받을 수 있는 이해관계인 등에게 배당요구종기를 고지하여야 하는 것이다.

최선순위 전세권자, 법원에 알려진 배당요구를 할 수 있는 법 제88조 제1항 소정의 채권자(집행정본 있는 채권자, 경매개시등기 후 가압류채권자, 주택(상가)임차인, 임금채권자, 조세채권자) 등은 배당요구를 하여야만 배당받을 수 있으므로 이들에게 고지하여야 하고 고지 방법은 등기우편을 이용한다.

(2) 채권신고의 최고

법원 사무관 등은 첫 경매개시결정등기 전에 등기된 가압류 · 압류 · 저당권 · 전세권 등 매각으로 소멸되는 채권자와 조세 및 그 밖의 공과금을 주관하는 공공기관에 대하여 채권의 유무, 그 원인 및 액수(원금, 이자, 비용, 그 밖의 부대채권)를 배당요구종기까지 법원에 신고를 최고한다.

(3) 공유자에 대한 통지

공유물의 지분경매에 있어서 다른 공유지분권자에게 그 경매개시결정을 통지한다.

(4) 현황조사보고서 작성

법원은 경매개시결정 후 지체 없이 집행관에게 부동산의 현상, 점유 관계, 차임 또는 임대차 보증금의 수액, 기타 현황에 대하여 조사할 것을 명하게 된다.

현황조사결과 알게 된 임차인에 대하여 즉시 배당요구종기일까지 법원에 권리신고 및 배당요구를 하도록 통지하여야 되므로 임차인은 이때 즉 집행관의 현황조사 시에 알게 된다.

(5) 감정평가명령 및 최저매각가격결정

집행법원의 감정평가명령은 임의경매는 개시결정일로부터 3일 이내, 강제경매는 등기필증접수일로부터 3일 이내에 평가하도록 명령하고 평가서 제출 기한은 2주 이내로 하고 있는데, 실무에서는 감정인의 평가액을 그대로 최저매각가격으로 정하여 매각하고 있다.

(6) 매각물건명세서의 작성

집행법원은 부동산의 표시, 부동산의 점유자와 점유의 권원, 점유할 수 있는 기간, 차임 또는 보증금에 관한 진술, 등기된 부동산에 관한 권리 또는 가처분으로 매각에 의하여 그 효력이 소멸되지 아니하는 것, 매각에 의하여 설정된 것으로 보는 지상권의 개요 등을 기재한 매각물건명세서를 작성하고 이를 매각기일 1주일 전까지 법원에 비치하여 열람할 수 있게 한다. 그리고 열람 시 현황조사보고서 및 감정평가서의 사본도 함께 비치하게 된다.

_임차인은 경매 사실을 언제 알고 배당요구를 하게 될까?

앞의 3번의 매각준비절차에서 집행법원이 집행관에 현황조사명령과 감정평가명령을 내리게 되므로 이 명령을 받은 집행관과 감정평가사가 그 경매주택을 방문하게 되는데 방문 시기가 거의 비슷하게 이루어지므로 그 방문 시점에 알게 된다고 보면 된다. 감정평가사는 경매주택에 거주하는 사람이 부재중일 때 폐문 부재를 이유로 감정평가를 하게 되므로 임차인을 만나지 못하는 경우가 있으나, 집행관은 방문 시 부재중일 때에는 집행관의 방문 사실을 기재하고 돌아오기 때문에 추후 임차인과 연락을 취하는 방법으로 재방문이 이루어지고 임차 내역에 대한 세부적인 조사권을 가지고 배당요구에 대한 안내와 배당요구를 하도록 통지하고 있다는 점에서 집행관의 방문 또는 통지를 통해서 경매 사실을 최초로 알게 된다고 이해하면 쉽다.

따라서 임차인은 집행관의 방문 시 경매 사실을 알게 되었을 때 또는 배당요구통지서를 받았을 때 그 통지문에 기재된 배당요구종기 시까지 배당요구하면 된다.

42

임차인은 어떻게 배당요구를 하고 배당금을 수령하나?

경매로 임차주택이 넘어갔을 경우, 가만히 있는데 누가 배당금을 챙겨주는 것이 아닙니다. 임차인이 확실하게 의사표시를 해야만 배당을 받을 수 있습니다. 그것을 임차인의 권리신고라고 합니다.

권리신고를 하려면 구체적으로 어찌 해야 하나요? 복잡하지는 않나요?

법원에 비치된 “권리신고 및 배당요구신청서”를 작성한 후 임대차계약서 사본 1부와 주민등록등본 1부를 첨부해서 배당요구종기일 전까지만 배당요구를 하면 됩니다.

만약에 임차인이 배당요구종기 시까지 신고를 하지 않으면 어떻게 되나요?

안타깝지만 판례에 의하면 권리신고를 하지 않을 경우 후순위 채권자에게 부당이득반환소송을 하지 못하는 것으로 되어 있으니 유의해야 합니다.

그럼 지금부터 자세한 내용을 공부해보기로 하죠.

_임차인의 권리신고 및 배당요구 방법과 배당금 지급

주임법과 상임법상의 최우선변제금 및 확정일자부 임차인의 우선변제권자는 배당요구가 있어야만 배당받을 수 있는 채권자로 이들은 권리신고를 한 경우에도 배당요구로 볼 수 없으므로 반드시 배당요구종기까지 배당요구를 하여야만 배당받을 수 있다.

실체법상 우선변제권이 있는 임차인이더라도 배당요구를 하지 않으면 배당에 참여할 수 없다. 가끔 배당요구종기 시까지 배당요구를 하지 못한 경우가 있는데, 그럴 경우 임차인은 배당참여가 불가하므로 매각부동산에서 대해서 권리 주장을 할 수가 없다. 그래서 채무자에게 반환을 청구하게 되는데 그 또한 무자력자일 확률이 높아서 보증금 손실이 예상되니 반드시 배당요구종기 시까지 배당요구하는 것을 잊어서는 안 된다.

(1) 배당요구할 수 있는 시기와 종기 그리고 배당요구 방법

배당요구 시기는 경매 신청의 압류 효력 발생 시기 이후라 할 수 있고 종기는 첫 매각기일 이전으로 집행법원이 정한 배당요구의 종기까지 제출하면 되는데, 임차인이 배당요구를 위해서는 신분증과 도장을 준비하고 법원에 비치된 "권리신고 및 배당요구신청서"를 작성한 후 임대차계약서 사본 1부와 주민등록등본 1부를 첨부해서 배당요구종기일 전까지만 배당요구를 하면 된다.

권리신고 겸 배당요구신청서

사건번호 타경 부동산강제(임의)경매

채 권 자

채 무 자

소 유 자

본인은 이 사건 경매절차에서 임대보증금을 우선변제 받기 위하여 아래와 같이 권리신고 겸 배당요구를 하오니 매각대금에서 우선배당을 하여주시기 바랍니다.

– 아 래 –

1. 계 약 일 : ○년 ○월 ○일
2. 계약당사자 : 임 대 인(소유자) ○ ○ ○
   임 차 인 ○ ○ ○
3. 임대차 기간 : 20○○년 ○월 ○일부터 20○○년 ○월 ○일까지(○개월간)
4. 임대보증금 : 전세보증금 원
   보증금 원에 월세 원
5. 임차 부분 : ○호 전부(방○칸), 일부(○층 방○칸)
   (※ 뒷면에 임차부분을 특정한 내부구조도를 그려주시기 바랍니다.)
6. 주택인도일(입주한 날) : 20○○년 ○월 ○일
7. 주민등록전입신고일 : 20○○년 ○월 ○일
8. 확 정 일 자 유 무 : □ 유(. . .), □ 무
9. 전세권(주택임차권)등기 유무 : □ 유(. . .), □ 무

(첨부서류)

1. 임대차계약서 사본 1통
2. 주민등록등본 1통

20○○년 ○월 ○일

권리신고 겸 배당요구자 (인)

연락처(☎)

지 방 법 원 귀중

[임대차계약서를 분실한 경우 배당요구를 위한 대처 방법]
확정일자를 받아 우선변제권을 취득한 자가 그 임대차계약서를 분실한 경우나 멸실되었다고 하여 우선변제권이 소멸되었다고 볼 수 없고(대법 96다12474), 다만 확정일자를 부여받은 사실을 입증하게 된다면 경매 또는 공매절차에서 우선변제 받는 데에는 지장이 없다고 볼 수 있다. 입증을 위한 서류로는 확정일자를 부여받은 기관(등기소, 주민센터, 구청, 공증인사무소 등) 등에서 확정일자부 또는 확정일자발급대장 사본을 교부받고 부동산 중개업소에서 보관 중인 임대차계약서 부본을 교부받아 법원 경매계에 제출하는 방법 등으로 소명하면 될 것이다. 계약서 사본마저 없어서 보증금의 액수를 특정할 수 없는 경우 계약서 원본의 분실신고 접수증(경찰서 등)이나 보증인의 인우보증서를 제출하고, 계약서 작성 당시 계약금의 지불 방법과 지불 내역 등을 소명하면 될 것이다.

(2) 배당요구의 철회 제한

배당요구에 따라 매수인이 인수할 부담이 바뀌는 경우 배당요구를 한 채권자는 배당요구종기가 지난 뒤에는 이를 철회하지 못한다(민사집행법 제88조 제2항).

(3) 배당종기의 연기

집행법원은 특히 필요하다고 인정되는 경우 즉 감정평가서나 현황조사보고서가 지연되는 경우, 채무자에게 개시결정이 송달되지 아니하는 경우에는 배당요구의 종기일을 연기할 수 있다.

배당요구종기를 연기할 때에 첫 배당요구종기결정일로부터 6월 이후로 연기해서는 안 된다(재민 2004-3, 6조). 배당요구를 연기한 경우 다시 공고하고 채권자들에게 고지하여야 한다.

김선생의 **한/마/디**

임차인은 배당요구종기를 연기 신청할 수 있으니 포기는 금물!

첫 매각기일 이전이라면 배당요구종기를 연기 신청해서 배당요구를 하면 되는데, 연기를 받아주는 것은 경매 담당 판사의 판단에 의합니다.

(4) 배당기일 지정 · 통지

매각대금을 납부하면 3일 안에 배당기일을 지정하되 배당기일은 대금 지급 후 4주 이내로 정하고, 이해관계인과 배당요구 채권자들에게 이를 통지해야 되는데(재민 91-5), 배당기일 통지는 대금 납부 후 2주일 이내로 하며 늦어도 배당기일 3일 전까지 도달해야 한다.

그러나 매수인이 채무 인수 신청이나 차액 지급 신청을 한 경우 대금 지급 기한을 지정할 필요 없이 바로 배당기일을 지정하여 앞에서와 같이 통지하게 된다.

(5) 배당표 원안의 비치 · 열람

배당기일 3일 전까지 배당표 원안을 작성하여 이를 법원에 비치해야 하고 법원 사무관 등과 사무실에 비치하면 된다.

(6) 배당기일에 배당 실시 방법

미리 작성한 배당표 원안은 배당기일에 출석한 이해관계인과 배당요구 채권자들에게 열람시키고 그들을 심문하여 그 의견을 듣고, 필요한 경우에는 즉시 조사할 수 있는 증거들을 조사한 다음 이에 기하여 배당원안에 추가 · 정정할 것이 있으면 추가 · 정정하여 배당표를 확정하게 된다(민사집행법 제149조 제2항, 150조).

① 배당이의가 없으면 배당표는 확정되게 된다.

② 배당표에 대하여 이의가 있으면 그 이의 있는 부분에 대하여는 배당이 확정되지 아니하여 이의가 없는 부분을 먼저 배당을 실시하게 되는데, 배당기일에 참석하지 아니한 자는 배당 실시에 관하여 동의한 것으로 본다.

(7) 배당금의 지급 절차도

배당기일 지정 및 통보(대금 납부 즉 3일 이내에 지정하고 통지는 대금 납부 후 2주 이내) → 배당표 원안의 작성 후 비치 열람(배당기일 3일 전까지) → 배당기일(이해관계인 열람 및 그들을 심문하여 의견 청취)

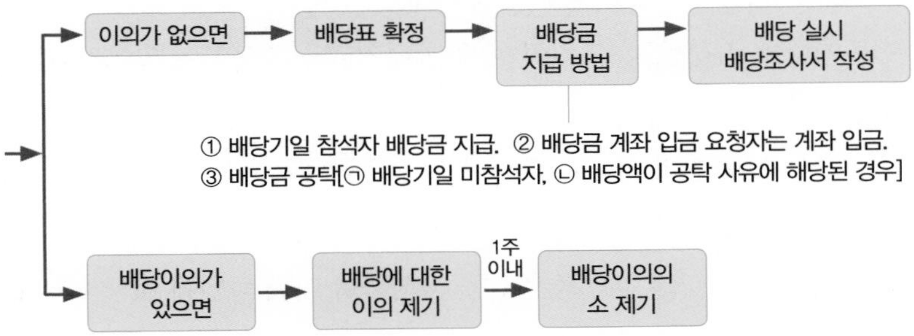

김선생의 한/마/디

증액한 임대차계약서로 배당요구해서는 안 됩니다.

배당요구와 배당금 지급 절차는 앞과 같은 절차로 진행되니 이의가 있으면 배당기일에 참여해서 배당이의를 제기해야 하는데 임차인이 배당이의를 하려면 배당요구한 임차인만 이해관계인이 되어 가능합니다. 참고로 배당요구종기 시까지 배당요구를 했는데 증액한 확정일자로 배당요구해서 배당에 참여할 수 없는 경우 종전 즉 증액 전의 확정일자가 부여된 임대차계약서를 배당기일 이전까지 정정해서 다시 배당요구하면 종전 임대차에 의해서 배당에 참여할 수 있게 됩니다. 이러한 이유는 배당요구종기 시까지 배당요구하면 배당절차에서 이해관계인으로 배당요구 내역을 배당기일까지 정정하여 신청할 수 있습니다. 간혹 임차인들이 실수하기 쉬운 것이 증액한 임대차계약서를 가지고 배당요구하면 배당금이 커지는 것 같지만 순위가 늦어서 배당에서 배제되므로 주의해야 합니다.

* **임차권은 포기하고, 배당요구나 할까 하는 이상한 생각 하는 분들!**
"보증금 증액 후 임차권은 대항력이 없어 어차피 소멸될 것이다. 그냥 소멸되게 내버려두기 아까우니 배당 신청이나 할까?" 이런 생각이라면 1차 증액 전 임차권은 권리신고서만 제출해서 대항력을 주장함을 알리고, 2차 증액한 확정일자 있는 임차권만 분리해서 배당요구를 한다고 권리신고 및 배당요구서를 제출하면 임차인은 분리 배당요구한 것이 됩니다. 1차 보증금은 대항력으로 남게 되고 증액한 2차 보증금만 배당절차에서 순위배당 받을 수 있게 되는 묘수라 할 수 있죠.

최선순위 전세권자라 해도 배당요구하면 전액 배당되는 것이 아닙니다.

최선순위 전세권자는 배당요구를 하지 않으면 대항력을 주장하게 되는 것으로 낙찰자의 부담으로 남게 되지만, 배당요구하면 미배당금 여부와 상관없이 소멸되는 권리가 되므로 주의해야 합니다. 집합건물이면 건물과 대지권 전체 매각대금에서 우선변제 받을 수 있을 것이나 전세권보다 선순위인 당해세나 법정기일이 있으면 후순위로 배당받게 되어 전세금을 전액 배당받지 못하게 되는 경우가 있는데, 단독이나 다가구주택의 일부에 설정된 전세권은 토지에서 우선변제 받지 못하고 건물에서만 배당받게 되기 때문에 더욱 심각하다. 그러므로 최선순위 전세권자는 배당요구종기 이전에 반드시 다른 채권자의 채권신고 내역을 확인해야 합니다. 또한 전세권자보다 선순위 조세채권 등으로 전액 배당받지 못하게 될 경우 배당요구종기 이전에 배당요구를 철회하는 방법을 고려해야 합니다.

_임차인이 배당요구를 하지 않아 배당에서 제외된 경우 부당이득 반환

임차인이 배당요구를 하지 아니하여 배당에서 제외된 경우 후순위 채권자를 상대로 부당이득 반환청구가 가능한가에 대해서 다음 판례에서 할 수 없다고 판결하고 있다.

대법원 2002. 1. 22. 선고 2001다70702 판결【부당이득금반환】

① 민사소송법 제605조 제1항 소정의 배당요구가 필요한 배당요구채권자가 실체법상 우선변제청구권이 있다 하더라도 적법한 배당요구를 하지 아니하여 배당에서 제외된 경우, 배당받은 후순위 채권자를 상대로 부당이득의 반환을 청구할 수 있는지 여부(소극)

② 주택임대차보호법에 의하여 우선변제청구권이 인정되는 소액임차인의 소액보증금반환채권은 현행법상 민사소송법 제605조 제1항에서 규정하는 배당요구가 필요한 배당요구채권에 해당한다.

③ 주택임대차보호법상의 임대차보증금반환채권이 배당요구가 필요한 배당요구채권에 해당하는지 여부(적극)[98다12379 판결]

_임차인이 경락받을 경우 배당금으로부터 경락대금 상계 가능 여부

(1) 경매절차에서 임차인은 배당금으로 상계 처리가 가능하다

배당받을 채권자가 경락인인 경우 경락인은 자기가 배당받을 배당액과 경락대금을 상계할 수 있으며 그 결과 대금 지급의 효력이 있다.

실무상 그러한 상계를 쉽게 하기 위해서 배당기일과 대금 납부 기일을 같은 날로 지정하는 것이 관례이다. 상계 신청은 매각허가결정기일 이전까지만 신청하면 된다.

(2) 공매절차에서 임차인이 배분금으로 상계처리를 할 수 없다

공매절차에서 임차인이 배분금으로 상계처리를 할 수 있는 규정이 없어서 먼저 대금 납부를 하고 나서 배분기일에 가서 배분금을 수령할 수밖에 없다.

43

임차인은 연체 차임이 있더라도 보증금 전액을 배당요구할 수 있다

만약 임차인이 차임을 연체했다면, 그래도 보증금 배당요구를 할 수 있나요?

물론입니다. 그리고 배당할 때 연체 차임을 공제하지도 않습니다.

채무자가 이의제기 시에는 연체 차임을 공제하지만, 그런 경우는 거의 없다고 보시면 됩니다.

다른 채권자들이 배당에 대해 이의를 제기하는 경우가 생기면 어떡하죠?

채무자 외에 다른 채권자들은 배당이의를 제기할 수 없습니다.

그리고 다양한 판례를 기준으로 보았을 때 연체 차임을 공제하지 않고 배당하는 것이 임차인의 부당이득은 아니라는 의견이 우세합니다.

자세한 내용을 공부해보도록 하지요.

_임차인의 연체 차임에 대한 공제 후 배당 여부

경매절차가 진행되면 임차인 등은 밀린 임료 부분을 납부하지 않는 경우가 대부분인데, 채무자(임대인)가 매수인이 대금 납부 시까지 밀린 임료를 공제해야 된다는 취지로 배당이의를 하면 대부분의 법원은 배당기일에 밀린 임료를 공제한 금액으로 임차인의 배당금을 경정하게 되고 이 금액을 채무자에게 지급하는 것이 아니라 후순위 채권자 등에게 배당하게 된다. 밀린 임료의 다툼이 있는 경우에는 배당이의의 소를 제기하여 확정된 금액으로 하게 된다.

실무상 연체 차임에 대한 금액 자체도 채무자만 이해할 수 있는 부분이어서 다른 채권자 등이 주장하는 경우도 드물 뿐만 아니라 이해당사자가 되지 못하여 주장을 받아들이기가 어렵다고 본다.

왜냐하면 부동산임의경매절차에서 경매개시결정으로 인한 압류 후의 차임은 임대차보증금에서 당연히 공제되는 것이 아니라 경매절차에서 저당 부동산과 함께 매각되어 환가되거나 별도로 수취된 후 피담보채권의 변제에 충당되어야 하지 이와 달리 임대차보증금에서 공제되어야 하는 것은 아니라고 할 것이므로, 따라서 채무자(임대인)만이 주장하는 것이 대부분이고 채무자 역시 밀린 임료가 본인에게 배당되는 경우가 아니어서 실무에서 배당이의를 주장하는 경우가 그리 많지 않다.

김선생의 한/마/디

임차인의 보증금에서 연체 차임을 공제하지 않고 배당합니다.

임차인이 배당요구를 할 때 연체한 차임에 대해서 공제하고 배당요구를 해야 한다고 생각하는 경우가 많으나 이는 사실이 아닙니다.
경매 배당 실무에서는 임차인의 보증금에서 연체 차임에 대하여서는 공제하지 아니하고 임차인에게 배당하고 있으나 채무자(소유자)가 이의제기 시에는 연체 차임을 공제하고 잔여금에 대해서만 배당하는 방법이 올바른 판단일 것입니다. 그러나 채무자(소유자)가 배분이의 제기하는 사례는 거의 없어서 임차인이 배당요구 시 연체 차임 공제 없이 보증금 전액을 배당받고 있는 실정입니다.

_연체 차임에 대한 처리 방법에 대한 판례

[서울동부지법 2006가단62400]

(1) 임의경매절차에서 저당 부동산의 차임의 처리 방법

민법 제359조에 의하면 저당권의 효력은 저당 부동산에 대한 압류가 있은 후에 저당권설정자가 그 부동산으로부터 수취한 과실 또는 수취할 수 있는 과실에 미치고, 부동산의 차임은 법정 과실이므로 부동산의 차임에도 저당권 압류의 효력이 미쳐서 저당권설정자가 이를 수취할 수 없고, 저당 부동산에 포함되어 저당 부동산과 함께 경매절차에서 환가되거나 수취된 후 피담보채권의 변제에 충당되어야 한다.

부동산임의경매절차에서 경매개시결정으로 인한 압류 후의 차임은 임대차보증금에서 당연히 공제되는 것이 아니라 경매절차에서 저당 부동산과 함께 매각되어 환가되거나 별도로 수취된 후 피담보채권의 변제에 충당되어야 한다고 한 사례를 살펴보자.

판결 원문을 보면, 임차인 을이 아파트를 임대차보증금 1,600만원, 차임 월 70만원으로 정하여 임차하였는데, 그 아파트에 관하여 임의경매절차가 진행되자 차임 지급을 중단하고 배당요구를 하였고, 매각대금에서 집행비용을 제외하고 실제 배당할 금액 348,343,916원 중 1순위로 1,600만원을 소액임차인인 피고에게, 2순위로 830,350원을 성동구에, 3순위로 220,800,000원을 주식회사 하나은행에, 4순위로 나머지 110,713,566원을 원고에게 배당하였다.

그런데 원고가 피고의 배당금액에 대하여 이의를 제기하였고, 피고는 위와 같이 배당표가 작성되자 당시까지 지급하지 아니한 차임의 지급을 위하여 소외 1을 대리한 소외 1의 처 소외 3에게, 2006. 8. 26. 300만원, 2006. 9. 1. 50만원 합계 350만원을 지급하였다.

원고는 이 사건 청구원인으로, 피고가 2006. 3.부터 배당기일까지 5개월간 연체한 임료 350만 원을 피고의 임대차보증금에서 공제하여야 함에도, 이를 공제하지 아니한 채 임대차보증금 1,600만원 전액을 피고에게 배당하는 내용으로 작성된 이 사건 배당표는 위법하다고 주장한다.

(2) 연체 차임에 대한 법원의 판단

민법 제359조에 의하면 저당권의 효력은 저당 부동산에 대한 압류가 있은 후에 저당권설정자가 그 부동산으로부터 수취한 과실 또는 수취할 수 있는 과실에 미치고, 부동산의 차임은 법정 과실이므로, 부동산의 차임에도 저당권 압류의 효력이 미쳐서 저당권설정자가 이를 수취할 수 없고, 저당 부동산에 포함되어 저당 부동산과 함께 경매절차에서 환가되거나 수취된 후 피담보채권의 변제에 충당되어야 한다.

이 사건을 위 법리에 비추어 보면, 이 사건 아파트에 관하여 임의경매개시결정기입등기가 이루어진 2005. 10. 31.부터의 피고에 대한 차임채권은 이 사건 아파트와 함께 경매절차에서 매각되어 환가되거나 별도로 수취되어 피담보채권의 변제에 충당되어야 하고, 이와 달리 임대차보증금에서 공제되어야 하는 것은 아니라고 할 것이므로, 원고의 위 주장은 이유 없다.

판례 돋보기

임차인의 부당이득으로 판단하지 않아서 연체 차임에 해당되지 않은 사례

임차인이 임대차계약 종료 이후에도 동시이행의 항변권을 행사하는 방법으로 목적물의 반환을 거부하기 위하여 임차건물 부분을 계속 점유하기는 하였으나 이를 본래의 임대차계약상의 목적에 따라 사용·수익하지 아니하여 실질적인 이득을 얻은 바 없는 경우에는 그로 인하여 임대인에게 손해가 발생하였다 하더라도 임차인의 부당이득 반환 의무는 성립되지 아니한다[대법 2002다59481].

경매절차에서 연체 차임에 대해서 이의를 제기할 수 있는 이해관계인은 채무자뿐이고 다른 채권자는 배당이의를 할 수가 없다. 그리고 임차인의 부당이득으로 판단하지 않을 경우 연체 차임에 해당되지 않는다는 판례도 아주 중요하다.

44

경매와 공매가 동시에 진행될 경우 대처 방법

선생님, 가끔 임차주택에 경매와 공매가 동시에 진행되는 경우가 있는데, 이럴 때는 어떻게 대처해야 할까요?

저도 그 내용이 궁금했습니다.
어느 쪽에 우선권이 있나요?

경매와 압류재산 공매는 우선권이 없습니다.
먼저 대금을 납부한 낙찰자가 소유권을 취득한다는 얘깁니다.
임차인의 입장에서는 경매든 공매든 다르지 않습니다.
그것이 개시되기 전에 대항요건을 확실하게 갖춰야 한다는 얘깁니다.
자, 그럼 임차인의 권리를 확실하게 지키기 위해 공부 시작하겠습니다.

_법원경매와 압류재산 공매가 동시에 경합 시 우선권은?

경매와 공매는 법률이 다르고 존재 목적이 다르기 때문에 양 제도는 상호불간섭에 의해 동시에 진행될 수 있고 먼저 종료된 절차가 우선하게 된다. 따라서 경매와 공매에 낙찰된 경우 양쪽 낙찰자 중 먼저 대금 납부한 낙찰자가 우선하여 소유권을 취득하게 된다.

_민사집행법상 진행절차와 국세징수법상 체납 처분 절차

민사집행법상 진행되는 경매절차와 국세징수법상 진행되는 공매절차는 별개의 절차로서 그 절차 상호 간의 관계를 조정하는 법률의 규정이 없으므로 어느 한쪽이 다른 한쪽의 진행절차에 관여할 수가 없어서 국세징수법상 공매절차가 진행되는 과정에도 법원은 그 부동산에 대하여 강제경매나 임의경매절차를 진행할 수 있고 이와 반대로 경매절차가 진행되는 과정에서도 국세징수법상 공매절차가 진행될 수도 있다.

이러한 경우 각 채권자 등은 서로 다른 절차에서 정한 매각 방법이나 배당요구 등의 기준에 따라 참여할 수밖에 없고 동시에 진행되는 절차라면 두 절차 모두에 대하여 그 절차에서 규정한 기준에 따라 이해관계인으로서 권리주장 및 배당요구를 각각 해야 한다.

_경매와 공매가 경합한 상태에서 공매로 매각될 경우 대항 요건은?

경매와 공매가 경합한 상태에서 공매로 매각된 경우에도 소액임차인은 경매기입등기 전에 대항요건을 구비해야 하는지[선고 2003다65940 판결(배당이의)] 알아보자.

경매기입등기 후에 공매공고등기가 이루어졌고 임차인이 경매 개시 이후 공매공고 이전에 대항요건을 갖추고 나서 공매로 매각되어도 임차인은 최우선변제금 대상이 아니다. 반대의 경우로 공매가 먼저 공고등기가 이루어지고 나서 경매가 개시된 사항에서도 같은 논리가 적용된다.

_경매와 공매가 동시에 진행된 경우 처리 과정

경매와 공매가 동시에 다른 집행기관에서 다른 매각절차로 진행될 수 있는데 이 경우 임차인은 경매개시결정기입등기와 공매공고등기 중에서 먼저 기입등기된 날짜보다 먼저 대항요건을 갖추어야 압류효력에 대항할 수 있는 소액임차인으로 우선변제 받을 수 있다.

그리고 동시에 진행되는 경우에 권리신고 및 배당요구를 각각 해야 모든 배당절차에 참여가 가능하고, 어떤 집행기관의 매각절차에서도 낙찰자가 발생할 수 있으나 이들의 소유권은 대금을 먼저 납부한 낙찰자가 취득하고, 그 상대방이 경매인 경우는 공매 매각으로 인한 임의경매개시결정 기각으로 경매절차가 종결되고 임의경매개시결정기입등기는 공매절차에서 촉탁으로 말소되게 된다. 그러나 그 상대방이 공매인 경우 또한 경매절차와 같은 절차가 진행되는데 공매절차에서는 공매가 해제된 것으로 표시되고 공매절차가 종결된다.

공매 낙찰자가 경매 낙찰자보다 먼저 매각대금을 완납하면 공매집행기관에서 경매법원에 경매중지요청서를 보내게 되고 이로 인해서 경매법원은 경매절차를 취소하게 된다.

김선생의 한/마/디

임차인은 어떤 경우에도 경매 개시 전에 대항요건을 갖춰야 합니다.

임차인의 대항요건은 어느 절차로 매각되어도 먼저 개시되기 전에 대항요건을 갖추고 있어야 소액임차인으로 보호됩니다.
배당요구도 경매절차에서는 경매법원에 배당요구해야 하고, 공매는 공매집행기관에 별도로 배당요구해야 배당참여가 가능한 것이지, 경매법원에만 배당요구하면 그 배당요구가 자동적으로 공매집행기관에 통보되는 것이 아니고 배당참여가 불가하게 됨을 이해하고 있어야 합니다.

45

임차인이 금융기관 대출 시 무상거주확인서를 작성한 경우

무상거주확인서라는 얘기를 가끔 듣는데, 이것은 어떤 용도인지 궁금합니다.

저도 들어본 적이 있어요.

임대인이 은행에서 대출을 받아야 하니 무상거주확인서를 작성해달라고 한다더군요. 임차인 입장에서는 집주인의 요구를 거절하기 힘든데, 이런 경우에 확인서에 도장을 찍어줘도 되는지 궁금합니다.

임대인의 부탁으로 임차인이 무상으로 살고 있다고 각서를 써주었다면 보증금 손실을 봐도 할 말이 없는 거지요.

임차인의 건물 명도 거부가 신의칙에 반하지 않는다는 사례가 있기는 하지만, 판례는 원칙적으로 각서를 인정하고 있으므로 그런 부탁은 절대 들어주면 안 됩니다.

그러면 자세한 내용을 공부해보기로 하죠.

_건물 명도 거부가 신의칙에 반한다고 대항력을 인정하지 않은 경우

무상거주확인서는 주택에 거주하는 것은 맞지만 보증금을 주고 집을 임차한 것이 아니고, 임대인의 배려로 공짜로 살고 있다는 내용의 확인서로, 임대인의 대출을 위해 실사를 나온 은행의 직원에게 임대인의 부탁대로 임차인이 무상으로 살고 있다는 각서를 써주었다면, 나중에 그 주택이 경매로 넘어갈 때 보증금을 받지 못할 가능성이 많다.

이런 경우에 판례의 원칙적 태도는 각서의 효력을 인정하고 있어서 (대법 87다카1708) 은행 대출을 위해 임대인이 임차인에게 무상거주확인서를 작성해달라고 부탁하더라도 이를 수용하면 안 된다.

(1) 채무자가 동생 소유 아파트에 근저당 설정 당시에 무상거주확인서를 제출한 경우

채무자가 동생 소유의 아파트에 관하여 근저당권을 설정하고 대출을 받으면서 채권자에게 자신은 임차인이 아니고 위 아파트에 관하여 일체의 권리를 주장하지 않겠다는 내용의 확인서를 작성하여준 경우, 그 후 대항력을 갖춘 임차인임을 내세워 이를 낙찰 받은 채권자의 인도명령을 다투는 것은 금반언 및 신의칙에 위배되어 허용되지 않는다고 하여 대항력을 인정하지 않았다[대법 99마4307 결정).

Bonus 정보+

금반언(禁反言)의 원칙(原則)이란?

일단 행한 표시나 행위를 번복할 수 없다는 원칙을 말한다.

신의칙(信義誠實)의 원칙(原則)이란?

상대방의 신뢰에 반하지 않도록 성의 있게 행동할 것을 요구하는 법원칙을 뜻한다.

(2) 경매를 신청해서 은행이 직접 낙찰 받은 경우 무상거주확인서의 효력

아파트에 관한 경매를 신청하고 그 경매절차에서 아파트를 낙찰 받은 다음, 채무자 박○순을 상대로 그에 관한 인도명령을 받은 것인데, 박○순은 인도명령에 대하여 항고를 제기하면서, 자신은 1992. 8. 30. 박○문으로부터 보증금 8,500만 원에 임차하여 대항력도 갖추었다고 주장하였음을 알 수 있는바, 재항고인은 박○순이 위와 같은 내용의 확인서를 두 차례나 작성해줌으로써 이를 믿은 나머지 이 사건 아파트의 담보가치를 높게 평가하여 대출을 해주고, 경매절차에서도 보증금을 고려하지 아니한 가격으로 입찰한 것으로 볼 수 있으므로, 박○순이 재항고인에 대한 위와 같은 확인 내용을 번복하여 대항력을 갖춘 임차인임을 내세워 인도명령을 다투는 것은 특별한 사정이 없는 한 금반언 및 신의칙에 위배되어 허용되지 아니한다(대법 97다12211 판결).

(3) 은행에 무상거주확인서를 작성해준 임차인이 은행 근저당권보다 우선변제 받은 경우

근저당권자가 담보로 제공된 건물에 대한 담보가치를 조사할 당시 대항력을 갖춘 임차인이 그 임대차 사실을 부인하고 임차보증금에 대한 권리주장을 않겠다는 내용의 확인서를 작성해준 경우, 그 후 그 건물에 대한 경매절차에서 이를 번복하여 대항력 있는 임대차의 존재를 주장함과 아울러 근저당권자보다 우선적 지위를 가지는 확정일자부 임차인임을 주장하여 그 임차보증금 반환채권에 대한 배당요구를 하는 것은 특별한 사정이 없는 한 금반언 및 신의칙에 위반되어 허용될 수 없다[대법 97다12211].

_임차인의 건물 명도 거부가 신의칙에 반하지 않는다고 판단한 사례

(1) 무상거주확인서를 작성한 임차인이 경매절차에서 적법하게 배당요구한 경우

이 사건 건물에 대한 임의경매 신청사건에 있어서 집달관이 작성한 임대차조사보고서에 의하면, 이 사건 건물에는 피고가 임차보증금 20,000,000원에 무기한으로 입주하고 있는 사실이 조사 보고되어 있는 이상 원고는 위 경매절차에서 원고의 근저당권에 대항할 수 있는 피고의 임차권이 있다는 사실을 알고 있었다 할 것이고 한편 피고가 원고의 직원이 이 사건 경매절차와는 아무런 관련도 없이 행한 이 사건 건물에 대한 임대차 조사에서 피고의 임대차 사실을 숨겼다 하여도 이 사건 경매절차에서는 이를 분명히 한 이상 원고로 하여금 경매 가격을 결정하게끔 신뢰를 준 것이라고는 할 수 없다 할 것이므로 위와 같이 일시 임대차관계를 숨긴 사실만을 가지고서 피고의 이 사건 동시이행의 항변이 신의성실의 원칙에 반하는 것이라고는 볼 수 없다[대법 86다카1852].

(2) 은행이 아닌 소유자에게 무상거주확인서를 작성해주고 경매절차에서 배당요구한 경우

금전대출을 실시하는 금융기관 또는 담보가치를 조사하도록 의뢰받은 감정평가기관의 직원이 직접 임차인들을 만나 임대차관계를 조사한 것이 아니라, 단지 금전대출을 신청한 건물의 소유자에게 그 조사를 의뢰하여 그가 임대차조사서 서식의 공란에 기재될 내용에 관하여 어떠한 설명도 없이 임차인들로부터 기명날인만 받고 임대차 금액란에 실제 임대차보증금보다 적은 금액을 기재한 경우, 임차인들이 부동산 경매절차에서 위 조사서에 기재된 사항과는 다른 내용의 주장을 하면서 배당을 요구한다고 하여 금반언이나 신의칙에 반한다고 볼 수 없다고 한 사례가 있다.

임차인은 위 조사서에 자신들의 임대차관계를 기재하게 된 이상 그 서식의 기재사항을 잘 읽어보고 정확한 내용의 기재를 함으로써 적절한 담보가치의 조사가 이루어지도록 하여야 함에도, 임대차 금액란을 전혀 기재하지 아니한 채로 임대인에게 위 조사서를 교부함으로써 그로 하여금 임의로 허위의 기재를 하게 한 과실이 있다 할 것이고, 이러한 과실은 임대인의 불법행위와 경합하여 금융기관으로 하여금 임대인에 대한 채권 중 임차보증금 액수를 과소평가함으로써 배당받지 못하게 된 금액 상당의 손해를 입게 한 원인이 되었다 할 것이므로, 다만 금융기관으로서는 임대인이 작성하여 온 위 조사서에만 의존하여 달리 별도의 확인 절차를 거치지 아니한 채 임대차관계를 평가하여 임대인에게 금전대출을 하여준 과실이 있다 할 것이므로 임차인의 손해배상책임은 40%로 제한함이 상당하다[서울지법 동부지원 2000가단8695].

_무상거주확인서가 작성된 사례 종합 분석

은행이 직접 낙찰 받은 경우 경매의 진행절차 과정에서 임차인으로 권리신고하여 임대차사실이 있음을 주장하였더라도 임차인으로 권리주장은 신의칙에 위반된다고 볼 수 있고, 은행이 직접 낙찰 받지 않고 제3자가 낙찰 받은 경우라도 이러한 사실을 믿고 대출한 금융기관이 손실을 보게 된 경우에는 임차인은 손해배상책임이 있을 것으로 판단된다.

이에 대한 판례를 보면 '주택임차인이 금융기관 등의 위임을 받은 감정평가사에게 임차보증금의 액수를 줄여서 허위로 진술함에 따라서 이를 믿은 금융기관이 담보가치를 넘는 초과대출을 해주었다가 손해를 입었다면 허위진술을 한 임차인이 손해의 70%를 배상해야 한다고 한 사례(서울지법 98나11702)가 있는데, 이러한 배상금액은 임차인이 무상거주확인서 작성 및 표현을 당사자에게 직접적으로 표시한 경우이다.

상기 2번의 판례와 같이 당사자에게 간접적으로 또는 내용 등의 기재가 부정확한 상태에서 작성되었느냐에 따라서 손해배상책임 금액이 40%로 낮아질 수도 있다.

그러나 제3자가 낙찰 받은 경우에는 허위임차인인지 진정한 임차인인지 확인하는 과정에서 진실된 임차계약서와 보증금이 입금된 정확한 근거가 있으면 부인할 수 없을 것이다.

왜냐하면 임차인이 은행 직원에게 경매절차와는 아무런 관련도 없이 행한 임대차 조사에서 자신의 임대차 사실을 숨겼다 하여도 경매절차에서 이를 분명히 한 이상(즉 권리신고 및 배당요구를 신청한 이상) 낙찰자로 하여금 경매 가격을 결정하게끔 신뢰를 준 것이라고는 할 수 없기 때문이다[대법 86다카1852 판례 인용].

따라서 입찰자는 권리분석에서 진정한 임차인 여부를 판단하고 입찰에 참여해야지 무상거주확인서만 믿고 입찰에 참여했다간 낭패를 볼 수 있고, 간혹 소유자가 임차인을 대위하여 무상거주확인서를 작성하고 은행이 이러한 사실을 확인하지 않고 대출이 실행된 경우도 발생할 수 있기 때문이다.

어쨌든 무상거주확인서를 작성해준 임차인은 그 임차보증금의 손실이 예상되니 무조건 협조해서는 안 될 것이며, 입찰자 역시 무상거주확인서가 만능이 아니므로 한 번 더 세심한 조사 후 입찰에 참여해야 된다.

46
토지와 건물의 채권자가 다를 경우 배당 방법

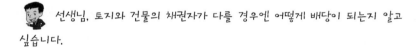

선생님, 토지와 건물의 채권자가 다를 경우엔 어떻게 배당이 되는지 알고 싶습니다.

토지만 근저당권이 설정되고, 건물이 신축되었다면 최초 감정가에서 건물과 토지 비율을 계산하면 됩니다.

이때 임차인의 대항력을 판단하는 기준은 말소기준권리입니다.

그럼 공동저당권이 설정된 건물이 철거되고, 새로 신축될 경우는 어떻게 되는 건가요?

토지와 건물에 설정된 권리 등이 상이하다고 판단해, 최초의 감정가격에서 건물과 토지의 비율을 계산하고 이 비율을 매각대금에 곱하여 건물과 토지 배당금을 계산합니다.

그러면 더 자세한 사항들을 공부해보도록 하죠.

_나대지에 토지만 근저당권을 설정한 후, 건물이 신축된 경우

(1) 토지와 건물에 설정된 권리 등이 상이하다고 판단된다.

최초 감정가격에서 건물과 토지 비율을 매각대금에 곱해 계산하면 된다. 토지 매각대금에서 최선순위 저당권자에게 우선변제하고, 나머지 경매대가(토지 선순위 채권 공제한 금액)와 건물 최초 경매대가에서 비율을 정해 후순위 채권액에 곱해 배당한다. 토지저당권자는 토지 매각대금만 배당받는데, 토지에 안분할 대금은 법정지상권 등 제한 없는 상태로 평가해야 한다.

그렇지 않은 경우 토지저당권자는 배당이의를 할 수 있다. 토지의 저당권자가 건물의 매각대금에서 배당을 받으려면 민사집행법 제268조, 제88조의 규정에 의한 적법한 배당요구를 하였거나 그 밖에 달리 배당을 받을 수 있는 채권으로서 필요한 요건을 갖추고 있어야 한다[대법 2011다54587].

판례 돋보기

공동저당권 설정 후 새로운 건물이 신축될 경우

동일인 소유 토지와 지상건물에 공동저당권이 설정된 후 건물이 철거되고 새로 건물이 신축되었으나 신축 건물에는 토지의 저당권과 동일한 순위의 공동저당권이 설정되지 않은 상태에서 토지와 신축 건물이 민법 제365조에 의해 일괄 매각된 경우, 토지에 안분할 매각대금은 법정지상권 등 이용 제한이 없는 상태의 토지를 기준으로 산정하여야 하는지 여부(적극) 및 위 일괄 매각절차에서 부동산별 매각대금 안분을 잘못한 것이 배당이의의 청구 사유가 되는지 여부(적극)

대법원 2012. 3. 15. 선고 2011다54587 판결 〔배당이의〕

(2) 이 경우 신축된 임차인에 배당 방법과 대항력을 판단하는 기준

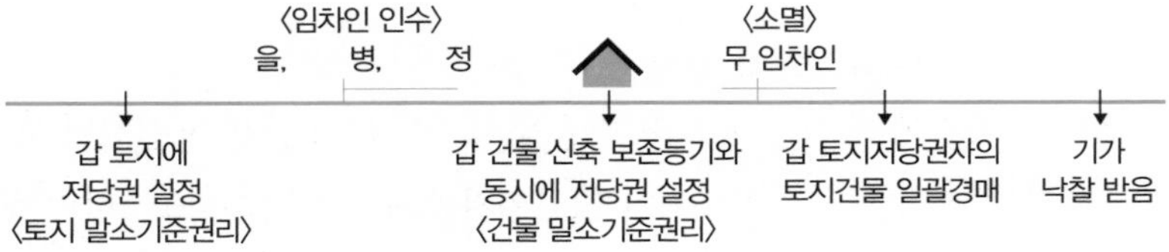

이와 같이 토지에 먼저 저당권을 설정 후 주택 신축으로 인한 일괄 경매 신청 시 임차인은 토지 매각대금에 대하여서는 최우선변제 및 확정일자에 의한 우선변제권을 토지저당권자에 우선하여 변제받지 못한다.

다만, 건물 매각대금에 대해서만 우선변제 받을 수 있다. 그러나 낙찰자는 주택 양수인이기도 하여 대항력 있는 임차인 을, 병, 정 임차인의 미배당금에 대하여 인수하여야 하나 무 임차인은 낙찰자에게 대항력이 없어 인수 대상이 아니다. 신축된 건물의 임차인 등은 나대지 상에서 설정된 토지저당권자보다 소액보증금 중 일정액을 우선변제 받을 수 없다.

_공동저당권이 설정된 후 건물이 철거되고 나서 신축된 경우

(1) 토지와 건물에 설정된 권리 등이 상이하다고 판단된다

신축된 건물에 토지의 저당권과 동일한 순위의 공동저당권이 설정되지 않은 상태에서 토지와 신축 건물이 민법 제365조에 의해 일괄 매각된 경우, 최초의 감정가격에서 건물과 토지의 비율을 계산하고 이 비율을 매각대금에 곱하여 건물과 토지 배당금을 계산하면 된다.

토지에 안분할 매각대금은 법정지상권 등 이용 제한이 없는 상태의 토지를 기준으로 산정하여야 하는지 여부(적극)[대법 2011다54587]

(2) 이 경우 신축 건물의 임차인에 대한 배당 방법과 대항력을 판단하는 기준

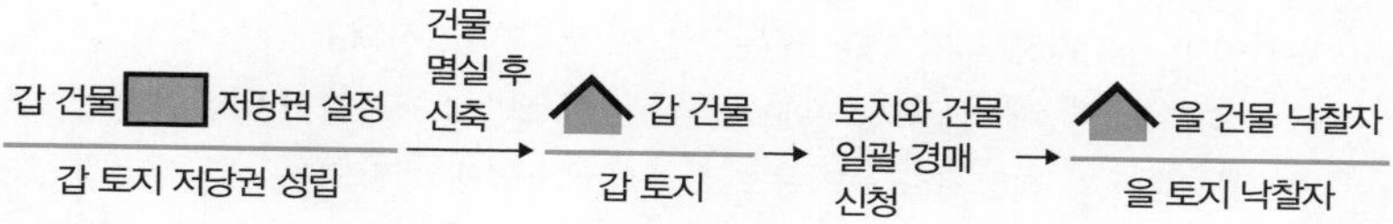

이 경우에는 낙찰자는 토지와 건물 모두의 소유권을 취득하므로 법정지상권을 논할 가치가 없다.

낙찰자는 주택 양수인이 되기 때문에 대항력 있는 임차인의 보증금을 추가로 인수해야 한다. 이때 말소기준권리는 건물의 말소기준권리가 된다. 신축된 건물의 임차인 등은 건물이 멸실되어 토지에만 설정되어 있는 토지 저당권자보다 소액보증금 중 일정액을 우선변제 받을 수 있다.

왜냐하면 구 건물과 대지에 대한 공동저당권자는 구 건물의 범위 내에서는 임차인의 소액보증금 중 일정액의 제한을 예견하고 저당권을 설정했기 때문에 구 건물이 멸실되고 신축되었다는 이유로 임차인의 우선변제권을 전혀 제한받지 않는다면 반대로 저당권자가 불측의 이득을 볼 수 있고 구 건물 멸실로 인한 손해는 구 건물과 대지 소유자가 보아야할 문제이므로 신축 건물의 임차인은 소액보증금 중 일정액을 토지 저당권자보다 우선변제 받을 수 있다(대법 98다43601, 대법 2003다1359, 1366, 1373, 대법 2009다66150 판결, 서울지법 서부지원 97가단37992 판결).

김선생의 한/마/디

나대지 상태냐, 무허가 건물이냐에 따라 우선변제 순위가 달라집니다.

나대지 상태에서 저당권이 설정되었다면 소액임차인은 저당권이 예견되지 않은 상태이므로 소액임차인보다 토지 매각대금에서 우선변제 받지만, 건물이 미등기나 무허가 건물 또는 건물이 있다가 멸실되고 나서 다시 신축된 경우도 저당권 설정 당시에 건물이 있었으면 소액임차인이 예견되었기 때문에 토지 저당권자를 기준으로 소액임차인에 해당되면 최우선변제금을 지급하더라도 저당권자에 예측하지 못한 손실로 보지 않습니다.
또 하나 유의할 점은 토지의 말소기준권리와 건물의 말소기준권리가 다를 때에는 건물의 말소기준권리를 가지고 임차인의 대항력 유무를 결정한다는 사실입니다.

CHAPTER 11

임차인의 건물 인도 시기와 임대인의 수선 의무

이 장에서는 경매절차에서 대항력 있는 임차인이 인도명령 신청에서 건물 인도를 거절할 수 있는 시기와 대항력 없는 임차인의 건물 인도 시기, 부당이득으로 보게 되는 시점을 기술했다. 또 임대인의 수선 의무와 임차인의 손해배상책임은 어디까지인가를 사례를 통해서 분석했다.

47

대항력 유무에 따른 건물 인도 시기와 부당이득

임차주택이 경매로 매각될 경우, 계약 기간 동안에는 건물 인도를 하지 않아도 되는 건지 궁금하네요.

경매로 소유자가 변경되기 전에 대항력을 갖추고 있다면 잔존 계약 기간 동안 임차주택을 사용할 수 있습니다.

그런데 경매절차로 매각되면 말소기준권리 이전에 대항요건을 갖춘 임차인만 대항력이 인정됩니다.

대항력 있는 임차인이라면 건물 인도를 거절할 수도 있다는 얘기네요.

그럼 대항력 없는 임차인은 어떻게 되나요?

매수인이 소유권을 취득하게 되면 대항력 없는 임차인과 채무자를 상대로 인도명령을 신청할 수 있고, 부당이득금을 청구할 수도 있습니다.

중요한 내용이니 꼼꼼히 공부하도록 합시다.

_주임법에서 정한 대항력 있는 임차인의 건물 인도 시기는 언제인가?

소유자가 변경되지 않고 임대인이 계속 소유하거나 일반거래로 매각되어 소유자가 변경되어도 임차인은 대항력이 있어서 잔존 계약 기간 동안 그 임차주택을 사용할 수 있으며 계약 기간이 종료되면 임차보증금의 반환과 주택인도가 동시이행 관계에 있어서 임차인이 보증금의 손실을 보게 되는 경우는 발생하지 않는다. 이러한 이유는 주임법에서 정한 대항력은 소유자가 변경되기 전까지만 대항요건을 갖추고 있으면 모든 임차인의 대항력이 인정되고 있는 데 반해서 다음과 같이 경매절차로 매각되면 선순위 채권자를 보호하기 위해서 말소기준권리 이전에 대항요건을 갖춘 임차인만 대항력이 인정된다는 차이가 있게 되는 것이다.

_경매절차에서 대항력 있는 임차인이 건물 인도를 거절할 수 있는 시기

이 내용은 임차주택이 경매당하면 대항력 있는 임차인이 언제까지 집을 비우지 않고 정당하게 거주할 수 있는가에 대한 판단이다.

(1) 대항력 있는 임차인이 배당요구를 안 하고 대항력을 주장하는 경우

임차인은 잔존 계약 기간 동안 그 임차주택에서 살 수 있고 계약 기간이 종료되면 임차보증금 반환과 주택인도가 동시이행 관계에 놓이게 된다.

(2) 대항력 있는 임차인이 배당요구하여 전액 배당받게 되는 경우

대항력 있는 임차인이라도 전액 변제받으면 그 임차권은 소멸되므로 배당금을 전액 받을 때까지는 부당이득에 해당되지 않는다. 대항력 있는 임차인이 배당요구하여 전액 배당받게 되는 시기(배당표가 확정되어 배당금을 전액 지급받을 수 있는 시기)까지 임차건물에 대한 인도를 거절할 수 있으므로, 임차인에 대한 배당표가 확정될 때까지 매수인에 대하여 임차주택의 인도를 거절할 수 있다(대법 97다11195).

1) 보증금만 있는 경우는 위 내용과 같이 배당표가 확정될 때까지 부당이득은 성립되지 않으나 배당표가 확정되었다면 그 시기부터 부당이득이 성립된다.
2) 보증금과 월차임 등이 있다면 임차인은 매수인이 대금 납부 이후 배당표가 확정될 때까지 차임을 지급해야 된다.

판례 돋보기

대항력 있는 임차인의 부당이득에 해당되는 시점

주임법상의 대항력과 우선변제권의 두 권리를 겸유하고 있는 임차인이 우선변제권을 선택하여 임차주택에 대하여 진행되고 있는 경매절차에서 보증금에 대한 배당요구를 하여 보증금 전액을 배당받을 수 있는 경우에는, 특별한 사정이 없는 한 임차인이 그 배당금을 지급받을 수 있는 때, 즉 임차인에 대한 배당표가 확정될 때까지는 임차권이 소멸하지 않는다 ~생략, 경락인이 낙찰대금을 납부하여 임차주택에 대한 소유권을 취득한 이후에 임차인이 임차주택을 계속 점유하여 사용 · 수익하였다고 하더라도 임차인에 대한 배당표가 확정될 때까지의 사용 · 수익은 소멸하지 아니한 임차권에 기한 것이어서 경락인에 대한 관계에서 부당이득이 성립되지 아니한다(대법 2003다23885).

(3) 대항력 있는 임차인이 배당금의 일부를 배당받은 경우

배당금의 일부만 배당받은 경우는 미배당금을 매수인이 인수(지급)할 때까지 또는 전액 배당표가 작성되었으나 배당이의 소송 등으로 배당표가 확정되지 못한 경우에는 확정될 때까지 건물 인도를 거절할 수 있게 된다.

판례 돋보기

대항력 있는 임차인이 전액 배당받지 못한 경우 부당이득에 해당되는 시점

1) 임대차 종료 후 임차인의 임차 목적물 명도 의무와 임대인의 연체 임료, 기타 손해배상금을 공제하고 남은 임차보증금 반환 의무와는 동시이행의 관계에 있으므로, 임차인이 동시이행의 항변권에 기하여 임차 목적물을 점유하고 사용 · 수익한 경우 그 점유는 불법점유라 할 수 없어 그로 인한 손해배상책임은 지지 아니하되, 다만 사용 · 수익으로 인하여 실질적으로 얻은 이익이 있으면 부당이득으로서 반환하여야 한다.
2) 보증금 전액을 배당받지 못하였다면 임차인은 임차보증금 중 배당받지 못한 금액을 반환받을 때까지 그 부분에 관하여는 임대차관계의 존속을 주장할 수 있으나 그 나머지 보증금 부분에 대하여는 이를 주장할 수 없다. 임차인이 그의 배당요구로 임대차계약이 해지되어 종료된 다음에도 계쟁 임대 부분 전부를 사용 · 수익하고 있어 그로 인한 실질적 이익을 얻고 있다면 그 임대 부분의 적정한 임료 상당액 중 임대차관계가 존속되는 것으로 보아 배당받지 못한 금액에 해당하는 부분을 제외한 나머지 보증금에 해당하는 부분에 대하여는 부당이득을 얻고 있다고 할 것이어서 이를 반환하여야 한다(대법 98다15545 판결).

_대항력 없는 임차인 등의 건물 인도 시기와 부당이득으로 보게 되는 시점

대항력 없는 임차인, 소유자 및 채무자 등은 매각으로 임차권과 소유권이 소멸한다.

따라서 매수인이 매각대금을 납부하면 소유권을 취득하게 되므로 대항력 없는 임차인과 채무자를 상대로 인도명령을 신청할 수 있고, 매수인의 매각대금 납부 이후부터 건물 인도 시기까지를 임차인과 채무자가 부당이득을 보게 되는 시기로 보아서 이 기간까지 건물 사용에 상당하는 사용료 즉 임료를 임차인과 채무자에게 부당이득금으로 청구할 수 있다.

48

임대인의 수선 의무와 임차인의 손해배상책임 여부

임대인은 주택에 파손이나 장해가 있을 시 수선해줘야 할 의무가 있다고 들었는데, 임차인에게는 어떤 의무가 있나요?

임대인 수선 의무에 상응하는 것으로 임차인의 손해배상 의무가 있습니다.

손해배상 의무라고요?

손해가 난 것이 꼭 임차인의 잘못이 아닐 수도 있잖아요?

예를 들어보겠습니다.

건물에 화재가 날 경우 임차인은 성실한 관리 의무를 다했음을 증명해 보이지 못하면 손해배상의 책임을 집니다.

불법행위 등으로 건물이 훼손된 경우도 마찬가지입니다.

그러면 지금부터 임차인의 손해배상 의무 범위와 사례에 대해 공부해봅시다.

_임대인의 수선 의무에 해당하는지에 대한 판단 기준

임대차계약에 있어서 임대인은 임대차 목적물을 계약 존속 중 그 사용 · 수익에 필요한 상태를 유지하게 할 의무를 부담해야 되는데(민법 제623조), 그 임차 목적물에 파손 또는 장해가 생긴 경우에 그것을 수선하지 아니하면 임차인이 계약에 의하여 정하여진 목적에 따라 사용 · 수익하는 것을 방해받을 정도의 것이라면 임대인은 그 수선 의무를 부담해야 된다.

이때 임대인의 수선 의무를 발생시키는 사용 · 수익의 방해에 해당하는지 여부는 구체적인 사안에 따라 목적물의 종류 및 용도, 파손 또는 장해의 규모와 부위, 이로 인하여 목적물의 사용 · 수익에 미치는 영향의 정도, 그 수선이 용이한지 여부와 이에 소요되는 비용, 임대차계약 당시 목적물의 상태와 차임의 액수 등 제반 사정을 참작하여 사회통념에 의하여 판단하여야 한다는[대법 2011다107405 판결] 것이 판례의 입장이다.

(1) 임대인이 수선 의무를 부담하게 되는 임대차 목적물의 파손 · 장해의 정도

목적물에 파손 또는 장해가 생긴 경우 그것이 임차인이 별 비용을 들이지 아니하고도 손쉽게 고칠 수 있을 정도의 사소한 것이어서 임차인의 사용 · 수익을 방해할 정도의 것이 아니라면 임대인은 수선 의무를 부담하지 않지만, 그것을 수선하지 아니하면 임차인이 계약에 의하여 정하여진 목적에 따라 사용 · 수익할 수 없는 상태로 될 정도의 것이라면, 임대인은 그 수선 의무를 부담해야한다[대법 2009다96984].

_임차인의 손해배상책임 여부에 대한 판단 기준

(1) 임차 목적물이 화재로 손실된 경우 손해배상책임

임차인의 임대차 목적물 반환 의무가 이행 불능이 된 경우 임차인이 그 이행불능으로 인한 손해배상책임을 면하려면 그 이행 불능이 임차인의 귀책사유로 말미암은 것이 아님을 입증할 책임이 있고, 임차건물이 화재로 소훼된 경우에 있어서 그 화재의 발생 원인이 불명인 때에도 임차인이 그 책임을 면하려면 그 임차건물의 보존에 관하여 선량한 관리자의 주의 의무를 다하였음을 입증하여야 한다.

이러한 법리는 임대차의 종료 당시 임차 목적물 반환 채무가 이행 불능 상태는 아니지만 반환된 임차건물이 화재로 인하여 훼손되었음을 이유로 손해배상을 구하는 경우에도 동일하게 적용되고, 나아가 그 임대차계약이 임대인의 수선 의무 지체로 해지된 경우라도 마찬가지이다[대법 2009다96984].

(2) 건물 중 일부 임차 부분에서 발생한 화재로 건물의 다른 부분도 소실된 경우

건물의 규모와 구조로 볼 때 그 건물 중 임차한 부분과 그 밖의 부분이 상호 유지 · 존립함에 있어서 구조상 불가분의 일체를 이루는 관계에 있고, 그 임차 부분에서 화재가 발생하여 건물의 방화 구조상 건물의 다른 부분에까지 연소되어 피해가 발생한 경우라면, 임차인은 임차 부분에 한하지 않고 그 건물의 유지 · 존립과 불가분의 일체 관계가 있는 다른 부분이 소실되어 임대인이 입게 된 손해도 배상할 의무가 있다[대법 2002다39456].

(3) 불법행위 등으로 건물이 훼손된 경우, 손해액의 범위

수리가 가능하다면 그 수리비가 통상의 손해이며, 훼손 당시 그 건물이 이미 내용 연수가 다 된 낡은 건물이어서 소요되는 수리비가 건물의 교환가치를 초과하는 경우에는 형평의 원칙상 그 손해액은 그 건물의 교환가치 범위 내로 제한되어야 할 것이고, 또한 수리로 인하여 훼손 전보다 건물의 교환가치가 증가하는 경우에는 그 수리비에서 교환가치 증가분을 공제한 금액이 그 손해가 된다[대법 2002다39456].

(4) 한 점포의 임차인 과실로 그 건물 전체가 소실된 경우

그중 한 점포 임차인의 과실로 그 건물 전체가 소실되었다면, 그 임차인은 화재로 인한 임차물 반환 의무의 이행 불능으로 인한 손해배상으로서 자기가 임차한 점포뿐만 아니라 그 건물의 존립과 유지에 불가분의 일체의 관계에 있는 나머지 점포들이 소실되어 건물 소유주인 임대인이 입은 손해도 배상할 의무가 있는 것이다[대법 97다41509].

(5) 원인불명 화재로 임차물 반환 채무가 이행 불능이 된 경우

임차건물이 원인 불명의 화재로 소실되어 임차물 반환 채무가 이행 불능이 된 경우, 그 귀책사유에 관한 입증 책임의 소재(=임차인)는 어떻게 될까? 임차인의 임차물 반환 채무가 이행 불능이 된 경우 임차인이 그 이행 불능으로 인한 손해배상책임을 면하려면 그 이행 불능이 임차인의 귀책사유로 말미암은 것이 아님을 입증할 책임이 있으며, 임차건물이 화재로 소훼된 경우에 있어서 그 화재의 발생 원인이 불명인 때에도 임차인이 그 책임을 면하려면 그 임차건물의 보존에 관하여 선량한 관리자의 주의 의무를 다하였음을 입증하여야 한다[대법 2000다57351].

CHAPTER 12

이과장과 홍대리, 임대사업자로 화려하게 변신하다

홍대리, 이과장, 박사장은 김선생의 혹독한 트레이닝 덕분에 똑똑한 임차인으로 거듭나게 되었다. 박사장은 임차주택이 경매당하자 배당요구를 하지 아니하고 대항력을 주장했다. 과거 상가점포에서 임차보증금 2억 손실을 본 교훈과 김선생의 특별과외 덕분으로 임차주택에서만큼은 선순위로 대항요건을 갖추고 있었고, 그로 인해서 낙찰자에게 대항력을 행사할 수 있었다.

홍대리의 임차주택 역시 경매절차가 진행되었는데, 과거 보증금 손실의 경험으로 새로운 임차주택에서는 선순위로 전세권과 주임법상 대항요건을 동시에 갖추고 있었고, 특히 다른 곳으로 이사 가는 불편 때문에 배당요구하지 않고 대항력을 주장했던 것이다.

이과장과 홍대리는 다가구주택을 임대건물로 구입하게 되었는데, 대항력으로 살아남은 임차인들을 인수하는 전략으로 초기 투자비용을 최소화하고, 약간의 주택 수선으로 임대수익을 높이려고 한다. 임대수익률을 높여서 새로운 임대 수요자에게 매각하여 이익을 증가시키는 전략을 사례를 통해 공부해보도록 하자.

49

임차주택이 경매당하면 우선순위는 어떻게 결정되나?

선생님, 채권 간의 우선순위는 왜 필요한가요?

그냥 등기부에 등기된 순서대로 나누어주면 되는 것 아닌가요?

채권자가 채권 회수를 목적으로 경매를 신청하여 매각절차가 진행되면 그 매각대금으로 채권을 회수하게 됩니다.

문제는 매각 대상 부동산에는 경매 신청 채권자 이외에도 많은 채권자가 존재하고 그들 간의 우선순위가 등기된 순서로만 정해지는 것이 아니라는 거지요.

등기되지 않은 권리로 임차인이 대항요건과 확정일자를 갖춘 경우나 조세채권 및 공과금채권 등이 있어서, 이들 간의 우선순위에 따라 배당하게 되는데 간혹 이들 채권 간에도 순위가 충돌하는 경우가 발생하여 배당하는 것이 쉽지 않습니다.

아, 그렇군요. 제가 너무 쉽게만 생각했네요.

그런데 말씀 중에 배당한다는 얘기가 나오는데, 어떻게 배당하는 건지요?

 경매나 공매절차로 부동산을 매각하게 되면 그 매각대금에서 경매비용을 제외하고 나머지 금액을 가지고 등기부 상에 등기된 채권과 등기되지 아니한 부동산 위에 존재하는 채권자들에게 그들 채권 상호 간의 우선순위에 따라 배당함으로써 채권을 변제(회수)받게 되는데 순위가 늦게 되면 채권을 일부 변제 또는 전액 변제받지 못하게 되는 경우도 발생합니다.

 선생님 말씀대로라면, 배당은 경매 입찰자에게는 별로 필요한 것이 아니네요. 배당받을 채권자나 배당표를 작성하게 되는 법원이나 자산관리공사의 관계자만 공부하면 되는 것 아닌가요? 저희와 같은 경매 입찰 희망자도 알아야 하나요?

 배당이 배당받을 채권자나 법원 등의 배당관계자에게 중요한 것은 사실이지요. 그러나 경매나 공매 입찰 희망자에게도 마찬가지입니다. 아파트나 다세대주택, 연립주택, 단독주택, 다가구주택 등에서 다수의 임차인이 있는 경우 이들이 임차보증금을 배당받게 되는 것과 배당받지 못하게 되는 것은 두 가지 측면에서 중요합니다.

첫 번째로 대항력이 있는 임차인이 미배당금이 발생하면 낙찰자가 낙찰 받은 금액 이외에 추가로 부담하게 되고, 두 번째로 대항력이 없는 임차인은 낙찰자의 부담은 아니더라도 임차보증금을 회수하지 못한 임차인을 명도하기에는 많은 어려움이 발생되므로 입찰 전에 예상배당표를 작성해서 임차인의 배당금에 대한 올바른 판단을 하고 나서 입찰에 참여해야 합니다.

간혹 배당이 필요하지 않다고 하는 분들은 배당의 진실을 이해하지 못한 데서 나오는 말로 주택에서 권리분석의 핵심에 배당이 있는 것입니다.

알겠습니다. 배당도 열심히 공부하겠습니다.

그런데 채권 상호 간의 우선순위는 어떻게 결정되나요?

채권 상호 간에는 경매절차에서 매각된 매각대금으로 배당에 참여한 각 채권자들에게 민법 · 상법 · 그 밖의 법률에 의해 우선순위를 정해서 배당하게 되는데 그 자세한 내용을 정리해놓았으니 참고하세요.

_배당에서 우선순위는 어떻게 결정되나?

(1) 배당순위[저당권부 채권이 조세 · 공과금채권의 법정기일보다 늦은 경우와 빠른 경우]

순위	배당채권	내용
0순위	경매집행비용	배당금=[매각대금+배당기일까지 이자+몰수된 보증금]−집행비용
1순위	필요비, 유익비	제3취득자나 임차권, 점유권, 유치권자가 그 부동산 보존개량을 위하여 지불한 필요비, 유익비
2순위	1) 임차인의 소액임차보증금 중 일정액(최우선변제금)	① 주택임대차보호법 제8조제1항 소액보증금변천사(7차에 거쳐 변경) 84.1.1. → 87.12.1. → 90.2.19. → 95.10.19. → 01.9.15. → 08.8.21. → 10.7.26. ② 상가임대차보호법 제14조제1항시행시기 ㉠ 2002.11.1.~08.8.20.까지(1차), ㉡ 2008.8.21.~10.7.25.까지(2차) ㉢ 10.7.26.이후 현재(3차) (상가임대차보호대상 확대실시)
	2) 근로자의 최종 3월분 임금 · 최종 3년분의 퇴직금 · 재해보상금(최우선변제금)	① 임금 최종 3월분 최우선변제(1987.11.28.부터 저당권보다 우선배당 시행) ② 퇴직금전액, 재해보상금의 최우선변제(1989.3.29. 근로기준법 개정으로 시행) ③ 퇴직금 전액이 최우선변제에서 최종 3년분의 퇴직금만 최우선변제 인정(1997.12.24. 이후 개정시행되었고 그 이전 기간은 경과조치로 인정하고 있으나 그 기간은 250일 초과시 250일 기간까지만 인정받는다)

3순위	당해세	① 국세 중 당해세 – 상속세, 증여세, 종합부동산세. 단, 상속 · 증여세는 담보권설정 당시 납세의무가 있는 경우만 인정 ② 지방세 중 당해세 – 재산세, 자동차세, 도시계획세, 공동시설세, 지방교육세(지방세, 당해세 시행일은 1996.1.1)
4순위	일반조세채권	① 담보권(저당권, 전세권, 담보가등기, 확정일자 임차권, 등기된 임차권)보다 조세채권 법정기일이 빠른 경우 ② 조세채권과 담보물권의 우선순위 : 1등 당해세 → 2등 담보물권보다 법정기일이 빠른 일반조세채권 → 3등 담보물권 → 4등 법정기일이 늦은 조세채권 → 1차적으로 담보물권과는 이와 같이 법정기일과 설정등기일 순위에 따라 배당받고 2차적으로 1차에서 배당받은 배당금을 갖고, 일반조세채권(당해세 제외)끼리는 ㉠ 1등 납세담보된 조세채권 ㉡ 2등 압류선착주의 적용흡수(이때 조세채권끼리는 법정기일을 따지지 아니하고 압류순서 적용하여 흡수절차가 진행됨) ㉢ 3등 교부청구 조세채권끼리는 동순위로 안분배당
5순위	공과금채권	담보권(저당권, 전세권, 담보가등기, 확정일과 임차권, 등기된 임차권)보다 공과금의 납부기한이 빠른 경우 – 이 경우에는 5순위 공과금과 6순위 담보권과 8순위 일반조세채권 등이 동시에 혼재되어 있는 경우 5순위 공과금>6순위 담보권이고, 6순위 담보권>8순위 일반조세채권이고, 8순위 일반조세채권>5순위 공과금인 관계에 있다. 따라서 이들은 순환배분절차에 의해서 배당하게 된다.
6순위	담보권(=저당권부채권)(저당권, 전세권, 담보가등기, 확정일자부 임차권, 등기된 임차권)	이들 상호 간의 순위는 설정등기일, 우선변제 효력발생일, 조세채권은 법정기일, 공과금은 납부기한이 된다.
7순위	일반임금채권(최우선임금변제권 제외)	① 일반임금채권은 조세(당해세 포함), 공과금에 우선한다. ② 저당권부 채권에 대하여는 후순위이다. ③ 저당권부 채권에 우선하는 조세, 공과금보다는 후순위이다.
8순위	일반조세채권	법정기일이 저당권부 채권보다 늦은 경우이다.
9순위	공과금(건강보험, 국민연금, 고용보험, 산재보험 등)	납부기한이 저당권부 채권보다 늦은 경우이다. ① 조세채권보다 항상 후순위 ② 일반 임금채권보다 후순위이나 저당권부보다 우선하는 공과금인 경우 우선한다. ③ 공과금은 일반채권에 항상 우선한다.
10순위	일반채권	일반가압류채권, 강제경매신청채권, 재산형, 과태료, 국유재산사용료 등, 채무명의가 있는 채권(확정된 판결문, 집행문을 부여받은 공증된 약속어음(공정증서) 등)

(2) 배당순위[저당권부 채권 등이 없는 경우]

순위	배당채권	비고
0순위	경매집행비용	
1순위	필요비 · 유익비	
2순위	소액임차보증금 · 임금우선변제금	
3순위	일반임금채권(최우선임금변제금 제외)	일반임금채권은 조세, 공과금 및 일반채권에 우선한다. 다만 저당권, 질권 등의 우선변제권의 권리보다 앞서는 조세, 공과금에는 그러하지 아니한다.
4순위	당해세	조세채권은 공과금 및 일반채권에 항상 우선한다.
5순위	일반조세채권	
6순위	공과금	공과금은 일반채권에 항상 우선한다.
7순위	일반채권	

_채권 간의 우선순위는?

(1) 특별우선채권과 일반우선채권에 대한 설명

1) 특별우선채권

① 민법상 필요비, 유익비 상환청구권. ② 주택(상가건물)임대차보호법상의 소액보증금 중 일정액. ③ 근로기준법상 우선변제권 있는 임금채권(3월의 임금, 3년간의 퇴직금, 재해보상금). ④ 국세, 지방세 중 당해세에 해당하는 조세채권 등이 우선하여 변제받을 수 있는 권리에는 물권으로서 우선변제권을 가지는 우선변제권과 채권으로서 우선하여 변제받을 수 있는 특권을 가진 우선특권이 있다. 이 밖에도 일반채권에는 항상 우선한다.

2) 일반우선채권

우선하여 변제받을 수 있는 권리에는 물권으로서 우선변제권을 가지는 우선변제권과 채권으로서 우선하여 변제받을 수 있는 특권을 가진 우선특권이 있다.

① 우선변제권(물권) – 담보물권으로 근저당권, 전세권과 담보물권적인 효력을 갖는 저당권부 채권으로 확정일자부 임차권, 담보가등기, 집합건물전세권, 등기된 임차권 등이 있다. 이때 우선변제를 받을 수 있는 상대방은 자기보다 후순위의 담보물권, 저당권부 채권, 조세채권, 공과금채권, 일반채권자 등이 대상이 된다. 따라서 자기보다 선순위 채권자에게는 우선변제권을 주장할 수 없다.

② 우선특권(채권)

ⓐ 조세채권(당해세 제외), 공과금채권 등

이때 우선변제 받을 수 있는 상대방은 자기보다 후순위의 저당권부 채권자와 일반채권자 등이 대상이 된다.

ⓑ 일반임금채권(근로자의 최우선변제금 제외)

이때 우선변제 받을 수 있는 상대방은 조세(당해세 포함) · 공과금 · 일반채권자 등이 대상이 된다. 그러나 저당권부 채권보다는 항상 후순위이며 이러한 저당권부 채권보다 선순위인 조세 · 공과금채권은 일반임금채권에 우선한다.

(2) 조세채권 상호 간의 우선순위

1) 당해세 → 2) 납세담보물권 → 3) 압류선착주의 → 4) 참가압류와 교부청구된 조세채권끼리는 법정기일에 상관없이 동순위로 안분배당 한다.
조세 채권과 저당권부 채권이 함께 있다면 이렇게 배당하면 된다.

1차적으로 당해세 유무를 확인하고, 당해세가 없으면 일반세금 등은 법정기일 등을 가지고 저당권부 채권과 우선순위를 결정하고, 저당권부 채권이 없는 조세채권끼리는 압류선착주의를 적용하여 우선 배당받게 되고, 참가압류와 교부청구한 조세채권끼리는 배당 잔여금을 가지고 동순위로 안분배당하면 된다.

(3) 조세채권과 공과금 및 기타 일반채권 간의 우선관계(일반우선채권)

조세채권은 다른 공과금 기타의 채권(일반채권)에 항상 우선한다. 이때 우선변제 받을 수 있는 상대방은 공과금과 일반채권자 등이 대상이 된다.

(4) 공과금과 기타 일반채권 간의 우선관계(일반우선채권)

공과금채권은 기타의 채권(일반채권)에 항상 우선한다. 이때 우선변제 받을 수 있는 상대방은 일반채권자 등이 대상이 된다.

공과금 간의 우선순위는 압류하였든, 압류하지 아니하였든 동순위이다. 공과금 상호 간에는 압류선착주의가 적용되지 아니한다.

(5) 일반임금채권(최우선변제금 제외)과 저당권부 채권 및 조세 · 공과금 · 기타 일반채권 간의 우선관계(일반우선채권)

일반임금채권(최우선변제금 제외)은 조세(당해세포함)채권, 공과금채권, 일반채권에 우선한다. 이때 우선변제 받을 수 있는 상대방은 조세(당해세포함) · 공과금 · 일반채권자 등이 대상이 된다.

그러나 저당권부 채권보다는 후순위이다.

그리고 일반임금채권은 저당권부 채권보다 우선하는 조세, 공과금채권보다는 후순위이다.

(6) 임차권의 권리와 우선변제권

1) 대항력 주장(대항력 있는 임차인만)

잔존 계약 기간 동안 주택을 사용 · 수익하고 → 계약 기간 종료 시 임차보증금을 낙찰자(제3취득자)에게 반환받을 채권자가 된다.

이때 임차보증금 반환과 주택인도는 동시이행관계에 있다.

2) 배당을 요구한 경우(대항력 있는 임차인과 대항력 없는 임차인 모두 포함)

① 소액보증금 중 일정액

임차인이 소액임차인 결정기준(근저당, 담보가등기, 전세권과 담보물권이 없다면 배당 시점)에서 소액임차인에 해당되면 소액보증금 중 일정액을 최우선변제금으로 우선 변제받을 수 있다.

② 확정일자 우선변제금

임차인이 대항요건을 갖추고 계약서에 확정일자를 받으면 확정일자에 의한 우선변제금을 후순위 권리자에 우선하여 변제받을 수 있는 권리이다.

50
박사장, 경매절차에서 대항력을 주장하다

박사장은 마포에 있는 1층 상가에서 음식점을 운영하다가 임차보증금 2억원을 날렸던 쓰라린 경험을 바탕으로 주택 임차 시에는 만반의 준비를 했다. 김선생 특별과외 덕분에 임차인의 권리에 대해서는 이제 달인이 될 정도이다. 그런데 믿기지 않는 일이 일어났다. 박사장의 임차주택이 또 경매를 당하게 된 것이다. 그는 김선생의 수제자답게 권리분석을 한 결과, 배당요구하지 않고 대항력을 주장하기로 하였다.

내가 대항력을 주장하는 것이 좋을까, 아니면 선순위이니 배당요구해서 배당받고 이사를 나가는 것이 좋을까?

박사장 아내 당신이 배운 대로라면 대항력을 주장하는 것이 좋다면서요?

그러자고. 이 집은 2001년 8월에 임대차계약을 하고 입주한 것이어서 적은 임차보증금으로 종전 계약 기간 동안 살 수 있으니까. 간혹 경매로 매각되는 기간

동안 계약이 종료되는 경우 계약을 해지 통보할 수 있는 임대인이 없어서 묵시적인 갱신이 이루어지기도 하는데 이 경우는 더 많은 기간 동안 그 주택을 종전 계약대로 사용 수익할 수 있어 이익이 되지. 묵시적 갱신의 경우 임차인은 언제든지 계약해지를 할 수 있는데, 계약 해지 통보 후 3개월이 지나면 계약이 해지되니 부담이 없는 데 반해서, 임대인(낙찰자)은 2년을 보장할 의무가 따르게 되거든.

박사장 아내 당신 정말 똑똑해졌네요.
우린 이제 보증금 떼일 일은 걱정 안 해도 되겠어요.

이게 다 김선생님 덕분이지.

_임차인은 성공했지만 낙찰자는 입찰보증금 포기로 실패한 경우

(1) 경매물건 현황

소 재 지	서울특별시 양천구 신정동 목동삼성 아파트 104동 ○○○		
물건종별	아파트	감 정 가	500,000,000원
대 지 권	34.68m²(10.491평)	최 저 가	(41%) 204,800,000원
건물면적	84.77m²(25.643평)	보 증 금	(20%) 40,960,000원
매각물건	토지·건물 일괄매각	소 유 자	○○○
사건접수	2010-07-14	채 무 자	○○○
사 건 명	임의경매	채 권 자	○○○

기일입찰 [입찰진행내용]

구분	입찰기일	최저매각가격	결과
1차	2010-11-15	500,000,000원	유찰
2차	2010-12-20	400,000,000원	유찰
3차	2011-01-24	320,000,000원	낙찰
낙찰 354,444,000원(70.89%) / 1명 / 미납			
4차	2011-04-04	320,000,000원	유찰
5차	2011-05-09	256,000,000원	유찰
6차	**2011-06-13**	**204,800,000원**	
낙찰 : 229,500,000원 (45.9%)			
(입찰4명,낙찰: ○○○ / 2등입찰가 222,500,000원)			
매각결정기일 : 2011.06.20 - 매각허가결정			
대금지급기한 : 2011.07.22			
대금납부 2011.07.22 / 배당기일 2011.08.30			
배당종결 2011.08.30			

• **매각물건현황**(감정원 : 대일감정평가 / 가격시점 : 2010.07.22)

목록	구분	사용승인	면적	이용상태	감정가격	기타
건물	22층중 1층		84.77m² (25.64평)	방3,거실,주방겸식당,욕실겸화장실2,베란다2,다용도실,창고	350,000,000원	* 지역난방설비
토지	대지권	16770.6m² 중 34.68m² * 토지별도등기있음			150,000,000원	
현황 위치	* "목일중학교" 북동측 인근에 위치, 인근은 대규모 아파트단지가 밀집소재하는 지역 * 동측 인접도로변으로 각종 노선버스정류장이 소재, 제반 대중교통 이용여건은 양호 * 인접토지 및 도로와 대비시 등고 평탄한 부정형의 토지 * 본건까지 차량출입가능, 동측으로 노폭 약 30m의 아스팔트 포장도로와 접하고 있으며 도로관리상태 무난함					

참고사항	▶본건낙찰 2011.01.24 / 낙찰가 354,444,000원 / 1명 입찰 / 대금미납

• **임차인현황** (말소기준권리 : 2006.11.30 / 배당요구종기일 : 2010.09.27)

임차인	점유부분	전입/확정/배당	보증금/차임	대항력	배당예상금액	기타
박사장	주거용 전부 (방3칸)	전 입 일: 2001.08.27 확 정 일: 2001.07.23 배당요구일: 없음	보160,000,000원	있음	전액낙찰자인수	2차확:2003.8.29
기타참고	임차인 박사장과 ○○○ (전입인)은 부부관계임. 1억4,300만원에 대해서는 2001.7.23.확정, 증액된 1,700만원에 대해서는 2003.08.29.,. 확정일자					

• **등기부현황** (채권액합계 : 492,776,347원)

No	접수	권리종류	권리자	채권금액	비고	소멸여부
1	2006.11.30	소유권이전(매매)	○○○	.	거래가액 금430,000,000원	
2	2006.11.30	근저당	○○○	339,600,000원	말소기준등기	소멸
3	2008.10.17	가압류	○○○	150,000,000원		소멸
4	2010.01.06	가압류	삼성카드(주)	3,176,347원		소멸
5	2010.07.16	임의경매	○○○	청구금액: 304,631,070원	2010타경14480	소멸

주의사항	☞토지 을구 5번 지상권등기(1993.2.9.등기) ☞임차인 박사장 권리신고만 하였으므로 매수인이 임대차보증금을 인수할 가능성 있음

(2) 전 매수인의 잘못된 판단으로 입찰보증금 몰수당하게 된 사연

이 물건은 박사장이 살고 있는 서울시 양천구 신정동에 위치하고 있는 목동 삼성아파트로 주변 학군과 학원 등이 우수하고, 인근에 지하철 5호선 오목교역 및 버스 등의 대중교통이 우수한 지역으로 실수요자들이 선호하는 지역에 있는 아파트이다.

이 물건을 분석하는 과정에서 권리상의 하자는 대항력 있는 임차인과 토지별도등기가 존재하는 것을 확인할 수 있었다.

김선생이 박사장 입주 시 확인한 결과지만, 토지등기부를 열람하여 확인해본 결과 토지별도등기는 지상권자가 서울시 지하철공사로 되어 있는 구분지상권으로 아파트의 권리를 행사하는 데 영향을 미치지 않는 별도등기이다.

그러나 유의할 점이 있었다. 대항력 있는 박사장 임차인이 배당요구를 하지 않아서 임차보증금 160,000,000원 전액을 매수인이 인수해야 되므로 총 취득 가격은 낙찰 가격에 이 금액을 포함시켜야 한다는 사실이다. 그런데 전 매수인은 이러한 판단을 잘못하고 매수 이후에 배당요구해도 되는 것으로 알고 있었다.

김선생도 이 낙찰자가 낙찰 받고 나서 이러한 내용에 대해서 문의를 해와 알게 되었고 그렇지 않고 배당요구종기 이후에는 배당요구가 불가하다는 내용을 알려줄 때 마음이 편하지 못했다.

전 매수인이 매각물건명세서만 확인했다면 이러한 실수는 없었을 것이다. 왜냐하면 매수인의 인수조건으로 매각물건명세서에 기재되어 있었기 때문이다. 그래서 또다시 입차보증금을 몰수당하는 일이 발생하지 않도록 하기 위해서 이 사례를 기술하게 되었다.

_임차인과 낙찰자가 모두 성공한 사례

(1) 박사장이 대항력을 주장해서 계약 기간이 묵시적으로 갱신된 사례

박사장 임차인은 앞에서 설명한 대로 종전 임차보증금을 가지고 경매 절차에서 묵시적인 갱신이 이루어졌다. 왜냐하면 박사장은 2003.8.29. 보증금 1,700만원 증액에 따라서 증액된 임대차계약서를 재작성하고 같은 날 확정일자를 받아두었기 때문이다.

그리고 낙찰자는 대금 납부가 2011.7.22. 이루어졌기 때문에 새로운 소유자가 임대인의 지위를 취득해서 계약 해지를 통보할 수 있는 기간인 6월에서 1월 이내의 기간을 초과해서 경매로 인해서 계약 기간이 묵시적으로 갱신되었기 때문이다.

(2) 재매각절차에서의 매수인의 올바른 판단

재매각절차에서 매수인은 229,500,000원에 낙찰 받은 사실을 볼 때 총 취득가를 낙찰가 229,500,000원 + 임차보증금 인수 금액 160,000,000원으로 판단해서 낙찰 받은 것으로 판단된다.

이 아파트 시세가 4억 7,000만원에서 4억 8,000만원을 형성하고 있다는 점에서 389,500,000원에 매수한 것은 현명한 판단으로 예상된다.

왜냐하면 현재의 아파트 시세는 과거에 비해서 상당히 저감된 시세이고 그 가격을 기준으로 해도 1억 가까이 낮은 가격으로 취득했고 앞으로 부동산 경기가 활성화되면 많은 가격 상승이 예상되어 현재 가치뿐만 아니라 미래 가격 상승까지 예상할 수 있는 지역이기 때문이다.

그리고 임차보증금 1억 6,000만원을 인수하게 되어 그만큼 낮은 지방세 즉 취득세의 감소가 예상되지만 양도 시의 양도소득세를 계산할 때는 인수 금액까지 포함시키기 때문이다. 당장 은행 대출 등의 부담에서 벗어나기 때문에 금융비용 부담도 줄일 수 있다.

Bonus 정보 +

보증금 증액 시 임대차계약서 작성 방법과 계약서 보관 방법

증액된 임대차계약서를 작성하면 그 계약서에 확정일자를 받아서 종전 임대차계약서(증액하기 전의 임대차계약서)와 함께 보관해야 한다. 간혹 다시 작성한 것만 보관하고 종전 임대차계약서를 없애버리는 경우가 있는데 이는 어리석은 행동이다.

왜냐하면 증액된 임대차계약서만 가지고 있으면 종전 임대차보호법상의 확정일자부 우선변제권의 효력 발생 일시가 현재 증액된 계약서상으로 후퇴하기 때문이다.

따라서 함께 보관하면 종전 임대차의 확정일자와 증액된 1,700만원짜리의 확정일자에 기한 우선변제권이 별도로 존재하게 된다. 종전 임대차계약서를 분실했다고 그 권리가 사라지지 않고 배당받을 수 있다는 사실은 앞에서 별도로 설명했지만 그만큼 복잡한 절차를 거쳐서 배당요구를 해야 되므로 분실하지 말고 두 계약서 모두 잘 보관하고 있어야 한다.

51

홍대리, 선순위 전세권자로 경매에서 대항력을 행사하다

홍대리는 결혼 당시 임차보증금 7,500만원짜리 주택에 살다가, 그 주택이 경매당해서 보증금 거의 전부를 떼이게 되어 어쩔 수 없이 보증금이 싼 인천시 간석동에 있는 주택으로 이사를 가게 되었다. 홍대리는 보증금 3,000만원에 전세를 구했다. 그리고 한 번 당하고 보니 걱정이 돼서 전세권을 설정하고 입주했는데, 이 주택에도 문제가 많았다.

집주인이 다른 근저당권자 6,000만원(실대출금은 4,000만원)과 함께 전세권(3,000만원)을 설정하기를 바라고 있었기 때문이다. 그런데 홍대리에게는 선택권이 없었다. 이미 돈을 모두 잃어버린 상태에서 선택의 길은 그리 많지 않았기 때문이다. 그래서 어찌 할까 고민하다가 입주 전 김선생과 상의하기로 한다.

선생님, 상황이 이런데 입주해도 될까요?

홍대리, 이 아파트의 시세가 1억 정도 가니까 '근저당권과 동순위로 전세

권을 설정해달라면 어떨까' 하는 묘수가 떠오르는데… ….

그런 방법이 있나요? 그러면 내 보증금을 보장받을 수 있을까요?

근저당권과 전세권은 같은 날 같은 접수번호로 등기소에 신청하면 똑같은 동순위가 되니까 만일 경매가 들어가도 선순위 전세권이 되지요. 대항력을 주장하면 낙찰자가 인수하게 되므로 보증금이 손실되지 않을 것이고 배당요구하면 동순위로 안분배당 받게 되니 걱정할 필요 없는 거죠. 홍대리 보증금은 안전하게 보호되는 거예요.

홍대리와 아내는 그곳으로 이사를 가게 되었다 그런데 아니나 다를까 이사 간 집이 또 경매에 들어간단다. 홍대리와 아내는 큰 충격을 받게 되었다. 남들은 평생 한 번도 겪지 않는 일을 벌써 두 번이나 겪게 되었으니 말이다. 그래도 이번에는 전과는 달랐다. 왜냐하면 그간 해둔 공부가 있었고, 믿을 수 있는 김선생이 있었기 때문이다. 홍대리 부부는 김선생을 찾아가 다시 도움을 청한다.

선생님, 저희 집이 또 경매로 넘어가게 되었어요.

제가 임대차 공부를 하면서 '과연 써먹을 일이 있을까' 생각했었거든요. 그런데 그게 잘못된 생각이었네요.

제가 보기엔 배당요구종기까지 배당요구하면 배당금을 받게 되지만 배당금이 부족해도 말소되는 전세권이므로 조심해야 할 것 같습니다. 제 생각이 맞는 건가요?

홍대리, 공부 잘했네요. 그런 이야기를 할 수 있으면 공부 제대로 한 겁니다. 어쨌든 배당표를 간단하게 짜보고 나서 판단하기로 합시다.

_홍대리, 전세권에 대해서 예상 배당표를 작성하다

(1) 경매물건 현황

2010타경 ○○○○ · 인천지방법원 본원 · 매각기일 : 2010.11.22(月) (10:00) · 경매 1계(전화:032-860-1601)

소재지	인천광역시 남동구 간석동 775-1, 펜더아파트 다동 1층 ○○○ 도로명주소검색		
물건종별	아파트	감정가	85,000,000원
대지권	26.66㎡(8.065평)	최저가	(70%) 59,500,000원
건물면적	42.6㎡(12.887평)	보증금	(10%) 5,950,000원
매각물건	토지·건물 일괄매각	소유자	이철민
사건접수	2010-03-05	채무자	박기철
사건명	임의경매	채권자	이정진,최미숙

기일입찰 [입찰진행내용]

구분	입찰기일	최저매각가격	결과
1차	2010-10-22	85,000,000원	유찰

• 임차인현황 (말소기준권리 : 2009.08.20 / 배당요구종기일 : 2010.05.24)

임차인	점유부분	전입/확정/배당	보증금/차임	대항력	배당예상금액	기타
홍대리	주거용 전부	전 입 일:미상 확 정 일:2009.08.20 배당요구일: 안 함	보30,000,000원		전액낙찰자인수	
기타참고	☞조사외 소유자 점유 ☞소유자 등 관계인을 만나지 못하여 연락을 달라는 안내문을 넣어두고 왔으나 연락이 오지않고 있음 /☞공부상 소유자가 거주하는 것으로 나와있음					

• 등기부현황 (채권액합계 : 90,000,000원)

No	접수	권리종류	권리자	채권금액	비고	소멸여부
1	2000.05.08	소유권이전(매매)	이철민			
2	2009.08.20	전세권 접수번호 001호	홍대리	30,000,000원	존속기간: 2009.08.20~2010.08.20	인수
3	2009.08.20	근저당권 접수번호 001호	이정진,최미숙	60,000,000원	말소기준등기	소멸
4	2010.03.08	임의경매	이정진,최미숙	청구금액: 69,527,671원	2010타경11349	소멸

(2) 잠시 선순위 전세권의 소멸 여부에 대한 판단을 공부해보자.

선순위 전세권은 배당요구하면 소멸되고 배당요구하지 않으면 매수인의 부담이 된다. 그러므로 선순위 임차인이 배당요구한 경우와 후순위 전세권은 소멸되는 전세권이다.

저당권과 전세권의 동순위 즉 같은 일자에 같은 접수번호로 설정등기된 경우 전세권자가 배당요구를 하지 않은 경우 대항력이 있어서 낙찰자의 부담으로 남게 된다.

동일한 부동산에 대하여 동일한 순위(동일 접수번호)로 등기된 가압류와 처분 금지 가처분의 효력은 그 당해 채권자 상호 간에 한해서는 주장할 수 없다(대법 98마475).

Bonus 정보 +

말소기준권리가 동순위의 권리에도 효력을 미칠까?

경매입찰자가 동순위의 등기된 권리로서 하나는 채권이고 이 채권이 말소기준권리가 된다 해도 다른 권리가 용익적인 권리(전세권, 임차권등기, 지상권 등)나 가처분 등의 처분금지 가처분, 소유권 등의 권리를 보전하기 위한 가등기 등이라면 소멸되지 아니하고 매수인의 부담으로 남을 수 있다.

(3) 전세권에 대해서 예상 배당표를 작성하다.

시세가 9,500만원 정도 가니까 7,000만원 정도에 낙찰된다고 판단하고 예상 배당표를 작성해보면 0순위로 경매비용 200만원을 제외하면 배당금은 68,000,000원이 된다(조세채권과 다른 채권이 없고 임차인이 전세권설정등기 이후에 대항요건을 갖춘 경우).

1순위 홍대리 1,700만원(주임법상 최우선변제금)

2순위에서 배당 잔여금 5,100만원을 가지고 근저당권자 6,000만원과 전세권자 1,300만원이 동순위로 안분배당하게 되므로

① 근저당권=5,100만원× $\frac{6,000}{7,300}$ =41,917,808원

② 전세권자=5,100만원× $\frac{1,300}{7,300}$ =9,082,192원으로 배당되니

전세권자는 배당요구를 하지 않으면 3,000만원을 매수인이 인수하게 되는 데 반해서, 배당요구하면 3,917,808원의 손실이 발생하게 되고, 당해세나 선순위 조세가 있었다면 손실은 더 커지게 되므로, 배당요구를 하지 않는 것이 이익이다.

_매각 결과를 가지고 홍대리와 낙찰자의 인수 금액 비교

(1) 낙찰 대상 물건 정보 및 입찰 결과

2010타경 ○○○○ · 인천지방법원 본원 · 매각기일 : 2010.11.22(月) (10:00) · 경매 1계(전화:032-860-1601)

소 재 지	인천광역시 남동구 간석동 775-1, 펜더아파트 다동 1층 ○○○ 도로명주소검색		
물건종별	아파트	감 정 가	85,000,000원
대 지 권	26.66㎡(8.065평)	최 저 가	(70%) 59,500,000원
건물면적	42.6㎡(12.887평)	보 증 금	(10%) 5,950,000원
매각물건	토지·건물 일괄매각	소 유 자	이철민
사건접수	2010-03-05	채 무 자	박기철
사 건 명	임의경매	채 권 자	이정진,최미숙

기일입찰 [입찰진행내용]

구분	입찰기일	최저매각가격	결과
1차	2010-10-22	85,000,000원	유찰
2차	2010-11-22	59,500,000원	
낙찰 : 67,500,000원 (79.41%)			
(입찰1명,낙찰:김문숙)			
매각결정기일 : 2010.11.29 - 매각허가결정			
대금지급기한 : 2010.12.28			
대금납부 2010.12.28 / 배당기일 2011.01.28			

• **임차인현황** (말소기준권리 : 2009.08.20 / 배당요구종기일 : 2010.05.24)

임차인	점유부분	전입/확정/배당	보증금/차임	대항력	배당예상금액	기타
홍대리	주거용 전부	전 입 일:미상 확 정 일:2009.08.20 배당요구일: 안 함	보30,000,000원		전액낙찰자인수	
기타참고	☞조사외 소유자 점유 ☞소유자 등 관계인을 만나지 못하여 연락을 달라는 안내문을 넣어두고 왔으나 연락이 오지않고 있음 /☞공부상 소유자가 거주하는 것으로 나와있음					

(2) 입찰 대상 물건에 대한 분석과 실패한 낙찰 사례 분석

위 경매사건 역시 낙찰자가 전세권이 소멸되는 것으로 분석하여 낙찰받은 사례인데 매수인이 조금만 유의를 했으면 이러한 상황을 예방할 수 있었을 것이다.

왜냐하면 매각물건명세서에도 분명히 매수인의 부담조건으로 매각되었고, 홍대리 임차인이 인천지원 경매계장을 통해서도 소멸되지 않고 인수되는 것을 확인할 수 있었다.

김선생은 매수인의 대금 납부 이후가 궁금해서 등기부를 확인해보았지만 선순위 전세권은 소멸되지 않고 매수인의 부담으로 남아 있었다.

경매를 시작하는 단계부터 체계적인 학습이 필요한데 그러한 절차 없이 낙찰만 받으면 돈을 벌 수 있다고 생각하는 성향이 깊다 보니 마음이 앞서서 기본적인 점검조차 하지 않게 되는 경우가 의외로 많이 발생하고 있어서 낙찰 받고 나서 입찰보증금을 포기하는 경우가 발생한다.

(3) 매각대금을 각 채권자에게 배당하면 다음과 같다.

매각대금 67,500,000원에서 경매비용 200만원을 제외하면 실제 배당금은 65,500,000원이 된다(조세채권과 다른 채권이 없는 경우).

따라서 1순위로 이정진 근저당권자가 60,000,000원 근저당권에 기한 우선변제금으로, 2순위로 배당 잔여금 5,500,000원은 이정진 근저당권자의 채권최고액을 초과하는 금액으로 배당된다.

유의할 점은 후순위 채권자가 있는 경우에는 근저당권자의 채권최고액을 초과하는 금액은 별도 채권가압류를 하지 않으면 배당에서 제외시키고 후순위 채권자에 배당하게 된다.

그러나 후순위 채권자가 없으면 초과금액을 채무자에게 배당할 것이 아니라 근저당권자의 채권최고액 초과채권에 우선변제해야 된다는 것이 우리 판례의 입장이다.

(4) 전세권자가 배당요구하였다면 누가 손해를 보았겠는가?

배당금 65,500,000원을 가지고

1순위 홍대리 1,700만원(주임법상 최우선변제금)

2순위에서 배당 잔여금 5,100만원을 가지고

근저당권자 6,000만원과 전세권자 1,300만원이 동순위로 안분배당받게 된다.

따라서 근저당권=4,850만원×6,000/7,300=39,863,014원

전세권자=4,850만원×1,300/7,300=8,636,986원으로 배당된다.

전세권자는 배당요구를 하지 않으면 3,000만원을 매수인이 인수하게 되는 데 반해서, 배당요구하면 4,363,014원의 손실이 발생하게 되는데, 전세권자는 배당요구를 하지 않아서 4,363,014원의 손실을 예방할 수 있었다. 매수인 입장에서는 실패한 투자지만 전세권자 입장에서는 배당요구를 하지 않은 것이 이만큼의 채권 손실을 적게 만들어주었다.

선생님 말씀대로 배당요구를 하지 않아 보증금 손실을 전혀 보지 않을 수 있었습니다.

정말 감사드려요.

홍대리가 열심히 공부하고 상황에 잘 대비했기 때문이지요.

앞으로도 더 열심히 공부해서 내 권리도 지키고, 성공도 할 수 있도록 노력해봅시다.

52

이과장과 홍대리, 임대를 위해 다가구주택을 구입하다

_대항력으로 살아남은 임차인들을 이용, 초기 투자 비용을 최소화하라

이 다가구주택은 2011년 10월 11일에 1차로 낙찰되었으나 전 매수인이 대항력 있는 임차인의 배당금을 잘못 계산해서 보증금을 포기했고, 그 몰수된 입찰보증금은 배당재단에 포함되었다.

2차로 2012년 3월 8일에 이과장과 홍대리가 예상 배당표를 작성해서 정확한 인수 금액을 확인하고 입찰에 참여해서 낙찰 받았다. 이과장과 홍대리는 불과 얼마 전에 비해서 얼마나 똑똑한 사람으로 바뀌었는지 김선생도 감탄을 금할 수 없는 정도였다.

_입찰 대상 물건 정보 및 입찰 결과

2011타경 ○○○○ · 대구지방법원 서부지원 · 매각기일 : 2012.03.08(木) (10:00) · 경매 2계(전화:053-570-2302)

소재지	대구광역시 서구 비산동 (도로명주소검색)		
물건종별	다가구(원룸등)	감정가	166,282,200원
토지면적	128m²(38.72평)	최저가	(17%) 27,948,000원
건물면적	284.1m²(85.94평)	보증금	(20%) 5,590,000원
매각물건	토지·건물 일괄매각	소유자	○○○
사건접수	2011-03-11	채무자	○○○
사건명	강제경매	채권자	우미란

기일입찰 [입찰진행내용]

구분	입찰기일	최저매각가격	결과
1차	2011-08-09	166,282,200원	유찰
2차	2011-09-08	116,398,000원	유찰
3차	2011-10-11	81,479,000원	낙찰
낙찰 85,000,000원(51.12%) / 1명 / 미납			
4차	2011-12-09	81,479,000원	유찰
5차	2012-01-11	57,035,000원	유찰
6차	2012-02-07	39,925,000원	유찰
7차	**2012-03-08**	**27,948,000원**	
낙찰 : 52,590,000원 (31.63%)			
(입찰7명, 낙찰: 이과장 / 2등입찰가 42,590,000원)			
매각결정기일 : 2012.03.15 - 매각허가결정			
대금지급기한 : 2012.04.16			
대금납부 2012.04.16 / 배당기일 2012.05.21			
배당종결 2012.05.21			

* **임차인현황** (말소기준권리 : 2004.03.09 / 배당요구종기일 : 2011.05.23)

임차인	점유부분	전입/확정/배당	보증금/차임	대항력	배당예상금액	기타
권철진 (우미란)	주거용 102호	전 입 일: 2003.06.02 확 정 일: 2004.02.26 배당요구일: 2011.03.24	보28,000,000원	있음	소액임차인	
문대성	주거용 2층일부	전 입 일: 2003.10.27 확 정 일: 2004.02.26 배당요구일: 2008.12.26	보27,000,000원	있음	소액임차인	임차권등기자
이향순	주거용 3층 전부	전 입 일: 2002.06.12 확 정 일: 2002.06.19 배당요구일: 2011.03.23	보57,000,000원	있음	배당순위있음	
이인기	주거용 202호 (방2칸)	전 입 일: 2002.05.21 확 정 일: 2002.05.21 배당요구일: 2011.03.24	보30,000,000원	있음	소액임차인	2차 확:2004.06.22
최경민	주거용 201호	전 입 일: 2003.12.16 확 정 일: 미상 배당요구일: 없음	미상		배당금 없음	
박철민	주거용 101호 (방2칸)	전 입 일: 2004.02.10 확 정 일: 2003.10.09 배당요구일: 2011.03.23	보27,000,000원	있음	소액임차인	임차권등기자, 2차 확:2004.07.05

* **건물등기부** (채권액합계 : 132,000,000원)

No	접수	권리종류	권리자	채권금액	비고	소멸여부
1	2004.02.17	소유권이전(매매)	○○○			
2	2004.03.09	근저당	김갑돌	39,000,000원	말소기준등기	소멸
3	2004.07.07	근저당	이기자	39,000,000원		소멸
4	2004.07.16	압류	대구광역시서구		세무 5547	소멸
5	2006.06.27	압류	국민건강보험공단			소멸
6	2008.12.26	주택임차권(2층일부)	문대성	27,000,000원	전입:2003.10.27 확정:2004.02.26	
7	2011.03.14	강제경매	우미란	청구금액: 28,000,000원	2011타경2767	소멸
8	2011.04.25	임의경매	김갑돌	청구금액: 39,000,000원	2011타경5001	소멸
9	2011.05.13	주택임차권(1층일부)	박철민	27,000,000원	전입:2004.02.10 확정:2003.10.09	

* **토지등기부** (채권액합계 : 78,000,000원)

No	접수	권리종류	권리자	채권금액	비고	소멸여부
1	2004.02.17	소유권이전(매매)	○○○			
2	2004.03.09	근저당	김갑돌	39,000,000원	말소기준등기	소멸
3	2004.07.07	근저당	이기자	39,000,000원		소멸
4	2004.07.16	압류	대구광역시서구		세무 5547	소멸
5	2005.10.19	압류	대구광역시남구		세무과 8551	소멸
6	2006.06.27	압류	국민건강보험공단			소멸
7	2006.11.24	압류	대구광역시남구			소멸
8	2010.11.17	압류	대구광역시수성구			소멸
9	2011.03.14	강제경매	우미란	청구금액: 28,000,000원	2011타경2767	소멸
10	2011.04.25	임의경매	김갑돌	청구금액: 39,000,000원	2011타경5001	소멸

_매각 결과로 본 이과장과 홍대리의 인수 금액 비교

(1) 재매각절차에서 이과장과 홍대리의 올바른 판단

이 물건은 대구광역시 서구에 있는 다가구주택인데 시세가 2억을 초과하고 임대수요가 높은 지역인 데 반해서 감정가가 상대적으로 낮게 평가된 주택이다.

경매절차에서 배당요구한 임차보증금의 합계 169,000,000원까지만 고려해도 상당히 우수한 주택이지만, 새로 매수해서 주택을 수선해서 재임대를 하게 된다면 2억원을 예상할 수 있다.

왜 이렇게 낮은 가격으로 매각되었는가는 낙찰자의 인수 금액을 고려하면 이해가 될 것이다. 배당요구한 임차인은 모두가 대항력이 있는 임차인으로 임차인의 배당금이 부족하면 낙찰자가 인수하게 되므로 예상 배당표를 작성해서 인수 금액을 정확하게 작성해보고 나서 입찰금액을 정해서 입찰에 참여해야 될 것이다.

이과장님, 제가 예상 배당표를 작성해봤습니다.

재매각절차에서 이과장님과 제가 52,590,000원에 입찰에 참여하게 된다면 매각대금 52,590,000원에 몰수보증금 8,147,900원을 포함하면 60,737,900원이 되는데 여기서 경매비용으로 200만원 정도를 빼면 실제로 배당할 금액은 58,737,900원이 됩니다. 그러니

1순위 : ① 우미란 7,342,238원+② 문대성 7,342,238원+③ 이인기 7,342,237원+④ 박철민 7,342,237원(최우선변제 1)이고,

1순위 동순위로 안분배당(최우선변제금이 매각대금의 2분의 1을 초과하므로

29,368,950원을 가지고 동순위로 배당)하게 되고,

2순위 : 서구청 재산세 100만원(당해세 우선변제 1)

3순위 : 남구청 200만원(우선변제 2)

4순위 : 이인기 22,657,763(확정일자 우선변제 3)

5순위 : 이항순 3,711,187원(확정일자 우선변제 4)으로 예상배당이 종결됩니다.

여기서 대항력 있는 임차인의 미배당금은

우미란 임차인(권철진)(강제경매 신청 채권자)은 20,657,762원

문대성 임차인은 19,657,762원

이항순 임차인은 53,288,813원

박철민 임차인은 19,657,763원으로 합계가 113,262,100원으로 예상되어 총 취득 예상 금액이 165,852,100원이 됩니다.

따라서 최소 8,000만원 정도 시세 차이가 예상되어 52,590,000원으로 입찰에 참여하면 될 것 같습니다.

야, 홍대리, 정말 대단하다.

이 배당표를 눈 하나 깜짝하지 않고 작성하다니!

과장님은 더 잘하시면서…….

이제 김선생님께 확인받고 입찰에 참여해야 되겠어요.

(2) 이과장과 홍대리가 김선생에게 예상배당표를 확인받고 입찰에 참여하고자 한다

선생님, 저희가 이 주택을 낙찰 받으려고 예상배당표와 인수금액을 정리해 보았는데 좀 봐 주세요.

어디 보자, 예상배당표를 잘 작성했네요.
이것을 기준으로 인수금액을 정해서 입찰에 참여하면 되겠어요.

[대항력 있는 임차인 인수 금액]

	보증금	배당금	미배당금	대항력
임차인 이인기	30,000,000	30,000,000	0	O
임차인 이항순	57,000,000	3,711,187	53,288,813	O
임차인 박철민	27,000,000	7,342,237	19,657,763	O
임차인 우미란	28,000,000	7,342,238	20,657,762	O
임차인 문대성	27,000,000	7,342,238	19,657,762	O
합계			113,262,100	

홍대리의 예상배당표에서는 인수금액이 113,262,100원으로 예상되는데 이 금액에 입찰가를 합하면 총 취득가격이 됩니다.

그래, 두 분이 합의한 입찰가는 얼마죠?

입찰가를 52,590,000원으로 하기로 했습니다.

그러면 취득금액은 165,852,100원이 되겠군요. 행운을 빕니다.

_홍대리와 이과장의 입찰에 박사장이 동행하다

좋은 꿈들 꾸셨죠?

네, 박사장님께서 와주시니 기운이 납니다.

과장님, 얘기는 나중에 나누시고 지금은 입찰에만 신경쓰시죠. 제가 입찰준비 서류를 가져올게요.

그래, 알았어. 내가 입찰표를 작성했는데 틀린 데는 없는지 봐줘, 홍대리.

네, 아주 잘 작성되었네요. 입찰보증금봉투에 입찰보증금 5,590,000원을 넣어서 기일입찰표와 함께 입찰봉투에 넣어야죠. 자, 이제 입찰봉투에도 제출자 이름과 도장을 날인해서 스테이플러로 찍었으니 입찰서를 제출하고 올게요.

홍대리가 신분증과 입찰봉투를 집행관에게 가지고 가서 입찰자용 수취증의 절취선에 집행관의 날인을 받은 후 입찰자용 수취증을 교부받고 입찰봉투를 입찰함에 넣으면서 입찰참여를 마쳤다.

아, 이제 개찰하는구나.

집행관 "2012타경1234호 경매물건에 입찰하신 분들은 모두 집행관 앞으로 나와주세요. 지금부터 입찰서류를 개봉하겠습니다.

자, 최고가매수신고인을 발표하겠습니다. 이 물건에 최고가격을 쓰신 분은 인천시 간석동에 사시는 홍대리 외 1명입니다. 차순위매수신고인이 있으시면 차순위매수신고를 하세요. 없으시면 홍대리 외 1명을 최고가 매수인으로 결정하겠습니다."

이과장, 홍대리 축하해요. 어서 가서 매수신청보증금 영수증을 받아 오세요. 도장과 입찰자용 수취증, 그리고 신분증도 가지고 가셔야 합니다.

고마워요, 박사장님! 여기 도장과 입찰자용 수취증, 신분증입니다.

집행관 축하합니다. 어디 보시죠. 맞네요. 도장은 기일입찰표에 날인 후 드리겠습니다. 여기 영수증 받으세요.

영 수 증			
		홍 대 리 외 1 귀 하	
사건번호	물건번호	부동산 매각 보증금액	비고
2012타경 1234호		52,590,000원	

위 금액을 틀림 없이 영수하였습니다.

2012. 03. 08.

서울남부지방법원 집행관 사무소

고맙습니다, 이과장님 축하해요.

자네가 수고 많았지. 아, 선생님께도 전화 드리지. 점심 같이 하시자고.

이과장과 홍대리, 박사장은 김선생과 점심 약속을 하고 음식점으로 이동했다.

_이과장과 홍대리는 약간의 수선으로 임대수익을 높이고자 한다

이과장과 홍대리는 석유보일러와 LPG 사용으로 상대적으로 저평가된 다가구주택에 도시가스를 설치해 주택의 가치와 임대수익을 더 높이려고 한다.

(1) 도시가스를 설치하게 된다면 비용은 얼마나 들까?

홍대리, 도시가스를 설치하는 데 비용이 너무 많이 들지는 않을까? 배보다 배꼽이 클까 봐 걱정이네.

네, 제가 도시가스 설치 업체에 문의해봤어요.

옆집 다가구주택에서 우리 집까지 연결하는 도시가스 배선 길이가 20미터 정도 되는데 설치 비용 80~120만원 정도를 주택 소유자가 50%, 도시가스 업체가 50% 부담한답니다. 그래서 주택 소유자의 부담은 60만원 정도로 예상하면 되고, 다음으로 주택까지 온 도시가스 배선에서 가구별로 연결하는 배선과 보일러 설치 비용으로 1가구당 125만원 정도를 예상합니다. 그러니 주택까지 도시가스 배관 연결 비용 60만원과 각 가구당 도시가스 연결 및 보일러 설치비로 125만원×5가구=625만원으로 총 설치비는 685만원 정도 소요된다고 하니 설치하는 것이 좋겠어요.

옆집도 4년 전에 설치했답니다.

홍대리는 부지런하기도 하네. 그 정도면 도시가스 설치해서 임대하는 것이 임대수익률을 올릴 수 있을 것 같군. 도시가스가 기름보일러나 LPG보다 비용이 상

당히 절감되고 위험도 적으니까 임차 수요도 많을 거야.

(2) 그 투자 비용을 들여서 얼마나 임대소득을 올릴 수 있을까?

예상 임대보증금 및 월세				
	현재 보증금 및 전입	예상 보증금	보증금	월세
101호 임차인	2,700만원(04.2.10.)	4,000만원	1,000만원	30만원
102호 임차인	2,800만원(03.6.2.)	4,000만원	1,000만원	30만원
201호 임차인	2,700만원(03.10.27.)	4,500만원	1,000만원	30만원
202호 임차인	2,800만원(02.5.21.)	4,500만원	1,000만원	30만원
3층 전체	5,700만원(02.6.12.)	8,000만원	2,000만원	60만원
합계	16,700만원	25,000만원	6,000만원	150만원

홍대리가 수고했으니까, 투자 대비 임대소득을 얼마나 올릴 수 있는지는 내가 계산해볼게.

낙찰가 52,590,000원을 포함해서 총 취득 금액이 165,852,100원에 취득 시 제비용 300만원과 도시가스 설치비 685만원으로 실제 투자금액은 175,702,100원이 되네.

전체를 보증금으로 계산하면 74,297,900원을 현금으로 돌려받을 수 있어서 새로운 소유자에게 매각 시 새로운 주택 소유자는 투자비용이 없이 소유권을 가져가게 되지. 그러나 보증금 일부와 월세로 임대수익률을 증가시키는 방법으로 임대하면 임대수익률은 다음과 같이 늘어날 수 있지.

실제 투자금액은 175,702,100원에서 보증금 합계 6,000만원을 빼면 117,702,100원인 데 반해서 매달 월세로 받게 되는 것을 1년으로 환산하면 150만원×12개월=1,800만원이어서 투자 대비 수익률은 $\frac{1{,}800만원}{117{,}702{,}100원}$=15.29%로 높은 수익률이 기대되므로 훌륭한 투자가 될 것 같아!

우리가 117,702,100원을 투자해서 매달 150만원의 월세를 받게 되는 셈이야.

그렇게 정확하게 수익률을 계산해내시다니, 이과장님 실력도 보통이 아닌데요.

와, 우리가 드디어 임대인의 길에 접어들었네요.

(3) 은행의 저리 이자를 이용하면 수익률이 더 높아질 수 있다?

홍대리, 내가 분석한 게 하나 더 있는데 그것도 들어볼래?

현금 투자금액인 117,702,100원에서 금융기관에서 6,000만원을 연 6% 이자로 대출받으면 현금 투자는 57,702,100원이 되겠지. 이 금액을 가지고 현금 투자 대비 임대수익 금액과 수익률을 계산하면 다음과 같아.

연간 임대수익 금액=1,800만원−360만원(6,000만원×6%(연 대출이자))=1,440만원이 되고 이 금액을 가지고 현금 투자 대비 수익률을 계산하면 총 현금 투자 대비 임대수익률은 $\frac{1{,}440\text{만원}}{57{,}702{,}100\text{원}}$=24.95%로 더 높아지지.

이러한 현상은 금융기관의 대출이자는 연 6%인 데 반해서 월세는 월 단위로 보증금액의 1부를 계산하니 1년은 12달, 즉 연 12%의 수익이 발생해서 은행의 대출이자를 빼고도 6%가 남아서 그런 거야.

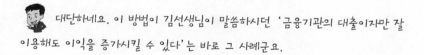

대단하네요. 이 방법이 김선생님이 말씀하시던 '금융기관의 대출이자만 잘 이용해도 이익을 증가시킬 수 있다'는 바로 그 사례군요.

맞아. 모두 김선생님께 배운 거지.

(4) 임대수익률을 높여서 새로운 임대 수요자에게 매각하여 이익 증가시키기

우리가 이 다가구주택을 보유하다가 임대 소득을 원하는 사람이 있으면 기본 임대수익률을 7%로 해서 매각하면 그 차이만큼 우리들이 이익을 보는 거 맞지?

과장님, 그럴 경우 어떻게 환산하면 되지요?

새로운 소유자는 현금 투자는 517,544,214원(은행 대출금은 인수하는 조건)과 우리가 희망하는 수익금액을 가지고 연간 수익금액 1,440만원을 나누어서 수익률 7%가 나오게 하면 그 차액이 우리가 희망하는 수익금액이 되고 새로운 소유자 역시 연간 7%의 임대수익률이 발생하니 좋은 투자라고.

아하, 그렇게 하면 되겠군요.

_홍대리, 이과장, 박사장 모두 졸업하다

김선생은 임대차주택이 경매로 넘어갔을 때 지혜롭게 대처한 박사장, 임차인의 권리를 넘어 성공한 임대인의 길로 들어선 홍대리와 이과장의 교육이 완료되었다고 판단하고 그들을 졸업시키려고 한다.

오늘로 박사장님, 이과장님, 홍대리님을 졸업시키고자 합니다. 이 정도 실력이면 어디에 가도 성공하실 수 있을 겁니다.

 아직까지 더 배울 것이 많은데 졸업이라뇨.

 맞습니다. 김선생님이 우리를 더 이끌어주셔야죠.

 아닙니다. 이제부터는 스스로 공부할 내용을 찾고, 더 실력을 쌓아가시면 됩니다. 마지막으로 제가 당부하고 싶은 말은 지식은 조금 지나면 잊어버릴 수도 있고, 계속 새로운 지식으로 바뀌게 되니 지금의 실력에 머물러서는 안 된다는 것입니다. 끝없는 도전과 노력을 해야 성공의 길이 계속 열리게 됩니다.

그동안 공부하시느라 수고 많이 하셨습니다.

 선생님도 정말 수고 많으셨습니다.

임대차도 경매도 까막눈이었던 저희들을 이렇게 가르쳐주셔서 이제는 다른 사람들에게까지 도움을 줄 수 있을 정도로 만들어주셨어요.

제 평생의 은인으로 모시겠습니다.

 선생님, 감사합니다!